ANSTÖSSE

HOLLE SCHNEIDER

FÜR
LEBENDIGE
GESPRÄCHE
IN FRAUENGRUPPEN

ANSTÖSSE

HOLLE SCHNEIDER

FÜR LEBENDIGE GESPRÄCHE IN FRAUENGRUPPEN

Thematische Anregungen
und methodische Hilfen

von **A**ngst bis **Z**eit

KLENSVERLAG DÜSSELDORF

6. Auflage 1997

Verbandsverlag der Katholischen
Frauengemeinschaft Deutschlands kfd

Die Herausgabe dieses Arbeitsbuches
wurde mit Mitteln des Bundesministeriums
für Bildung und Wissenschaft
(Förderungszeichen: W 0463.00) gefördert.
Die Verantwortung für den Inhalt
der Veröffentlichung liegt bei der Autorin.

Umschlaggestaltung und Gesamtlayout:
Norbert Ciernioch, Viersen
Illustrationen: Christine Georg, Dortmund
Gesamtherstellung: Drukkerij Steijl b.v.,
Tegelen/NL

ISBN 3 87309 082 1

Die Herausgabe
dieses Arbeitsbuches
wurde gefördert durch den
Bundesminister für Bildung
und Wissenschaft
und unterstützt durch die
Katholische Frauengemeinschaft
Deutschlands

Inhalt

Inhalt

Vorwort

Seit langem erleben wir in Bereichen sozialer Arbeit Gruppen auf dem Weg der Selbsthilfe. In der Erwachsenenbildung zeichnet sich erfreulicherweise eine vergleichbare Entwicklung ab. Viel vorhandenes Potential bliebe unerschlossen, und manche Kompetenz käme nicht zum Tragen, wenn in der Erwachsenenbildung ehrenamtliche Kräfte die Gruppenleitung nicht selbst in die Hand nähmen. Andauernde Unterstützung durch Professionelle kann weder finanziell noch organisatorisch erbracht werden. Außerdem – dies sei am Rande vermerkt – fehlt Fachleuten oft der Bezug zum Alltag der Gruppenteilnehmer/-innen und Prozeßerfahrung für Gruppenarbeit.
Nichtprofessionelle Gruppenverantwortliche – vor allem in Frauengruppen – suchen nach Unterstützung durch erfahrungsorientiertes Material, das ihnen eine lebendige Arbeit erleichtert.
Deshalb habe ich gern das Vorhaben von Holle Schneider unterstützt, mit diesen ANSTÖSSEN Laien zur Gruppenarbeit zu ermutigen. Die Beratung, um die ich als Professionelle gebeten wurde, war für mich ein spannender und bereichernder Prozeß, der voller gegenseitiger Impulse und Herausforderungen war, in dem ich viel gegeben, genommen und gelernt habe.
Vielleicht fragen sich Leser/-innen, ob nicht längst genügend Handreichungen für Gruppenarbeit vorliegen. Angesichts der Flut nützlicher und weniger ansprechender Fach- und Sachbücher ist diese Frage durchaus berechtigt. Das Besondere an den ANSTÖSSEN ist, daß sie nicht hinweisen:

„Machen Sie es wie beschrieben, und der Erfolg wird sich einstellen!"

sondern:

„So haben wir es gemacht, so sind unsere Erfahrungen, die wir gern zur Verfügung stellen. Sie sollten so wachsam wie möglich genutzt werden. Jede(r) muß den eigenen Stil finden."

Die ANSTÖSSE sind eine Fundgrube von vielfach erprobten Texten und anderen Anregungen, und sie sind eine Ermutigung zur Zusammenarbeit, in der jede(r) die eigenen Kompetenzen und Erfahrungen einbringen kann.
Das Aufeinander-Verwiesensein, ein unkompliziertes Sich-gegenseitig-Ergänzen aller Kräfte führt eher zum Erfolg.
Die vorgelegten Materialien sollen helfen, die Teilnehmer/-innen in ihrem Alltagsleben anzusprechen, an ihre Sorgen und Nöte anzuknüpfen, um die je einzigartige Wirklichkeit zur Sprache kommen zu lassen.

Die Arbeitshilfen fördern eine offene Atmosphäre, die von persönlicher Anteilnahme und emotionaler Betroffenheit geprägt ist, und ein lebendiges Miteinanderlernen möglich machen soll.
Die Entstehung der ANSTÖSSE hat mich erneut in meiner Auffassung bestärkt, daß wir die Aufgaben der Zukunft besser bewältigen werden, wenn hauptamtliche Fachkräfte sich auf die Fortbildung und Supervision der ehrenamtlichen Nichtprofessionellen beschränken, damit auch Laienkräfte in zunehmend größerer Unabhängigkeit und Mündigkeit ihre Kompetenzen erweitern können.
Das Märchen vom Dreiblatt (siehe Seite 38), in dem nicht mehr ‚Vater König' allein, sondern seine drei Söhne mit ihrer gesammelten Kraft die großen Aufgaben der Zukunft lösen werden, ist charakteristisch für den Geist, aus dem das Buch entstanden ist und den es in vielen stärken möchte:

Wir Menschen brauchen einander mit unseren unterschiedlichen Gaben. Viel mehr Menschen, als es selbst schon wissen, haben Kräfte, die sie in Gruppen weiterentwickeln können.

Das Buch, das fertigzustellen drei Frauen – sozusagen ein Dreiblatt – als Chance erlebt haben, ist eine Herausforderung für alle, die die ehrenamtliche Leitung von Frauengruppen weiterentwickeln, neue Mit-Arbeiterinnen gewinnen und dabei ANSTÖSSE verwerten wollen.

Annedore Schultze

Vlotho, im Februar 1989

Das Buch konnte entstehen, weil es Euch gibt:

Dank Dir, Annedore, der Supervisorin, für

Dein anregendes Mitdenken
Dein kritisches Fragen
Deine ermutigende Begleitung

Dank Dir, Trudi, der Gründerin und Begleiterin vieler Gruppen am Niederrhein, für

Deine konstruktiven Einfälle
Deine ehrliche Kritik
Deine Ausgeglichenheit und Geduld

und Dank den vielen Resis, Gabis, Marias, die mitgearbeitet haben.

1. Warum ich dieses Buch geschrieben habe

- **weil viele Frauen auf der Suche nach sich selbst sind und etwas verändern wollen**
- **weil dabei Gruppen wichtig sind**
- **weil Ehrenamtliche in der Gruppenarbeit Hilfen brauchen**

Als ich mich vor 25 Jahren für die hauptamtliche Familientätigkeit entschied und meinen früheren Beruf als Lehrerin nicht mehr ausübte, hatte ich zwar viel Arbeit mit drei kleinen Kindern, aber war trotzdem oft unzufrieden. Mir fehlten Gesprächspartner, die die gleichen Erfahrungen, Sorgen und Schwierigkeiten hatten wie ich, denn ich war unsicher in meiner neuen Rolle und suchte nach Möglichkeiten, mich auch außerhalb meiner Familie zu engagieren. Damals habe ich im Schonraum von Gruppen viel Neues in mir entdeckt. Ich habe Sicherheit und Selbstvertrauen gewonnen, meinen persönlichen Weg zu finden und zu gehen.
Heute ist es selbstverständlicher als damals, daß Frauen sich in Gruppen zusammenschließen, um Kontakte zu knüpfen, Freude zu haben und sich als gleichberechtigte Partner über Lebensthemen auszutauschen. Allerdings wird die Arbeit in Frauengruppen vielfach mit dem Wort ‚Selbstverwirklichung' abgetan. Sie ist aber viel eher ein Prozeß des Wachsens von der Einsicht zur Verantwortlichkeit. Dieser Prozeß ist ein langer und mühevoller Weg. Gruppen werden in der Regel mit Schwung gegründet und bringen den Tln* in der Anlaufphase viel Positives. Wenn danach die ersten Schwierigkeiten auftauchen, macht sich oft Ratlosigkeit und Enttäuschung breit. Viele Frauen spüren, daß ihnen die Gruppengespräche guttun, aber sie sind unsicher, wie sie sie weiter entwickeln können.

* Es ist bewußt auf Abkürzungen verzichtet worden mit Ausnahme von Tln. Tln steht für Teilnehmerin(nen) und Teilnehmer.

Die ANSTÖSSE können jungen Gruppen (aber natürlich auch schon lange bestehenden) helfen herauszufinden, was jetzt in ihrer Gruppe ‚dran ist' und wie sie es teilnehmergerecht bringen und erarbeiten können. Sie wollen zu neuen Erfahrungen anregen und Mut zum Durchhalten bei Schwierigkeiten machen.
Weil die Informations- und Materialflut oft ratlos macht, bringt das Buch eine Auswahl von Erprobtem. Diese Auswahl war nicht leicht zu treffen, weil keine Gruppe einer anderen gleicht. Dennoch habe ich in den letzten Jahren bei der Fortbildung von Gesprächsleiterinnen und bei der Arbeit in Frauengruppen festgestellt, daß es immer wieder bestimmte Themenkreise waren, die die Tln interessierten. Ebenso habe ich sehr oft gehört, daß bestimmte Materialien (Texte, Bilder etc.) gut angekommen sind. Die Idee zu diesen Arbeitshilfen entstand aus dem Wunsch, die vielen Erfahrungen, die ich zusammen mit anderen gemacht habe, einem größeren Kreis zugänglich zu machen. Ich habe selbst an mir erfahren, wie schwer es ehrenamtliche Gruppenleiterinnen haben, *geeignete* Materialien zu finden, auf wie wenig Verständnis sie stoßen und wie unzulänglich Hilfsangebote sind. Das ist erstaunlich, weil die Bedeutung von Gruppen in unserer beziehungsarmen Welt unbestritten ist.
Es ist mein Herzensanliegen, Ehrenamtliche zu ermutigen, Gespräche in Gruppen zu leiten, indem sie an ihre persönlichen Alltagserfahrungen anknüpfen und mehr Zutrauen in ihre eigene Kompetenz gewinnen.

2. Wie das Buch entstanden ist

- **aus Erfahrungen vieler Frauengruppen**
- **aus der Praxis von Ehrenamtlichen**

Die Arbeitshilfen dieses Buches sind zwar in den Jahren 1987 und 1988 aufgeschrieben worden, aber die Materialien sind in jahrelanger Arbeit mit über 40 Gesprächsgruppen entstanden. Hauptsächlich waren es Frauengruppen, einige Partner- und Selbsthilfegruppen. Manche Gedanken und Impulse aus Gesprächen sind mir noch sehr lebendig. Sie konnten zum Teil in Teilnehmeraussagen und in Texten abgedruckt werden. Anderes wurde von mir weiterentwickelt. Es erscheint wie mein eigenständiger Beitrag in diesem Buch – und doch weiß ich, daß es eine Gemeinschaftsarbeit gewesen ist.
Ich habe die Themen der letzten 10 Jahre zusammengestellt und die Schwerpunkte in 46 Stichworten bearbeitet. Durch die Verschiedenartigkeit der Gruppen ist eine Fülle von Einfällen zusammen-

gekommen, die Anstöße für unterschiedliche Gruppensituationen geben können. Die Materialien und Anregungen jedes Stichwortes sind mehrmals erprobt. Vieles ist geändert worden, um verständlicher zu werden; dennoch sind diese Erfahrungen immer noch subjektiv. Ich habe geschrieben, was ich erlebt und wie ich es erlebt habe, im Vertrauen darauf, daß die Leserin von dieser konkreten Lebendigkeit stärker angesprochen wird als durch abgehobene, abstrakte Verallgemeinerung. Ich bin mir im klaren, daß eine Anregung, die in einer Gruppe fruchtbare Gespräche auslöst, bei anderen Tln schlechter ankommt. Das hat sich schon gezeigt, als die hier veröffentlichten Themenanregungen und methodischen Hilfen in den Gruppen erprobt wurden.
So sehen die Frauengruppen aus, in denen und mit denen die ANSTÖSSE entstanden:
- 8–20 Tln
- regelmäßige Treffen (wöchentlich oder 14tägig)
- Morgentreffs (bei Bedarf mit Kinderbetreuung)
- Abendgruppen (ohne Kinder)
- Bei der Themenauswahl entscheiden alle Tln mit.
- Die meisten Tln gehören einer Altersstufe an (z. B. junge Frauen, Frauen der Lebensmitte).
- Die Leiterinnen sind ehren- oder nebenamtlich tätig.
- Aus vielen offenen Frauentreffs entwickeln sich nach der Orientierungsphase feste Gruppen, die in der Regel keine neuen Mitglieder mehr aufnehmen.

3. Für wen ich das Buch geschrieben habe
– nicht für Fachleute, die Spezialinformationen und wissenschaftliche Erkenntnisse suchen
– sondern für Frauen, die an ihre Alltagserfahrungen anknüpfen wollen und Hilfen für Gruppengespräche suchen

Viele Frauen, die Verantwortung in einer Gruppe übernehmen möchten oder schon haben, ‚stellen ihr Licht unter den Scheffel' und meinen, daß jemand, der studiert hat, das alles viel besser könne. Sie übersehen dabei ihren großen Schatz an Intuition und Kompetenz durch Lebenserfahrung z. B. in der Familie. Sie sind sich nicht bewußt, daß Bildung nicht nur eine Sache der Ausbildung, sondern auch des Herzens und der Sensibilität ist. Das Bild auf Seite 13 hat schon vielen geholfen, ihre Fähigkeiten zum Gruppenleiten besser zu erkennen.

Das Wichtigste beim Gruppenleiten ist die Persönlichkeit mit Kopf und Bauch und allen ihren Erfahrungen. Buchwissen allein nützt nichts, aber der Kopf ist wichtig zum Verarbeiten von Erfahrungen und für den Überblick. Wer versucht, aus seiner Mitte zu leben, sich auf seine Intuition zu verlassen, kann mit diesem Selbstvertrauen darangehen weiterzulernen, auch durch Üben. Ebenso wichtig ist es für jede, ihre Grenzen zu kennen, damit sie sich nicht überfordert.
Es gibt nur wenige begnadete Menschen, die diese Eigenschaften gleichmäßig und umfassend haben; aber wer beginnt, mit seinen Talenten zu arbeiten, wächst mit ihnen. Gleichzeitig gibt jede Tln einer anderen die Gelegenheit, sie zu ergänzen, wenn sie zu ihren persönlichen Grenzen steht. Ich finde es für mich gut, wenn ich mit anderen zusammen leiten kann, mit Frauen, die mehr Geduld haben als ich und mich in meiner großen Spontaneität bremsen.
Auch wer nur wenig Zeit hat, kann Gaben zur Verfügung stellen, ohne gleich die ganze Vorbereitung und Verantwortung zu übernehmen. Ich habe oft an den Vorbereitungen auf eine Gesprächsrunde lange gesessen, das Thema ‚bebrütet'. Schließlich half mir ein Telefonat weiter. Eine Tln brachte mich auf die richtige Idee und übernahm es, einen Text oder ein Spiel zu verändern (über die Aufgaben einer Gruppenleiterin siehe Stichwort ‚Gruppen leiten').

Mein wichtigstes Handwerkszeug bin ich selbst!

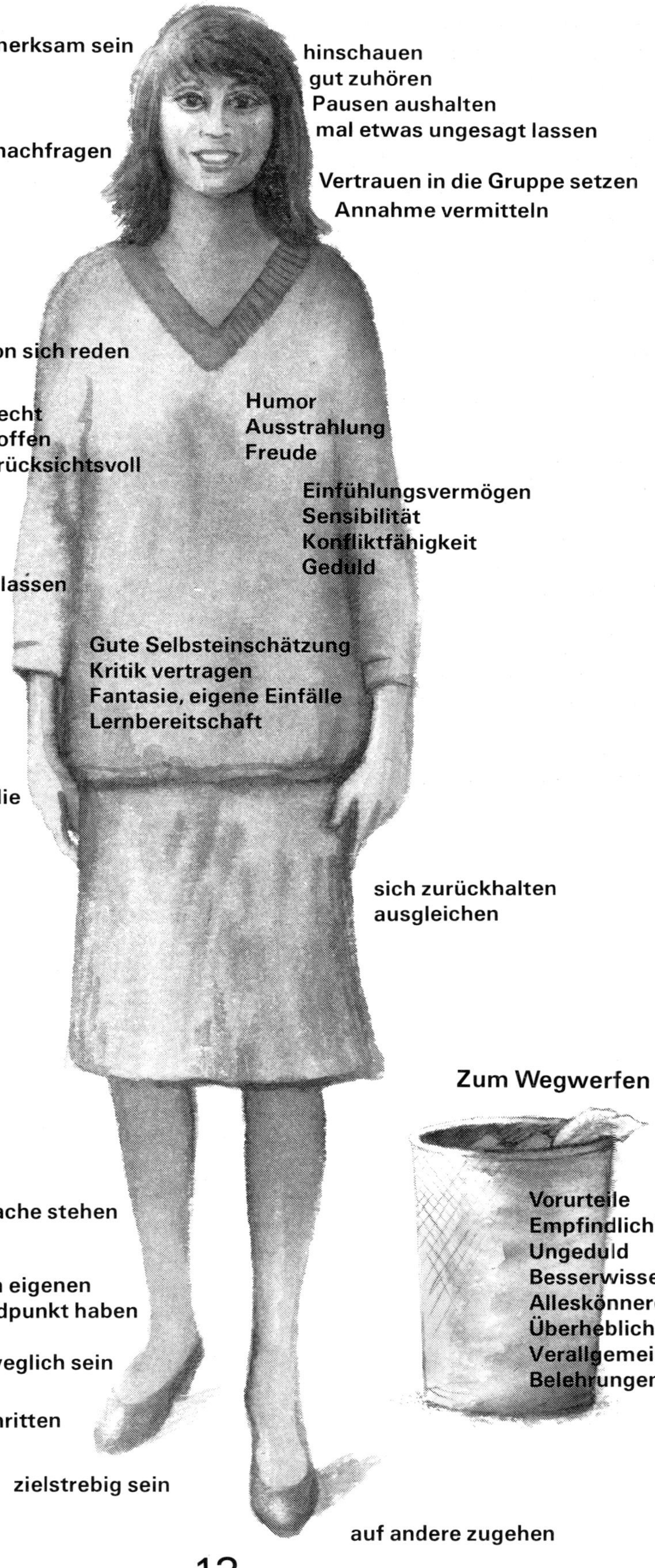

4. Wie das Buch benutzt werden kann
– nicht als Rezeptbuch
– sondern als Anstoß zu eigener Kreativität

Ich stelle mir vor, daß weder die 200 Seiten als Ganzes durchgelesen werden, noch daß das Buch ein Nachschlagewerk für diejenigen ist, die 10 Minuten vor einer Gesprächsrunde noch irgend etwas suchen. Dieses Buch ist auch kein Rezeptbuch. Wer nach einem Rezeptbuch kocht, kann einigermaßen sicher sein, daß das Ergebnis gut wird. Es wäre angenehm und einfach, wenn die Arbeitshilfen so sicher wären wie Rezepte. Da aber jeder Mensch zu jedem Zeitpunkt anders ist, muß die Gesprächsleiterin selbst herausfinden, welche der ‚angebotenen Zutaten' für ihr ‚gewünschtes Gericht' passen könnten. Dabei ist es wichtig, daß sie sich selbst wahrnimmt und die Gruppe vor Augen hat:

- Was spricht mich an? Womit kann ich so recht nichts anfangen?
- Was könnte die Tln anregen, was sie blockieren?

Sicher haben Sie als Gesprächsleiterin auch schon die Erfahrung gemacht, daß ein Thema besonders gut ankommt, wenn die Leiterin selbst begeistert ist; dann ‚springt der Funke über'. Augustinus sagt das so: „In dir muß brennen, was du in dem anderen entzünden willst." Allerdings habe ich bei mir selbst erlebt, daß ich mit einer guten Idee gescheitert bin, wenn ich nicht vorüberlegt hatte, was zu einem bestimmten Zeitpunkt sinnvoll und machbar war. Nach meiner Erfahrung gibt es gegenseitige Abhängigkeiten in bezug auf
- Raum,
- Zeit (Tageszeit und Zeit, die zur Verfügung steht),
- Anzahl der Tln,
- Prozesse in der Gruppe,
- Befindlichkeiten und Energien von Tln und Leiter/-in.

Um durch Reflexion zu mehr Sicherheit zu kommen, sind den Arbeitsmaterialien Hinweise und sinngemäße Teilnehmeraussagen beigefügt. Die Hinweise ergeben sich aus unseren Erfahrungen; die Teilnehmeraussagen helfen, sich auf mögliche Gesprächsergebnisse einzustellen. Ich hoffe, daß das die Vorbereitungen erleichtert, weil die Leiterin sich besser eindenken bzw. einfühlen kann, was in ihrer Gruppe geschehen könnte. Ich frage mich z. B. bei meinen Vorbereitungen:
- Was könnte Frau X wohl mit dem Bild anfangen?
- Was würde Frau Y vielleicht zu dem Text sagen?
- Würde Frau Z bei diesem Spiel wohl mitmachen?

Die Arbeitshilfen sind Anstöße, kein Instantpulver, das schnell das fertige Produkt herstellt. Sie sind eher mit Hefe zu vergleichen, die nur geht,
- wenn die Zutaten die richtige Wärme haben,
- wenn mit Geduld gewartet wird,
- wenn auch unterschiedliche Ergebnisse akzeptiert werden.

Ich habe erlebt, daß es manchen Leiterinnen so ging wie mir, als ich in der Erwachsenenbildung begann. Ich habe mich damals zu meiner eigenen Sicherheit wörtlich an Vorgegebenes gehalten. Erst die Erfahrungen machten mich mutiger, meiner Phantasie und meiner Intuition zu vertrauen. Allmählich wuchs meine Sicherheit so, daß ich immer weniger Anleitungen brauchte.
An zwei Beispielen möchte ich aufzeigen, wie in Gruppenarbeit erfahrenere Frauen mit den Arbeitshilfen der ANSTÖSSE umgegangen sind. Eine Gesprächsleiterin, die aus dem Stichwort ‚Rollen' das Gedicht von Martin Buber vorlas, erlebte, daß einige Frauen das Gedicht so lange veränderten, bis es ihre Befindlichkeit besser ausdrückte. In diesem kreativen Prozeß waren die Frauen so stark persönlich beteiligt, daß sich ein intensiver Erfahrungs- und Gesprächsaustausch entwickeln konnte.
Zwei Frauen eines Morgentreffs haben bei der Vorbereitung des Themenkreises ‚Gottvertrauen' die Vorschläge aus den Stichworten ‚Gotteserfahrungen' und ‚Gottvertrauen' besprochen. Sie übernahmen nur eine Anregung zum Gesprächseinstieg, die angebotenen Texte sagten ihnen nicht zu. Sie brachten sie aber auf die Idee, selbst einen Text zu schreiben. In einer kleinen Geschichte schrieb eine der Frauen auf, wie sie im Umgang mit Sterbenden einen neuen Zugang zu Gott gefunden hat. Dieser persönliche Text hat dann beim Gruppentreffen sehr viel Betroffenheit ausgelöst und zu intensiven Gesprächen angeregt.
Es konnten leider nur sehr wenige Bilder abgedruckt werden. Da aber Bilder als Einstieg zu vielen Themen hilfreich sein können, möchte ich zum Sammeln ermuntern:
Fotos von Landschaften, Menschen und Gegenständen, aus Zeitschriften und Kalendern können ebenso brauchbar sein wie Spruchkarten. Wer erst einmal angefangen hat zu sammeln, wird feststellen, daß es viel Spaß macht.
Nicht in jedem Stichwort finden sich grundsätzliche Hinweise zur Methodik, z. B. zur Gesprächsführung. Wenn Schwierigkeiten auftreten, können sich Gesprächsleiterinnen Anregungen in den Stichworten ‚Gruppe 1 und 2', ‚Gruppengespräch' und ‚Gruppen leiten' holen.

5. Wie ein Thema entstehen kann, wie es vorbereitet, durchgeführt und weitergeführt werden kann.

Was ich bis jetzt über die Benutzung des Buches gesagt habe, möchte ich durch ein Beispiel noch lebendiger werden lassen, indem ich den Weg aufzeige, den ein Thema von seiner Entstehung bis zum Gespräch in der Gruppe gehen kann.

Entstehung und Vorbereitung

In einer Gruppe regten sich die Tln darüber auf, daß in den städtischen Anlagen und vor ihren Häusern Gift gespritzt wurde: „Wir sollten mal über Umweltschutz reden."
Zwei Frauen waren bereit, sich vorzubereiten und die Leitung des Abends zu übernehmen.
Sie suchten nach Material, Texten, Bildern und nach aktuellen Zeitungsmeldungen.
Im Register der ANSTÖSSE wurde unter ‚Umweltschutz' nachgesehen. Da fand sich der Hinweis auf das Stichwort ‚Natur'; bei diesem standen drei weitere Hinweise.

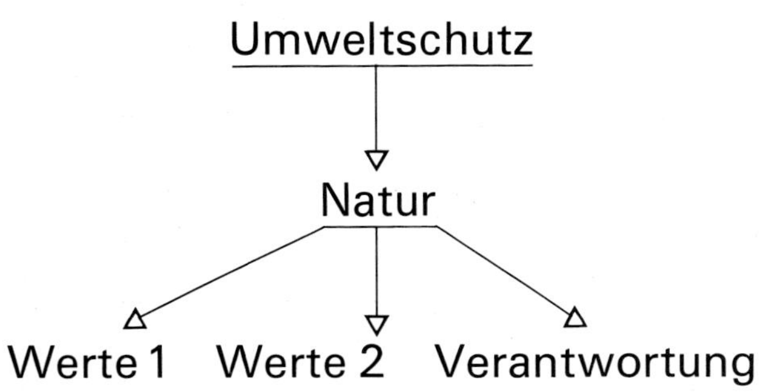

Es war viel mehr Material vorhanden, als für ein Treffen verwendet werden konnte.
Die beiden Leiterinnen versuchten herauszufinden, welcher Schwerpunkt die Tln ansprechen könnte. Sie gingen weg von dem allgemeinen Thema Umweltschutz zu einem eingegrenzteren Themenkreis: Umweltschutz in Haus und Garten.
Sie sortierten aus:

- was nicht zu diesem Thema paßte,
- wobei sie sich unsicher fühlten,
- was sie für *diese* Gruppe nicht geeignet fanden,
- was sie *heute* (aufgrund ihrer Stimmung, der Jahreszeit) nicht nehmen wollten.

Dann formulierten sie das genaue Thema mit dem aktuellen Bezug zu den Tln:

Was kann ich in Haus und Garten zum Schutz der Umwelt tun?

Anschließend wurden Ziele und Ablauf überlegt; dabei waren folgende Fragen hilfreich:

- Wieviel Zeit und Bereitschaft werden wahrscheinlich zur Verfügung sein?
- Was ist mein Anliegen für diese Gesprächsrunde, welche Ziele könnten erarbeitet werden?
- Welche Hilfsmittel (Texte, Bilder, Spiele) helfen, damit der *ganze* Mensch angesprochen wird?
- Was will ich an den Materialien verändern?
- Was nehme ich noch heraus, weil sonst die Intensität des Gespräches zu kurz kommt? (Weniger ist oft mehr!)

Thema, Ziel und der geplante Ablauf wurden kurz notiert.
Als geklärt war, wer die Gesprächsleitung übernehmen und wer Materialien (Kopien o. ä.) besorgen wollte, war die Vorbereitungsphase abgeschlossen.

Durchführung und Weiterführung

Eine Phase zum Ankommen und Anwärmen von mindestens 10 Minuten kann den Tln helfen, sich besser auf das Thema einzustellen.
Beim Thema ‚Was kann ich für den Umweltschutz in Haus und Garten tun?' hat die Gruppe damit begonnen, erst einmal mitgebrachte Zeitungsmeldungen anzusehen und auf ein großes Blatt zu kleben. Es entwickelte sich daraus ein so lebhaftes Gespräch, daß sich die Gesprächsleiterin entschied, dieses nicht abzubrechen, sondern ihren geplanten 1. Schritt fallenzulassen. Als sie nach der Einstiegsphase den Tln vorschlug, das vorbereitete Arbeitsblatt in Kleingruppen zu diskutieren, kamen

Widerstände, weil die Tln nicht aufstehen und an einen anderen Ort gehen wollten. Nach einer kurzen Diskussion entschieden sich die Tln, Dreiergruppen in der großen Runde zu bilden.

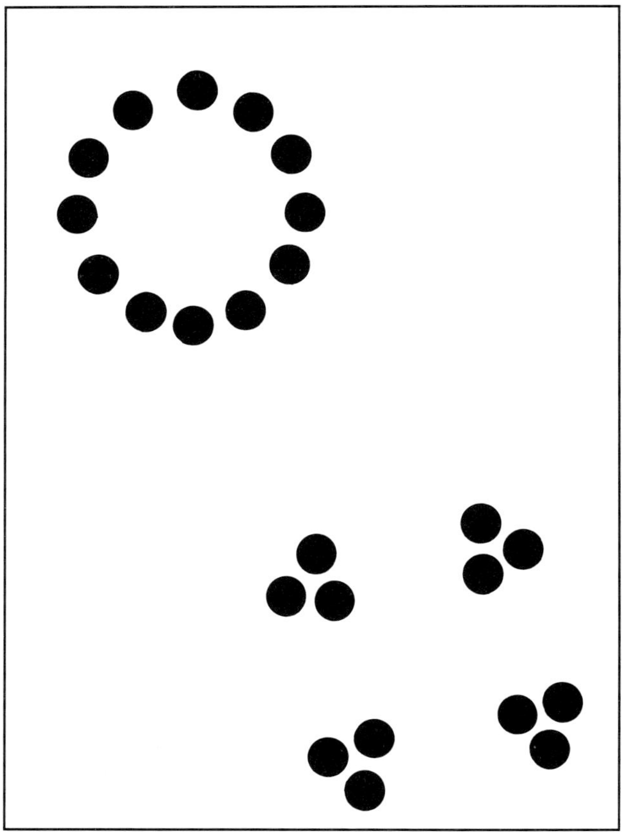

Beim anschließenden Plenumsgespräch wichen die Tln vom Thema ab und sprachen über zwei andere Schwerpunkte: „Welche Werte sind mir wichtig in meinem Leben?" und „Ich möchte nicht tun, was *man* tut".
Da es keine Tln ansprach, wies die Gesprächsleiterin darauf hin, daß das Thema verändert worden sei.
Die Tln entschieden sich, daß sie zum ursprünglichen Thema zurückkehren und konkret überlegen wollten, was sie für den Umweltschutz tun könnten.
Die Themenkreise ‚Werte' und ‚Selbständigkeit' wollten sie bei späteren Treffen behandeln.
Einige Tln übernahmen es, sich bei der Stadtverwaltung über Maßnahmen gegen Unkraut zu informieren und eventuell ein Protestschreiben gegen das Spritzen von Gift zu entwerfen. Das sollte bei einem der nächsten Treffen mit der Gruppe besprochen werden.
Das waren die Erfahrungen einer Frauengruppe; in einigen anderen Gruppen liefen die Gespräche zum Umweltschutz ähnlich, in anderen gab es einen anderen Verlauf.

Die Arbeit an diesem Buch war für mich ein sehr langer Prozeß mit Höhen und Tiefen. Am Anfang hatte ich Mühe, daran zu glauben, daß es je fertig werde. Dann habe ich es gemacht wie der Straßenkehrer Beppo (Seite 142), ich habe einfach angefangen und bin Schritt für Schritt weitergegangen.
Ich wünsche allen, die mit diesem Buch arbeiten, die Zuversicht von Beppo: Weg entsteht beim Gehen, aber auch der längste Weg beginnt mit dem ersten Schritt!
Und Mitgehende, die ermutigen, lassen sich finden!

Holle Schneider

Angst

Mißtraue deiner Angst: sie kann dich vernichten.
Vertraue deiner Angst: sie kann dich retten.

ZIEL

Erkennen,
daß Angst
zum Menschen gehört.
daß es eine Angst gibt, die lähmt, und eine, die Kräfte mobilisiert.
daß Vertrauen in mich und andere hilft, Angst zu überwinden.

Vorüberlegungen

Tausend kleine Ängste im Alltag, die große Angst vor der Zukunft: die einen sprechen davon, die anderen verdrängen sie, wieder andere vertrauen in großem Optimismus, daß moderne Technik und wachsende Vernunft die Ursachen unserer Ängste beseitigen können.
Das Wort ‚Angst' ist entstanden aus dem Wort ‚eng'. Ängste entstehen aus Bedrängung und Gefährdung, wir müssen uns eingestehen, daß wir nie angstfrei leben werden.
Wenn Sie mit Ihrer Gruppe überlegen wollen, wie Sie mit Ihren Ängsten umgehen können, ohne sie zu umgehen, dann können Sie mit dem angebotenen Text ‚Kleine Panik' das Thema direkt ansprechen. Gute Erfahrungen haben Gruppen damit gemacht, immer mal wieder über Angstbewältigung zu sprechen, Anlässe können verschiedene Alltagssituationen sein. Wenn Sie Themen wie ‚Kinder loslassen', ‚Selbstvertrauen', ‚Konflikte' anbieten, so kommen ganz natürlich auch die persönlichen Ängste zur Sprache.
Haben Sie sich für ein direktes Ansprechen der Angst mit der Kurzgeschichte entschieden, ist es gut, sich bei der Vorbereitung zu überlegen, ob Sie zur Einstimmung den Tln etwas von Ihrer persönlichen Motivation erzählen wollen oder noch einmal daran erinnern, warum die Gruppe sich das Thema gewünscht hat. Vielleicht haben Sie, wie es uns ergangen ist, ein wenig Angst vor dem Thema ‚Angst' und sagen es den Tln.

1. Schritt

Mißtraue deiner Angst – sie kann dich vernichten!

Text: Kleine Panik
Austausch im Gespräch

Plenum — 40 Minuten

Kleine Panik

Vor kurzem kam ich um zwei Uhr in der Nacht heim und hatte meine Schlüssel verloren, Gitterpforte, Haustor, Wohnungstüre, den ganzen Bund. Schon bei unseren Freunden hatte ich den Verlust bemerkt und sie gebeten, während ich mich schon auf den Weg machte, G. anzurufen, damit er herunterkäme. Doch war, als ich die Straße überquerte, am Gittertor niemand zu sehen, auch der breite Kiesweg, der auf das Haustor zuführt, war leer, und mit seinen dunklen Fenstern stand das große Mietshaus wie ein toter Felsblock in der Nacht. Daß zu dieser Stunde über Rom ein Schneefall niederging und ein eisiger Wind die Flocken über die nasse Asphaltstraße trieb, war schon Verfremdung, nun bemerkte ich auch, daß die große Bananenstaude im Vorgarten in dieser Nacht erfroren war und sich, gerade noch aufrecht stehend, in ihre schwarzverfärbten Blätter wie in Pestlumpen hüllte. Ich stand eine Weile vor dem Gitter und überlegte, was ich, zu dieser Stunde und ohne Geld in der Tasche, tun sollte, wenn meine Nachricht G. nicht erreicht hatte oder wenn er aus irgendeinem Grunde nicht herunterkam. Meine Lage war ein wenig unangenehm, weil es keine Möglichkeit gab, von der Straße heraufzuläuten, und weil die Fenster unserer Wohnung von dieser abgewandt und jedem Zuruf unerreichbar waren. Der Schrecken, der mich nach einigen Minuten des Wartens überkam, war trotzdem ganz ungebührlich, eine Art von Wahnsinn, in dem sich jede Größenordnung verrückte. Ich fand mich ausgesetzt, ausgestoßen, ja, ich zweifelte daran, je hier zu Hause gewesen zu sein. Die dunklen Fenster schienen mir vermauert, das ganze

Haus unbewohnbar und nie bewohnt. Da ich es unwillkürlich gleichsetzte mit meinem eigenen behüteten Leben, wurde auch dieses mit einem Male fragwürdig, vielleicht gab es gar keinen Menschen, der auf mich wartete, vielleicht hatte es nie so etwas gegeben wie eine brennende Lampe, ein aufgedecktes Bett. Mit dem Schlüssel war auch das Aufzuschließende verloren, nämlich mein ganzes bisheriges Ich. Was hier draußen im Schneetreiben stand, war nicht viel mehr als ein leerer Handschuh, und wie ein bekanntes, aber aus dem Zusammenhang gerissenes Wort, ein paarmal hintereinander gesprochen, sinnlos und fratzenhaft im Leeren hängt, wurde mein eigenes Wesen, von mir selbst hergenommen, zur Fratze, zum Gespenst. Von solchen Vorstellungen in eine stumpfe Verzweiflung getrieben, lehnte ich mich an das Eisengitter, dessen körnig-nasse Stäbe mir in die Stirn schnitten. Ich spürte, wie ich wankte, wie auch das Gitter, diese letzte Stütze, sich in Nichts aufzulösen drohte. Im nächsten Augenblick aber wußte ich, was wirklich geschah: Die Gittertüre, von G. vorsorglich geöffnet und nur angelehnt, wich zurück und gab mir den Weg frei. Mit dem Haustor begab sich dasselbe, mit der Wohnungstüre auch, und so, in einer Folge zauberhaft stillen Eingelassenwerdens, fand ich in die liebevolle Wirklichkeit zurück.

M. L. Kaschnitz

Anleitung

- Nach dem Vorlesen äußern die Tln spontan Gedanken und Empfindungen.
- Die Gruppenleiterin legt einige Kopien in die Mitte, damit bei Bedarf der Text noch einmal angesehen werden kann.

Mögliche Fragen

- Kenne ich ähnliche Situationen aus meinem Leben?
- Habe ich schon Angst erlebt, die die Realität verzerrt hat?
- Kenne ich Panik oder Verzweiflung, die dem Anlaß völlig unangemessen zu sein scheinen?
- Gibt es Ängste, die mich so lähmen, daß ich nicht mehr handeln kann?

Teilnehmeraussagen aus unterschiedlichen Gruppen

- „So ver-rückt bin ich auch manchmal."
- „So unheimlich allein fühle ich mich auch, wenn ich Angst habe."
- „Die Frau ist hysterisch! Angst vor Krebs, das könnte ich verstehen."
- „Angst macht mich blind und lähmt mich, manchmal sehe ich keinen Ausweg mehr."
- „Ich habe nicht um mich Angst, sondern um meine Kinder, wenn sie mit dem Fahrrad unterwegs sind und ich das Martinshorn höre."
- „In einer fremden Stadt habe ich immer wieder Angst, mein Auto nicht wiederzufinden, das ist so etwas wie das Ausgesetztsein der Frau in der Geschichte."
- „Die Angst vor Einbrechern macht eine Nachbarin so unbeweglich, daß sie gar nicht mehr das Leben genießen kann, sie ist schon lebendig begraben in ihrer Festung."
- „Manchmal fühle ich mich auch wie ein leerer Handschuh, die Angst frißt mich auf."
- „Unvorhergesehenes, Nicht-Eingeplantes macht mir Angst. Da sage ich leicht: Das kann ich nicht, und resigniere."
- „Ich habe mich bis vor kurzem für die starke Frau gehalten, die keine Angst hat. Aber dann plagten mich ganz fürchterliche Alpträume, und ich merkte, daß nicht ich mein Leben, sondern die Angst mich fest im Griff hatte."

Hinweis

Ängste, die ausgesprochen werden, sind schon weniger bedrückend. Deshalb ist es gut, wenn die Tln spüren, daß Angst kein Tabuthema ist, z. B. brauchen sie sich nicht ihrer Angst vor Spinnen oder vor Blamage zu schämen. Es kann erleichternd sein zu hören, daß andere Tln auch Versagensängste haben, Angst, nicht angenommen und geliebt zu sein, oder Angst vor Krankheit und Tod. Hier in der Gruppe können die Tln lernen, sich mit ihren Ängsten ernst zu nehmen und sich nicht zu beschwichtigen: Du brauchst doch keine Angst zu haben!
Die Erfahrung hat gezeigt, daß die Besprechung der negativen Wirkungen von Angst nicht zuviel Raum einnehmen darf, sonst ist es schwierig, aus einer bedrückenden und lähmenden Atmosphäre noch zu einem positiven Ansatz zu finden. Vielleicht gelingt das bei Ihnen schon nach dem Gespräch über die Kurzgeschichte, dann können Sie mit dem 3. Schritt fortfahren. Sonst kann das Bild im 2. Schritt helfen, auf die aktivierende und heilsame Funktion der Angst hinzuweisen.

2. Schritt

Vertraue deiner Angst – sie kann dich retten!

Zeichnung
Austausch im Gespräch

Plenum 40 Minuten

Hinweis

Das Bild wird von Tln sehr unterschiedlich erlebt. Die einen erstarren vor Schreck über die tödliche Bedrohung, die anderen finden nichts Bedrohliches, weil der Mensch geschützt in einem Hohlraum unter den Steinen sein wird.

Anleitung

- Jede Tln bekommt eine Kopie
- Wenn die Tln sich nicht spontan äußern, können folgende Fragen weiterhelfen:
  - Was nehme ich wahr?
  - Wie geht es mir mit dem Bild?
  - Welche Erlebnisse fallen mir ein?
  - Was möchte ich davon erzählen?
  - Hat mich schon einmal Angst vor etwas (z. B. dem Ertrinken) motiviert, Neues anzufangen, Anstrengungen auf mich zu nehmen, etwas Waghalsiges zu unterlassen?

Es ist wichtig, daß die persönlichen Aussagen nicht als richtig oder falsch bewertet werden. Jede hat recht, wenn sie von sich spricht.

Teilnehmeraussagen aus unterschiedlichen Gruppen

- „Wie schrecklich, der sichere Tod."
- „Kein Grund zur Angst: Warum sollen die Kugeln diesen Menschen treffen? Er kann doch weglaufen."
- „Die tiefste Stelle kann auch die geschützteste Stelle sein, weil die Kugeln wohl kaum platzen."
- „So bedroht fühle ich mich von den Problemen unserer Zeit."
- „Aber es gibt doch einen Ausweg, wenn wir nur handeln!"
- „Wir haben noch zu wenig Angst vor der Zukunft. Wir machen unsere Augen zu vor der Zerstörung der Natur, sonst würden wir uns ändern."

Hinweis

Ermuntern Sie die Tln, von Situationen zu erzählen, in denen die Angst der Antrieb war, Unwissenheit, Bequemlichkeit oder ... zu überwinden und dadurch etwas zu verändern. Das kann das Beispiel der 40jährigen alleinstehenden Frau sein, die aus Angst vor dem „leeren Nest" und der Einsamkeit eine Berufsausbildung beginnt. Eine andere junge Frau war nach Tschernobyl so in Angst wegen der Umweltverseuchung, daß sie eine Initiative in der Kleinstadt gründete, die bis heute schon viele Menschen wachgerüttelt und zu einem anderen Lebensstil ermutigt hat.
Diese Beispiele können den anderen Tln Mut machen, Ängste anzunehmen.
Wenn ein intensiver Gesprächsaustausch stattfindet, den Sie nicht abbrechen wollen, so kann der 3. Schritt auch für ein nächstes Treffen vorgesehen werden. Sie können hier mit einem kurzen Rundgespräch: „Was nehme ich zum Weiterdenken mit?" abschließen.
Wenn Sie am Umgang mit Ängsten vor der Zukunft arbeiten wollen, finden Sie Anregungen unter den Stichwörtern „Natur" und „Werte".

3. Schritt

Vertrauen überwindet Angst

Bild
Austausch im Gespräch

Plenum 40 Minuten

Anleitung

- Jede Tln bekommt eine Kopie des Bildes.
- Eine Stille von ca. 5 Minuten wird angeregt.
- Danach tauschen die Tln ihre Gedanken und Empfindungen aus.
- Es kann die Frage gestellt werden: Erinnern Sie sich an Situationen, in denen Sie einen Schritt aus der Angst gewagt haben, weil jemand da war, der Ihnen die Hand reichte?

Den „Käfig der Angst" zu verlassen ist einfacher, wenn es ein „Du" gibt, eine Be**zieh**ung zu einem anderen, zu jemandem, der einen heraus**zieht**. Dann schmelzen die Gitterstäbe der Angst. In der Kurzgeschichte hat mangelndes Vertrauen zu großen Ängsten geführt, die sich als grundlos erwiesen.
Das Bild zeigt einen Petrus, der, erst als er seine Angst verläßt, sich auf Jesus einlassen und verlassen kann. (Mt 14, 22–32)

Überlegungen von Tln aus unterschiedlichen Gruppen
(Diese können Ihnen bei der Vorbereitung helfen. Bei Ihrem Gruppentreffen kommen vielleicht andere Schwerpunkte.)

- Das Kind, das als Nichtschwimmer ins tiefe Becken springt, hat unendliches Vertrauen in Vater und Mutter, die es halten.
- So kann auch der erwachsene Mensch seine Angst verlassen und über sich hinauswachsen, wenn er sich auf einen Menschen oder auf Gott einläßt.
- Das Boot meiner Gewohnheit, Bequemlichkeit und vermeintlichen Sicherheit zu verlassen macht Angst.
- Wenn ich einen neuen und schwierigen Weg gehen will, werde ich oft von den Ängsten anderer zurückgehalten.
- Ich kann mich nicht allein am eigenen Schopf aus dem Sumpf **ziehen.** Die Be**zieh**ung zu anderen macht mich stark.
- Wir begegnen Gott nicht unmittelbar, so wie Petrus Jesus sah, aber der Anruf Gottes durch einen Menschen kann uns helfen, Ängste und Unsicherheiten zu überwinden.
- Manchmal versinke ich richtig in der Angst zwischen zwei mutigen Schritten.
- Sind wir, ist unsere ganze Erde auf einem sinkenden Schiff? Am alten festhalten macht Angst, neue Wege wagen macht ebenso Angst. Hören wir genug auf den Anruf aus einer anderen Dimension?
- Ich stimme Martin Luther zu, der sagte, er würde heute noch ein Apfelbäumchen pflanzen, auch wenn er wüßte, daß morgen die Welt unterginge. Das hilft mir, meine Angst durch Tun zu überwinden.

Hinweis auf zwei Alternativen

1. Wir haben zu dem Thema „Angst" mit dem Märchen „Hänsel und Gretel" gearbeitet. Zuerst hat es die Tln etwas befremdet, aber dann war das Erstaunen groß, daß fast jede Tln sich mit ihren Ängsten wiederfinden konnte:

   Angst vor Verlassen- und Getrenntwerden von geliebten Menschen

   Angst vor Arbeitslosigkeit und materieller Not

   Angst vor Eingeschlossensein,
   vor Handlungsunfähigkeit im „goldenen Käfig",
   u. a. m.

   Positiv wurde empfunden, daß das ängstliche Mädchen Gretel sich zur mutigen Retterin entwickelt. Das Klischee der bösen Stiefmutter ärgerte. Wenn Sie nicht nur über das Märchen, sondern anschließend auch über die persönlichen Ängste der Tln sprechen wollen, benötigen Sie mindestens 2 Stunden Zeit.

2. Auch die andere Alternative – ein Rollenspiel – sollten Sie nur anbieten, wenn Sie etwa 2 Std. Zeit zur Verfügung haben. Wir haben die biblische Erzählung „Petrus geht Jesus auf dem Wasser entgegen" (Mt 14, 22–32) gespielt und dabei sehr intensive persönliche Erfahrungen gemacht.

Mögliche Weiterführung

Stichwort: ‚Selbstvertrauen'
‚Vertrauen'

Warum ist die Angst vor Enttäuschung, Mißerfolg – ich weiß ja gar nicht, ob es passiert – größer als die Hoffnung und das Vertrauen, daß es gutgeht?

Annahme

Ich bin einmalig! Ich bin ich!

ZIEL

Mir bewußtmachen,
daß jeder Mensch
anders ist,
daß ich wertvoll und wichtig bin
in meiner Eigen-art.

1. Schritt

Jeder Mensch ist anders.

Blumenmeditation
Austausch im Gespräch

Plenum — 30 bis 60 Minuten

Vorüberlegungen

Bevor Sie sich für dieses Thema entscheiden, ist es günstig zu überlegen, ob die Tln noch sehr am Anfang in ihren Bemühungen stehen, ihren eigenen Wert zu erkennen. Vielleicht halten Sie es dann für besser, zuerst über die Themen zum Stichwort „Selbstbewußtsein" zu sprechen.
Wir haben auch gute Erfahrungen damit gemacht, die folgende Blumenstraußmeditation als Einstieg für eine anschließende Weiterarbeit mit dem Bogen auf Seite 202 zu benutzen.
Vertrauen Sie Ihrer Intuition, die Ihnen hilft herauszufinden, welche der Angebote für Ihre Gruppe gut sein können!
Gerade bei jüngeren Frauen hat sich der Einstieg mit dem Bilderbuch „Ich bin ich" bewährt. Es macht auch Spaß, das kleine „Ich bin ich" als Weiterführung zu basteln. Wenn Sie lieber mit der gleichnamigen Dia-Serie arbeiten wollen, können Sie die Bestelladresse im Anhang finden.
Von den vielen Möglichkeiten, dieses Thema einzuführen, wird im Folgenden eine Blumenstraußmeditation näher beschrieben. Dieser Einstieg hat sich in blumenreichen Jahreszeiten (Sommer und Herbst) als sehr günstig erwiesen.

Anleitung

Auf einem Tisch (viel Platz zum Herumgehen) liegen in verschiedenen Farben und Formen doppelt so viele Blumen wie Tln. Die Größe der Blumen sollte in etwa zueinander passen, damit sie später einen bunten Strauß bilden können. Die Teilnehmer betrachten schweigend die Blumen, wählen eine aus und setzen sich in den Stuhlkreis.
Entscheiden Sie als Gruppenleiterin nach Ihrem gegenwärtigen Eindruck (was sehen/spüren Sie im Moment?), ob Sie eine kleine Stille ankündigen, in der jede Tln still ihre Blume betrachtet, oder ob Sie einige Gedanken (mit viel Pausen) dazu sagen wollen:

- „Ich versuche, die Blume anzuschauen, als ob ich sie zum ersten Mal sehe!"
- „Mir fällt vielleicht einiges auf, das ich bis jetzt übersehen habe!"
- „Ich ‚genieße' die Blume (taste, rieche, . . .)."
- „Ist die Blume groß oder klein, stachelig oder weich, die Blüte hell oder dunkel, geschlossen oder geöffnet?"
- „Was hat diese Blume mit mir zu tun?
  Fühle ich mich wie . . . .?"
- „Möchte ich der Gruppe (durch die Blume) etwas darüber sagen, was ich erfahren habe, wie es mir geht?"

Die Tln setzen eine nach der anderen die Blumen in die Vase in der Kreismitte und haben dabei Gelegenheit, sich zu ihrer Blume zu äußern. Die Gruppe sollte sich Zeit nehmen, die Schönheit des Straußes auf sich wirken zu lassen. Ermuntern Sie die Tln., Gedanken und Gefühle zu äußern. Vielleicht kommt bei Ihnen ähnliches zur Sprache wie bei uns oder ganz anderes.

Überlegungen von Tln aus unterschiedlichen Gruppen:

- Einzelne Blumen sind so verschieden, aber zusammen ergeben sie eine herrliche Komposition. Auch in der Musik ergeben erst die verschiedenen Töne eine Melodie.
- Bei jeder Blume ist es eine andere Eigenschaft, die die Schönheit ausmacht: die Farbe, die Größe oder die Fülle von kleinen Blüten.
- Es tröstet, daß die herrliche Rose Stacheln hat. So ist auch bei den Menschen nicht alles angenehm.
- Manches, das uns beim Betrachten negativ erscheint, ist es nicht: die Rose braucht die Stacheln als Schutz.

Hinweis

Vielleicht bringen die Tln den Gedanken zur Sprache, daß meine Stärken auch meine Schwächen sein können und umgekehrt. Wenn Sie näher darauf eingehen wollen, daß wir uns erst wirklich annehmen, wenn wir auch unsere Grenzen annehmen, dann finden Sie Anregungen unter dem Stichwort ‚Selbstbewußtsein 2'.
Wir haben verschiedentlich erlebt, daß die Tln den Strauß als Symbol ihrer Gruppe empfanden. „Das sind wir, so wie wir sind." Wenn die Tln dann austauschen, wie eine von der anderen gelernt hat oder wie sie sich gegenseitig ergänzen, können diese Überlegungen das Gruppengefühl sehr stärken.

2. Schritt

Jeder Mensch ist einzigartig.

Gespräch über den Text:
In einem schönen Garten

Plenum
oder Kleingruppe 60 Minuten

In einem schönen Garten standen eine Rose, eine Sonnenblume, ein Stiefmütterchen, eine Gladiole, ein Gänseblümchen und ein Vergißmeinnicht. Eines Tages kam jemand in diesen schönen Garten, sah die vielen schönen Blumen und bewunderte sie. Dann nahm er ein Metermaß aus seiner Tasche und fing an, alle Blumen zu messen, ihre Größe und die Weite ihrer Blüte.
Dann ging der Mann wieder weg.
Selbstbewußt stand die große, weite Sonnenblume auf ihrem hohen Stengel und dachte: „So groß und so stark wie ich ist keine!!!" Darüber regte sich die Rose auf und sagte: „Aber keine duftet so herrlich und ist so schön wie ich." „Pfh . . .", dachte die Gladiole, „wie können die beiden so reden! Was heißt hier Größe und Duft! Keine von beiden hat doch so viele schöne Blüten wie ich!!"
Das Stiefmütterchen, das Gänseblümchen und das Vergißmeinnicht wurden kleiner und kleiner, als sie das alles hörten. Da tröstete das Gänseblümchen das Vergißmeinnicht und sagte: „Zum Glück werden wir von vielen Menschen sehr geliebt." „Ja", sagte das Vergißmeinnicht, „nicht umsonst nennt man mich – Vergißmeinnicht –." Da sprach das Stiefmütterchen: „Wie könnt ihr nur so denken! Wie könnt ihr euch messen nach Stärke und Größe, nach Duft und Farbenpracht! Habt ihr vergessen: ob groß oder klein, ob stark oder schwach, jedem von uns gab der Schöpfer sein eigenes Kleid, in seinen Augen sind wir alle gleich schön. Jedem von uns schenkt er im gleichen Maße Sonne und Regen. Das ist das Geheimnis seiner Liebe.

Willi Hoffsümmer

Mögliche Fragen

- Vergleiche auch ich mich oft mit anderen?
- Bin ich auch manchmal traurig, wenn ich mit anderen verglichen werde?
- Bewerte ich andere, indem ich sage: Die ist eine gute, die ist eine schlechte Hausfrau?
- Möchte ich manchmal sein wie . . .?
- Stelle ich manchmal mein Licht unter den Scheffel und wundere mich, daß andere mich nicht wahrnehmen?
- Habe ich Hemmungen, als Angeberin zu gelten, wenn ich wie eine Rose duften und leuchten möchte?

Abschluß

Einige Gedanken, die Tln aus verschiedenen Gruppen wichtig waren, sind hier zusammengestellt. Was zum Gespräch in Ihrer Gruppe paßt, können Sie zum Abschluß so langsam vortragen, daß die Tln in Ruhe noch einmal einiges überdenken können:

Jede ist anders.

Jede hat ihre besonderen Begabungen, ihre Individualität.

Jede ist schön, ist anregend, ist aufregend.

Die eine ist groß und weithin sichtbar, aber auch einsam wie die Sonnenblume.

Die andere ist klein wie ein Löwenzahn, der die Kinder als Pusteblume erfreut.

Wieder andere sind stachelig wie eine Rose, aber von strahlender Schönheit.

Nehme ich mich an, wie ich bin, mit meinen Stärken und Schwächen?

Nehme ich die anderen an mit ihren Fähigkeiten und mit ihren Grenzen?

Mich und andere annehmen heißt nicht, alles billigen.

Im biblischen Schöpfungsbericht steht: „Gott sah, daß es gut war." Das hebräische Wort für ‚gut' bedeutet gleichzeitig auch ‚schön'.

Kann ich mich an ‚wertvollen' Menschen erfreuen, ohne gleich nach ihrer ‚Nützlichkeit' zu fragen, so wie ich mich an der verschwenderischen Fülle der Natur erfreue?

Glaube ich, daß mein Wert von meiner Leistung abhängt, oder bin ich mir gewiß, daß ich meinen Wert in mir selbst habe, daß es mich nur einmal gibt?

Gott hat meinen Namen in seine Hand geschrieben. (Jesaja 49, 10–22)

Er hat alle Haare auf meinem Haupte gezählt. (Mt 10, 30)

So wichtig bin ich, so bedingungslos werde ich geliebt!

Impuls zum Mitnehmen und Weiterdenken

Oft haben Frauen erzählt, daß sie das folgende Gedicht an ihre Pinnwand gehängt und viel darüber nachgedacht haben.

Sag Ja zu Dir

Sag ja zu dir, so wie du bist.
Nur wer barmherzig mit sich ist,
ist's auch zum andern neben sich.
Gott will, daß du ihn liebst wie dich.

Sei gut zu dir und nimm dich an.
Nur wer sich selber lieben kann,
liebt auch den andern neben sich.
Gott will, daß du ihn liebst wie dich.

Entdecke dich und deinen Wert.
Nur wer die eigenen Gaben ehrt,
ehrt auch den andern neben sich.
Gott will, daß du ihn liebst wie dich.

Vergib dir Fehler und Fragment.
Nur wer die eigenen Grenzen kennt,
vergibt dem andern neben sich.
Gott will, daß du ihn liebst wie dich.

Gott nimmt dich an und ist dir gut.
Gib weiter, was er Gutes tut,
an deinen Nächsten neben dir.
Dann wird aus ich und du ein Wir.

Detlev Block

Vielleicht wollen Sie das Gespräch über ‚sich annehmen' beim nächsten Treffen weiterführen und mit dem Gedicht einleiten. Wir haben gute Erfahrungen damit gemacht, jeweils nur eine Strophe in Zweier- oder Dreiergruppen zu geben und sich darüber auszutauschen.

Mögliche Weiterführung

Stichwort ‚Selbstbewußtsein 1 und 2'
‚Selbstvertrauen'

Es ist das Schwerste,
den anderen zu
jedem Zeitpunkt
so anzunehmen, wie er ist.

Carl Rogers

Man wandelt nur,
was man
annimmt.

C. G. Jung

Man kann nicht
von einem Häschen
erwarten,
daß es sich
wie ein Löwe
benehmen wird.

Edith Stein

Erziehung

Erziehen ist nicht kinderleicht!

ZIEL

Sich klarer werden:
Wie bin ich erzogen worden?
Was ist mir wichtig
bei der Erziehung meiner Kinder?

Die Vorüberlegungen der Gruppenleiterinnen und ihre einleitenden Worte sind immer so verschieden, wie die Personen verschieden sind. Zu diesem Stichwort werden die Gedanken von zwei verschiedenen Leiterinnen abgedruckt, um deutlich zu machen, daß jede das Thema so angeht, wie es ihrer Erfahrung entspricht, und um Ihnen als Gesprächsleiterin Mut zu machen, **Ihre** Form der Hinführung für **Ihre** Gruppe zu suchen.

Vorüberlegungen

In der Erziehung helfen uns Rezepte wenig. Im Gegenteil, vielleicht haben auch Sie schon die Erfahrung gemacht, daß die Ratschläge von sogenannten Experten negative Folgen haben können (z. B. möglichst jeder soll Abitur machen). Die Tln einer Gesprächsgruppe sagte einmal: „Meine Eltern hatten es gut, die machten sich nicht viele Gedanken über unsere Erziehung, das lief von selbst. Ich aber habe heute große Angst, alles falsch zu machen. Man weiß ja gar nicht mehr, wo es langgeht!" Früher war die Welt überschaubarer, auch die, in die die Kinder hineinwachsen sollten (Sohn in Beruf des Vaters, Tochter in Rolle der Mutter). ‚Gehorsamkeit' war ein besonders wichtiges Erziehungsziel. Wer eigenwillige Wege ging, fiel aus dem festgefügten Rahmen der allgemeinen Normen.
Heute, wo wir die Welt nicht kennen, in die unsere Kinder hineinwachsen, ist die Verunsicherung sehr groß. Der Kinderpsychologe Bettelheim macht den Eltern Mut, mehr ihren eigenen Vorstellungen, ihrer Intuition zu vertrauen als den Experten. Um so wichtiger ist es daher für Eltern, immer wieder ihre persönlichen Erfahrungen und Grundhaltungen zu überdenken.

Alternative Vorüberlegungen

Er-ziehung setzt Be-ziehung voraus. Die Beziehung zwischen Eltern und Kindern ist von Liebe und bedingungsloser Annahme getragen.
Wo weder Liebe noch Annahme spürbar sind, werden Eltern und Kinder sich oft gleichgültig, oder die Beziehung gleicht einer „Geschäftsbeziehung". Z. B.: „Wenn du jetzt schön brav bist, dann darfst du heute abend fernsehen." „Ich habe doch alles für dich getan (jetzt erwarte ich, daß du mich nicht enttäuschst), und nun diese Schande!"
Redewendungen und Sprichwörter drücken aus, welche Haltungen, Werte, Bewertungsmaßstäbe unsere Eltern-Kind-Beziehung bestimmen. Sie sind zum Teil aus unserer eigenen Erziehung übernommen, aber auch zeittypisch.
Eine Beschäftigung mit den Redewendungen hat sich zum Einstieg schon mehrfach bewährt. Falls Ihnen das nicht zusagt, wollen Sie vielleicht lieber mit einem Rundgespräch über die Karikatur beginnen oder gleich mit dem zweiten Schritt in das Thema einsteigen oder . . .

1. Schritt

Welche Erziehungsprinzipien haben mich geprägt?

Gespräch über das Arbeitsblatt

Plenum
oder Kleingruppen 30 Minuten

Wenn wir unsere eigenen Wertvorstellungen, unsere Grundhaltung in der Erziehung überdenken wollen, ist es gut, uns bewußt zu werden, nach welchen Prinzipien und Maßstäben wir erzogen wurden.

Anleitung

- Die Tln haben eine Kopie des Blattes vor sich liegen und lassen in einer kurzen Stille die verschiedenen Sätze auf sich wirken.
- Anschließend werden alle Redewendungen von verschiedenen Tln laut vorgelesen.
- Die Tln berichten, welcher Satz ihnen besonders auffällt und welche positiven oder negativen Erinnerungen damit verknüpft sind.

Hinweis

Es kann sein, daß die Tln sehr schnell Erlebnisse aus ihrer eigenen Kindheit und Jugend austauschen, z. B.:

welche Schuldgefühle durch die Erwartungshaltung der Eltern bei ihnen ausgelöst wurden;

wie sie sich trotz manch negativer Erfahrungen heute gut weiterentwickelt haben.

Es wäre gut, wenn in dem Gespräch herausgearbeitet werden könnte, daß wir bei der Erziehung unserer Kinder durch unsere eigenen Kindheitserfahrungen geprägt sind. Um dies deutlicher werden zu lassen und bewußter damit umzugehen, können Sie jetzt die im zweiten Schritt gezeigten Bilder auf den Tisch legen.

Arbeitsblatt

Redewendungen, die ich als Kind gehört habe:

Es ist noch kein Meister vom Himmel gefallen!

Jeder ist seines Glückes Schmied.

Was Hänschen nicht lernt, lernt Hans nimmermehr.

Ehrlich währt am längsten.

Wenn du erst mal arbeiten mußt, dann ...

Du bist ein liebes Kind, wenn ...

Hast du auch schön „Danke" gesagt?

Das tut man doch nicht!

Aus dir wird nie was!

Was auf den Tisch kommt, wird gegessen!

Ein Junge weint nicht!

Der liebe Gott sieht alles.

Solange du deine Füße unter meinen Tisch stellst, ...

Kinder soll man sehen, aber nicht hören!

Das hätten wir uns früher mal leisten sollen.

Komm du erst mal mit deinen Tagen in meine Jahre!

Du mußt es nur wollen, dann klappt es schon!

Lerne Ordnung, liebe sie – sie erspart dir Zeit und Müh'!

Wer rastet, der rostet!

Was du nicht willst, das man dir tu, das füg auch keinem anderen zu!

Vertrauen ist gut, Kontrolle ist besser!

Hast du nichts, bist du nichts!

Aus Schaden wird man klug!

Hilf dir selbst, dann hilft dir Gott!

Blüh wie das Veilchen im Moose,
sittsam, bescheiden und rein,
und nicht wie die stolze Rose,
die immer bewundert will sein!

2. Schritt

Eine Familie um die Jahrhundertwende, eine Familie von heute

Gespräch über zwei Fotos

Plenum 30 Minuten

Anleitung

- Erziehungsprinzipien früher:
  Aus unseren Erlebnissen versuchen wir, einige Erziehungsprinzipien herauszufinden, die unseren Eltern und Großeltern wichtig waren, z. B.:
  Gehorsamkeit
  Ehrlichkeit
  Gelassenheit
  Ordnung
  Respekt
  Dankbarkeit
  Rollendenken
  Fleiß

Zum Teil sind das Prinzipien, die der Entfaltung der Einzelpersönlichkeit zu wenig Raum ließen und heute nicht mehr in unser Bild von Familie passen.

- Erziehungsprinzipien heute:
  Welche der nachfolgenden Eigenschaften sind in unserem Erziehungsrahmen heute noch unverzichtbar? Was hält mich, und was könnte meinen Kindern Halt und Profil geben?

  Selbständigkeit
  Ehrlichkeit
  Gelassenheit
  Vertrauen
  Ehrfurcht
  Verantwortung
  Liebe
  Verläßlichkeit
  Gesprächsbereitschaft
  Rücksicht

  ....
  ....
  ....

Hinweis

Der Begründer des Kindergartens, Friedrich Fröbel, sagte vor 150 Jahren, Erziehung sei Beispiel und Liebe, sonst nichts! Diese Aussage gilt heute noch, nur ist beides, „das Beispielgeben" und „das Lieben", schwieriger geworden. Damit mein **Beispiel** überzeugt, sollte ich mein Denken und Handeln immer wieder hinterfragen:

Bin ich immer ganz ehrlich in dem, was ich sage und tue?
Bin ich bereit, an mir zu arbeiten, mich zu verändern, bevor ich andere verändern will?

Liebe ist keine Geschäftsbeziehung, die abgibt, um einen Gegenwert zu bekommen. Echte Liebe ist bedingungslos (siehe Stichwort „Kind").
Um das einsichtiger zu machen, können Sie zusammen mit den Tln das Erziehen mit der Arbeit des Gärtners vergleichen.

3. Schritt

Erziehen ist wachsen und reifen lassen.

Gespräch über den Vergleich mit dem Gärtner

Plenum 30 Minuten

Die Tln überlegen, evtl. anhand eines Fotos aus dem Blumengarten, was ihnen einfällt, wenn sie das Erziehen mit der Arbeit eines Gärtners vergleichen. Die folgenden Überlegungen dienen Ihrer Vorbereitung als Gesprächsleiterin, vielleicht wollen Sie einiges davon beim Gruppengespräch einfließen lassen.

Erziehen ist wachsen und reifen lassen

Der Gärtner weiß, daß jeder junge Keimling andere Ansprüche an den Boden hat. Nicht alles wächst überall. Die junge Pflanze braucht Sonne, Halbschatten oder Schatten. Nach zuviel Regen muß ein Gärtner sie wieder aufrichten und stützen, bei Trockenheit muß er gießen. Er muß viel Geduld haben (es gibt Samen, der noch nach 30 Jahren keimt). Es darf nicht zuviel gedüngt werden, dann wird die Pflanze schwach, hat keine eigenen Abwehrkräfte, ist überzüchtet. Wenn das ökologische Gleichgewicht stimmt, wird die Pflanze mit Ungeziefer und ungünstigen Bedingungen selbst fertig, sie kann entwickeln, was in ihr ist. Wenn der junge Baum immer so beschnitten wird, daß er die Form hat, die der Gärtner haben möchte, manipuliert dieser. Dann ist es nicht mehr der besondere Baum, sondern sein Bild vom Baum. Der Gärtner erfährt, daß er sich anstrengen und sein Möglichstes tun muß, daß aber nicht alles in seiner Macht liegt. Ein guter Gärtner hat Ehrfurcht vor dem Lebendigen und akzeptiert, daß er seinen Garten nie in den Griff bekommt.

Wenn es den Tln noch etwas Mühe macht, davon zu sprechen, daß ihnen manchmal Geduld und Gelassenheit fehlen, dann ist es gut, wenn Sie als Gesprächsleiterin von Ihren Schwierigkeiten beim Gärtnern und beim Erziehen sprechen

Teilnehmeraussagen aus unterschiedlichen Gruppen:

- „Es ist so schwer anzunehmen, daß die Rose trotz bester Pflege nicht so schön ist wie beim Nachbarn und nie so vollkommen werden wird wie auf dem Prospekt."
- „Bittere Kräuter sind oft Heilkräuter. Ich habe viel von meinen Kindern gelernt!"
- „Ich kann Lebendiges nicht festhalten, die Blüte wird eines Tages zur Samenkapsel."
- „Wann kann ich den stützenden Pfahl wegnehmen – z. B. wann kann mein Kind alleine mit dem Rad in die Schule fahren?"
- „Ich habe Angst, der Sturm könne das Bäumchen umknicken, aber mein Kind ins Treibhaus setzen, das will ich auch nicht!"
- „Wer seine Kinder nicht losläßt, hindert ihr Wachstum."
- „Ich möchte mehr Vertrauen haben in die eigenen Kräfte der Kinder. Ich möchte nicht zu etwas Bestimmten erziehen, sondern Wachstum und Entwicklung fördern, auch wenn mir manches über den Kopf zu wachsen scheint oder aus der Art schlägt."
- „Menschen brauchen noch mehr Geduld als Pflanzen."

Vertiefender Text

„Die kleine Schraube"
im Stichwort „Verantwortung".

Mögliche Weiterführung

Es kann sein, daß die Zeit gefehlt hat, näher auf konkrete Situationen im Alltag einzugehen. Dann können Sie für die nächste Gesprächsrunde Bilder von gepflegten Rasengärten, Naturgärten, Bäumen, Blumen etc. sammeln, und zum Einstieg können die Tln daran anknüpfen. Eine andere Möglichkeit der Weiterführung ist das Thema „Ich will ja nur dein Bestes!" Stichwort „Kind".

KINDER UND UHREN ..
DÜRFEN NICHT STÄNDIG
AUFGEZOGEN WERDEN
MAN MUSS SIE AUCH
GEHEN LASSEN — JEAN PAUL

Wachsen braucht Ruhe.
Auf einem Saatfeld,
das täglich
umgepflügt wird,
gedeiht kein Weizen.

Familie

Leben in der Familie: Schwierigkeiten und Chancen einer Weggemeinschaft

ZIEL

Mehr Klarheit gewinnen:
Was bedeutet mir meine Familie?

Vorüberlegungen

Familie in der Krise! Wir hören und erleben es täglich. Vielleicht fallen Ihnen einige Beispiele aus Ihrem Umfeld ein, mit denen Sie das Thema einführen wollen. Folgende Informationen über die BRD können für die Hinführung zum Thema wichtig sein:

- 1985 war über die Hälfte aller Frauen im besten Heiratsalter (20–30 Jahre) unverheiratet, 1970 war es nur jede vierte dieses Alters.
- Die Zahl derer, die heiraten, ist nur noch dreimal so hoch wie die Zahl derer, die sich scheiden lassen.
- Wir haben die geringste Geburtenrate der Welt.
- 44 von 100 Kindern wachsen ohne Geschwister auf.
- Der Anteil der sogenannten ‚Normalfamilien' (Vater, Mutter, Kind(er)) sank in zwanzig Jahren von 80 auf 40 Prozent.
- 60% aller über 16jährigen Deutschen sagen bei einer Meinungsumfrage, daß Familie das Wichtigste in ihrem Leben sei.

„Familie macht krank", sagen die einen. „Zurück zur Familie als wichtigstes Lernfeld", sagen die anderen. Sicher sind weder Statistiken noch wissenschaftliche Theorien für den Einzelnen und die Bewältigung seines Alltags von großer Bedeutung. Deshalb haben wir gute Erfahrungen damit gemacht, das umfassende Thema „Familie" ganz persönlich anzugehen.

Bewährt als Einstieg zum Gespräch haben sich:

- Ausgelegte Fotos.
  Ihre eigenen Bilder wollen Sie vielleicht noch ergänzen mit Vergrößerungen der hier abgedruckten Fotos.
- Das Bild der verschiedenen Stühle (siehe Stichwort ‚Generation 1')
- Jede sammelt, was ihr zu Familie einfällt:

F este feiern
A rbeit
M utter sein
I mmer zur Verfügung
L iebe
I ....
E ....

- Mit Spielfiguren in verschiedenen Größen und Farben (Schach, Mensch-ärgere-dich-nicht), mit Bauklötzen, Muscheln etc. baut jede Tln ihre eigene Familie.

1. Schritt

Meine Familie

Arbeitsbogen

Einzelarbeit 10 Minuten

Arbeitsbogen

Mir fällt ein, wenn ich an meine Familie denke

Gefängnis
Oase
Stufe zum Erfolg
Lebenselexier, ohne das es nicht geht
Selbsthilfegruppe
goldener Käfig
wichtige Nebensache
Selbstbedienungsladen
Durchgangsstadium
Wiederaufbereitungsanlage
Tischgemeinschaft
Spiel und Spaß
Klotz am Bein
warmes Nest
ein Ort, wo ich müde sein darf
einsame Insel
Pflichterfüllung
Hotelbetrieb
Hängematte
Leistung
Ort der Begegnung
Stundenplan
Fernsehen
Leidensgemeinschaft
Nachhilfeunterricht
Tankstelle
Kampfarena
Ort der Selbstfindung
Schuttabladeplatz
der einzige Ort, wo ich mich wohlfühle
Übungsfeld
Theater
Dienst rund um die Uhr
Fluchtburg
Netz beim Balanceakt
Wechselbad
erfrischender Regen
Seilschaft

Anleitung

- Die Gesprächsleiterin hat für jede Tln ein Blatt kopiert (evtl. noch ergänzt oder verändert).
- Die Tln kreuzen schweigend an, was ihnen einfällt, wenn sie an ihre eigene Familie denken.
- Anschließend kann jede Tln, aber keine muß, über ihre persönlichen Aussagen sprechen.

Hinweis

Wir haben in einer Gruppe erlebt, daß nicht alle Tln die Anweisung richtig verstanden haben; sie drückten dann ihre Meinung über die allgemeine Bedeutung von ‚Familie heute' aus. Vielleicht wollen Sie vorbeugen, indem Sie die Anleitung noch einmal wiederholen, mit besonderer Betonung auf ‚eigene' Familie.
Manche Tln können besser von ihrer persönlichen Situation reden, wenn sie wissen, daß sie nicht in der ganzen Gruppe angesprochen wird. Wenn Sie als Gesprächsleiterin mit solchen Ängsten rechnen, dann können Sie den Tln statt des Plenums im 2. Schritt Kleingruppen vorschlagen.

„Wie erreiche ich es, daß unsere Familie sich öfter sieht?"

„Stell doch einen Spiegel auf den Fernseher!"

2. Schritt

Meine Familie

Austausch im Gespräch

Plenum
oder Kleingruppen 60 Minuten

Es ist besser, nicht zu lange über denselben Begriff zu sprechen. Wichtig für die Gesprächsatmosphäre ist, daß Aussagen und Gefühle (auch negative Erfahrungen von Tln) ernstgenommen werden. Es kann sein, daß manche Tln bei sehr negativen Aussagen über Familie idealisierend und harmonisierend eingreifen. Dann besteht die Gefahr, daß einzelne nicht dazu kommen, über ihre Schwierigkeiten in der Familie zu sprechen. Wenn zu viel über das Wunschbild, die Traumfamilie gesprochen wird, ist es gut, die rauhe Wirklichkeit anzusprechen, weil sonst leicht Versagungsängste und Schuldkomplexe entstehen, „Die anderen haben eine Idealfamilie, nur ich nicht!" Ebenso unrealistisch ist es, wenn nur über negative Erfahrungen mit dem Leben in der Familie gesprochen wird. Wenn es den Tln nicht selbst gelingt, sollte die Gesprächsleitung nach einiger Zeit die Balance zum Negativbild wiederherstellen. Sie kann das tun, indem sie nach positiven Auswirkungen fragt (z. B. nach Reifungsprozessen durch Wachsen in Schwierigkeiten).
Manchmal zeigt es sich, daß Frauen ein festes Bild von ihrer Rolle in der Familie haben. Sie glauben nämlich, das Gelingen einer Familie sei fast ausschließlich von ihnen abhängig. Es könnte sich die Frage anschließen, inwieweit dieser hohe Erwartungsdruck bei den Frauen Schuldkomplexe hervorruft und/oder sie krank macht. Eine Änderung dieses starren Rollenverhaltens müßte an einem anderen Abend thematisiert werden (siehe Stichwort ‚Rollen'). Wir haben erlebt, daß die Bögen auch in Familien mit großen Kindern zu Hause ausgefüllt und diskutiert wurden.

Alternative

Wenn die Tln gerne über den partnerschaftlichen Umgang in der Familie sprechen möchten, hat sich die Geschichte von Kaito (Stichwort ‚Generation 1') bewährt.

3. Schritt

Familie ist kein Zustand, sondern eine gemeinsame Wegstrecke

Bildbetrachtung

Plenum 30 Minuten

Anleitung

Jede Tln hat vor sich eine Kopie liegen oder das Foto ist so vergrößert worden, daß es von allen Tln gesehen werden kann.

In einer kurzen Stille lassen die Tln das Bild auf sich wirken und fragen sich, ob Familie auch für sie so etwas wie das Zurücklegen einer gemeinsamen Wegstrecke ist.
Die Tln vergleichen die Erfahrungen einer Weggemeinschaft mit denen in ihrer Familie.

Überlegungen zum Foto

- Die Eltern haben die erste Familienphase mit den Babys und Kleinkindern schon hinter sich.
- Damals waren die Eltern sehr gefordert, mußten viel geben an Zeit, Aufmerksamkeit und Liebe.
- Die Kinder machten lebenswichtige Erfahrungen: eine Hand, die hält, wenn sie fallen, bedingungslose Liebe, Freude, Rücksicht auf Müde und Schwache, Angenommensein ohne Leistung bringen zu müssen und .... und ....
- Aber auch Eltern bekommen schon viel von den kleinen Kindern, z. B. können sie wieder das Staunen über die Blume am Wegesrand lernen.

- Auf unserem Bild ist die Familie schon eine längere Wegstrecke gegangen, es ist die Phase mit den heranwachsenden Kindern;
- Eltern lernen noch stärker loszulassen, damit die Kinder immer mehr eigene Erfahrungen machen können.
- Kinder machen Umwege, sind außer Sicht nahe am Abgrund.
- Vielleicht setzen sie sich an den Wegesrand, wollen nicht mehr gemeinsam weitergehen.
- Manchmal wird gestritten über den richtigen Weg, auch unter den Ehepartnern.
- Dann schweigen sich alle eine Zeitlang an, verlieren sich vielleicht aus den Augen, finden sich wieder und verlieren sich erneut.

- Und nun stellen wir uns vor, wie die Wegstrecke aussieht, wenn die Kinder erwachsen sind:
- An Kreuzungen trennen sich die Wege.
- Es gibt Schwierigkeiten, die nächsten Ziele der anderen zu akzeptieren.
- Alle sind reifer geworden, so daß sie den anderen eigene Entscheidungen zubilligen können.
- Ab und zu trifft man sich an einem Rast- oder Aussichtspunkt, tauscht Erfahrungen aus über neue Horizonte, die sich aufgetan haben. Geben und Nehmen ist jetzt ausgewogener.
- Irgendwann, wenn einer nicht recht weiter kann, kommen dann die anderen zu Hilfe.
- Vielleicht sieht man sich erst wieder, wenn man von verschiedenen Berggipfeln einander zuwinkt.
- Familie kann eine Chance sein, wenn wir uns auf den Weg machen, wenn wir uns auf den Prozeß einlassen, denn der Weg (z. B. das Reiferwerden) ist das Ziel.

Hinweis

Wenn Sie nur noch wenig Zeit zur Verfügung haben oder Ihnen eine Bildbetrachtung aller Tln nicht geeignet zu sein scheint, dann können Sie die hier abgedruckten Überlegungen so langsam vorlesen, daß den Tln noch Zeit zum Mitdenken (und Nachfühlen) bleibt.

Vertiefender Text

Das Dreiblatt

Es war einmal ein König, der hatte drei Söhne. Als er sein Ende voraussah, ließ er die drei zu sich kommen und sagte zu ihnen: „Ihr wißt, daß ich euch alle, jeden in seiner Art, gleich liebe. Genauso wichtig ist mir aber mein großes Reich, das im Verlauf meiner Regierungszeit noch viel größer geworden ist. Die Entscheidung, wem von euch dreien ich dieses ganze Reich anvertrauen soll, fällt mir so schwer, daß ich sie ohne eure Hilfe nicht treffen kann. Wenn ich euch so ansehe, erscheint ihr mir alle drei, jeder in seiner Eigenart, gleich wichtig für das Reich zu sein. Ich habe mir darum ein Hilfsmittel ausgedacht. Leichter als Menschen ist es, Gegenstände zu beurteilen. Darum bitte ich euch, bringt mir jeder einen Gegenstand, der ausdrückt, wie ihr das Reich zu regieren gedenkt."
Da brachte der älteste eine Adlerfeder und sagte dazu: „Ich bringe dir eine Adlerfeder, denn ich möchte wie ein Adler den Überblick über alles behalten. Und wenn es nötig ist, möchte ich auch so stolz und mutig sein wie ein Adler." Der zweite brachte eine Ähre aus dem großen Erntedankkranz, der das ganze Jahr an der Küchentür hing. Er sagte: „Ich möchte, daß alle immer genug zu essen haben und werde meine ganze Kraft dafür einsetzen, daß es nie anders wird. Notfalls werde ich mich selbst vor den Pflug spannen."
Der Jüngste aber brachte ein Dreiblatt, das er eben vor dem Hause, noch ganz mit Rauhreif bedeckt, denn es war Winter, gepflückt hatte, und er sagte dazu: „Ich bringe dir dieses Dreiblatt, denn ich weiß, daß ich nur mit meinen Brüdern zusammen regieren könnte. So wie das Dreiblatt aus drei gleichgroßen Blättern besteht, so müssen unser dreier Kräfte zusammenwirken, wenn dieses große Reich eine gute Regierung bekommen soll. Einen Herrscher wie dich, lieber Vater, gibt es wohl nie wieder."
Da schauten sich alle ganz erschrocken an, denn das, was der Jüngste eben gesagt hatte, war ein so neuer Gedanke, daß ihn noch nie jemand zu denken gewagt hatte. Da lagen nun auf dem Tisch nebeneinander die Adlerfeder, die Ähre und das Dreiblatt. Der König schaute lange und ernst darauf, dann nahm er das Dreiblatt in die Hand, zupfte die drei Blätter ab und gab jedem seiner Söhne eines. Darauf lehnte er sich zurück und sagte leise: „Ein neues Zeitalter beginnt."

Mögliche Weiterführung

Einzelne Kapitel von Barbara Beuys „Familienleben in Deutschland" eignen sich gut zum gemeinsamen Lesen oder zum Erzählen, wie es früher war.

Stichwort ‚Lebensmitte'

Stichwort ‚Generation 1 und 2'

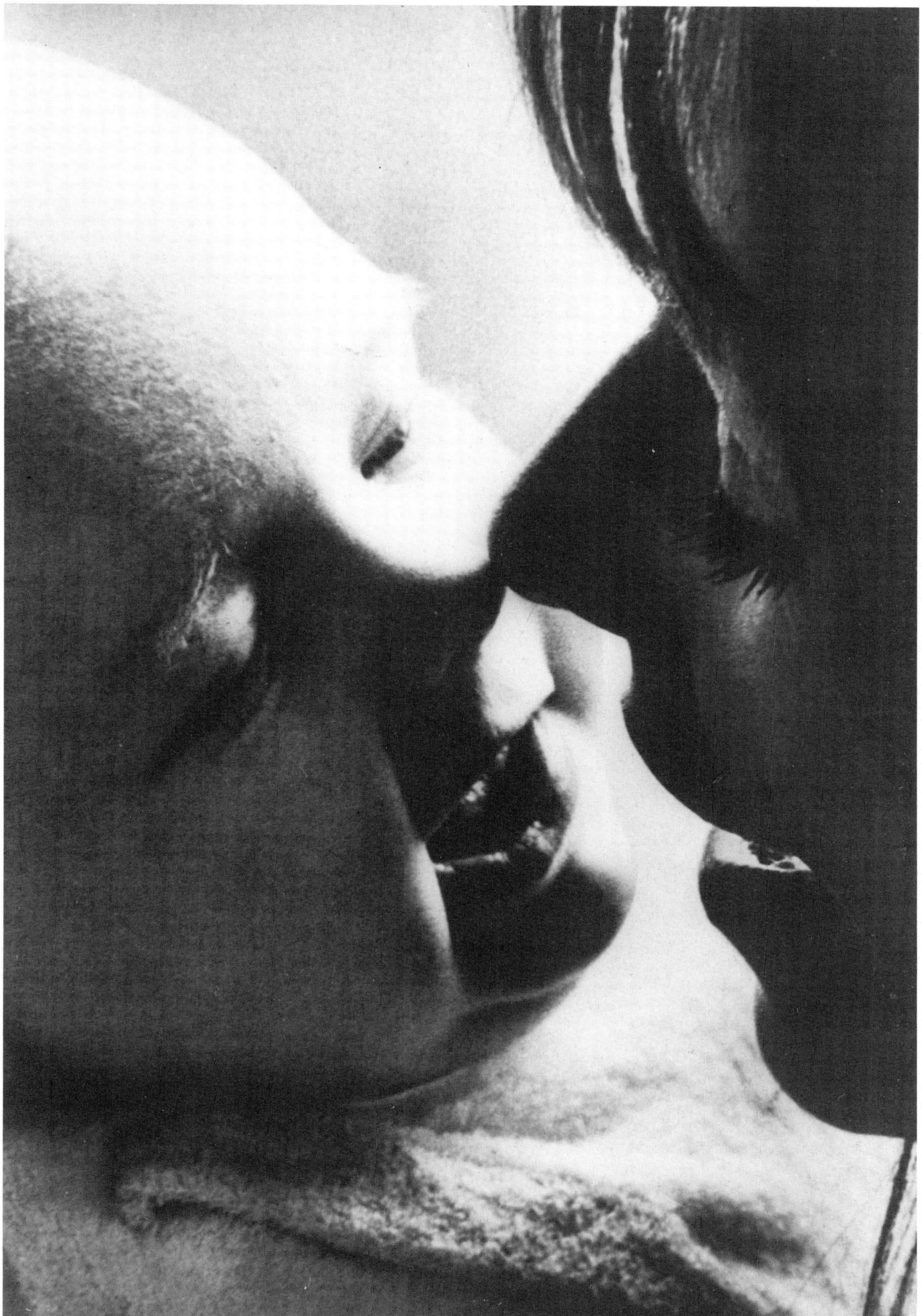

Helfen m

Familie – eine Gemeinschaft, in der wir lebenswichtige Grunderfahrungen machen

Nähe – Distanz
Geben – Nehmen
Freude – Leid
Alltag – Feste

Frau

Frausein – heute
Anspruch, Wirklichkeit, Träume

ZIEL

Erkennen
von Schwierigkeiten
und Chancen
weiblicher Lebenskonzepte –
erfülltes Menschsein bedeutet Ganzsein,
weibliche und männliche Anteile
in sich entfalten.

Vorüberlegungen

Das Patriarchat kann für die heutige Zeit ebensowenig Lebensmodell sein wie das Matriarchat. In unserer schwierigen Zeit müssen Männer und Frauen mit ihrem Wissen und Können zusammenwirken, damit wir diese Welt erhalten und neu gestalten können. Frauen sind zunehmend in verantwortliche Aufgaben hineingewachsen. Und doch gibt es noch viel zu wenig neue Ansätze

- wegen mangelnder Vorbilder, die ermutigen
- wegen Angst vor Veränderung.

Außerdem vertun wir zu viel Zeit mit Diskutieren oder ‚Kopfzerbrechen', ohne zu versuchen, Träume zu realisieren oder mindestens uns auf den Weg zu machen, unseren Anspruch teilweise zu verwirklichen.

Die alte Eva gibt's nicht mehr.

„Wo Emanzipation der Frau als Befreiung aus der Handhabe und Verfügungsgewalt des Mannes verstanden wird, ist sie gottgewollt", sagt der Limburger Bischof Franz Kamphaus.

Für Sie als Gruppenleiterin ist es auch bei diesem Thema sehr wichtig, sich zu fragen, was die Gruppenmitglieder wollen, wo ihre Interessen, Möglichkeiten, Schwierigkeiten liegen. Sind es vorwiegend ältere Frauen, die ihr Selbstbewußtsein stärken wollen, weil sie sich als sogenannte ‚Nur-Hausfrau' weniger wert vorkommen? Dann können Sie zuerst mit dem Bogen „Was kann ich?" in ‚Selbstbewußtsein 1' arbeiten oder mit dem Bild der Frau, die 1000 Sachen schafft, aber nicht ‚arbeitet', weil sie nicht außer Haus erwerbstätig ist.

Wie sprechen Sie über die Tätigkeiten in Ihrer Familie?

So: „Als unser 3. Kind geboren war, hörte ich auf zu arbeiten."

oder so: „Ich arbeite hart als Leiterin eines Betriebes mit 5 Personen, ich erbringe Dienstleistungen rund um die Uhr."

Was tut die Familienfrau selber dazu, daß ihr ‚14-Stunden-Tag' nicht als Arbeit angesehen wird?

- „Hat keine Arbeit gemacht!" sagt sie, nachdem sie ein Festessen zubereitet hat.
- „Ist ganz einfach, ging ganz schnell!" beantwortet sie das Kompliment über den selbstgestrickten Pullover.

Nachdem sich die Tln Gedanken gemacht haben, wie die Hausfrauentätigkeit von ihnen selbst und von anderen stärker als Arbeit gewertet werden könnte, bietet sich zur Fortsetzung des Gesprächs der 2. Schritt an.
Wenn sich die Tln der Gruppe mit der Frage auseinandersetzen ‚Berufstätigkeit ja oder nein', dann helfen ihnen vielleicht die Anregungen im 1. Schritt.

1. Schritt

Frauenwünsche – Frauenwirklichkeit

Fallbeispiele

Plenum bis 10 Tln 60 Minuten

Fallbeispiele

Eine Lehrerin erzählt: „Hausarbeit habe ich nicht gelernt, da bin ich unsicher, das macht mir keinen Spaß. Ich werde nach der Geburt unseres zweiten Kindes meine Halbtagsstelle wiederaufnehmen. Mein Mann will bei Haushalt und Kinderbetreuung helfen."

Ihre 30jährige Nachbarin hat das Angebot, eine leitende Position zu übernehmen. Sie überlegt sich, ob sie es annehmen soll. Dabei hätte sie die Möglichkeit, etwas für die Ziele der Frauen in unserer Gesellschaft zu tun. Aber sie weiß auch, daß sie dann voll berufstätig sein und vielleicht auf Kinder verzichten muß.

Eine 33jährige Mutter von drei Kindern sagt: „Ich bin froh, daß ich endgültig aus meinem Beruf ausgestiegen bin. Haushalt und Familie machen mir viel Freude und sind mir so wichtig, daß ich mich voll für sie einsetze. Außerdem kann ich mir meine Zeit heute besser einteilen als früher im Beruf. Jetzt kann ich regelmäßig etwas für mich tun."

Eine gutverdienende Angestellte erzählt: „Mein Mann verdient als Beamter weniger als ich. Er hat jetzt nach der Geburt der Zwillinge Erziehungsurlaub beantragt. Wir wollen die Kinder nicht in fremde Hände geben."

Nach dem Tod ihres Mannes hat eine 37jährige Krankenschwester zu ihren drei eigenen ein behindertes Pflegekind in ihrer Familie aufgenommen. Ihre Ausbildung kommt ihr dabei zu Hilfe, und außerdem kann sie ihre finanzielle Situation damit verbessern.

Frau S. stöhnt: „Manchmal stressen mich meine ehrenamtlichen Posten ganz schön: Pfarrgemeinde, Frauengemeinschaft, Friedensgruppe. Es kommt immer mehr dazu. Das alles kostet mich mehr Zeit als eine Halbtagsstelle, und Geld lege ich auch noch dazu für Telefon, Benzin etc."

Karin ist Erzieherin. Nach früher Heirat hat sie sich bewußt für die alleinige Familientätigkeit entschieden. Seit die Kinder in der Schule sind, besucht sie Weiterbildungskurse und macht das Montessori-Diplom. Sie strebt an, nach der Familienphase in ehrenamtliche oder in bezahlte Tätigkeiten einzusteigen.

Frau M. möchte zurück in ihren Beruf als kaufmännische Angestellte, weil die Kinder groß sind. Ihr Mann ist der Meinung: „Das hast du nicht nötig, ich verdiene doch genug, du kannst dir doch endlich ein schönes Leben machen."

Es gibt Frauen, die nicht erwerbstätig, aber doch in mehreren Berufen tätig sind (z. B. Haushalt, Schularbeitshilfe, Pflege von Angehörigen, Ehrenamt).

Viele Frauen möchten außer Haus erwerbstätig werden, weil sie dann Kontakt mit Menschen, ein umgrenztes Tätigkeitsfeld und feste Arbeitszeiten haben.

Frau M. möchte sich weder im Ehrenamt ‚ausnutzen' lassen, noch den Berufsstreß auf sich nehmen. Sie will das Leben genießen und hofft, bald Oma zu werden.

Eine Nachbarin ist von spätnachmittags bis 21.00 Uhr außer Haus erwerbstätig. Der Mann versorgt in dieser Zeit die Kinder.

Anleitung Seite 48

Anleitung

- Sie haben zu Hause die Beispiele ausgeschnitten, die Ihnen für Ihre Gruppe passend erscheinen und evtl. neue verfaßt.
- Sie legen diese verdeckt in die Mitte.
- Jede Tln nimmt sich eine Karte und versucht, sich in die Situation hineinzudenken. (etwa 2–3 Minuten)
- Eine Tln liest ihr Beispiel vor und erzählt, was ihr dazu einfällt.
- Die Gruppenmitglieder sprechen so lange über die Situation, wie sie innere Beteiligung spüren, oder bis jemand ein neues Beispiel vorschlägt.
- Es kommt nicht darauf an, alles durchzusprechen, sondern darauf, daß die Frauen sich ihrer persönlichen Situation und der allgemeinen Problematik bewußt werden.

Wir haben nach den Fallbeispielen bewußt keine Fragen gestellt. Manchmal ist es angebrachter, präzise Fragen zu stellen. Nach unseren Erfahrungen erleichtern zwar genaue Fragestellungen das Gespräch, aber sie verhindern auch die Vielfalt der Einfälle, die hier für die Weiterentwicklung des Themas wichtig ist.

Mögliche Gesprächsergebnisse

- Es gibt keine Patentlösungen für die Lebensgestaltung von Frauen. Entscheidungen für die verschiedenen Formen des Frau- und Mutterseins hängen von den Personen und Situationen ab.
- Die Entscheidung für oder gegen Erwerbstätigkeit sollte nie endgültig sein, sondern phasenbedingt.
- Die Selbständigkeit als Hausfrau, die starke Stellung und den großen Einfluß in der Familie wollen viele Frauen weder aufgeben noch mit ihrem Mann teilen.
- Viele Frauen sind hin und her gerissen zwischen der Freude an der Familientätigkeit und dem Wunsch nach Anerkennung und Entfaltung im außerhäuslichen Bereich.
- Die Unzufriedenheit der sogenannten ‚Nur-Hausfrau' könnte aus Isolation, mangelnder Anerkennung und oftmals großer Überforderung kommen.
- Eine Langzeitstudie der Universität Bielefeld fand heraus, daß 48% der Ehefrauen, die einer Vollzeitarbeit nachgehen, ohne jede Hilfe des Partners die Hausarbeit erledigen.

Hinweis

Es ist wichtig, daß jede Tln genügend Zeit hat, für sich eine Standortbestimmung zu machen. Wenn die Gespräche so intensiv sind, daß Sie mehr als eine Stunde Zeit benötigen, ist es sinnvoll, nur noch die Überlegungen aus dem 2. Schritt aufzugreifen, nicht jedoch die des 3. Schrittes.
Die Kluft zwischen Wünschen und Wirklichkeit läßt manche Frauen resignieren, weil sie nie allem und allen gerecht werden. Da Resignation die Kräfte blockiert, ist es wichtig, in einem nächsten Schritt zu überlegen, wie Frauen mit dieser Situation umgehen können. Dabei gilt es zu erkennen, daß alles zwei Seiten hat.

2. Schritt

„Wer ein Warum zu leben hat, erträgt fast jedes Wie" (Nietzsche)

Text: Zwei Arbeiter im Steinbruch
Gespräch

Kleingruppe ca. 5 Tln 20 Minuten

Zwei Arbeiter im Steinbruch

Zwei Arbeiter sind bei ihrer harten Arbeit im Steinbruch.
Einer von ihnen blickt immer traurig in die Welt, der andere sieht fröhlich aus.
Auf die Frage nach seiner Arbeit antwortet der, der traurig blickt: „Ich haue aus diesen verdammten Brocken Steine"; der andere, der fröhlich aussieht, gibt die Antwort: „Ich helfe beim Bau einer Kathedrale."

Mögliche Fragen

- Kennen Sie Situationen, in denen Sie frustriert sind, weil sie ‚Steine klopfen'?
- Welche Arbeiten machen Ihnen Freude, geben Ihnen Erfüllung?
- Haben die ‚sinn'losen Hausarbeiten keinen Sinn, oder haben Frauen sich einreden lassen, daß sie bedeutungslos sind?

Hinweis

Warum eigentlich immer Fragen stellen? Sicher kennen Sie auch andere Möglichkeiten, die Tln zum Nachdenken anzuregen:
Stellen Sie sich Ihre Gruppe vor! Was kommt Ihnen an Bildern, Ideen, Ermutigungen, um das Gespräch in Gang zu bringen? Vielleicht:

Steineklopfen ist hart!

Erziehen (Berufsstreß) ist auch hart!

Ohne Steine gibt es keine Kathedrale!

Ich habe schon so dunkle Zeiten erlebt, daß ich die Kathedrale zeitweise nicht sehen konnte.

Teilnehmeraussagen aus unterschiedlichen Gruppen:

- „Es gibt auch in meinem Beruf am Schreibtisch viel, das mir nicht paßt. Aber ich kann es besser ertragen als Hausarbeit, weil ich Geld dafür bekomme."
- „Wenn mir mal wieder alles stinkt, gucke ich auf das Ergebnis einer Untersuchung der Uni Essen, die an meiner Pinnwand hängt: Familie ist für die geistige Entwicklung der Kinder wichtiger als Kindergarten und Schule."
- „Ich kann mit dem Text nichts anfangen. Ich will nicht alles fröhlich und in Demut erdulden wie meine Mutter. Ich will verändern!"
- „Als mein Sohn gestern wieder mit Grasflecken auf der ziemlich neuen Hose vom Fußballspielen nach Hause kam, habe ich versucht, nicht an das Waschen zu denken, sondern daran, wieviel Spaß er hatte und daß er endlich gelernt hat, sich voll einzusetzen. Das hat etwas geholfen, mich nicht so zu ärgern."

Hinweis

Es ist möglich, daß der Text starke Widerstände bei den Tln auslöst. Manche Frauen sind ärgerlich, weil sie die Erfahrung gemacht haben, daß sie ausgenutzt wurden, wenn sie sich nicht verweigerten oder kämpften. Deshalb wollen sich viele Frauen heute nicht mehr beschwichtigen lassen, sondern verändern. Allerdings wollen sie auch nicht vom Extrem der Dulderhaltung mancher Großmütter in das andere Extrem des revolutionären Kampfes verfallen. Es scheint die Zeit reif zu sein, in der wir nicht so stark im Entweder/Oder leben, sondern die Mitte suchen.
Gerade jüngere Frauen, die ihre Rolle viel mehr hinterfragen als die älteren, sind oft frustriert, weil ihre Wünsche und die Wirklichkeit so sehr auseinanderklaffen. Es hat schon manchen Frauen weitergeholfen, wenn wir die Kunst, schwierige Lebenssituationen zu meistern, mit der Kunst des Segelns verglichen haben:

- Wer beim Segeln gegen Wind- und Wellenverhältnisse ankämpft, wird schnell ermüden, vielleicht bald resignieren.
- Wer nichts tut, die Herausforderung nicht annimmt, ist ein Spielball der Wellen.
- Wer die Situation realistisch (von allen Seiten) betrachtet, sie für den Augenblick akzeptiert (nicht gutheißt), der hat Kräfte und Phantasie frei, Strömung und Gegenwind zu nutzen, ohne die eigene, ganz individuelle Orientierung aufzugeben.

- Allerdings ist es notwendig, ein Ziel im Auge zu haben. Dann kann man Umwege und Windstille besser ertragen.

Im 3. Schritt können die Frauen austauschen, wie für sie das Fernziel eines erfüllten Frauseins aussieht. Achten Sie darauf, daß Sie mindestens noch eine Stunde Zeit zur Verfügung haben, bevor Sie damit beginnen.

3. Schritt

Frausein heißt: Ganz Mensch sein

Text von Plato: Der Mensch als Hälfte einer Kugel
Erfülltes Menschsein ist das Zusammenspiel von männlichen und weiblichen Kräften in j e d e m Einzelnen.

Plenum 60 Minuten

Der Mensch als Hälfte?

Wir alle kennen die Aussprüche ‚meine bessere Hälfte', ‚meine andere Hälfte'. Der folgende Text kann uns helfen, darüber nachzudenken, ob wir uns als ‚Hälfte' verstehen.

Text von Plato

Ganz am Anfang gab es Menschen, die waren rund. Jeder dieser Menschen hatte vier Füße und vier Hände, zwei Geschlechter und zwei verschiedene Geschlechtsteile. Diese Kugelmenschen waren mächtig und bedrohten die Götter in ihren heiligen Wohnungen. Die Götter wollten die Menschen zurückschlagen, wollten sie aber nicht ausrotten, sondern nur schwächen. Sie beschlossen, die Kugelmenschen auseinanderzuschneiden. Die eine Hälfte wurde zu einem Mann, die andere Hälfte zu einer Frau. Die auseinandergeschnittenen Hälften hatten Sehnsucht nacheinander. Sie wollten wieder so eng miteinander verbunden sein wie vorher: als Kugelmenschen. Dieser Wunsch von Frauen und Männern, miteinander zu leben, hat sich bis heute erhalten.

Erzählung nach Platos „Gastmahl"

Bessere Hälfte

***Liebevoll wirst du von ihm
die bessere Hälfte genannt.***

***Freust dich auch noch
über das nette Kompliment.***

***Dabei bemerkst du es nicht:
Ohne ihn bist du nur halb!***

Genügt dir das?

Dagmar Bröker

Mögliche Einstiegsfragen

- Was erscheint Ihnen an dem Bild des Kugelmenschen passend, was nicht zutreffend?
- Welche Folgen hat die einseitige Ausprägung des männlichen Poles im Mann, des weiblichen Poles in der Frau?

Mögliche Überlegungen

- Das Bild erklärt die Anziehungskraft zwischen Mann und Frau durch zwei gegensätzliche Pole.
- Das Bild ist unzutreffend, weil jede Frau männliche Anteile in sich hat und jeder Mann weibliche.
- Die Frau fühlt sich nicht vollwertig, leidet an dem Mangel, daß sie ihre nach außen gerichteten Kräfte nicht entwickeln kann. Der Mann entwickelt einen harten Schutzpanzer, um die Anfechtungen der Welt besser zu ertragen. Für sein Innenleben besteht die Gefahr, daß es zugedeckt wird und verkümmert.

Erfülltes Menschsein ist das Zusammenspiel von männlichen und weiblichen Kräften.

Die Zeiten, in denen sich Frauen danach sehnten, Männer zu sein, scheinen vorbei zu sein. Jetzt hört man schon von Männern, die die Frauen um die Erfahrung der Mutterschaft beneiden. Die heutige Frau möchte nicht den heutigen Mann kopieren, sie möchte weibliche und männliche Anteile auf ihre besondere Art in sich entfalten. Sie möchte in ihren beruflichen Tätigkeiten und genauso in ihrem Denken und Fühlen, einfach in ihrem ganzen Leben, ganzheitlicher sein dürfen.

Anleitung

Die Tln sammeln auf einem großen Blatt in der Mitte Aussagen zu den Fragen:
Was ist uns als Frauen wichtig?
Was gehört zu einem erfüllten Frausein?

Das könnte so aussehen:

intellektuelle Fähigkeiten

Mütterlichkeit   Lebensfreude

Selbstbestimmung   Anziehungskraft

Schönheit   Zärtlichkeit

liebende Partnerin sein

sanfte Macht   Sinnenfreude

ungerechte Verhältnisse verändern

aus der Mitte leben

Frieden und Zufriedenheit

Kommunikation

Gleichgewicht   Durchsetzungsvermögen

mal stark, mal schwach sein dürfen

sich verändern, sich weiterbilden

Hinweis

Vermutlich wird sehr schnell der Einwand kommen, daß diese Eigenschaften und Verhaltensweisen nicht spezifisch weiblich sind, sondern daß Frauen sich diese auch von den Männern wünschen. Das ist keine neue Vorstellung, es gibt sie bei den Chinesen in der Überlieferung von Yin und Yang, die älter als Platos Idee von dem Menschen als Hälfte ist.

- Jeder Mensch hat polare Kräfte in sich
  weich – hart
  Gefühl – Verstand
  personenbezogen – sachbezogen
  intuitiv denken – analytisch denken
- Diese gegensätzlichen Pole lassen sich nicht zerteilen. Sie bilden eine Einheit, zwei Aspekte eines einzigen Seins wie
  Nord- und Südpol des Magneten
  Plus und Minus der Elektrizität
  Hell und Dunkel des Lichts
  Ebbe und Flut des Meeres
- Die polaren Kräfte sind in den einzelnen Individuen verschieden stark ausgeprägt, aber es gibt nie nur-männliche oder nur-weibliche Kräfte.
- Bei vielen Frauen überwiegt die weiblich-passive Kraft, bei den Männer die männlich-aktive.
- Es gibt aber auch Frauen und Männer, bei denen der gegengeschlechtliche Aspekt mehr zur Geltung kommt.

Abschluß

Frausein heute – Chancen für die Zukunft.

Die folgende Frage hilft, den Blick in die Zukunft zu richten:
Was wollen wir Frauen, die wir hier zusammen sind, verändern, damit die Entwicklung zum ganzheitlichen Menschen bessere Chancen hat?

Mögliche Überlegungen

- Uns und unsere Werte bejahen und zeigen, auch wenn sie noch belächelt werden.
- Durch unser Vorbild im partnerschaftlichen Umgang, durch das Vorleben von Kreativität, Freude am Leben, Zärtlichkeit, ... einen Bewußtseinswandel herbeiführen.
- Geschlechtsspezifische Arbeitsteilungen aufheben, privates und öffentliches Leben sind Wirkstätten für beide.
- Weibliche Erfahrungen und sog. typisch ‚weibliche' Eigenschaften wie Intuition, personenzentriertes Denken, weiche Energie stärker in das gesellschaftliche und politische Leben einbringen, damit ein Gleichgewicht zu dem männlich betonten Denken und Handeln entsteht (zu Logik, Sachzwängen, Gewalt).
- Nicht nur eine frauen- und mütterfreundliche Gesellschaft, sondern auch eine familien- und kinderfreundlichere anstreben.
- Öffentlich wirken, damit weibliche Fähigkeiten und Qualifikationen unser Leben humaner gestalten und die zukünftige Welt vor dem Untergang durch Gewalt und Ausbeutung von Mensch und Natur bewahrt werden kann.

Vertiefung

Meditation der Bibelstelle Gen 17, 1 in der Übersetzung von Martin Buber:
Gott spricht zu Abraham: Ich bin Gott der Allmächtige. Geh einher vor meinem Antlitz! S e i g a n z!

Mögliche Weiterführung

Stichwort ‚Rollen'

„In der Frauenfrage liegt die entscheidende Fragestellung für das Ende dieses Jahrtausends. An ihrer Lösung oder Nichtlösung wird sich entscheiden, ob wir eine humanere und damit lebenswertere Gesellschaft werden oder nicht."

Frauenlexikon
hrsg. von A. Lissner, R. Süssmuth, K. Walter

„Die Stunde kommt ..., in der die Frau im öffentlichen Leben einen nie dagewesenen Einfluß und eine nie dagewesene Ausstrahlungskraft erlangt."

Weihbischof Ernst Gutting in seinem Buch: Offensive gegen den Patriarchalismus

Geben und Nehmen

Ist Geben seliger als Nehmen?

ZIEL Nachdenken darüber, ob das Geben in meinem Leben ein Übergewicht hat, was ich für die Balance tue.

1. Schritt

Wie fühle ich mich beim Geben, beim Nehmen?

Übung: Ein- und Ausatmen wahrnehmen
Erfahrungen machen im Schenken und im Annehmen
Austausch im Gespräch

Plenum — 50 Minuten

Vorüberlegungen

„Sie hat sich total verausgabt!"
„Ich fühle mich ausgelaugt, ganz leer, ich habe nie Zeit zum Auftanken!" Solche Sätze hören wir oft von Menschen in „helfenden" Berufen, besonders von Familienfrauen. Von diesen wird oft erwartet, daß sie immer für alle da sind. Sie fühlen sich meistens allein zuständig für liebevolle Zuwendung und Fürsorge und dazu auch noch für ein harmonisches Familienklima. Diese schwierige ‚Gefühls- und Harmonisierungsarbeit' für andere hält auf die Dauer die stärkste Frau nicht aus, wenn sie keinen Ausgleich hat (siehe auch Text: „Sie sagte nicht nein", im Stichwort „Selbstbehauptung"). Die andere extreme Haltung würde uns genauso unser Gleichgewicht verlieren lassen, wenn wir alles für uns behalten wollten, nichts hergeben würden. Diesen Gedanken können Sie mit dem Märchen „Die kleinen Leuten von Swabedo", Seite 188, vertiefen.

Um die im 1. Schritt angebotenen Erfahrungen machen zu können, brauchen die Tln eine entspannte Atmosphäre und Zeit, um zur Ruhe zu kommen. Wir haben gute Erfahrungen mit kurzen Atemübungen gemacht. Dabei fühlen sich die Tln auch in das Thema ein, denn nur wer losläßt, wer den alten Atem abgibt, kann neuen Atem empfangen.

Anleitung

- Alle Tln sitzen im Kreis
- Wahrnehmungsübung, siehe Seite 126, etwa 15 Minuten.
- Erfahrungen machen im Schenken und Annehmen
  - Die Gesprächsleiterin erklärt, daß die Tln jetzt Erfahrungen im Geben und Nehmen machen können, damit sie aus der konkreten Situation besser zum Thema sprechen können.
  - Alle Tln haben die Hände wie Schalen geöffnet im Schoß liegen.
  - Sie nehmen wahr, was sie bei dem Satz empfinden: „Ich habe meine Hände im Schoß liegen."
  - Die Leiterin legt ihrer linken Nachbarin ein Geschenk in die Hände (ein Pelzstückchen, ein Kästchen o. ä.) und sagt dazu: „Ich gebe dir etwas, ohne von dir etwas zu erwarten."
  - Jede der beiden läßt sich Zeit nachzufühlen, was sie empfindet.
  - Dann sagt die Empfängerin: „Ich nehme an, ohne etwas zurückschenken zu wollen."

- Wieder nehmen beide ihre Empfindungen wahr.
- Nun gibt die Empfängerin das Geschenk weiter an ihre linke Nachbarin, und es geht weiter, wie beschrieben.

Hinweis

Es ist wichtig, daß sich die Tln viel Zeit zum Nachspüren lassen. Dann wird es vielleicht bei Ihnen so sein wie bei uns, daß die Tln sich beim Geben wohler fühlen als beim Annehmen.
Wenn die Gruppe sehr groß ist, kann es zu lange dauern, dann ist ein Innenkreis von 6–10 Tln möglich – oder zwei Kreise oder . . .

Austausch im Gespräch

Mögliche Fragen

- Wie habe ich mich beim Geben, wie beim Annehmen gefühlt?
- Kenne ich diese Erfahrungen auch in meinem Alltag?
- Was tue ich für meine Balance?

Teilnehmeraussagen aus verschiedenen Gruppen

- „Ich finde es himmlisch, wenn ich etwas geschenkt bekomme; aber darf ich das eigentlich laut sagen?"
- „Ich fühle mich gut, wenn ich weggebe, und klein beim Annehmen."
- „Annehmen ist schwer, weil ich etwas schuldig bleibe."
- „Ich kann so schlecht das Babysitten einer guten Nachbarin annehmen, ich möchte es so gerne wiedergutmachen, obwohl sie nichts haben will."
- „Ich fühle mich wie ein Brunnen, der viel Wasser gibt. Seit ich darauf achte, daß die Zufuhr von frischem Wasser funktioniert, bleibt der Wasserstand. Ich tanke z. B. jeden Dienstag morgen im Morgentreff auf."
- „Wir sind doch so erzogen worden, daß es irgendwie unanständig ist, wenn wir uns etwas nehmen; das tut man nicht! Wer g i b t , der ist ein guter Mensch!"
- „Auf einem Bein ist nicht gut stehen! Wenn ich ausgeglichen sein will, muß ich etwas für mein Gleichgewicht tun."

Hinweis

In einer Gruppe vergaß über die Hälfte der Frauen den Nachsatz „ohne etwas zu erwarten". Sie sagten nur „Ich gebe dir etwas." Wir haben dann im Gespräch überlegt, ob das etwas mit unserer Art des Gebens zu tun haben könnte. Die Tln kamen zu der Erkenntnis, daß sie im geheimen oft denken, wann es wohl die anderen merkten, daß sie alles für diese tun, einmal müßten sie doch etwas zurückbekommen. Irgendwie erwarteten sie also doch etwas. Sie übten dann einen Druck aus, den sie selbst nicht gern hätten, wenn dieser z. B. von ihren Müttern ausginge.
Es kann sein, daß die Tln sich ausführlich austauschen wollen, was sie selbst für sich tun können, wenn ihre Waage des Nehmens und Gebens Schieflage hat. Dann nehmen Sie den 2. Schritt für ein nächstes Treffen. Wenn aber die Frage auftaucht, wie wir mit Lebenssituationen umgehen, in denen besonders viel Geben bzw. Nehmen von uns verlangt wird, dann kann folgendes Märchen weiterhelfen.

2. Schritt

Alles hat seine Zeit – das Geben und das Nehmen

Märchen: Die Kugeln
Gespräch

Kleingruppen
von ca. 5 Tln 60 Minuten

Es gibt manchmal lange Phasen, in denen viel von uns gefordert wird, so müssen Frauen von kleinen Kindern viel geben. Umgekehrt ist eine lange Krankheitsphase eine Zeit, wo der kranke Mensch auf andere angewiesen ist, viel annehmen muß. Tln einer Gruppe stellten fest, daß sie gerne beides können möchten: froh geben und froh nehmen, ohne zu rechnen oder sogar aufzurechnen.

Die Kugeln

Es war einmal ein großer, weiser Mann. Der holte eines Tages einen kleinen Jungen zu sich und wollte ihm das schönste Spiel beibringen, denn er liebte den Jungen. Er sammelte Kugeln aus herrlichem Glas und sagte zu ihm: „Sieh her, ich werde dir jetzt eine Kugel nach der anderen zuwerfen. Jede hat eine andere Farbe und einen anderen Namen.
Diese hier heißt Freude,
die dort Arbeit,
die da drüben Friede,
diese Leid.
Und du sollst mir jede sofort zurückwerfen, das ist der Sinn des Spiels:
das Geben und Nehmen im Wechsel. Nur im Flug glänzen die Kugeln so hell, wie sie sollen."
Und das Spiel begann, und zwischen Geben und Nehmen schimmerten die Farben der Kugeln. Und das Spiel war sehr gut. Aber dann wollte der Junge die schönste Kugel festhalten. Er drückte sie fest an sich, und sie zerbrach. Vor Schreck vergaß er die nächste zu fangen, und sie lag in tausend Scherben am Boden. Und je mehr er versuchte, die Kugeln zu halten, desto größer wurde der Haufen Scherben um ihn herum.
Dabei schnitten sie ihn, und er blutete. Das tat dem Mann leid, der ihn liebte. Er beugte sich und trug die Scherben weg. Und jede Wunde, die er selbst dabei bekam, heilte eine Wunde des Jungen.
Schließlich war er so zerschnitten, daß eine Fortsetzung des Spiels unmöglich erschien. Doch er stand auf, bereit zum Weiterspielen. Diesmal hatte der Junge begriffen. Als die Freude kam, warf er sie wieder dem Mann zu, und sie glitzerte herrlich im Flug. Als das Leid kam, machte er es genauso, und im Flug änderte sich die Farbe des Leides in Freude. Jede Bewegung des Jungen war jetzt auf den Mann gerichtet. Und siehe, das Spiel war sehr gut.

Mögliche Fragen

- Was berührt mich an dem Märchen?
- War ich schon in Situationen wie der weise Mann – oder in solchen wie der Junge?

Anleitung

- Es ist günstiger für das Gespräch, wenn die Gruppe nicht mehr als 5–6 Tln hat.
- Wenn Sie das Treffen gemeinsam mit einem oder zwei Gruppenmitgliedern vorbereitet haben, dann können diejenigen, die den Text schon kennen, eine Kleingruppe übernehmen.
- Versuchen Sie das Märchen zu erzählen, nicht vorzulesen.
- Stellen Sie sich auf persönliche Betroffenheit und ein anfängliches Schweigen ein.
- Wenn das Gespräch nicht von selbst in Gang kommt, können die Fragen unter dem Text weiterhelfen. Vielleicht notieren Sie sich andere, wenn Sie Ihre Gruppe vor Augen haben.

Aussagen und Fragen
von Tln aus verschiedenen Gruppen

- „Wie kann ich weitermachen am Tiefpunkt, wenn vom Gegenüber gar nichts zurückkommt?"
- „Ich will nicht mehr dauernd die Scherben auflesen und mir blutige Hände holen."
- „Das kann ich nicht annehmen, das habe ich nicht verdient!" Dieses Aufrechnen blockiert das Geben und Nehmen.
- „Geben wir oft unter innerem oder äußerem Druck?"
- „Als mein Mann so krank war, habe ich immer geben müssen. Als ich mich nicht mehr dagegen aufbäumte, es mit mehr Liebe tat, war plötzlich alles anders, unser Verhältnis hat sich sehr verändert."
- „Nach der Operation fühlte ich mich schlecht, weil alle zu Hause mich bedienen mußten, bis ich merkte, daß ich meinem Mann den Anstoß gegeben hatte, sich in seinem Rentnerdasein nützlicher zu fühlen."

3. Schritt

Leer werden – einfließen lassen sich leeren – sich füllen

Zwei Textstellen und ein Wasserkrug

Plenum — 10 Minuten

Es bringt nicht viel, die Überlegungen aus den Kleingruppen im Plenum zu wiederholen. Wir haben gute Erfahrungen damit gemacht, daß jede Tln kurz mitteilt, was ihr jetzt wichtig ist. Dabei kann es sinnvoll sein und das Verfahren verkürzen, wenn ein passender Gegenstand von der gerade sprechenden Tln zur nächsten weitergereicht wird (z. B. eine brennende Kerze, „weil mir ein Licht aufgegangen ist“).
Vielleicht wollen Sie lieber an eine Frage anknüpfen wie an die, die bei uns mehrmals auftauchte: „Woher nimmt Mutter Teresa in Indien ihre Kraft? Gibt sie nicht pausenlos?“
Wir fanden heraus, daß Mutter Teresa sich in langem Gebet und in der Meditation neue Kräfte holt, daß sie nicht aus sich, sondern aus Gottes Fülle lebt. Die folgenden meditativen Texte und Gedanken können deutlich machen, daß ich leer werden muß, um erfüllt leben zu können.

Anleitung

- Eine Strophe aus dem Gedicht von Werner Bergengruen sprechen (evtl. gemeinsam):
  Liebt doch Gott die leeren Hände,
  und der Mangel wird Gewinn.
  Immerdar enthüllt das Ende
  sich als strahlender Beginn.
- Einen leeren Krug (auf Löschpapier) in die Mitte des Tisches stellen.
- Den Text aus dem Johannesevangelium (10, 10) sprechen: Jesus sagt: „Ich bin gekommen, damit sie leben und überfließende Fülle haben.“
- Darauf hinweisen, daß die Leere so wichtig ist wie die Fülle, daß beides sich bedingt.
- Den Krug halb mit Wasser füllen, durch Kippen versuchen, Wasser abzugeben.
- Dann den Krug ganz füllen, bis er überläuft, um zu zeigen: Gott will meine Fülle und daß ich aus der Fülle weitergebe, das ist außerdem weniger anstrengend, als von wenigem zu geben.

Mögliche Vertiefung

„Geben und Nehmen“ zwischen den Generationen – siehe: „Der goldene Ball“ Seite 68

Mögliche Weiterführung

Stichwort ‚Schenken‘
Stichwort ‚Loslassen‘

***Wer nichts verschenkt,
kann nichts empfangen.
Wer nichts empfängt,
kann nichts verschenken.***

Was du für dich behältst, hast du bereits verloren. Was du verschenkst, ist dein für immer.
J. Recla

Gefühle

Keine Angst vor Gefühlen!

ZIEL

Gefühle wahrnehmen
und äußern lernen

Vorüberlegungen

Viele von uns haben gelernt, daß es sich nicht gehört, Gefühle zu zeigen:

„Sei keine Heulsuse!"

„Nimm dich doch zusammen!"

„Ein Indianer weint nicht!"

„Lach nicht so dreckig!"

„Wie es in mir aussieht, geht niemanden etwas an!"

Wir leiden an Gefühlskälte, tun uns aber oft schwer, etwas zu verändern. Eine Tln erzählte: „Meine Eltern haben mich nie umarmt. Als ich mich endlich traute, meine kranke Mutter kurz vor ihrem Tod in die Arme zu nehmen, waren wir beide wie befreit. Warum ging das nicht früher?"
Vielleicht haben Sie ähnliche Erfahrungen gemacht, mit denen Sie das Thema einleiten möchten. Eine weitere Möglichkeit ist das folgende Gedicht, nach dem Sie mit dem 1. oder 2. Schritt weiterarbeiten können.

Du funktionierst

Schwer zu sagen,
was du fühlst,
wie du dich fühlst.

– außer Zweifel,
du machst deine Sache,
du hast dich im Griff;

– hoffentlich ist es
kein Würgegriff.
Du wirkst manchmal
so kurzatmig.

K. Allert-Wybranietz

1. Schritt

Rettet die Gefühle!

Text und Gespräch

Kleingruppen
Plenum — 60 Minuten

Rettet die Gefühle

Nina muß morgen ins Examen, fünf Stunden Klausur. Sie wird durchfallen, das hat sie schon angekündigt. „Die Kleinste bin ich sowieso."
„Das heißt nichts." „Das heißt nichts?" sagt Nina düster. „Und daß ich die Drittjüngste bin, heißt nichts? Und daß der Gorres gesagt hat, meine dauernde Fragerei mache ihn noch wahnsinnig?" Nina pickt begierig jeden Hinweis vom Wegesrand auf, der das kommende Unheil bestätigt. Sie wird in die Prüfung gehen, tapfer bis zuletzt, und wir werden schon sehen. Um neun muß sie da sein. Schonende Vorbereitung ist wichtig: Schlaf, keine Hast, heiteres Klima. Sie schiebt einen Löffel Müsli zwischen spitze Zähne. Möglichst wenig reden, sage ich mir: Sagt man das Falsche, so wird sie sofort in hundert Stücke springen. Völliges Schweigen ist ebenso falsch, es irritiert und ängstigt. „Papa drückt dir den Daumen", sage ich. „Ich bin satt." Sie steht auf. „Gib die Banane her, sonst nichts." „Das Auto ist vollgetankt." Sie hängt sich den Schal um, knotet ihn, macht auf, knotet wieder, wirft ihn weg. Sie nimmt einen Schluck Kaffee aus meiner Tasse. „Mir ist schlecht", sagt sie. „Soll ich dich hinbringen?" Sie zieht sich vor dem Flurspiegel die Lippen nach. „Wenn ich verunglücke, brauche ich nicht rein. Nein, ich fahre." „Hast du alles? Keine Angst, du schaffst es." Blick des Lammes, das zur Schlachtbank muß. Nina nimmt die Tasche, die Autoschlüssel. „Mach's gut." Sie läßt den Motor an. Ich winke.
Mach's gut. Papa drückt den Daumen. Du schaffst es. Lauter passende Sätze in einer Welt der Examenspapiere und Intelligenzquotienten, des Wohlstands und Wachstums, wo jeder stramm arbeiten muß, um

seinen Platz zu behaupten. Fällt mir nichts anderes ein, als in den Chor der Tüchtigkeit einzufallen? Warum lasse ich sie nicht spüren, daß Examen auf dieser Welt zwar wichtig sind, aber nicht der einzige Maßstab, an dem man Menschen mißt?
Warum gebe ich ihr nicht das Gefühl, daß sie zurückkommen und losheulen kann, oder daß sie den Leuten namens Familie um den Hals fallen darf, ohne daß sie verstört zurückweichen?
Wie ist es mit uns selbst: Wagen wir vor anderen in Tränen auszubrechen, wenn man im Fernsehen schreiende Menschen auf der Flucht zeigt, tanzen wir im Zimmer herum, wenn unser Kind Geburtstag hat, jubeln wir laut, wenn Weihnachten ist oder Ostern, machen wir Lärm und Musik und ein herrliches Essen? Wenn wir unsere Gefühle nur fein gefiltert ahnen lassen, wo bleiben sie denn? Wir schlucken sie herunter, und das bekommt weder uns selbst gut noch den anderen Menschen, denn wie sollen sie erkennen, daß wir glücklich sind, traurig, dankbar, ängstlich, erwartungsvoll, verzweifelt oder fröhlich? Nina ahnt nicht, daß mein Herz den ganzen Vormittag bei ihr ist. Sie hat bloß Ratschläge und verlegene Wendungen gehört. Ich habe nicht das Einfache getan, das einzig Richtige, ich habe sie nicht umarmt.

Rosemarie Harbert

Austausch im Gespräch

Dieser Text macht in der Regel so betroffen, daß die Tln den Wunsch spüren, über ähnliche Erfahrungen zu sprechen. Das ist leichter, wenn das Plenum sich in Kleingruppen aufteilt.

Teilnehmeraussagen aus unterschiedlichen Gruppen:

- „Wir Eltern haben oft mehr Angst als unsere Kinder, wir wollen es nur nicht zeigen."
- „Ich werde ein Eisblock, wenn mich eine Freundin umarmt."
- „Ich schämte mich meiner Tränen und brach das Gespräch ab, als eine Freundin mir etwas Schlimmes erzählte."
- „Wir leben auf Sparflamme, weil wir Angst vor Gefühlsduselei haben."
- „Ich möchte meiner Intuition mehr vertrauen!"
- „Oft kenne ich meine Gefühle gar nicht und wundere mich, daß manchmal der Dampfkessel platzt, weil ich nicht früher den Dampf bemerkt und abgelassen habe."
- „Nur nicht die Fassung verlieren! Sich schnell wieder im Griff haben! Warum wundern wir uns eigentlich, wenn manchmal ein Tropfen das Faß zum Überlaufen bringt? Leider oft an der falschen Stelle!"
- „Ich setze mich manchmal mit viel Wut im Bauch ans Steuer; nachher bin ich froh, daß es keinen Unfall gegeben hat."

Wenn Tln über eine Geschichte aus dem Alltag ins Gespräch kommen, passiert es besonders in kleinen Gruppen sehr leicht, daß sie sich vom Thema entfernen. Es ist daher günstig, nach der Kleingruppenarbeit das Thema noch im Plenum zu vertiefen.

Mögliche Fragen:

- Was tun Sie, wenn Sie sich freuen?
- Was tun Sie, wenn Sie sich ärgern?
- Was tun Sie, wenn Sie Angst haben?

Mögliche Gesprächsergebnisse:

tanzen

Faust in der Tasche machen

verstummen

resignieren

....

....

....

....

Hinweis

Wir erleben immer wieder, daß Tln sehr erstaunt sind, wenn sie von anderen Gruppenmitgliedern hören, daß diese Freudentänze aufführen können oder manchmal aus Wut Türen schlagen. Das läßt manche Tln darüber nachdenken, ob sie weiter mit dem Kloß im Hals und der Faust in der Tasche leben kann und will, oder ob sie sich hinwegsetzen will über das, ‚was man tut' oder ‚was man nicht tut'. Vermutlich werden auch in Ihrer Gruppe die Tln davon sprechen, daß es ihnen schwer fällt, ihre Gefühle wahrzunehmen und auszudrücken. Viele sind in ihrer Kindheit zur Unterdrückung ihrer Gefühle angehalten worden und trauen sich deshalb auch nur, diese sehr unklar oder verschlüsselt auszudrücken. Im 2. Schritt können die Tln sich darüber klarer werden, wie sie im Augenblick ihre Gefühle äußern oder vielleicht in Zukunft deutlicher aussprechen könnten.

2. Schritt

Ich rede nicht verschlüsselt, ich spreche von meinen Gefühlen.

Üben mit dem Arbeitsbogen

Einzelarbeit
Dreiergruppe Plenum 60 Minuten

Arbeitsbogen Seite 60

Anleitung

- Jede Tln bekommt zunächst nur die linke Hälfte mit den verschlüsselten Aussagen und kreuzt an, welche sie von sich oder anderen kennt.
- In Dreiergruppen überlegen die Tln, welche Wirkungen diese Aussagen haben. Anschließend suchen sie Formulierungen, die das, was gemeint ist, deutlicher zum Ausdruck bringen.
- Im Plenum werden die rechten Blatthälften mit den direkten Aussagen verteilt.
- Die Tln lesen den Text laut vor und vergleichen ihre erarbeiteten Formulierungen mit den Aussagen der Arbeitshilfe.
- Die Tln überprüfen, wie die Aussagen auf sie wirken, und ergänzen, wie sie es sagen würden.

Hinweis

Die Tln finden wahrscheinlich schnell heraus, daß die Aussagen klarer sind und weniger Druck ausüben, wenn es ‚Ich'-Aussagen sind. Allerdings zeigt es sich immer wieder, daß Ängste da sind, so klar über die eigene Person zu sprechen. „Ich kann doch nicht sagen, daß ich mich so schlecht fühle, was denken dann die anderen?" Ermutigen Sie die Tln, diese Ängste und Befürchtungen laut auszusprechen und zu überlegen, was passieren kann, wenn ich zugebe, daß ich nicht die perfekte Frau bin, die alles mühelos schafft.

Mögliche Weiterführung

Stichwort ‚Wünsche'
Stichwort ‚Körper 1 und 2'

Arbeitsbogen

Gefühle äußern in verschlüsselten Aussagen	Gefühle äußern in direkten Aussagen
1. Du hast ja schon wieder keine Zeit!	**Ich** bin dir nicht wichtig! **Ich** fühle mich vernachlässigt, allein gelassen!
2. Wen interessiert schon, was ich denke!	**Ich** fühle mich nicht ernst genommen.
3. Das gelingt mir sowieso nie!	**Ich** bin so traurig, daß ich das nicht kann, was andere können. **Ich** fühle mich so klein dabei.
4. Die Schule ist richtig doof!	**Ich** fühle mich ungerecht behandelt, überfordert, gedemütigt.
5. Obwohl ich von morgens bis abends herumrenne, schaffe ich nichts weg!	**Ich** bin abgehetzt, müde, überfordert, resigniert.
6. Ich bin ja doch nur fünftes Rad am Wagen!	**Ich** fühle mich überflüssig, ausgeschlossen, ausgenutzt.
7. Frau Müller hat schon wieder einen neuen Wintermantel!	**Ich** komme immer zu kurz.

Man sieht nur mit dem Herzen gut.

Saint-Exupéry

Generation 1

Alt und Jung – Zündstoff und Chance

ZIEL

Annehmen, daß Auseinandersetzungen zwischen den Generationen zum Leben gehören, die Verschiedenartigkeit der Jüngeren und der Älteren lebenswichtige Impulse geben kann.

Vorüberlegungen

Auseinandersetzungen zwischen Eltern und Kindern entstehen naturgemäß dadurch, daß die Älteren loslassen müssen und die Jüngeren sich lösen müssen (siehe Stichwort Loslassen). Dieser Loslösungsprozeß tut weh und ist oft mit Enttäuschungen verbunden. In unserer schnellebigen Zeit kommt noch eine weitere Schwierigkeit dazu: Wertvorstellungen, Ideale, Lebenskonzepte ändern sich sehr schnell, das Neueste zählt mehr als Altbewährtes. Kardinal Suenes hat dazu gesagt, daß in unserem Jahrhundert alle 10 Jahre ein **neues** Jahrhundert begonnen hätte; es sei doch sehr anstrengend, mit Menschen aus so vielen Jahrhunderten zusammenzuleben. Viele Familien finden es nicht nur anstrengend, sondern erleben sogar eine starke Entfremdung. Sie „verstehen die Welt nicht mehr", „die jungen Leute sind so anders". „Das kann doch nicht gutgehen!" Der rasante technische Fortschritt bestimmt unser Leben und unsere Zukunft. „Davon verstehen wir nichts, da können wir nicht mehr mitreden", sagen viele Menschen der mittleren und älteren Generation. Sie ziehen sich mehr oder weniger resigniert zurück, weil sie glauben, nicht mehr gefragt zu sein. Ist aber nicht gerade angesichts der drängenden Fragen über unsere Zukunft der Dialog zwischen den Generationen besonders wichtig?

Wenn Sie mit Ihrer Gruppe überlegen wollen, was die Generationen gegenseitig voneinander lernen können, so ist es wichtig, zu Beginn erst einmal Bestandsaufnahme über die unterschiedlichen Wertvorstellungen zu machen. Vielleicht fällt Ihnen ein Beispiel aus Ihrem Familienalltag ein, oder Sie legen jeder Tln das Stühlebild Seite 62 vor.

Jede Tln sucht für sich einen Stuhl aus, der ihrer Stellung in der Familie entspricht. Sie begründet ihre Entscheidung und nennt ein Thema, das in der Familie ein Auslöser für einen Streit gewesen ist (z. B. Aufräumen, Taschengeld). Wenn Generationskonflikte noch nicht deutlich zur Sprache gekommen sind, dann kann das durch eines der Spiele aus dem 1. Schritt erreicht werden. Ist die Polarität von Alt und Jung mit ihren unbequemen Spannungen gesehen und akzeptiert, kann der partnerschaftliche Umgang miteinander anhand eines der Texte im 2. Schritt erarbeitet werden.

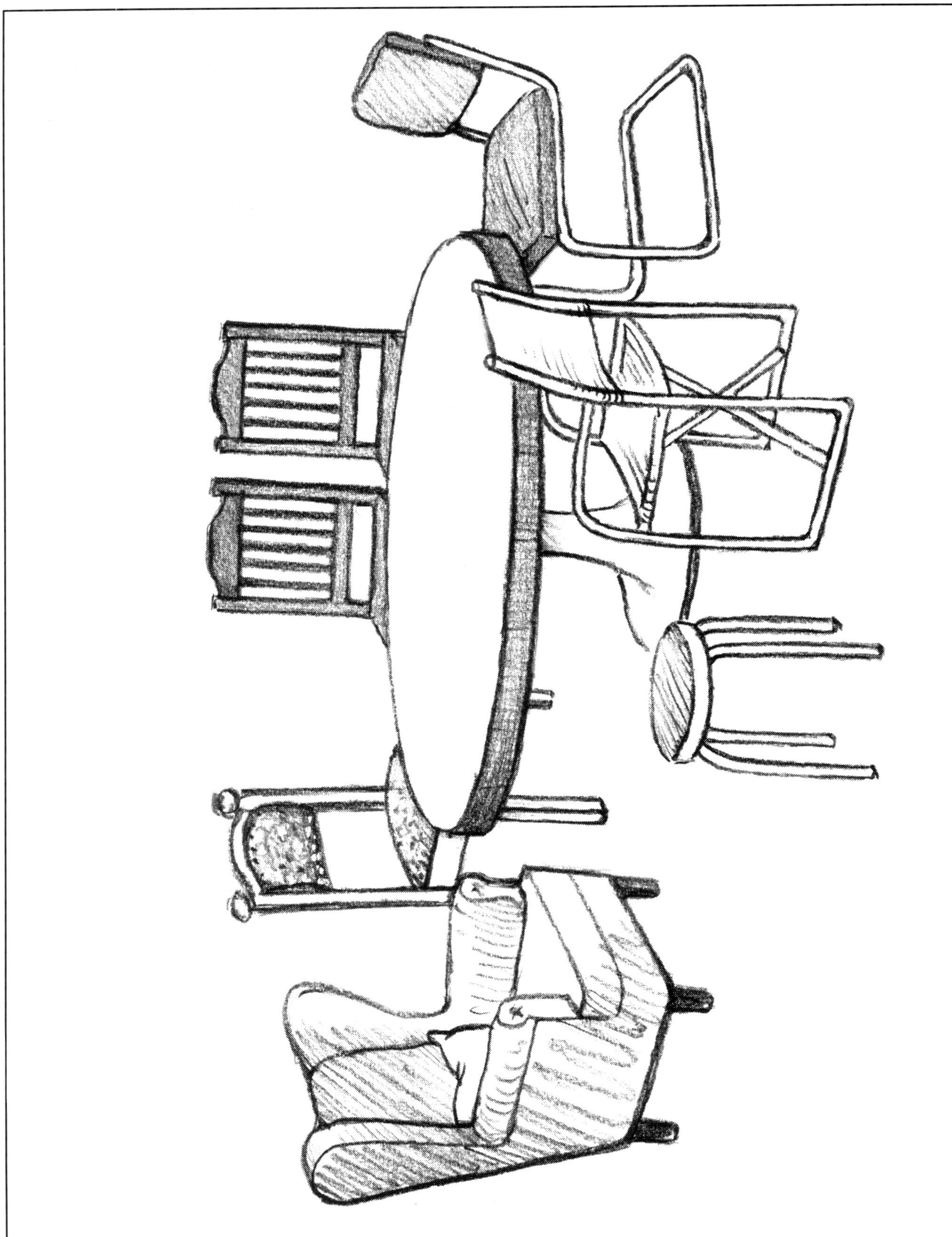

1. Schritt

D i e Alten und d i e Jungen – „Fronten“?

Spiel
Auswertung im Plenumsgespräch

Plenum 30 Minuten

Hinweis

D i e Alten und d i e Jungen gibt es nicht. Aber es gibt Urteile (auch Vorurteile), die innerhalb einer Generation gesagt oder gedacht werden und den Dialog erschweren. Wir haben einige Aussagen zusammengestellt, die „stehen können“ zwischen der mittleren und jüngeren Generation und zwischen der ältern und mittleren. Wählen Sie aus und ergänzen Sie entsprechend der Altersstruktur Ihrer Gruppe.

Spiel

„Alte“	„Junge“
Das hätten wir früher nie gewagt, wie ihr heute mit uns redet!	Ihr seid doch „Schleimer“, ihr paßt euch immer an!
Ihr wißt ja gar nicht, was Arbeit ist!	Ihr labert immer von Leistung, wir wollen was vom Leben haben!
Ihr kennt ja nur das Lustprinzip!	Ihr lebt ja gar nicht mehr, sondern seid schon tot.
Ihr wißt ja gar nicht, wie gut ihr es habt, mit 18 bekommt ihr ein Auto geschenkt, ich habe sehr lange für mein Fahrrad sparen müssen.	Vater kauft sich jedes zweite Jahr eine neue, immer teurere Kiste!
Ihr habt kein Verantwortungsgefühl mehr!	Euch ist Wohlstand und Fortschritt wichtiger als Umweltschutz!
Ihr kennt keine Moral mehr!	Ihr habt eure Gefühle schon lange auf Eis gelegt!
Hab' du erst mal meine Erfahrungen, dann kannst du mitreden!	Ich verstehe mehr von Computertechnik und Atomenergie als du! Wie willst du mir sagen, wie unsere Zukunft aussehen wird!
Ihr kennt eure Rechte besser als eure Pflichten!	Arbeit ist kein Lebensinhalt. Freizeit, Selbstverwirklichung ist wichtiger!
Euch ist berufliches Fortkommen und Sicherheit gar nicht wichtig!	Ihr laßt euch von Titeln, von Positionen, von Geld blenden!
Wo habt ihr noch Ziele? Ihr habt doch alles: Auto, Haus und dauernd Urlaub!	Vor lauter Schaffen und Raffen habt ihr vergessen zu leben!
Wir haben an uns immer zuletzt gedacht!	Was kommt denn bei eurer Selbstaufopferung heraus? Druck und Erwartungen an uns.

Anleitung

- Die Gruppe teilt sich in „Alte" und „Junge".
- Sie setzen sich in zwei Reihen gegenüber.
- Jeweils eine der obigen Aussagen ist auf blaue Zettel (für „Alte") und rote Zettel (für „Junge") geschrieben worden, und jede Tln nimmt sich eine für sie passende Aussage.
- Eine „Alte" liest ihren Text.
- Eine (oder mehrere) „Junge" antworten mit einem passenden (evtl. selbstformulierten) Text.
- Nach dem letzten Spruch kann das Hin und Her mit selbstformulierten Vorwürfen und Reaktionen weitergehen, bis keiner mehr etwas einfällt.
- Die Tln tauschen aus, wie sie sich gefühlt haben.

Auswertung im Gespräch

Die Tln brauchen Zeit, um sich in ihre Rolle einzufühlen (evtl. kleine Pause machen). Wenn Sie das Vorgehen nicht zu schnell beenden, kommen bei den Tln persönliche Erfahrungen aus ihrem Alltag. Nach dem Spiel tauschen die Tln aus, wie sie sich gefühlt haben. Anschließend kann erarbeitet werden, daß solche Pauschalurteile falsch und gefährlich sind. Wir können allerdings auch nicht so tun, als ob es keine gegensätzlichen Auffassungen über Lebensstile und Wertvorstellungen gäbe. Dazu haben wir folgende Beispiele gefunden:

	früher:	heute:
Kleidung:	Qualität	modisch
Schule:	Kopfrechnen	Rechencomputer
Freizeit:	Ausspannen	Aktivitäten
Arbeit:	als Lebenssinn	als Gelderwerb
Sonntag:	Kirchgang	Schlafen
	Spaziergang	Sport
Aus- und Weiterbildung:	nicht so wichtig	sehr wichtig

Alternative

1. Schritt

Spielszene: Mittagstisch
Auswertung im Gespräch

Als Alternative ist natürlich auch ein Rollenspiel möglich. Für Frauengruppen auf dem Land, wo vielfach drei Generationen am Tisch sitzen und dort dann die Meinungen aufeinanderprallen, hat es sich als günstig erwiesen, eine Situation zu spielen, wie z. B.

„Der Samstagseintopf"

Opa hätte gerne mehr Speck in der Suppe.
Vater ist begeistert.
Sohn hat sich nach der Schule „Fritten" mitgebracht.
Tochter macht sich „Bio-Salat".
Nesthäkchen ißt hauptsächlich Nachspeise.

(Wenn zwei Tln die gleiche Rolle übernehmen, geht es leichter, weil sich beide gegenseitig weiterhelfen.)

2. Schritt

Spannungen zwischen den Generationen sind normal

Text: Kai-to und Gespräch

Alternative

Text: „So können die sich ändern", und Gespräch

Kleingruppen von ca. 5 Tln 45 Minuten

Der Elefant, der sang

Der Elefant hieß Kai-to. Er war winzig klein und stand unter dem Bauch seiner Mutter. Die Gräser sah er, die Blumen und die Füße der anderen Elefanten. Das war seine Welt. Aber er war anders als die anderen Elefanten. Er sang. „Psst!" zischte seine Mutter. „Sei still! Elefanten singen nicht!" Da sperrte Kai-to das Lied in sich ein und schwieg.
Doch eingesperrte Lieder wollen frei sein. Als Kai-to größer wurde, trat er unter dem Bauch seiner Mutter hervor. Den Himmel sah er und den geheimnisvollen Urwald mit seinen Tieren.
Da konnte Kai-to nicht länger still sein. Er hob seine Stimme und sang. „Ruhe", brüllte die Elefantenherde. „Noch nie hat ein Elefant gesungen! Wir können nicht dulden, daß du singst!"
Der Leitelefant hatte zum Glück nichts gemerkt. Er war schon alt und hörte nicht gut. Er sah übrigens auch nicht gut. Manchmal fiel er in ein Loch, und die ganze Herde stolperte hinterher. Aber sie folgte ihm trotzdem.
Tag für Tag zogen die Elefanten auf ihren Elefantenstraßen dahin. Der Leitelefant ging immer voraus. Sie tranken und fraßen und badeten.
Kai-to aber sang. Unterwegs sang er, wenn sie rasteten, und manchmal sang er sogar mit vollem Mund. Einmal geschah es, daß er nachts im Traum sang. Da wurden alle alten Elefanten böse. Die jungen Elefanten mochten Kai-to. Und sie mochten sein Lied. „Sing!" riefen sie.
Und sie stellten sich im Kreis um ihn auf und lauschten.

Eines Tages jedoch hatte sich der Leitelefant die Ohren besonders gründlich gewaschen. Da hörte er Kai-tos Lied. „Noch nie hat ein Elefant gesungen", sagte er. „Also ist es verboten!" Und er jagte Kai-to fort. Wer aber einmal aus der Herde ausgestoßen wird, darf nie wieder zurückkehren. Die Elefanten zogen weiter die Elefantenstraßen entlang. Kai-to folgte ihren Spuren. Manchmal sang er. Und wenn es auch traurig oder zornig klang, so war es trotzdem ein Lied.
„Kai-to singt", sagten die jungen Elefanten. Unruhe überkam sie. Sie klatschten mit ihren mächtigen Ohren und hoben die Rüssel gegen den Leitelefanten. Die Alten aber taten, als merkten sie nichts. Sie stellten sich taub.
„Kai-to soll wiederkommen!" riefen die Jungen. Drohend stellten sie sich dem Leitelefanten in den Weg. „Wenn Kai-to nicht zurückkommt, gehen wir auch!" „Das ist noch nie geschehen", sagte der Leitelefant. „Denk nach!" rieten die anderen. „Es ist Zeit!" Der Leitelefant hatte schon lange nicht mehr nachgedacht. „Ich brauche Ruhe", bat er. „Das ist alles noch nie geschehen", sagte der Leitelefant, „daß ein Elefant singt, daß man sich gegen mich stellt und daß ich denken muß." „So geschieht dies alles zum erstenmal", sagten die Jungen. „Hol Kai-to zurück!" „Ich würde gegen ein Elefantengesetz verstoßen." „Und?" fragten die Jungen. „Es ist ein altes Gesetz", sagte der Leitelefant. „Wenn ein Gesetz alt ist, so muß es darum nicht gut sein", riefen die jungen Elefanten. „Hol Kai-to!" Da fügte sich der Leitelefant und er ging zu ihm. Kai-to aber, der sich bedroht fühlte, warf vorsichtshalber mit Kokosnüssen. „Wir wollen dich zurück", schrien seine Freunde. „Dich und dein Lied!" Da freute sich Kai-to, denn es ist nicht gut, allein zu sein.
Als sie ihm einen Blumenkranz umhängen

wollten, fraß er ihn auf. „Ich bin nichts Besonderes," sagte er, „Ich bin nur jung, und ich singe", „Jag ihn fort!" riefen seine Freunde und zeigten auf den Leitelefanten. „Ich habe Erfahrung", sagte der Leitelefant. „Ich weiß, wo die Wasserlöcher sind und vieles mehr." „Wir wollen miteinander gehen", sagte Kai-to. „Du bist erfahren, und ich habe gute Augen."
So zogen sie los. – Seit damals geschieht es öfter, daß Elefanten geboren werden, die unter dem Bauch ihrer Mutter schon singen. *Gina Ruck-Pauquèt*

Mögliche Fragen

- Was ist mir beim Hören der Geschichte eingefallen? (1–2 Min. Stille)
- Welche Situationen aus meinem Umgang mit der älteren (jüngeren) Generation fallen mir ein?
- In welchen Bereichen erlebe ich grundsätzlich verschiedene Vor- und Einstellungen?
- Habe ich das auch schon erlebt, daß die Jüngeren die „besseren Augen" und die Älteren die größeren Erfahrungen einbringen konnten?
- Wie habe ich mich durch Auseinandersetzung mit der jüngeren (oder älteren) Generation verändert?

Teilnehmeraussagen aus verschiedenen Gruppen

- „Das ist genau das, was die Großeltern nicht verstehen: Es gibt keinen Leitelefanten mehr in meiner Familie, auch die Kleinen reden und bestimmen mit."
- „Wir sind leider noch in der Phase des Kokosnußwerfens, Mißtrauen bei den Kindern, Mißtrauen bei uns!"
- „Kai-to ist schon sehr weise. Meine Kinder sind nicht so bescheiden, die wissen alles besser!"
- „Mein Mann und ich haben jahrelang sehr viel Gelassenheit gebraucht, um uns nicht provozieren zu lassen und nicht zu resignieren."
- „Wir haben die ‚verrückten' Ideen der Kinder nicht verurteilt, aber auch nicht geschwiegen. Wir haben immer klar unseren gegensätzlichen Standpunkt formuliert. Dadurch haben beide Seiten dazugelernt."
- „Ich finde, daß es die mittlere Generation besonders schwer hat. Wir vermitteln zwischen Großeltern und Enkeln, nehmen auf beide Rücksicht. Aber wer sieht uns und nimmt auf uns Rücksicht?"
- „Ich glaube, wir brauchen die besseren Augen der Jungen sehr nötig. Unsere Ziele wie Fortschritt und Wachstum können doch für die Zukunft nicht mehr gelten."

Hinweis

Wenn Sie die Geschichte vorgelesen oder erzählt haben, geben Sie den Tln den Text, evtl. ist Arbeit in Kleingruppen günstig. Wir haben die Erfahrung gemacht, daß in größeren Gruppen Ängste bestehen, von Spannungen in der eigenen Familie zu sprechen. Konflikte sind unbewußt immer noch etwas Schlimmes, das viele nicht gerne zugeben. Die Chancen des Miteinanders der Generationen können nur erarbeitet werden, wenn der Konflikt erst einmal angenommen wird.
Manche Gruppen arbeiten gerne mit Tiergeschichten und mit langen Texten, andere nicht. Wir schlagen Ihnen als Alternativen vor:
„Das Märchen vom Dreiblatt", Stichwort „Familie" oder den folgenden Text:

Alternative

2. Schritt

„So können die sich ändern!"

Zu Mark Twain kam einmal ein Siebzehnjähriger und sagte: „Ich verstehe mich mit meinem Vater nicht mehr. Jeden Tag ist Streit. Er ist so rückständig, hat keinen Sinn für moderne Ideen! Was soll ich machen? Ich laufe aus dem Haus!" Mark Twain antwortete: „Junger Freund, ich kann Sie gut verstehen. Als ich 17 Jahre alt war, war mein Vater genauso ungebildet. Es war kein Aushalten. Aber haben Sie Geduld mit so alten Leuten. Sie entwickeln sich langsamer. Nach 10 Jahren, als ich 27 war, da hatte er so viel dazugelernt, daß man sich schon vernünftig mit ihm unterhalten konnte. Und was soll ich Ihnen sagen: Heute, wo ich 37 bin – ob Sie es glauben oder nicht –, wenn ich keinen Rat weiß, dann frage ich meinen alten Vater. So können die sich ändern!"

Möglicher Einstieg

- Ich habe Sie schmunzeln gesehen! Was ging Ihnen so durch den Sinn?
- Welche schwierigen Situationen aus meinem Umgang mit der älteren (jüngeren) Generation fallen mir ein?
- Was hat mich an der anderen Generation gestört, was stört mich heute noch?
- Wie habe ich mich verändert? Haben die anderen sich verändert?

Hinweis

Wenn die Tln aus der Kleingruppe wieder ins Plenum kommen, ist es nicht günstig, dort die Gespräche wiederholen zu lassen. Es ist sinnvoller, das Thema unter einem neuen zusammenfassenden oder vertiefenden Aspekt zu beleuchten. Der 3. Schritt zeigt eine Möglichkeit der Weiterführung, die den Tln Gelegenheit gibt, das in der Kleingruppe Erarbeitete ins Plenum zu bringen.

Anleitung ▶

Jede Tln bekommt eine Kopie des Arbeitsbogens. Es ist günstig, wenn die Tln sich nicht zu lange oder zu stark ‚den Kopf zerbrechen', sondern eher spontan ankreuzen.

3. Schritt

Geben und Nehmen – Eine Generation braucht die andere

Arbeitsbogen
Generationenhaus

Einzelarbeit
Plenum 40 Minuten

Arbeitsbogen: Was lernen wir voneinander?

Bausteine für ein Generationenhaus.

Kreuzen Sie sechs Eigenschaften an, die Ihnen wichtig sind für ein gutes Zusammenleben der Generationen und für die gemeinsame Arbeit an unserer Zukunft.

Toleranz
Bindungsfähigkeit
Eigenständigkeit
Zärtlichkeit
Weisheit
Muße
Risikobereitschaft
Lebenserfahrung
Pflichtbewußtsein
Wissen und technisches Können
Konfliktfähigkeit
Kritisches Bewußtsein
Unbekümmertheit
Lernbereitschaft
Durchhaltevermögen
Gelassenheit
Ehrlichkeit
Zupackenkönnen
Träumen
Kraft
Verantwortungsgefühl
Verzicht
Freude am Leben

Generationenhaus

Anleitung

- Die Gesprächsleiterin hat die Bausteine vorbereitet (23 feste DIN-A5-Blätter mit jeweils einem Begriff aus dem Arbeitsbogen beschriftet).
- Sie liest einen Begriff nach dem anderen vor, stellt fest, wie viele Tln ihn gewählt haben und schreibt die Anzahl darunter.
- Die Tln begründen ihre Auswahl.
- Der Bau des Hauses beginnt mit den am häufigsten gewählten Steinen für das Fundament.
- Bei jedem Stein überlegen die Tln, von welcher Altersgruppe diese Eigenschaft im besonderen Maße eingebracht wird.

Überlegungen von Tln

- „Bewußte Ernährung und Umweltschutz habe ich von meinen Kindern gelernt."
- „Ist es Zufall oder nehmen wir die ganz Kleinen wenig wichtig? Ihre Bausteine (Unbekümmertheit und Fähigkeit zum Träumen) wurden nicht gewählt."
- „Was mich an anderen stört, stört oft meine Ruhe, ist mir unbequem, aber es bringt mich weiter."
- „Ich sage mir, daß ich meine ‚Macken' habe und haben darf, dann kann ich leichter die ‚Macken' der anderen akzeptieren."
- „Ich habe das Recht und manchmal die Pflicht zu sagen, was ich nicht gut finde. Allerdings darf ich nicht erwarten, daß andere sich danach richten."
- „Mir ist meine Eigenständigkeit sehr wichtig, auch noch mit meinen 70 Jahren. Die Kinder meinen immer, sie müßten auf mich aufpassen, weil ich so krank war."
- „Die Kinder sind so selbständig, da gibt's keine Probleme mehr, dafür habe ich heute die Schwierigkeiten mit meiner 80jährigen Mutter und mit meinem dauernd schlechten Gewissen, weil sie im Altersheim ist."
- „Mit den Kindern habe ich heute keine Probleme mehr, dafür mit meiner Mutter, die am liebsten dauernd ihre Kinder und die Enkelkinder um sich hätte. Wenn ich darauf nicht eingehe, habe ich ‚Gewissensbisse', weil meine Mutter so viel für mich getan hat."

Hinweis

Es gilt heute noch genauso wie früher das vierte Gebot: Du sollst deinen Vater und deine Mutter ehren. Im Gespräch kann erarbeitet werden, daß „ehren" nicht heißt: Ich muß an den Eltern alles wieder gutmachen, was sie mir Gutes getan haben. Frauen, die sich quälen, obwohl sie nach bestem Wissen und Gewissen handeln, kann das folgende Gedicht vielleicht weiterhelfen (evtl. setzen sie anstelle von „Vater" „Mutter" ein und anstelle von „Sohn" „Tochter" oder „Kind" usw.)

Impuls zum Mitnehmen und Weiterdenken

Der goldene Ball

Was auch an Liebe mir vom Vater ward,
ich hab's ihm nicht vergolten,
denn ich hab als Kind noch nicht gekannt
den Wert der Gabe
und ward als Mann dem Manne gleich und hart.

Nun wächst ein Sohn mir auf,
so heiß geliebt wie keiner,
daran ein Vaterherz gehangen,
und ich vergelte, was ich einst empfangen,
an dem, der mir's nicht gab – noch wiedergibt.

Denn wenn er Mann ist und wie Männer denkt,
wird er, wie ich, die eignen Wege gehen,
sehnsüchtig werde ich, doch neidlos sehen,
wenn er, was mir gebührt, dem Enkel schenkt. –

Weithin im Saal der Zeiten sieht mein Blick dem Spiel des Lebens zu,
gefaßt und heiter,
den gold'nen Ball wirft jeder lächelnd weiter,
– und keiner gab den gold'nen Ball zurück!

Börries von Münchhausen

Mögliche Weiterführung

Stichwort:
‚Generation 2'
‚Partnerschaft'
‚Kind'
‚Werte 1 u. 2'

Generation 2

Meine Mutter und ich

ZIEL

Umgang mit den Gefühlen der Liebe und des Hasses lernen
Vermeidung von Schuldzuweisungen üben
Freiwerden für ein ehrliches, partnerschaftliches Mutter-Kind-Verhältnis

Vorüberlegungen

Die Töchter haben es in der Regel schwerer, sich von ihrer Herkunftsfamilie, insbesondere der Mutter, zu lösen. Ihren Söhnen gesteht die Mutter zu, daß sie sich in die Berufswelt, in die so andere „Männerwelt" aufmachen. Bei den Töchtern meinen viele Mütter, aus ihrer Frauenrolle heraus immer noch mitreden zu können und zu müssen. Die Töchter, die anders werden als ihre Mütter, wollen andererseits oft auch die Mütter verändern. Einige ringen lebenslang um die Anerkennung der für sie wichtigen Person: Mutter. Eine spannungsgeladene, gegenseitige Abhängigkeit führt in vielen Fällen zu schweren Belastungen. Wir hören Sätze wie:

- „Manchmal hasse ich meine Mutter!"
- „Ich schäme mich, daß ich so undankbar bin."
- „Immer sagt sie: ‚Wie siehst du wieder aus!'"

Wenn diese oder ähnliche Sätze in Gesprächen aufgetaucht sind, werden Sie vielleicht zur Einführung daran anknüpfen.
Aus den vielen Möglichkeiten, das Thema zu besprechen, machen wir folgende Vorschläge:

1. Schritt

Karikatur

Alternative

Blick in den Spiegel

Plenum
oder Einzelbesinnung 10 Minuten

Die Tln äußern spontan ihre Eindrücke und Gefühle.

Alternative

Einzelbesinnung beim Blick in den Spiegel

Jede Tln bekommt einen Spiegel und betrachtet schweigend (evtl. mit leiser Musik) ihr Bild.

Mögliche Fragen

- „Sehe ich meiner Mutter ähnlich?"
- „Welche ihrer Eigenschaften und Verhaltensweisen finde ich bei mir wieder?"
- „Bin ich froh darüber, ärgert es mich, . . .?"

2. Schritt

Text „Die Schlafwandler"
Austausch im Gespräch

Plenum
oder Kleingruppen 30 Minuten

Die Schlafwandler

In meiner Heimatstadt lebte eine Frau mit ihrer Tochter. Beide wandelten im Schlaf. Eines Nachts, als alle Welt schlief, trafen sich Mutter und Tochter schlafwandelnd in ihrem nebelverhangenen Garten.
Und die Mutter sprach und sagte: „Endlich habe ich dich, Feindin! Du warst es, die meine Jugend zerstörte, und auf den Ruinen meines Lebens bist du groß geworden. Ich möchte dich töten!"
Und die Tochter erwiderte und sagte: „Verhaßtes Weib, selbstsüchtige Alte. Immer noch stehst du meiner Freiheit im Weg. Mein Leben soll wohl immer nur ein Echo deines Lebens sein. Ach, wärest du doch tot!"
In diesem Augenblick krähte der Hahn, und beide Frauen erwachten. Voller Sanftmut fragte die Mutter: „Bist du es, mein Herz?", und die Tochter antwortete sanftmütig: „Ja, liebe Mutter."

Kahlil Gibran

Nach der Einstiegsfrage: Was löst der Text in uns aus?, kann es sein, daß ein kurzer Austausch in Zweiergruppen angebracht ist. Im anschließenden Plenum wollen Sie vielleicht die Gedanken der Tln noch in eine Richtung vertiefen.

Mögliche Fragen

- Wie gehen Mutter und Tochter miteinander um?
- Das Nebeneinander von Haß und Liebe ist eine Wirklichkeit des Lebens. Welche eigenen Erfahrungen fallen Ihnen dazu ein?
- Mutter – Tochter, hat die Existenz der einen im Leben der anderen etwas verhindert/zerstört? Was?
- Welche unbewußten Leitbilder (unerfüllte Sehnsüchte) beeinflussen das Verhalten beider Frauen?
- Was würde das Wahrnehmen und Aussprechen der eigenen Bedürfnisse und Wünsche bewirken? Bei der Mutter / der Tochter / in der Beziehung?
- Welche Rolle spielen Nähe und Distanz im Verhältnis der beiden bei der Los- bzw. Ablösung?

Überlegungen von Tln aus verschiedenen Gruppen

- Es ist wichtig, sich zu lösen aus der Umklammerung.
- Beide brauchen den Abstand (die ‚Abstoßung'), um selbständig zu werden, ‚Ich' zu werden.
- Erwachsen zu sein bedeutet: den anderen nicht verantwortlich machen für meine Schwächen und unerfüllten Sehnsüchte, keinen Sündenbock (Sündenziege) suchen, wenn es mir schlecht geht.
- Die Mütter beneiden oft die Töchter, die es nach ihrer Ansicht so viel besser haben als sie. Viele Mütter der älteren Generation sind zu kurz gekommen, sie haben sich jahrelang für die Familie aufgeopfert.
- Die Töchter fühlen sich oft unter Druck, weil sie spüren, daß die Mütter ihre unerfüllten Sehnsüchte durch sie erfüllen wollen.

Hinweis

Wenn in Ihrer Gruppe im allgemeinen persönliche Aussagen gemacht werden, so werden die Tln nach dem Text wahrscheinlich schnell von sich sprechen. Es kann sein, daß der 3. Schritt dann nicht mehr nötig ist.
Es gibt aber auch Gruppen, in denen es aus den verschiedensten Gründen schwierig ist, über sich zu sprechen. Dann können Sie durch persönliche Aussagen von Ihren eigenen Erfahrungen den Tln das Angebot machen, über sich zu sprechen. Oder Sie entscheiden sich, mit dem Text ‚Die Absage' zu arbeiten.

3. Schritt

Text ‚Die Absage'
Brief schreiben

4er Gruppen 40 Minuten

Die Absage

Familie Meier ist beim Kofferpacken. Sie will am nächsten Tag mit zwei befreundeten Familien ihres Gesprächskreises für fünf Tage an die Nordsee fahren. Alle sind begeistert und voller Vorfreude.
Da klingelt das Telefon. Josef Schmidt, der Initiator dieser Ferienfahrt, teilt Erika Meier mit, daß er und seine Familie nun doch nicht mitfahren werden. Die Oma sei krank geworden. „Schon wieder?" platzt Erika heraus. „Ist sie nicht auch vor eurem Sommerurlaub krank geworden, so daß ihr zu Hause bleiben mußtet?" „Das ist es ja gerade! Ich glaube, sie gönnt uns den Urlaub einfach nicht! Aber Petra ist ihre einzige Tochter, und wenn wir jetzt fahren und es passiert wirklich etwas Ernsthaftes, dann würden wir uns große Vorwürfe machen. Tut mir leid – für uns und für euch." Josef ist enttäuscht, gereizt.
Karl Meier und die Kinder haben das Gespräch mit angehört. Die gute Laune ist mit einem Schlag weg. Tochter Karin sitzt auf ihrem Koffer und schimpft, daß ihre Freundin Barbara jetzt nicht mitfährt. Auch Sohn Georg findet es total blöd, weil er sich auf das Spielen mit Sebastian und Andreas Schmidt gefreut hatte. Vater Karl sagt gar nichts, aber seiner Frau fällt ein, wie er sich nur auf Bitten und Drängen seines Freundes Josef für diesen Kurzurlaub hatte entscheiden können. Auch er würde jetzt am liebsten zu Hause bleiben. Aber sie fahren, die Ferienwohnung ist ja auch schon gebucht.
Am dritten Tag ist regnerisches, kühles Wetter. Während die Kinder trotzdem am Strand spielen, sitzen die zwei Ehepaare im nüchternen Wohnraum der Ferienwohnung. Sie sprechen über Petra, deren Mutter und Josef. Erika macht den Vorschlag, ihnen einen Brief zu schreiben.

Trudi Albers

Anleitung

1. Lesen Sie den Text in Gruppen zu viert und sprechen Sie über Ihre Betroffenheit.

   Mögliche Fragen:
   - „Kennen Sie ähnliche Situationen?"
   - „Warum wird die Oma genau dann krank, wenn die Tochter reisen möchte?"
   - „Wie würden denn Sie sich anstelle der Tochter/des Schwiegersohnes verhalten?"

2. Formulieren Sie (in der Kleingruppe) einen Brief an Petra und Josef oder spielen Sie die Szene: Meiers besuchen nach ihrer Rückkehr die Familie Schmidt.

Hinweis

Wenn von ähnlichen Erlebnissen berichtet wird, besteht leider die Gefahr, daß eine der beiden Seiten zum Sündenbock gemacht wird. Versuchen Sie Verständnis für die Lage beider Seiten zu wecken, Schuldzuweisungen führen nicht weiter! Wir haben einmal in einem Rollenspiel erlebt, daß Josef und Petra sich von Vor- und Ratschlägen erschlagen fühlten, sogar aggressiv wurden, weil man sie nicht selbst Lösungen finden ließ.

Sinngemäße Aussagen von Tln aus verschiedenen Gruppen:

- „Mir fällt ein, daß meine Mutter immer dann zum Arzt gefahren werden will, wenn ich mir für den Nachmittag etwas vorgenommen habe."
- „Die Tochter, die sich nicht aufopfert, wie die Mutter es getan hat, bekommt zu hören oder zu fühlen, daß sie eine schlechte Tochter ist. Dagegen kommt man schwer an."
- „Die Frauen, die außer Haus erwerbstätig sind, haben eine Rechtfertigung, wenn sie sich nicht nach den Wünschen der Mutter richten. Ich habe die Erfahrung gemacht, daß ich als Familienfrau kein Recht auf ein eigenes Leben habe."
- „Wenn die Tochter die Rolle der starken unentbehrlichen Frau von der Mutter übernommen hat, ist es nicht verwunderlich, daß sie überfordert wird."
- „Warum bleibt Petra nicht allein zu Hause? Wiederholt sich bei ihrer eigenen Familie dasselbe, was sie im Elternhaus erlebte?"
- „Massive Schwierigkeiten treten nicht von heute auf morgen auf; haben Mutter und Tochter über ihre Gefühle und Wünsche **gesprochen?"**
- „Hat Petra vielleicht Angst vor dem Ablösungsprozeß, dem unbequemen Schritt in die Eigenverantwortung?"
- „Fühlt sich die Oma unwohl, weil sie mit ihren Ängsten nicht ernstgenommen wird, weil sie vielleicht durch zu große ‚Bemutterung' entmündigt worden ist?"

4. Schritt

Gespräch: „Wie gestalte ich die Mutter-Tochter-Beziehung positiv?"

Plenum 40 Minuten

Nachdem die Tln kurz berichtet haben, könnte folgendes im Gespräch erarbeitet werden:

- Schuldzuweisungen („ihr seid undankbar", „du gönnst uns nichts") führen zu verhärteten Fronten.
- Beide Seiten sollen ihre Ängste, Wünsche, Gefühle äußern und Verständnis zeigen.
- Nicht die Tochter muß eine Lösung finden, sondern Mutter **und** Tochter durch gemeinsames Überlegen.
- Man könnte auch für einmal etwas versuchen, es muß nicht die endgültige Lösung sein.

Vielleicht taucht die Frage auf: „Was kann ich bei meinen Kindern anders machen?"

Mögliche Wege:

- Verschmelzung, Abhängigkeiten frühzeitig lösen.
- Selber eigenständig werden, dem anderen auch dazu verhelfen.
- Das Kind nicht als Lebensthema und einzige Erfüllung ansehen.
- Partnerschaft in seiner wörtlichen Bedeutung als **Teil**haberschaft verstehen. An**teil** nehmen und An**teil** nehmen lassen.
- Sich selbst liebhaben und sich ein Eigenleben als Familienfrau zugestehen.

- Sich nicht aufeinander fixieren, sondern
- Bewußt außerhäusliche Interessengebiete suchen.

nicht so:
„Wir haben doch **alles** für dich getan!"

sondern so:
„Schau mal, was ich getan habe! Wie findest du das?"

Die dritte Sache: Beruf, Hobbys, ehrenamtliche Tätigkeiten können zu familiären Gesprächsthemen werden.

Saint-Exupéry sagt dazu:
Die Erfahrung lehrt uns,
daß die Liebe nicht darin besteht,
daß man einander ansieht,
sondern daß man gemeinsam
in die gleiche Richtung blickt.

Hinweis

Wir haben den Generationskonflikt beispielhaft an dem Verhältnis Mutter-Tochter aufgezeigt. Vielleicht ist Ihrer Gruppe das Gespräch über das Mutter-Sohn-Verhältnis wichtiger. Der folgende Text von Bert Brecht kann dabei helfen. Möglichkeiten, den Generationskonflikt im allgemeinen zu bearbeiten, finden Sie unter dem Thema ‚Alt und Jung, Zündstoff und Chance', Seite 61.

Vertiefender Text

„Lob der dritten Sache"

Immerfort hört man, wie schnell die Mütter ihre Söhne verlieren, aber ich behielt meinen Sohn. Wie behielt ich ihn? Durch die dritte Sache.
Er und ich waren zwei, aber die dritte gemeinsame Sache, gemeinsam betrieben, war es, die uns einte.
Oftmals hörte ich Söhne mit ihren Eltern sprechen.
Wieviel besser war doch unser Gespräch über die dritte Sache, die uns gemeinsam war, vieler Menschen große, gemeinsame Sache!
Wie nahe waren wir uns, dieser Sache nahe. Wie gut waren wir uns, dieser guten Sache nahe.

Bertolt Brecht

oder: Der goldene Ball, Seite 68

Mögliche Weiterführung

Stichwort ‚Loslassen'

Gespräch 1

Ratschläge können auch Schläge sein

ZIEL

Sich bewußt werden,
daß Antworten
ein Gespräch stören können,
Antworten ein Gespräch fördern können.

Vorüberlegungen

Geduldiges Zuhören, einfühlsames Hinhören ist eine wichtige Voraussetzung für jedes Gespräch; siehe Stichworte ‚Zuhören 1 und 2'. Aber auch das Antwortgeben will gelernt sein! Da kann es sein, daß Ratschläge wie Schläge ankommen; raten im Sinne von beraten erschlägt natürlich nicht. „Ich habe mich gar nicht wohl gefühlt, manche Frauen haben mich mit gutgemeinten Ratschlägen überschüttet, so daß ich nichts mehr sagen konnte. Dabei ist es doch bei mir ganz anders als bei denen, die haben gar nicht verstanden, worum es mir ging." Solche Äußerungen hören wir nicht nur aus Gruppen, sondern auch aus den Familien und im Berufsalltag. Oft bleibt uns nach einem Gespräch ein unbefriedigendes Gefühl, aber wir wissen nicht, warum wir blockiert waren oder unzufrieden sind. Die folgenden Übungen können helfen, den Verlauf von Gesprächen besser zu verstehen.

Ein gutes Wort
ist wie drei Monate Wärme;

ein böses Wort
verletzt wie sechs Monate Frost.

Aus der Mongolei

1. Schritt

Beispiele für hindernde Antworten

Plenum 30 Minuten

In der folgenden Gesprächssituation kann den Tln deutlich werden, wie leicht wir in guter Absicht ein Gespräch abblocken können.

- Die Gesprächsleiterin macht darauf aufmerksam, daß sie jetzt zu Übungszwecken Antworten gibt, die das Gespräch ungünstig beeinflussen. Sie verteilt den folgenden Satz an sieben Tln und bittet diese, ihn vorzulesen:

  „Ich habe in dieser Gruppe oft das Gefühl, daß ich eine Außenseiterin bin, die nicht so recht dazugehört."

- Die Gesprächsleiterin antwortet jedesmal anders, und zwar:
  1. „Das geht schon wieder vorbei! Jeder fühlt sich mal nicht so wohl."
  2. „Du dramatisierst mal wieder!"
  3. „Du bist wahrscheinlich introvertiert und gehemmt, und nur deswegen hast du diese Gefühle."
  4. „Sei doch mal etwas zugänglicher und geh mal von dir aus auf die anderen zu."
  5. „Ich habe doch immer versucht, mit dir zu reden, und die anderen auch. So etwas kannst du nun wirklich nicht behaupten!"
  6. „Du widersprichst dir. Letztes Mal hast du gesagt, daß du zu Anne ein ganz gutes Verhältnis hast."
  7. „Du brauchst dieses Gefühl von Distanz wirklich nicht zu haben, wir sind doch hier alle so freundlich zueinander."

- Die Tln sagen, wie sie sich nach der Antwort gefühlt haben, z. B.: eingeschüchtert, traurig, nicht für voll genommen.

- Alle Antworten werden noch einmal einzeln vorgelesen, um herauszufinden, warum sie wenig hilfreich waren.

- Auf einem Blatt werden die Erkenntnisse aufgeschrieben.

NICHT HILFREICH ist

bagatellisieren, beruhigen 1.
beschuldigen 2.
beurteilen, mit Fremdwörtern einschüchtern 3.
Ratschläge geben 4.
unter Druck setzen, moralisieren 5.
belehren, logische Argumente anführen 6.
widersprechen, dem anderen die eigenen Erfahrungen absprechen 7.

Antworten sind für ein Gespräch wenig fördernd, wenn sie keine Annahme vermitteln!

Hinweis

Vermutlich werden die Tln viele Beispiele von enttäuschenden Gesprächen bringen. Es ist gut, diese zu beleuchten, damit uns unsere Sprechweise bewußter wird. Allerdings ist es auch wichtig, darauf zu achten, daß genügend Zeit bleibt, um positive, hilfreiche Antworten einzuüben.

2. Schritt

Beispiele für fördernde Antworten

Plenum 30 Minuten

- Einige Tln wiederholen den Satz:

  „Ich habe in dieser Gruppe oft das Gefühl, daß ich Außenseiter bin, der nicht so recht dazugehört!"

- Sie bekommen folgende Antworten:
  1. „Wie du das sagst, klingt das so, als ob du darüber sehr traurig bist. Stimmt das?"
  2. „Oh, du hast das Gefühl, allein gelassen zu werden?"
  3. „Das muß aber schlimm für dich sein."
  4. „Das ist mir auch schon aufgefallen, daß wir beide nie so richtig zueinander finden."
  5. „Ich möchte dich gerne besser verstehen: Fällt dir eine Situation ein, die du beschreiben könntest?"

- Die Tln sagen, wie sie sich nach der Antwort gefühlt haben, z. B.: ernst genommen, Lust weiterzureden.

- Noch einmal werden die 5 Antworten gegeben; aber dieses Mal wird in der Pause nach jeder Antwort aufgeschrieben, was

HILFREICH ist

Interesse, Anteilnahme zeigen 1.
auf Empfindungen hören 2.
mitfühlen und rückmelden 3.
von meinen Gefühlen und Gedanken als Zuhörer sprechen 4.
die Situation klären, Informationen suchen 5.

Entscheidend
für ein hilfreiches Gespräch ist:
den anderen
mit seinen Erfahrungen **gelten** lassen,
den anderen
mit seinen Erfahrungen **ernst** nehmen,
den anderen
zu verstehen suchen.

Hinweis

Wir können das als richtig Erkannte nur durch Üben in die Praxis umsetzen. Kleine Gruppen und viel Zeit sind daher für den nächsten Schritt wichtig, damit jede Tln ausreichend zu Wort kommt.

3. Schritt

Üben von hilfreichen Antworten

Einzelbeschäftigung mit dem Arbeitsblatt
Spielen von Gesprächssituationen

Einzelarbeit
Plenum 60 Minuten

Arbeitsblatt

Eine Tln sagt in ihrer Gesprächsgruppe:

„Bei uns ist zur Zeit aber auch gar nichts los!"

1. Was könnte diese Tln empfinden:
(z. B. Sie ist enttäuscht.)

....

....

....

....

....

....

....

2. Welche Antworten könnten Sie ihr geben:

....

....

....

....

....

....

....

....

....

....

Anleitung

- Jede Tln bekommt eine Kopie.
- Erst wenn keine Tln mehr Zeit zum Denken und Schreiben benötigt, tauschen die Tln aus, was ihnen eingefallen ist.

Mögliche Antworten

Zu 1. enttäuscht, gelangweilt, unsicher, einsam, unterfordert, nicht angenommen

Zu 2. „Du bist enttäuscht von der Gruppe?"
„Fühlst du dich unwohl?"
„Ich empfinde ähnlich, weiß aber nicht, woran es liegt. Hat jemand eine Idee?"
„Du sagst ‚in der letzten Zeit', was war denn früher anders für dich?"
„Meinst du, daß unsere Themen langweilig sind?"

....

Hinweis

Uns ist aufgefallen, daß die Tln wenig auf die Gefühle und damit auf Personen eingehen, sondern schnell auf die Sachebene kommen, d. h. gleich Lösungen – wie neue Perspektiven für die Gruppe – anbieten. Um das zu ändern, ist das Üben in Gesprächssituationen noch wichtiger als das „Darüberreden".

Spielen von Gesprächssituationen

Anleitung

- Alle Tln bekommen die Zettel mit den Merkmalen zu NICHT HILFREICH und zu HILFREICH in die Hand und überdenken diese.
- Obige Gesprächssituation (oder eine andere) wird gespielt und durch fördernde Antworten zu einem fruchtbaren Gespräch entwickelt.

Teilnehmeraussagen aus unterschiedlichen Gruppen:

- „Mir ist plötzlich klargeworden, wie schnell ich tröste oder Lösungen vorschlage."
- „Ich kann einfach nichts stehenlassen, ich muß sofort meinen Senf dazugeben."
- „Ich habe im Gespräch nicht so viel Geduld wie die Hebamme bei der Geburt unseres Ältesten. Es war doch viel schöner, daß sie nicht gezogen und gezerrt hat, sondern nur ab und zu Hilfestellung gab. Ich wünschte, ich könnte anderen im Gespräch auch so helfen, daß sie ihre Lösung selbst herausfinden."

Mögliche Weiterführung

Wenn ich verstanden werden will, spreche ich am besten von mir und nicht über andere(s)! Siehe Stichwort Gespräch 2

Gespräch 2

Wenn ich verstanden werden will, spreche ich am besten von mir und nicht nur über andere(s)!

ZIEL

Ich nehme mich mit meinen Empfindungen ernst.
Ich bin nicht nur wichtig für mich selbst, sondern auch als Teil des Ganzen.

Vorüberlegungen

Viele haben in ihrer Kindheit gelernt: wer „ich" sagt, ist egoistisch. Ich erinnere mich noch gut, wenn ich einen Satz oder einen Brief mit ‚Ich' anfing, daß ich zur Antwort bekam „Ich und der Esel". Da wir weder unbescheiden noch aufdringlich sein wollen, haben wir gelernt, unsere Wünsche und Empfindungen verschlüsselt zu äußern, sie zu umschreiben. Dabei werden wir selten verstanden. Ein Beispiel:

Klara möchte mit ihrem Mann, der Fernsehen guckt, einen Spaziergang machen.

Sie sagt:

„Findest du den Film eigentlich interessant?"

oder:

„Das Wetter ist heute so schön, eigentlich müßte man nach draußen gehen."

oder:

„Der Hund müßte heute noch nach draußen."

oder: ....

Klara drückt sich nicht deutlich aus, sie riskiert es, eine un-verbindliche Antwort zu bekommen. Ihr unpersönlicher Einstieg hat die Verbindung nicht zustandekommen lassen.

Die folgenden Äußerungen in alltäglichen Situationen können helfen, die Wirkung von verschlüsselten Aussagen nachzuempfinden.

Man – eine Großmacht?

Man tut . . .
Man sagt . . .
Man hat heutzutage . . .
Man darf doch nicht . . .
Man benimmt sich . . .

1. Schritt

Wenn ich nicht deutlich von mir spreche, werde ich oft nicht verstanden oder mißverstanden.

Arbeitsblatt

Plenum 30 Minuten

Wenn mir etwas nicht paßt, ist es wichtig, daß ich meine Empfindungen ausdrücke, nicht andere beschuldige!

Die „Ich"-Form kann hilfreich sein.

Hinter „wir" oder „man" können Gefühle oder Sachverhalte versteckt werden.

Du-Botschaften können als Vorwurf (oder Verurteilung) verstanden werden und Mauern errichten.

Arbeitsblatt

verschlüsselte Aussagen (Du-Botschaften)	direkte Aussagen (Ich-Botschaften)
1. Kind stört Mutter bei ihrer kurzen Entspannungspause auf dem Sofa. Mutter sagt: „**Du** kannst mich nicht mal 10 Minuten in Ruhe lassen, du gehst mir auf die Nerven!"	1. „Es ärgert **mich,** daß du mich störst. **Ich** brauche jetzt 10 Minuten Ruhe!"
2. Die Musik aus dem Kinderzimmer schallt bis ins Wohnzimmer. „**Du** nimmst keine Rücksicht! Mach die scheußliche Musik aus!"	2. „**Ich** habe Schwierigkeiten mit deiner Musik, sie stört **mich** beim Lesen im Wohnzimmer."
3. Frau zum Mann, der dauernd Überstunden macht: „**Du** arbeitest einfach zu viel, du bekommst zu wenig Schlaf."	3. „**Ich** mache mir Sorgen, weil du viel Arbeit hast und so wenig schläfst."
4. Mann zur Frau: „**Wir** sollten heute abend nicht zu Meiers gehen. Mit denen kann **man** sich ja nicht unterhalten."	4. „**Ich** möchte nicht zu Meiers gehen. Ich weiß nicht, was ich mit denen reden soll. Wie wichtig ist dir denn der Besuch?"

Anleitung

- Die direkten Aussagen der rechten Spalte dienen der Vorbereitung der Gesprächsleiterin.
- Die verschlüsselten Aussagen der linken Spalte werden für jede Tln kopiert.
- Jede Tln läßt in einer kurzen Stille die Du-Botschaften auf sich wirken.
- Die Tln tauschen Gedanken und Empfindungen aus.

Überlegungen von Tln:

- Die Mutter hat **nicht** von **ihrem** Ärger gesprochen, sondern das Kind verletzt. Das Kind fühlt sich gekränkt und abgelehnt, es kann die Mutter so nicht verstehen.
- Die Eltern haben **nicht** von **ihrem** Geschmack gesprochen, sondern das Kind mit einem Vorwurf angegriffen.
- Das Kind wird zurückschlagen oder sich verteidigen, aber so nicht die Eltern verstehen.

2. Schritt

Ich-Aussagen können Brücken für ein gutes Gespräch sein.

Einzelarbeit mit dem Blatt (verschlüsselte Aussagen)
Spielen von Alltagssituationen

Plenum 60 Minuten

Einzelarbeit mit dem Blatt

Jede Tln hat noch das Blatt mit den Du-Botschaften vor sich. Sie hat nun etwa 10 Minuten Zeit, in die rechte, noch leere Spalte direkte Aussagen so einzutragen, daß die persönlichen Empfindungen und Erwartungen verstanden werden können.

Ich-Aussagen sind der ehrliche, direkte Weg zum anderen.

Ich-Aussagen können die Brücke zu einem gelungenen Gespräch sein.

Spielen von Alltagssituationen

Nun können die Tln ihre Erkenntnisse im Spiel einüben.

Anleitung:

- Sie können z. B. die Situation des mißglückten Gesprächs im Stichwort Zuhören 2 anbieten: Mann kommt gestreßt von der Arbeit, Frau ist müde von Haushalt, Kindern, u. a. m.
- Geben Sie Raum für eine kurze Stille, damit die Tln sich in die Empfindungen der Personen einfühlen können.
- Machen Sie darauf aufmerksam, daß es günstig ist, möglichst von sich zu sprechen.
- Ermuntern Sie möglichst viele zum Spielen.
- Tragen Sie mit den Tln Ich-Aussagen zusammen, die für das Gespräch hilfreich waren, z. B.:

Mann: „Ich bin kaputt und sauer auf den X, weil . . ."
oder: „Ich möchte mal erst etwas Zeitung lesen und abschalten."
oder: „Ich muß dir unbedingt etwas erzählen, kannst du dich zu mir setzen?"
Frau: „Ich bin ganz schön sauer, daß ich heute abend wieder die Kinder allein ins Bett bringen mußte!"
oder: „Ich habe so viel zu erzählen, aber ich glaube, du mußt mal erst einiges loswerden."

Heimliche Erwartungen werden unheimlich selten erfüllt.

Wenn ich von mir und meinen Gefühlen spreche, erfährt mein Gesprächspartner eher, was los ist.

Hinweis

Manchmal können Ich-Aussagen zu einem Konflikt führen, und zwar dann, wenn zwei gegensätzliche Meinungen aufeinanderprallen. Falls Sorge vor solchen Auseinandersetzungen geäußert wird, können Sie als Fortsetzung das Thema vorschlagen:
„Ich habe recht – du hast recht, und was nun?" siehe Konflikte 2. Vermutlich ist im Laufe des Gespräches die Frage aufgetaucht: Ist es nicht egozentrisch, wenn ich mein „Ich" immer wieder so wichtig nehme?
Mit Hilfe des folgenden Bildes kann herausgefunden werden, daß erst meine starke Individualität sowie das Anerkennen meiner Grenzen ein ausbalanciertes Ganzes entstehen lassen.

3. Schritt

Ich bin wichtig, du bist wichtig!
Wir haben den Blick auf unsere gemeinsame Sache!

Zeichnung

Plenum 5 bis 10 Minuten

Anleitung

- Wenn Sie nur noch wenig Zeit zur Verfügung haben, können Sie als Gesprächsleiterin einige meditative Abschlußgedanken zu dem Bild bringen.
- Das Thema „Ich bin wichtig – du bist wichtig" kann allerdings deutlicher erlebt werden, wenn möglichst viele Tln noch Zeit und Gelegenheit haben, ihre Überlegungen auszusprechen.

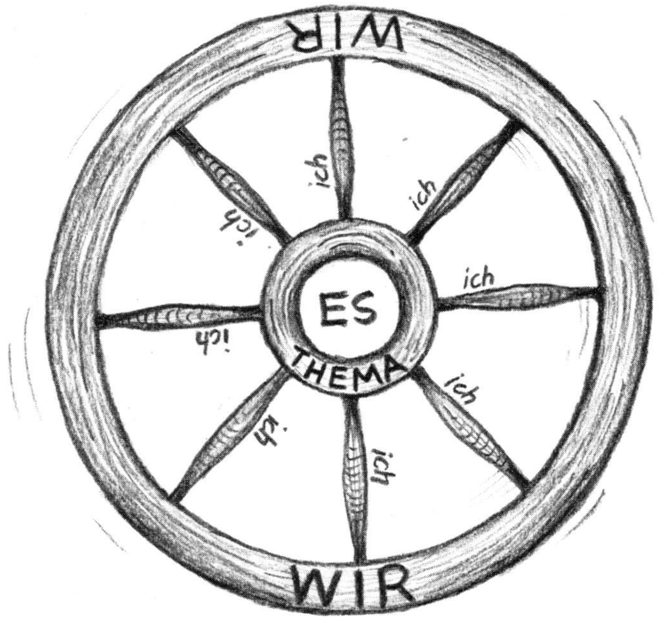

Mögliche Fragen

Was heißt das für mich, daß

- ich eine Speiche unter mehreren bin?
- ich nicht allein auf der Welt lebe?

Mögliche Überlegungen

- Jede Speiche ist gleich wichtig.
- Das Rad läuft nicht, wenn eine Speiche zuviel Gewicht hat oder Speichen ausfallen.
- Der Reifen (das Wir) kann mir Halt geben, wenn ich angeknackst bin.
- Ich bin nicht auf mich bezogen. Die Nabe ist unser gemeinsamer Bezugspunkt, der von uns getragen wird und aus dem jeder einzelne Kraft schöpft.

Mögliche Weiterführung

Keine Angst vor Gefühlen, Stichwort ‚Gefühle'. Heimliche Wünsche werden unheimlich selten erfüllt, Stichwort ‚Wünsche'.

Gespräch 3

Das rechte Wort, zur rechten Zeit, am rechten Ort

ZIEL

Sich bewußter machen:
Miteinander sprechen ist lebenswichtig.
Was ich sage, soll wahr sein,
aber nicht alles, was wahr ist, muß ich auch aussprechen!
Es kommt auf die rechte Einstellung, auf Zu-wendung an!

Vorüberlegungen

Die Klage, daß das Fernsehen die Gespräche in der Familie ersetzt hat, hören wir immer wieder. Die Zeichnung könnte ein Impuls zum Einstieg sein: Der Durchschnittsdeutsche schaut zwei Stunden pro Tag fern.

Wieviel Zeit nehmen Sie sich für Gespräche mit anderen?

Wie lebenswichtig Kontakt durch Gespräch ist, stellen wir an uns in unserem Alltag fest, wenn

sich uns niemand zuwendet,

wir nicht gehört werden,

in Einsamkeit hinein ein Telefonanruf oder ein Besuch kommt.

Obwohl wir heute die Bedeutung des Miteinandersprechens kennen, wird oft die Kultur des Gespräches vernachlässigt.
Die folgenden Anregungen können helfen, darüber nachzudenken.

1. Schritt

Klatsch und Tratsch – unkontrolliertes Sprechen

„Stille Post" oder „Was kommt am Ende heraus"?
Text: Die drei Siebe

Plenum — 40 Minuten

Anleitung „Stille Post"

Folgende Sätze werden von der Gesprächsleiterin und anschließend jeder Tln leise in das rechte Ohr ihrer Nachbarin geflüstert:
„Der Betrieb von Janssens soll nicht so gut laufen. Aber die Frau von Erwin, dem zweitältesten Sohn, kauft weiter die teuersten Klamotten, letzte Woche einen Pelzmantel für DM 7 000, und der alte Janssen, der das Geschäft aufgebaut hat, soll vor Kummer ans Trinken gekommen sein."

Hinweis

Wenn die Gruppe mehr als 10 Tln hat, ist es sinnvoll, den Text der rechten und linken Nachbarin zuzuflüstern, weil dann offensichtlich wird, wie sich aus einer Aussage verschiedene Sachverhalte entwickeln können. Bei uns hatte sich aus der ursprünglichen Nachricht entwickelt:

Die Firma geht bankrott, die Tochter ist weggelaufen.

Die Firma ist kaputt, weil der Mann säuft.

Die Tln bringen vermutlich spontan einige Erfahrungen mit Klatsch und Tratsch.

Zu der Frage: Reden – ja oder nein?, kann folgender Text von Sokrates hilfreich sein.

Die drei Siebe

Aufgeregt kam jemand zu Sokrates gelaufen: „Höre, Sokrates, das muß ich dir erzählen, wie dein Freund ..." „Halt ein!" unterbrach ihn der Weise, „Hast du das, was du mir sagen willst, durch die drei Siebe geschüttelt?"
„Drei Siebe?" fragte der andere voll Verwunderung. „Ja, mein Freund, drei Siebe! Laß sehen, ob das, was du mir erzählen willst, durch die drei Siebe hindurchgeht. Das erste Sieb ist die Wahrheit. Hast du alles, was du mir erzählen willst, geprüft, ob es wahr ist?" „Nein, ich hörte es erzählen, und ..." „So, so. Aber sicher hast du es mit dem zweiten Sieb geprüft, es ist das Sieb der Güte. Ist das, was du mir erzählen willst, wenn schon nicht als wahr erwiesen, wenigstens gut?" Zögernd sagte der andere: „Nein, das nicht, im Gegenteil ..." „Dann", unterbrach ihn der Weise, „laß uns auch das dritte Sieb noch anwenden und laß uns fragen, ob es notwendig ist, mir das zu erzählen, was dich so erregt." „Notwendig nun nicht gerade ..." „Also", lächelte Sokrates, „wenn das, was du mir erzählen willst, weder wahr, noch gut, noch notwendig ist, so laß es begraben sein und belaste dich und mich nicht damit!"

Mögliche Fragen

- Wann habe ich etwas gesagt, was ich nachher lieber zurückgenommen hätte?
- Kenne ich Aussagen, die nicht gesiebt wurden mit dem Sieb der Wahrheit, Güte, Notwendigkeit und dann Schaden anrichteten?

Teilnehmeraussagen aus unterschiedlichen Gruppen

- „Ein Handwerksbetrieb in unserem Dorf bekam immer weniger Aufträge, weil die Leute behaupteten, er stehe finanziell nicht gut und mache vielleicht nicht mehr lang. In zwei Jahren war er dann wirklich bankrott."
- „Wir haben bei Tisch darüber gesprochen, was wir an einem Kinderarzt nicht gut fanden. Kurz danach haben unsere Kinder in der Schule zu der Tochter des Arztes gesagt, ihr Vater sei ein schlechter Arzt."
- „Wir machen das Sensationslüsterne der Medien auch mit, wir dramatisieren vieles und erzählen wenig oder gar nichts Positives oder ‚alltägliches Gute' über andere."

2. Schritt

Sagen, was zu sagen ist! Worte, die not-wendig sind!

Text und Auswertungsgespräch
Wann wir schweigen
Was wir verschweigen
Wie wir von uns sprechen

Plenum 60 Minuten

Niemand fühlt sich besonders wohl, wenn Superhausfrauen, Karrieremenschen, tolle Eltern nur von ihren Erfolgen und denen ihrer Kinder erzählen. Wir haben dann die Wahl, uns immer schlechter zu fühlen, weil „wir nicht so toll sind wie andere", oder von uns und unseren Sorgen zu sprechen, um dadurch eine andere Wirklichkeit in den Blick zu bekommen.

Petra beim Kaffeenachmittag

Petra (steht vor dem Spiegel):
„Die durchheulte Nacht sieht man mir immer noch ein wenig an. Soll ich jetzt zu Marlene gehen oder nicht? Ein Plauderstündchen bei Kaffee und Kuchen wäre eine gute Ablenkung, aber ... was sage ich bloß, wenn sie mich nach den Kindern fragen? Bestimmt hat schon jemand gemerkt, daß Ulrike nicht mehr zur Arbeit geht! Und das letzte Zeugnis von Karl war ja noch schlechter als alle davor! Nee, ich habe keine Lust, zu Marlene zu gehen. – Aber warum soll ich mich eigentlich wegen der Kinder verkriechen? Kopf hoch, Petra! Duschen, Haare waschen, die neue Bluse einweihen!"
(kurze Zeit später)
Marlene zu Petra:
„Magst du noch ein Stück von der Kirschtorte? Die hat mir Frau Berger zum Geburtstag gebacken, ganz köstlich, sie hat sich soviel Mühe gemacht!"
Frau Berger:
„Übertreiben Sie mal nicht! Ging ganz schnell! Da war das Kleid, das Ihnen Ihre Tinni zum Geburtstag genäht hat, schwieriger zu machen! Ein toller Schnitt, Sie sehen wirklich ganz jung darin aus!"
Frau Janssen:
„Wie alt ist Ihre Tochter jetzt?
Marlene:
„Vorgestern wurde sie 21. Es war eine tolle Party, 30 junge Leute, alle recht nett und gut erzogen, am nächsten Tag haben einige von ihnen sogar geholfen aufzuräumen. Morgen fährt Tinni nach Genf, sie hat das Stipendium für Genf bekommen, obwohl sich noch 12 andere beworben hatten."
Frau Janssen:
„Unser Michael ist ja leider auch selten zu Hause. Das BWL-Studium ist doch sehr anstrengend."
Petra: „Was ist BWL?
Frau Janssen:
„Betriebswirtschaftslehre, Michael soll ja die Steuerberaterpraxis von meinem Mann übernehmen."
Petra (fühlt sich unwohl und möchte dem Gespräch eine andere Richtung geben) zu Frau Müller:
„Wohnen Sie auch hier in der Umgebung?"
Frau Müller: „Ja, seit drei Monaten."
Petra: „Haben Sie sich schon eingewöhnt?"
Frau Müller:
„Für mich ist das schwierig, so weit draußen, ich habe keinen Wagen zum Einkaufen. Aber dafür genieße ich den herrlichen Garten. Wir haben ihn von einem Gartenarchitekten neu anlegen lassen, der Teich ist besonders hübsch. Nur der Springbrunnen fehlt noch, da können mein Mann und ich uns nicht einigen, wir haben völlig verschiedene Ansichten. Haben Sie vielleicht auch einen Springbrunnen im Garten?"
Petra:
„Nein, wir haben einen Balkon mit Geranien, kein eigenes Haus, keinen Supergarten ...
Übrigens auch keine Superkinder ...
Ich glaube, ich passe hier nicht hin, hier gibt es ja nur Idealfamilien, und bei uns läuft im Augenblick alles schief. Machen Ihnen Ihre Kinder denn nie Sorgen?"
Frau Janssen:
„Wenn Sie so direkt fragen, dann kann ich ja ehrlich sagen, daß ich immer nur von Michael rede, weil es Beate gar nicht gut geht, sie ist jetzt im vierten Jahr verheiratet und hat zwei süße Kinder, aber es gibt so viel Streit, die Ehe klappt nicht, sie will sich trennen."
Frau Müller:
„Ja, ja man spielt ‚heile Welt'. Ich habe ja nur erzählt, daß mein Mann und ich uns nicht über den Springbrunnen einigen können, aber wissen Sie, das ist es ja nicht, sondern daß immer gemacht wird, was er gut findet. Ich habe verlernt zu argumentieren, früher konnte ich gut meinen Standpunkt vertreten, aber heute ...
Haben Sie manchmal auch so wenig Selbstvertrauen?"

Trudi Albers

Anleitung

- Jede Tln liest sich den Text leise durch.
- Fünf Tln lesen mit verteilten Rollen.
- Anschließend teilen sie ihre Empfindungen mit.
- Die anderen Tln sagen, was ihnen deutlich geworden ist.

Mögliche Fragen

- „Setze ich mir manchmal die Maske von Selbstsicherheit oder Perfektsein auf?"
- „Welche Reaktionen habe ich erlebt, wenn jemand ehrlich von seinen Schwächen/Schwierigkeiten sprach?"

Teilnehmeraussagen

- „Petra war sehr mutig. Hatte sie wohl keine Angst um ihr Prestige?"
- „Ich nehme das Risiko auf mich, einmal so reinzufallen, daß jemand über mich herzieht. Sonst muß ich doch immer zumachen, mich abkapseln und bekomme keine Zuwendung."
- „Es gibt Situationen, in denen ich fühle, daß es besser ist, ich schweige jetzt, weil ich hier mißverstanden werde."
- „Die Worte von Petra waren heilsam für sie und die anderen, ich habe in einer ähnlichen Situation nichts gesagt und Herzklopfen und nasse Hände bekommen."

3. Schritt

Gespräch als Brücke zwischen dir und mir

Sprüche und Auswertungsgespräch

Plenum 15 Minuten

Das Gespräch ist wichtig, weil ich mich durch den Austausch ermutigt fühle, von mir zu sprechen. Das hilft mir weiter. Um sich noch einmal die Bedeutung eines guten Gespräches zu verdeutlichen, können Sie zum Abschluß jeder Tln einen Bogen mit den folgenden Sprüchen geben:

Sprüche

Reden ist Silber – Schweigen ist Gold.

Momo konnte so zuhören, daß den Menschen, die sich vorher dumm fühlten, gescheite Gedanken kamen.

Nicht, was durch den Mund in den Menschen hereinkommt, sondern das, was herausgeht, verunreinigt ihn.

Wir verbringen unsere Tage wie ein Geschwätz.

Du kannst reden, worüber du willst, du sprichst immer von dir.

Im Gespräch begegne ich nicht nur dem anderen, sondern mir selbst.

Ratschläge sind auch Schläge.

Wir unterhalten uns nicht mehr miteinander, sondern einer unterhält den anderen.

Ein gutes Wort ist wie drei Monate Wärme, ein böses Wort verletzt wie sechs Monate Frost.

Der Mensch hat zwei Ohren und einen Mund, damit er doppelt soviel hören wie sprechen kann!

Er trägt sein Herz auf der Zunge.

Das echte Gespräch bedeutet: aus dem Ich heraustreten und an die Tür des Du klopfen.

Man spricht nur mit dem Herzen gut.

Nichts wird so oft versehentlich geöffnet wie der Mund!

Manche Menschen sprechen wenig und sagen doch viel.

Ein Wort ist kein Sperling. Wenn es weg ist, kann man es nicht wieder einfangen.

Wie man in den Wald hineinruft, so schallt es zurück.

Es ist der Ton, der die Musik macht.

Anleitung

- Jede Tln sucht sich einen Ausspruch, der sie im Moment anspricht, oder findet einen eigenen.
- Wer möchte, begründet kurz die Entscheidung.

Gotteserfahrungen

Gott – d$^{er}_{ie}$ ganz andere

ZIEL

Austausch von Erfahrungen auf der Suche nach Gott

Vorüberlegungen

Graham Greene sagt, daß er sich weigere, an einen Gott zu glauben, den er verstehen könne. Wenn wir daraus die Konsequenz ziehen, uns nicht mit dem unbegreiflichen Gott auseinanderzusetzen, dann kann in uns das Bewußtsein seiner Existenz immer schwächer werden. Wir brauchen dann Ersatzgötter, die versuchen sollen, unserem Leben Sinn zu geben. Die neuen Götter (Wohlstand, Wissenschaft etc.) machen uns genauso unfrei wie das Bild des zürnenden, strafenden Gottes, in das manche Menschen Gott gepreßt haben. Die Bibel sagt: Du sollst dir kein Bildnis machen, sondern in eine lebendige Beziehung zu Gott treten, ihn lieben, die Menschen lieben, dich lieben, so wie er dich liebt. Liebe, Begegnung sind nicht beschreibbar, nur erfahrbar. Der Austausch von persönlichen Erfahrungen kann uns helfen, unsere Beziehungen zu Gott zu überdenken.
Damit die Tln, die ja meist aus der Hektik des Alltags kommen, Zeit und Ruhe haben, um zu entspannen und zu sich zu kommen, können Sie mit einer ruhigen Musik beginnen. (Anregungen auf Seite 281)
Für den 1. und 2. Schritt werden je zwei Möglichkeiten beschrieben. Wenn Sie beim Durchlesen und in Gedanken an Ihre Gruppe eine davon mehr anspricht, so vertrauen Sie Ihrem Gefühl und wählen diese aus.

1. Schritt

Beweise für Gottes Existenz gibt es nicht – aber Hinweise auf Gott

Gespräch über die Parabel vom modernen Menschen

Alternative

Die Fabel von den Fischen

Plenum
oder Kleingruppen 30 bis 60 Minuten

Parabel vom modernen Menschen

Ein moderner Mensch verirrte sich in einer Wüste. Tage- und nächtelang irrte er umher. „Wie lange braucht man, um zu verhungern und zu verdursten?" Das überlegte er sich beständig. Er wußte, daß man länger ohne Nahrung leben kann, als ohne etwas zu trinken. Die unbarmherzige Sonnenglut hatte ihn ausgedörrt. Er fieberte. Wenn er erschöpft ein paar Stunden schlief, träumte er von Wasser, von Orangen und Datteln. Dann erwachte er zu schlimmerer Qual und taumelte weiter. Da sah er in einiger Entfernung eine Oase. „Aha, eine Fata Morgana", dachte er. „Eine Luftspiegelung, die mich narrt und zur Verzweiflung treiben wird, denn in Wirklichkeit ist gar nichts da." Er näherte sich der Oase, aber sie verschwand nicht. Sie wurde im Gegenteil immer deutlicher. Er sah die Dattelpalmen, das Gras und die Felsen, zwischen denen ein Quell entsprang. „Es kann nur eine Hungerphantasie sein, die mir mein halb wahnsinniges Hirn vorgaukelt", dachte er. „Solche Phantasien hat man in meinem Zustand. Natürlich – jetzt höre ich sogar das Wasser sprudeln. Eine Gehörhalluzination.
Wie grausam die Natur ist!" –
Mit diesen Gedanken brach er zusammen. Er starb mit einem lautlosen Fluch auf die

unerbittliche Bösartigkeit des Lebens. Eine Stunde später fanden ihn zwei Beduinen. „Kannst du so etwas verstehen?" sagte der eine Beduine zum anderen. „Die Datteln wachsen ihm beinahe in den Mund – er hätte nur die Hand auszustrecken brauchen. Und dicht neben der Quelle liegt er, mitten in der schönen Oase – verhungert und verdurstet. Wie ist das nur möglich?" „Er war halt ein moderner Mensch", antwortete der andere Beduine. „Er hat nicht daran geglaubt."

Anleitung

Sie haben zu Hause auf mindestens so vielen Zetteln, wie die Gruppe Tln hat, Worte geschrieben, die Ihnen zu der Geschichte passend erscheinen (z. B. Glauben, Unglauben, Vertrauen, Irrtum, Hungern und Dürsten, modern, Gott, Verstand und Wissenschaft, Bösartigkeit des Lebens, Phantasien usw.). Nach dem Erzählen legen Sie die beschrifteten und einige unbeschriebene Zettel in die Mitte, und jede Tln nimmt sich einen oder schreibt etwas, das sie angesprochen hat, auf einen Zettel.

Hinweis

Das Papier in der Hand kann eine Hilfe für Tln sein, ihre Gedanken zu äußern, die ihnen sonst vielleicht im Laufe des Gespräches verlorengehen. Auf diese Weise kommen solche Tln besser zum Zuge, die nicht so spontan und schnell reagieren und sich sonst eher zurückhalten.

Überlegungen von Teilnehmerinnen

- Menschen, die tiefe Enttäuschungen erlebt haben, fällt es schwer, zu vertrauen.
- Der Mann glaubt, ein Realist zu sein, aber er nimmt die Realität nicht wahr.
- Unser Verstand hindert uns oft daran, zu glauben, daß gerade da, wo wir sind, eine Oase sein soll.
- Wir lassen uns meistens vom Verstand führen, auch wenn Augen und Ohren etwas anderes signalisieren.
- Oft fehlen uns Mut und Vertrauen, uns auf Menschen oder auf Gott einfach einzulassen.

Alternative

Die Fabel von den Fischen, die das Wasser suchen

Einige Fische erinnerten sich, früher einmal gehört zu haben, daß ihr Leben ganz vom Wasser abhinge. Aber sie lachten über diesen Gedanken, denn sie hatten noch niemals Wasser gesehen, was sollte das sein: Wasser? Einige erfahrene Fische hatten die Idee, zu dem großen, gelehrten Fisch im Meer zu schwimmen, der wisse vielleicht eine Antwort. Viele machten sich auf den Weg, aber nur wenige hielten die lange Suche durch und konnten den weisen Fisch nach dem Wasser fragen. „Ihr Unwissenden", antwortete dieser, „ihr seid ein Leben lang umgeben von Wasser und glaubt, ihr wüßtet nicht, was Wasser ist. – Ohne das Wasser, in dem und von dem ihr lebt, wäret ihr keine Fische!"

Mögliche Überlegungen:

- Manches ist in unserem Leben so selbstverständlich, daß wir es nicht bewußt wahrnehmen (z. B. das kleine Kind die Geborgenheit in der Familie, die Erwachsenen die Luft zum Atmen).
- Reifer werden heißt: nachdenken darüber, woher ich komme, wer mir das Leben geschenkt hat und mich am Leben erhält.
- Wenn wir nicht in suchendem Bemühen und in Verantwortung dem Geheimnis des Lebens begegnen, können wir unsere Lebensquellen zuschütten.

2. Schritt

Auf der Suche nach Gott

Annäherungen an Gott durch Vergleiche

Alternative

Symbole für Gotteserfahrungen

Plenum
oder Kleingruppen 30 Minuten

Annäherung an Gott durch Vergleiche

Es gibt Wahrheiten in unserem Leben, die wir nicht erklären, beschreiben können (wie Liebe, Familie, Heimat), und doch sind sie uns so wichtig, daß wir manchmal versuchen, sie zu umschreiben. Ein Kind soll einmal im Religionsunterricht gesagt haben: „Gott ist wie unsere Familie." So wie sich meine Sichtweise von Familie ändert, ob ich 4 Jahre, 40 oder 80 Jahre bin, so lassen mich meine Lebenserfahrungen auch immer wieder etwas anderes in Gott sehen.
Im folgenden sammeln die Tln Bilder für ihre Gotteserfahrungen früher und heute.

Anleitung

- In der Mitte der Gruppe (5–10 Tln) liegt ein Bogen Papier mit dem Einleitungssatz: Gott ist für mich wie . . .
- Die Tln schreiben, ohne dabei zu sprechen, Aussagen auf, die den Satz vervollständigen.
- Erinnern Sie daran, daß es keine falschen Aussagen gibt, denn wir dürfen niemandem seine persönlichen Erfahrungen absprechen.
- Wenn niemand mehr schreiben will, tauschen die Tln Gedanken, Gefühle, Fragen aus.

Hinweis

Ob es wohl in Ihrer Gruppe auch so geht wie bei uns, daß die Tln sich zuerst wehren, weil sie meinen, es falle ihnen nichts ein? Wir haben uns dann gegenseitig Mut gemacht und waren berührt über die persönlichen Gotteserfahrungen, von denen berichtet wurde. Wenn Sie bei der Vorbereitung die Tln in Ihrer Gruppe vor Augen haben und glauben, daß diese leichter über einen Gegenstand ins Gespräch miteinander kommen, dann bietet sich für den 2. Schritt folgendes an: Alternative S. 90

Einige Vergleiche von Tln:

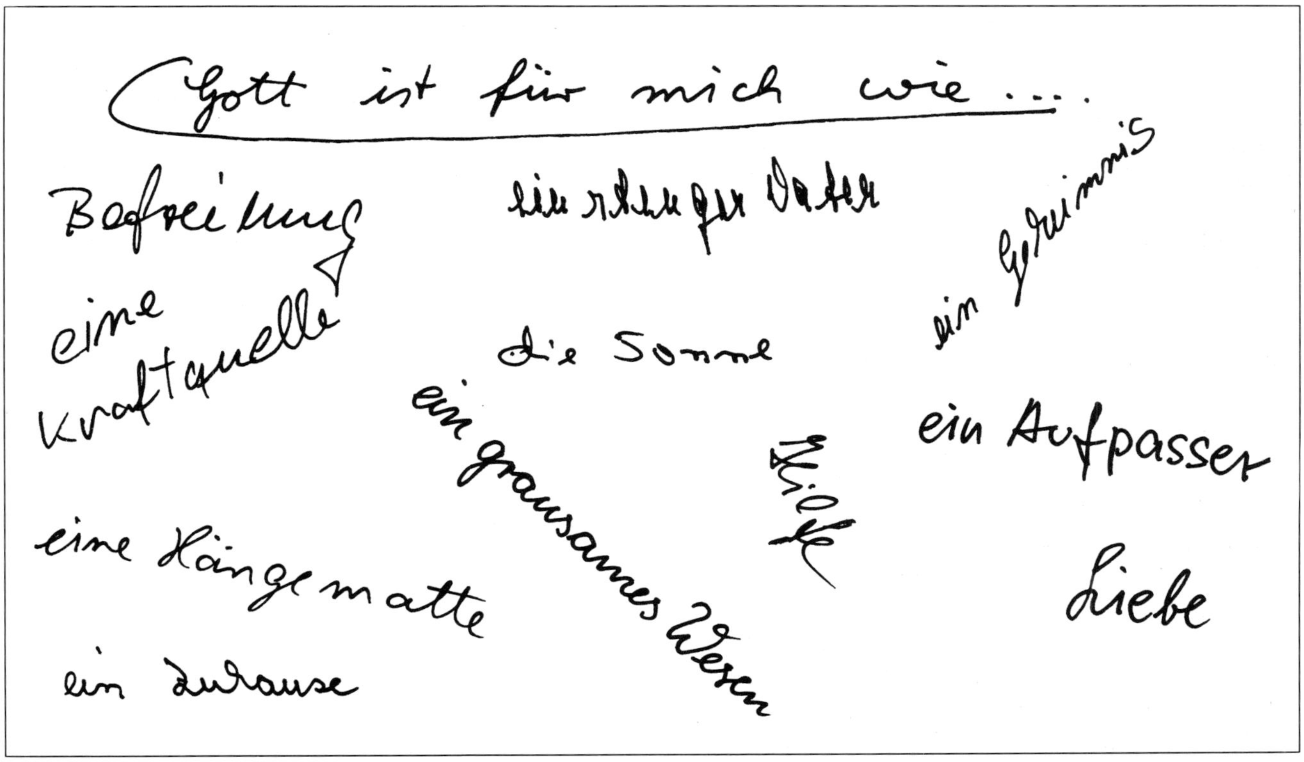

Alternative

Gespräch über Symbole für Gotteserfahrung

Anleitung

- Auf einem Tisch liegen folgende o. ä. Gegenstände:
  Bibel,
  brennende Kerze,
  Kruzifix,
  Rosenkranz,
  Fotos, die Geborgenheit, Liebe, Begegnung, Vertrauen ausdrücken, Bilder aus der Natur,
  Weizenkörner,
  eine Schale mit Wasser.
- Jede Tln wählt sich einen Gegenstand, der sie an positive oder negative Erfahrungen mit Gott erinnert.
- Nach kurzem Schweigen tauschen die Tln ihre Erinnerungen aus.

Teilnehmeraussagen aus unterschiedlichen Gruppen:

- „Mit der Bibel kann ich nichts anfangen, das erinnert mich an langweiligen Religionsunterricht."
- „Die Kerze erinnert mich daran, daß ich nie im Dunkeln stehe, wenn ich eine Verbindung zu Gott habe."
- „Weder durch meine Eltern noch durch Lehrer bin ich Gott nähergekommen, erst durch meine Arbeit als Krankenschwester und durch den Umgang mit Sterbenden."
- „Gott ist für mich Licht und Wärme, bei unserem Sonntagsfrühstück machen wir eine Kerze an, und mein Mann und ich, auch die Kinder, sprechen ein frei formuliertes Gebet."
- „Bis vor 2 Jahren war mir die Bibel gleichgültig. Dann habe ich in einem Rollenspiel die Samariterin am Jakobsbrunnen gespielt. Ich war von einem Satz so in meinem Innersten getroffen, daß sich viel in meinem Verhältnis zu Gott geändert hat."

Hinweis

Es kann sein, daß Sie das fruchtbare Gespräch im 2. Schritt nicht abbrechen wollen und das Vaterunser nur zum Abschluß vorlesen und evtl. mitgeben.

3. Schritt

Vater und Mutter unser, kraftvoller und zärtlicher Gott

Bild

Alternative

Text

Plenum

Es ist möglich, daß bei manchen Tln schmerzhafte Erinnerungen an ein verzerrtes Bild Gottes hochkommen (z. B. Gott wurde mehr als strenger Richter erlebt – weniger als gütiger Vater und liebende Mutter). Dann ist es wichtig, ausführlicher auf die liebende, die mütterliche Seite Gottes einzugehen. Das können Sie tun mit einem Gespräch über „das Vater unser und Mutter unser" oder vielleicht mit einer Betrachtung des Bildes von Adam und Eva unter Gottes Schutzmantel.

Alternative

Vater unser	Und Mutter unser, gerechter und barmherziger Gott, kraftvoller und zärtlicher Gott, Du bist mit uns durch Jesus, in uns und zwischen uns durch den Geist, auf immer.
im Himmel,	Denn Du bist Du, und wir sind wir, keine ineinander verschmolzene Einheit, sondern Partner in einem Bund zwischen Dir und der Menschheit, ja der ganzen Schöpfung.
Geheiligt werde Dein Name,	Indem Menschen geheilt werden, zerstörte Schöpfung neuen Frieden mit Menschen finden kann, jeder dem anderen zum Segen wird.
Dein Reich komme,	Immer mehr zur Geltung und zur Wirksamkeit, entfalte seine Kraft zwischen den Menschen und im ganzen Kosmos.
Dein Wille geschehe wie im Himmel so auf Erden.	Mit gleicher Konsequenz so, daß Himmel und Erde auf immer miteinander verbunden werden, wie Mann und Frau in Liebe verbunden sein können.
Unser tägliches Brot gib uns heute,	Und alles, was wir zum Leben brauchen. Weil wir aber genug zum Leben haben, gib uns unser tägliches Herz für die, mit denen wir teilen müssen.
Vergib uns unsere Schuld, wie auch wir vergeben unseren Schuldigern,	Denn das Maß, nach dem wir gemessen werden, ist das Maß, das wir anderen angelegt haben.
Und führe uns nicht in Versuchung,	Durch den Wohlstand, in dem wir leben und der droht, uns so satt, bequem und gierig zu machen, daß wir uns nur noch selbst suchen.
Sondern erlöse uns von dem Bösen.	Indem wir unserer Kraft bewußt werden, die du uns verliehen hast, uns aus allem zu befreien, was uns hindert, persönlich und gesellschaftlich barmherzig zu sein.
Denn Dein ist das Reich und die Kraft und die Herrlichkeit	Und die Fraulichkeit und die Zärtlichkeit, und die Gerechtigkeit und die Barmherzigkeit, und die Ohnmacht der Liebe.
In Ewigkeit. Amen.	Was die Zukunft für uns bedeutet, die jetzt schon wirksam ist, endgültig und auf immer.

Norbert Copray

Mögliche Weiterführung Stichwort ‚Gottvertrauen'

Gottvertrauen

„Gott, bei dir bin ich geborgen"

ZIEL In der Stille loslassen, sich emotional auf Gott einlassen

1. Schritt

Still werden und zu mir kommen

Übung (mich spüren, mich meinem Atem überlassen) Seite 126

Plenum — 15–30 Minuten

Vorüberlegungen

In Gesprächsgruppen kommt es immer wieder vor, daß Tln mit dem Wort Gottvertrauen Schwierigkeiten haben. Manche verstehen darunter totale Passivität und lehnen das mit Recht ab, andere beklagen ihr mangelndes Vertrauen gegenüber anderen Menschen, erst recht aber Gott gegenüber.
Gott vertrauen hat mit ‚sich trauen' zu tun (siehe Stichwort ‚Vertrauen'). Daß Vertrauen etwas ist, das nicht mit dem Einsatz unseres Verstandes zu erreichen ist, hat Kahlil Gibran so ausgedrückt: „Vertrauen ist eine Oase im Herzen, die von der Karawane des Denkens nie erreicht wird."
Nachdem unter dem Stichwort „Gotteserfahrungen" Angebote gemacht wurden, von Gott zu sprechen, werden im folgenden Möglichkeiten aufgezeigt, sich mehr emotional (in der Stille, mit der Intuition) auf das Thema einzulassen, sich mehr in das Vertrauen zu Gott einzufühlen.

Um Gott zu begegnen, ist auch Konzentration, äußere und innere Stille nötig. Maximilian Kolbe sagt dazu: „Wie wollt ihr die Stimme Gottes hören, wenn ihr so großen Lärm macht? Gott spricht nur in der Stille."
Da viele von uns das Aushalten von Stille nicht gewohnt sind, müssen wir es in kleinen Schritten immer wieder üben. Die Beklemmungen oder Ängste sind geringer, wenn vorher ein Zeitraum angegeben wird, auch wenn es nur eine kurze Stille von einer Minute ist.
Sicher haben Sie schon die Erfahrung gemacht, daß ein Kerzenlicht eine ruhige Atmosphäre verbreitet und daß sehr leise meditative Musik noch ungeübten Tln hilft, Stille besser auszuhalten.
Wenn die Tln angespannt aus der Hektik des Alltags kommen, ist es wichtig, erst körperlich zu entspannen und belastende Gedanken loszulassen, damit die Möglichkeit für neue Erfahrungen geschaffen wird.

Anleitung:

- Wahrnehmungsübung Seite 126
- Verlängern oder verkürzen Sie die Stille von fünf Minuten entsprechend den Erfahrungen Ihrer Tln.
- Bitten Sie die Tln, nach der Übung in der meditativen Stille zu bleiben und nicht zu sprechen.

Hinweis

Wenn Sie bei der Vorbereitung die Tln Ihrer Gruppe vor Augen haben, entscheiden Sie nach Ihrem Gefühl, ob Sie den folgenden Text des 2. Schrittes anbieten wollen oder lieber gleich mit dem meditativen Gestalten (3. Schritt) fortfahren wollen.

2. Schritt

„Jahwe" ist der, der für uns da ist

Text: Die Fußspuren
meditative Stille

Plenum 15–30 Minuten

Fußspuren

Ich träumte eines Nachts, ich ging am Meer entlang mit meinem Herrn. Und es entstand vor meinen Augen, Streiflichtern gleich, mein Leben. Für jeden Abschnitt, wie mir schien, entdeckte ich je ein Paar Schritte in dem Sand, die einen gehörten mir, die anderen meinem Herrn. Als dann das letzte Bild an uns vorbeigeglitten war, sah ich zurück und stellte fest, daß viele Male nur ein Paar Schritte im Sand zu sehen waren. Sie zeichneten die Phasen meines Lebens, die mir am schwersten waren. Das machte mich verwirrt, und fragend wandte ich mich an den Herrn: „Als ich Dir damals alles, was ich hatte, übergab, um Dir zu folgen, da sagtest Du: Ich bin immer bei dir! Doch in den tiefsten Nöten meines Lebens sah ich nur e i n Paar Spuren in dem Sand. Warum verließest Du mich gerade dann, als ich Dich so verzweifelt brauchte?"
Der Herr nahm meine Hand und sagte: „Geliebtes Kind, nie ließ ich dich allein, schon gar nicht in den Zeiten, da du littest und angefochten warst. Wo du nur ein Paar Schritte in dem Sand erkennst, da trug ich dich auf meinen Schultern."

Anleitung

- Die Gesprächsleiterin bittet die Tln, in einer Stille von zwei bis fünf Minuten den Text wirken zu lassen und Gedanken, Gefühle, Erinnerungen wie Wolken vorbeiziehen zu lassen. Sie erklärt, daß anschließend nicht über die Geschichte gesprochen wird.
- Die Leiterin erzählt den Text mehr, als sie ihn vorliest.
- Meditative Stille

3. Schritt

Sich auf Gott einlassen – sich auf Gott verlassen

Freies Gestalten mit Ton
Gespräch

Einzelarbeit,
Plenum 60 Minuten

Viele Menschen würden gerne einem anderen Menschen oder Gott vertrauen, damit er sie trage, aber sie tun sich schwer, sich anderen anzuvertrauen, weil doch „jeder alles selbst im Griff haben muß". Im folgenden können die Tln nachspüren, wie es sein kann, geformt und geführt zu werden, sich Gott zu überlassen. Beim Meditieren der beiden Textstellen können sie sich einfühlen in ihre Beziehung zu Gott und die Beziehung Gottes zu ihnen.

Anleitung

- Meditatives Gestalten mit Ton zu den Textstellen
  aus dem alten Testament:
  „Wir sind der Ton –
  Du bist unser Töpfer –
  Wir alle sind das Werk deiner Hände."
  (Jesaja 64, 7)
  aus dem 5. Jahrhundert:
  „Die Sehnsucht Gottes ist der Mensch."
  (Augustinus)
- Die Gesprächsleiterin liest die beiden Textstellen vor und legt sie, mit großen Buchstaben auf ein Blatt geschrieben, in die Mitte.
- Jede Tln bekommt einen Klumpen Ton und hat jetzt etwa 30 Minuten Zeit, nachzuspüren, was die beiden Aussagen in ihr bewegen.
- Es ist wichtig, die Augen zu schließen, um sich ganz nach innen konzentrieren zu können.
- Dabei können Bilder oder Bewegungen entstehen, die in die Hände gehen, um etwas zu formen.
- Es ist nicht gemeint, sich ein Bild vorzustellen und das zu formen, sondern: Ich spüre nach, wie geht es mir als Ton, wie als Töpfer? Dann kann langsam etwas aus meinem Inneren herauswachsen.

Hinweis

Wir haben erlebt, daß es massive Widerstände gab gegen die Aussage, Ton in der Hand des Töpfers zu sein. Es hat sich als gut erwiesen, diese Abneigung auszusprechen und ernst zu nehmen. Entscheidend für die Tln war dann, daß sie nach der Aussprache bereit waren, sich auf das Töpfern einzulassen, weil sie eine Chance spürten. Es kann nämlich durch das Nachdenken und Fühlen beim Gestalten das Paradoxe des Glaubens erfahren werden: Ich bin abhängig von meinem Schöpfer, aber gleichzeitig erlebe ich eine liebende, partnerschaftliche Beziehung. Die Spannung dieser gegensätzlichen Aussage wurde sehr stark von den Tln erlebt und wirkte sich fruchtbar aus in neuen Erfahrungen und persönlichen Erkenntnissen.

Solange wir
Gott denken,

haben wir ihn
nicht erfaßt.

Pater Lasalle

Teilnehmeraussagen aus unterschiedlichen Gruppen:

- „Es wehrte sich zuerst alles in mir, nur Ton zu sein, der von einer Hand geformt wurde."
- „Ich fühlte mich nach dem Tod meines Kindes so herumgeworfen wie der Klumpen Ton."
- „Ich habe als Töpfer sehr viel Liebe und Zärtlichkeit hineingelegt."
- „Gottvertrauen ist keine Einbahnstraße, es kommt von ihm unendlich viel zu mir. Wenn ich mich auf ihn einlasse, bin ich nicht verlassen."
- „Als Ton war ich richtig glücklich, ich habe mich gar nicht als willenloses Werkzeug gefühlt, sondern geborgen in der starken Hand, die mit mir zusammen Neues macht."
- „Mir ist klargeworden, daß ich mich immer wieder wehre gegen Veränderungen in mir, besonders gegen schmerzhafte Prozesse, es wär' so schön, mal endlich fertig zu sein!"
- „Ich habe viel an den Satz denken müssen, der mir so wichtig ist: ‚Gott ist die Liebe. Aus Liebe und für die Liebe hat er mich geschaffen.'"
- „Ich habe den Ton nur zart mit den Fingerspitzen geformt, so behutsam, wie ich glaube, daß Gott mit uns umgeht."
- „Gott kann nur füllen, wenn ich leer bin, deshalb habe ich eine Schale geformt."
- „Wenn Gott Sehnsucht nach mir hat, brauche ich mich eigentlich nur finden zu lassen."
- „Damit der Ton dünn und durchscheinend wird, muß er viel bearbeitet werden, ich will ja auch sensibel, dünnhäutig sein, damit das göttliche Licht aus mir leuchten kann."
- „Wie wunderbar zu wissen, daß Gott Sehnsucht danach hat, daß ich meine persönliche Gestalt gewinne."

Als Abschluß vorlesen und mitgeben

Herr, du kennst mein Herz,
bei dir bin ich geborgen.

Psalm 139
Herr, du hast mich erforscht
und du kennst mich.
Ob ich sitze oder stehe, du weißt von mir.
Ob ich gehe oder ruhe, es ist dir bekannt;
du bist vertraut mit all meinen Wegen.
Noch liegt mir das Wort nicht auf der Zunge –
du, Herr, kennst es bereits.
Du umschließt mich von allen Seiten
und legst deine Hand auf mich.
Zu wunderbar ist für mich dieses Wissen,
zu hoch, ich kann es nicht begreifen.
Wohin könnte ich fliehen vor deinem Geist;
wohin mich vor deinem Angesicht flüchten?
Steige ich hinauf in den Himmel,
so bist du dort;
bette ich mich in der Unterwelt,
bist du zugegen.
Nehme ich die Flügel des Morgenrots
und lasse mich nieder am äußersten Meer,
auch dort wird deine Hand mich ergreifen
und deine Rechte mich fassen.
Würde ich sagen: „Finsternis soll mich
bedecken,
statt Licht soll Nacht mich umgeben",
auch die Finsternis wäre für dich nicht
finster,
die Nacht würde leuchten wie der Tag,
die Finsternis wäre wie Licht. –
Denn du hast mein Inneres geschaffen
mich gewoben im Schoß meiner Mutter.
Ich danke dir, daß du mich so
wunderbar gestaltet hast.
Ich weiß: Staunenswert sind deine Werke.

Mögliche Weiterführung

Stichwort ‚Gotteserfahrungen'

Petrus überwindet seine Angst im Vertrauen auf Jesus, Bild Seite 21

Rollenspiel: Die Witwe von Sarepta (AT 1. Könige 17, 1–16)

Gruppe 1

Unsere Gruppe ist wie ein Zug: manchmal bleibt er mit uns stehen, manchmal bringt er uns weiter.

ZIEL

Bestandsaufnahme machen:
Was ist los (oder nicht los) in unserer Gruppe?
Wo wollen wir hin?

Vorüberlegungen

Sie wären nicht in Ihrer Gruppe, wenn diese Ihnen nicht neben mancherlei Enttäuschungen auch Spaß machte und manchen Gewinn brächte. Um sich dieses natürliche Wechselspiel zwischen Begeisterung und Belastung in einer Gruppe bewußtzumachen, eignet sich das Spiel ‚Gruppeneintopf', siehe Gruppe 2. Dieses kann spielerisch manches Unklare sichtbar und damit bewußt machen. Für das Gruppenklima hat es sich oft als positiv erwiesen, über die persönliche Befindlichkeit der einzelnen Tln zu sprechen, ob es nun gerade ein seelisches Hoch oder Tief gab, oder ob alles ‚normal' lief.
Das im folgenden vorgeschlagene Material eignet sich besonders, um Beziehungen der Tln untereinander, um das ‚Wir' zu beleuchten: Wir sitzen gemeinsam in einem Zug und sind so voneinander abhängig. Manche Gruppen, die von sich sagten, sie seien ‚ziemlich lahm' geworden, sind durch das Bilanzziehen mit dem Gruppenzug wieder neu in Fahrt gekommen. Fragen nach dem Gruppenprozeß, nach der Struktur und nach den Themen/Inhalten können noch gezielter mit dem Würfelspiel (siehe 2. Schritt) angesprochen werden.

1. Schritt

Bild vom Zug
Austausch im Gespräch

Plenum
oder Kleingruppen — 30 Minuten

Bild vom Zug Seite 98

Mögliche Gesprächsergebnisse:

- Der Zug, der nur steht, rostet.
- Der Zug, der nur fährt, kann nicht gewartet und repariert werden.
- Manchmal wissen wir gar nicht mehr, wohin die Fahrt geht, weil nur noch über Belangloses geredet wird.
- Der Wechsel auf der Lok ist Entlastung für die eine und Chance für die andere.
- Jede hat die Freiheit, auszusteigen, sollte aber so fair sein, zu sagen, warum sie geht.
- Es ist so voll und laut geworden, daß wir niemanden mehr zusteigen lassen.
- Das Trittbrettfahren ist gefährlich und anstrengend. Man sollte sich entscheiden, ob man einsteigen oder aussteigen will.
- Manche wollen gemütlich hinten sitzen und sich um nichts kümmern.
- Manche stehen immer am Fenster und versperren anderen die Sicht.

Unsere Gruppe ist wie ein Zug,
manchmal bleibt er stehen,
manchmal bringt er uns weiter!

Wie ist die Stimmung?

Gibt es mehrere Lokomotivführerinnen?

Wohin geht die Fahrt?

Wer zieht die Notbremse?

Stehen die Weichen richtig?

Lassen wir aus- und zusteigen?

Dürfen schwere Lasten
mit ins Abteil genommen werden?

2. Schritt

Würfelspiel

Kleingruppen à 5 Personen 1 Stunde

Würfelspiel Seite 100/101

Spielanleitung

1. Einer der 5 Mitspieler ist Spielleiter. Er legt die ausgeschnittenen Karten A–E und X verdeckt auf die entsprechenden Felder.
2. Dann werden die Felder A–E unter den 5 Mitspielern ausgelost. Jeder erhält dadurch ein ‚Heimfeld'.
3. Der Spielleiter verteilt nun 5 verschiedenfarbige Spielfiguren an die Mitspieler, die diese auf ihr ‚Heimfeld' setzen.
4. A beginnt mit dem Würfeln und zieht mit seiner Spielfigur in die angezeigte Richtung, danach würfeln B, C, D, E usw.
5. Wenn einer der Mitspieler mit seiner Spielfigur auf das ‚Heimfeld' eines anderen Mitspielers kommt, darf er eine Karte aufnehmen. Die Frage, die auf der aufgedeckten Karte steht, soll dann von beiden **gemeinsam** (dem Spieler, der auf das Heimfeld eines anderen gekommen ist, und dem Inhaber dieses Heimfeldes) beantwortet werden. Der Spieler, der die Karte aufgedeckt hat, legt sie nach Erfüllung der Aufgabe unter die anderen Karten zurück.
6. Wenn ein Spieler mit seiner Spielfigur auf ein X-Feld kommt, darf er eine X-Karte nehmen und soll dann die Frage, die auf dieser Karte beschrieben wird, **allein** beantworten. Nach Erledigung legt er die X-Karte wieder unter die anderen X-Karten.
7. Das Spiel ist zu Ende, wenn alle Fragen mindestens 1× beantwortet worden sind oder wenn man keine Lust hat, weiterzuspielen.

Hinweis

Vielleicht wollen Sie Karten verändern oder selbst herstellen, damit Ihre Gruppensituation besser getroffen wird.
Es ist nicht entscheidend, wie viele der Fragen beantwortet werden, denn das Spiel ist nur ein Mittel, damit sich ein lebhaftes Gespräch entwickelt.
Das Würfelspiel kann auch zu anderen Themen eingesetzt werden, z. B. ‚Lebensmitte'. Dann können Sie die dort formulierten Aussagen in Fragen umwandeln.

A 1
Was gefällt Ihnen in dieser Gruppe am besten?

D 1
Welche Themen und Aktivitäten der Gruppe gefallen Ihnen, welche nicht?

X 3
Haben Sie Sorge, als Störenfried zu gelten, wenn Sie Kritik aussprechen?

A 2
Erinnern Sie sich an eine Situation in der Gruppe, in der Sie sich geärgert haben?

D 2
Eine Tln ist erst später in die Gruppe gekommen. Sie bemerken, daß diese wenig spricht und kaum Kontakte zu den anderen Tln hat.

Wie verhalten Sie sich?

X 4
Kommen Sie öfters nicht zu Wort, obwohl Sie Interessantes zum Thema beitragen könnten?

B 1
Sie haben sich viel Mühe mit der Vorbereitung eines Gruppenabends gemacht, nun hören Sie hintenherum, daß er »blöd« war.

Wie reagieren Sie darauf?

E 1
Ihre Gruppe ist schon länger zusammen. Drei Tln haben inzwischen aus verschiedenen Gründen die Gruppe verlassen. Sie erfahren, daß zwei neu dazukommen wollen.

Wie würden Sie diese Situation lösen?

X 5
Haben Sie klare Absprachen über die Ziele in Ihrer Gruppe?

Wie sehen diese aus?

Werden sie eingehalten?

B 2
Eine Tln erzählt Ihnen im Vertrauen, daß sie sich seit langem nicht mehr wohl fühlt und nicht weiß, ob sie wegbleiben oder weiter zur Gruppe gehen soll.

Was sagen Sie ihr?

E 2
Sie haben sich abgesprochen, daß jede für den nächsten Bastelabend Material mitbringt. Außer Ihnen und einer anderen Tln hat sich niemand an die Abmachung gehalten.

Wie verhalten Sie sich?

X 6
Was würden Sie einer Freundin, die keine Gruppenerfahrung hat, antworten, wenn diese fragen würde, warum Ihnen die Gruppe so wichtig ist?

C 1
Die Tln Ihrer Gruppe kennen sich schon recht gut und erzählen sich auch private Dinge. Eine Tln erzählt so gut wie nichts von sich.

Möchten Sie das ändern?

X 1
Stellen Sie sich vor, Sie bekämen 1000,– DM für die Gruppe.

Was würden Sie damit anfangen?

X 7
Was gehört für Sie zu einer gut funktionierenden Gruppenarbeit?

C 2
Es gibt in Ihrer Gruppe 2 Dauerrednerinnen. Sie wissen zu jedem Thema eine eigene Geschichte zu erzählen und tun dies auch ständig.

Wie geht es Ihnen dabei?

X 2
Beschreiben Sie ein Gruppentreffen, das für Sie beeindruckend war.

X 8
Übermorgen ist die Planung für das nächste Jahr. Jede Tln soll einen Vorschlag für ein Gesprächsthema mitbringen.

Was schlagen Sie vor?

WÜRFELSPIEL

3. Schritt

Austausch im Gespräch

Plenum 30 Minuten

Sicher erleben Sie es auch, daß Tln manchmal sehr ungern die Kleingruppe verlassen, wenn ihnen das intensive Gespräch viel Freude macht. Es kann den Tln helfen, bereitwilliger ins Plenum zu gehen, wenn die Gesprächsleiterin erklärt, daß es für die gesamte Gruppe sehr wichtig ist, die verschiedenen Erkenntnisse zu sammeln und die Erfahrungen auszuwerten.

Mögliche Fragen

- Was habe ich über mich und die anderen in der Gruppe erfahren?
- Möchte ich etwas ändern?

Teilnehmeraussagen aus verschiedenen Gruppen:

- „Ich bin froh zu hören, daß auch andere sich über das Tuscheln nach rechts und links ärgern. Ich dachte, ich wäre damit allein!"
- „Ich möchte mehr Mut haben, gleich anzusprechen, wenn ich mich gestört oder schlecht fühle."
- „Das Gleichgewicht ist gestört, wenn sich immer eine in den Mittelpunkt stellt."
- „Nicht nur die Leiterin ist für die Gruppe verantwortlich, wir sind doch alle als Mitleiterinnen auch verantwortlich."
- „Klare Absprachen wären für uns ein guter Weg, um Enttäuschungen und unnütze Debatten zu vermeiden."
- „Ich glaube, daß das Klima in unserer Gruppe besser würde, wenn wir nicht nur uns gegenseitig ernster nähmen, sondern auch unsere Themen und andere Vorhaben."

Impuls zum Mitnehmen und Weiterdenken

Gemeinsam

Geht euren Weg gemeinsam,
damit ihr Freund seid dem Fremden.

Geht euren Weg gemeinsam,
damit ihr lernt voneinander.

Geht euren Weg gemeinsam,
damit ihr Not leichter ertragt.

Geht euren Weg gemeinsam,
damit ihr lacht mit den anderen.

Geht euren Weg gemeinsam,
damit ihr zurückruft Verirrte.

Geht euren Weg gemeinsam,
damit ihr findet euch selbst.

Geht euren Weg gemeinsam,
damit alle kommen ans Ziel.

Paul Reding

Mögliche Weiterführung

‚Gruppe 2'
‚Gruppen leiten'
‚Verantwortung'
‚Das Dreiblatt', ein Märchen,
siehe Stichwort ‚Familie'

Gruppe 2

Krisen in der Gruppe – Gruppe in der Krise

ZIEL

Ursachen für Spannungen herausfinden – Krise als Chance zur Veränderung sehen

Vorüberlegungen

„Früher war es so schön in unserer Gruppe, aber seit einiger Zeit haben wir entweder Reibereien oder Funkstille." Solche oder ähnliche Klagen sind von Gruppen immer wieder zu hören. Wir wissen alle, daß Spannungen nötig sind, damit unser Leben ‚spannend' sein kann. Dauernde Hochspannung wäre aber zu anstrengend und ungesund.
Wenn es in Ihrer Gruppe kriselt, aber die Tln sich mit offener Kritik schwertun, dann bietet sich der ‚Gruppeneintopf' an. In diesem Spiel können die Tln sich darüber äußern, wie sie sich in der Gruppe fühlen. Zur Einführung können Sie davon sprechen, warum das Thema heute ‚dran' ist, oder mit dem Bild von den verschiedenen Stühlen (siehe Generation 1) beginnen, oder ......

1. Schritt

Spiel: Gruppeneintopf
Auswertung im Gespräch

Plenum — 60 Minuten

Spiel: Gruppeneintopf

Als Material werden benötigt:

- ein Blatt mit ‚Zutaten' für jede Tln (siehe Seite 104)
- mehrere Scheren
- ein Kochtopf, ein Rührlöffel
- eine Papierscheibe (etwa 40 cm Durchmesser), in 24 Segmente aufgeteilt

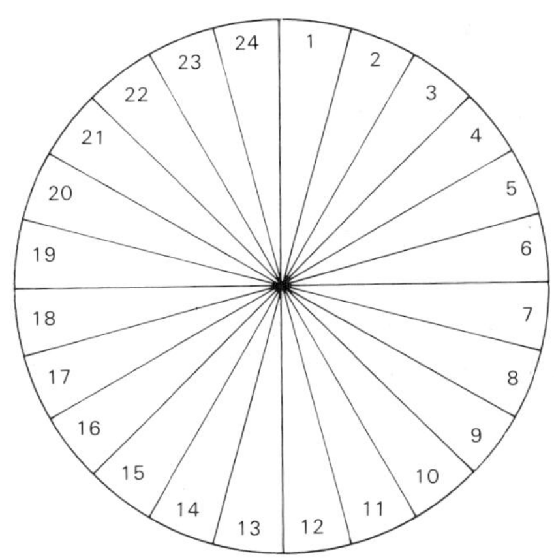

Anleitung

- Jede Tln bekommt ein Blatt mit den ‚Zutaten'.
- Sie schneidet 5–8 Kärtchen aus, die am ehesten ihre Erfahrungen (auch negative) in der Gruppe ausdrücken.
- Diese Kärtchen sind die Zutaten für den Gruppeneintopf.
- Außerdem ist es möglich, noch ganz individuell zu würzen. Dafür gibt es die leeren Kärtchen.
- Die ausgewählten Kärtchen werden in den Topf geworfen, danach wird gerührt.
- Jetzt nimmt jede Tln 5 (bzw. bis zu 8) Kärtchen aus dem Topf, liest die Zutaten laut vor und ordnet sie dem entsprechenden Platz auf der Scheibe zu (ohne Diskussion).
- Wenn alle Kärtchen herausgeholt sind, schließt sich ein Gespräch an.

Zutaten für den Gruppeneintopf

Gruppe…
da erlebe ich Ent-täuschungen

Gruppe…

da werde ich ernst genommen

Gruppe…
ist für mich sehr wichtig

Gruppe…
da habe ich schon viel gelernt
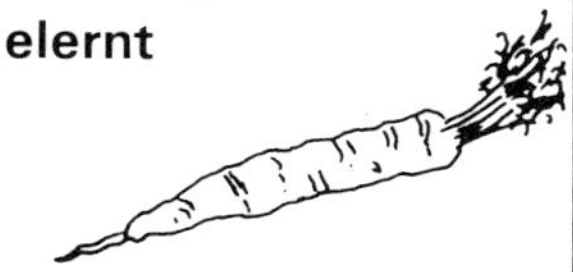

Gruppe…
darauf freue ich mich immer

Gruppe…
ich fühle mich mitverantwortlich
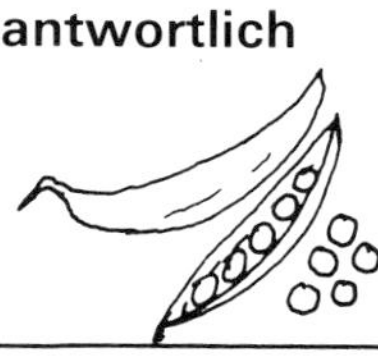

Gruppe…

da darf es keine Konflikte geben

Gruppe…
ich gehöre dazu

Gruppe…
da darf es auch mal „krachen"

Gruppe…

mein Privatleben und meine Gefühle gehen niemand etwas an

Gruppe…
hilft mir, mein Leben zu gestalten

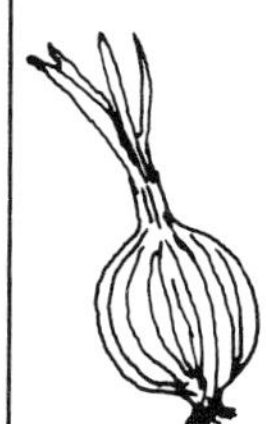
Gruppe…
ich fühle mich noch fremd

Gruppe…
da kann ich offen über meine Probleme reden

Gruppe…

da erfahre ich Geborgenheit

Gruppe…
ich fühle mich oft unverstanden

Gruppe…
da darf es keine Meinungs-verschieden-heiten geben

Gruppe…
da ist eine für die andere da

Gruppe…
ich fühle mich als Außenseiter

Gruppe…

da kann ich Luft ablassen

Gruppe…
muß möglichst harmonisch
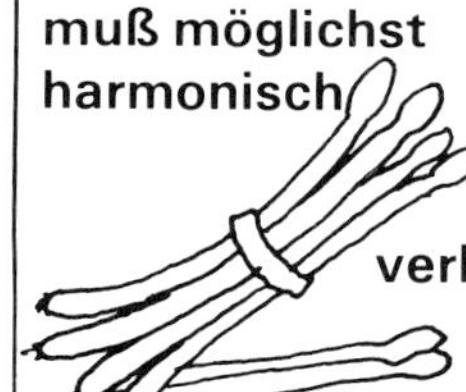
verlaufen

Gruppe…

Gruppe…

Gruppe…

Gruppe…

In Anlehnung an Wiltrud Stanszus

Auswertung im Gespräch
Mögliche Einstiegsfragen

- Wie ist es mir beim Auswählen ergangen?
- Sehr viele haben das Kärtchen Nr. ... ausgewählt, was kann das für unsere Gruppe bedeuten?
- Haben es einige gewagt, scharfe Gewürze (kritische Aussagen) in den Eintopf zu geben?

Teilnehmeraussagen aus unterschiedlichen Gruppen

- „Es wäre leichter gewesen, das in den Topf zu werfen, was ich mir von der Gruppe wünsche."
- „Viele haben die Karte ‚Möglichst viel Harmonie' oder ‚Es darf keine Meinungsverschiedenheiten geben' gewählt. Ich finde es schade, daß wir hier Probleme totschweigen, aber ich traue mich auch nicht, etwas zu sagen."
- „Ich finde es toll, daß sich noch so viele andere auf die Gruppe freuen wie ich."
- „Wir fassen uns alle mit Samthandschuhen an, deshalb hat niemand die Karte gewählt, daß es mal ‚krachen' darf."
- „Wie kommt es wohl, daß sich vier in unserer Gruppe ‚fremd' oder ‚als Außenseiter' fühlen?"

Hinweis

Die Spieldauer des Gruppeneintopfes kann sehr unterschiedlich sein. Wenn Sie merken, daß das gemeinsame Gespräch ins Stocken gerät und keine neuen Aspekte gefunden werden, können Sie als weiteren Impuls die nachfolgende Szene anbieten. Hier geht es weniger um die persönliche Befindlichkeit der einzelnen Tln in der Gruppe, als vielmehr um das ‚Wir', d. h. um die Lebendigkeit der Gesamtgruppe. Wenn Sie das Gefühl haben, daß der Text im 2. Schritt für ihre Gruppe nicht passend ist, wollen Sie vielleicht das Spiel ‚Der gordische Knoten' – Stichwort ‚Konflikte 1' anbieten. Dies könnte hilfreich sein, wenn die Gruppensituation als kompliziert und verworren erlebt wird und die Tln nach Lösungsmöglichkeiten suchen.

Es ist wichtig, die Tln darauf hinzuweisen, daß nicht nach ihren Wunschvorstellungen von einer **Idealgruppe** gefragt wird, sondern danach, wie sie ihre Gruppe im Moment erleben. Eine Gesprächsleiterin, die das nicht beachtet hatte, war nach dem Spiel sehr unzufrieden, weil nur über ‚Gruppe im allgemeinen' gesprochen wurde; sie sagte: „Die Schwierigkeiten unserer Gruppe kamen nicht auf den Tisch."

2. Schritt

Text: Nach dem Weihnachtsbasar
Auswertung im Gespräch

Plenum 60 Minuten

Nach dem Weihnachtsbasar

Beim Zusammenräumen nach dem Basar ergibt sich zwischen Uta Müller und Edith Jansen folgendes Gespräch:

Uta: „Wie läuft es eigentlich in eurer Gruppe? Ihr seid doch jetzt schon drei Jahre zusammen."

Edith: „Ach, so lala! Und bei euch?"

Uta: „Eigentlich habe ich keine Lust mehr, hinzugehen."

Edith „Aber du hast mir doch einmal erzählt, wie toll es bei euch ist."

Uta: „Ja, das war es ja auch im letzten Jahr, als wir die Gruppe gegründet haben. Wir haben uns alle so gut verstanden."

Edith: „Ehrlich gesagt, ich bin ganz schön sauer! Früher habe ich mit verschiedenen Frauen aus der Gruppe die Gesprächsabende vorbereitet, aber in der letzten Zeit bekomme ich so oft Absagen: ‚Das kannst du sowieso besser', oder: ‚Ich kann das nicht so gut wie du', oder: ‚Ich habe keine Zeit.' Dabei wäre es für mich so wichtig, von der Gruppe Entlastung zu bekommen, weil ich im Moment auch noch die kranke Schwiegermutter bei mir zu Hause habe. Deshalb wollte ich eigentlich die Verantwortung ganz abgeben."

Uta: „Es tröstet mich, daß bei euch auch nicht alles in Butter ist. Ich dachte, nur wir hätten Probleme. Bei uns ist richtig miese Stimmung. Die einen wollen klönen, die anderen hochgestochene Themen. Aus großen Plänen, die wir schmieden, wird nicht viel. Wir sind ein lahmer Verein. Die einen sagen nie etwas, die anderen reden hintenherum. Zwei sind in der letzten Zeit selten dagewesen, wir wissen nicht warum. Ich glaube, die Gruppe fällt auseinander!"

Anleitung

- Der Text wird von zwei Tln vorgelesen.
- Mögliche Fragen:

  Kann ich nachempfinden, wie sich die Frauen fühlen?

  Habe ich in unserer Gruppe schon ähnliche Erfahrungen gemacht?

  Wer ist bei uns verantwortlich?

  Herrscht Offenheit in unserer Gruppe?
- Gesprächsaustausch im Plenum
- Einzelarbeit

  Jede Tln überlegt sich in einer Stille von etwa 5 Minuten, welche Erwartungen sie an die Gruppe hat.
- Plenum

  Erwartungen und Vorschläge evtl. schriftlich festhalten.

Im folgenden sind Vorschläge zusammengestellt, die langjährige Gruppenmitglieder immer wieder weitergeben, wenn sie von Tln, die ähnliche Schwierigkeiten wie Uta und Edith haben, um Rat gefragt werden. Vielleicht sind auch gute Ideen für Ihre Gruppe dabei.

- Keine dauernden Hochs und immerwährende Harmonie erwarten.
- Spannungen ansprechen, weil Dauerkonflikte lähmen.
- So ehrlich und offen wie möglich sein.
- Nicht über andere, sondern von mir, meinen Wünschen und Bedürfnissen reden (in der ‚Ich'-Form, nicht mit ‚man' sprechen).
- Ein kurzes ‚feed-back' (Rückblick) am Ende des Gruppentreffens machen.
- Jede ist mitverantwortlich, d. h. Leitung auch mal teilen, jede übernimmt eine Aufgabe, die ihren Fähigkeiten entspricht.
- Abwechseln zwischen Gesprächsabenden (mit Thema), ‚Klönabenden' und kreativem Tun.
- Klare Ziele, klare Absprachen formulieren.
- Ziele nicht zu hoch stecken.
- Sich eine gemeinsame Aufgabe außerhalb der Gruppe suchen.
- Eine Fachfrau in die Gruppe einladen (z. B. Referentin eines Bildungswerkes).

Hinweis

Wir wissen, daß sich eine Gruppe stets dann verändert, wenn sich das Verhalten eines einzelnen Mitgliedes ändert. Die folgenden Anregungen können helfen, daß jede Tln ihren persönlichen nächsten Schritt finden kann.

Impulse zum Mitnehmen und Weiterdenken

Was möchte **ich** ganz konkret anders machen?

- Gleich ansprechen, wenn mich Seitengespräche ärgern.
- Mich mit Mehrheitsentscheidungen arrangieren.
- Ängste und Faulheit überwinden und eine Aufgabe übernehmen.
- Nichts, was in der Gruppe vertraulich erzählt wird, nach draußen tragen.
- Besser zuhören, aktiver mitreden.
- Darauf achten, daß eingebrachte Fragen oder Anregungen ernst genommen werden.
- Die Eigenart jeder einzelnen respektieren, statt zu bewerten.

Was mache ich, wenn...

In manchen Gruppen passiert es überraschend, daß Tln plötzlich einen Wutanfall bekommen oder stark weinen. Dann fühlen sich manche Leiterinnen überfordert und bekommen Ängste, etwas falsch zu machen. Ich finde treffend, wie eine Gruppenleiterin, die Erfahrung mit einer großen Familie hat, erklärte, was sie in solchen Situationen macht:

Nicht übereilt handeln.

durchatmen

bis 10 zählen

nicht unbedingt reden, nicht gleich helfen oder das Problem lösen wollen

erst einmal zulassen

sich dem anderen liebevoll zuwenden

Sicher kann durch dieses Verhalten keine große Krise gelöst werden, aber vielleicht wird die Atmosphäre geschaffen für ein Gespräch, das Wege aufzeigen kann.

Mögliche Weiterführung

‚Konflikte 1 und 2'
‚Verantwortung'

Gruppengespräch

Ein Gruppengespräch ist wie ein Netz – einer knüpft am anderen an

ZIEL

Verdeutlichen, daß jede für sich verantwortlich ist, jede für die andere und für den Gesprächsverlauf mitverantwortlich ist.

Vorüberlegungen

In manchen Gruppen wird aus Gewohnheit oder Bequemlichkeit die Gesprächsleitung immer der Leiterin überlassen. Andere Gruppen beklagen sich darüber, daß sich Tln lange vorbereitet haben, Gruppenmitglieder jedoch sehr schnell vom Thema abkommen. Das ruft oft Ärger oder Unlust bei denen hervor, die sich vorher viel Mühe gemacht haben. Aufgrund solcher Situationen wird manchmal eine Referentin in die Gruppe gebeten mit der Begründung: „Wenn ein ‚Fremder' kommt, dann machen alle mal wieder mit."
Wenn in Ihrer Gruppe der Wunsch besteht, die Art des Miteinandersprechens zu überdenken, dann wird das Bewußtmachen einiger wichtiger Grundeinstellungen hilfreich sein (siehe auch Stichworte ‚Zuhören' und ‚Gespräch').

Um kurz zum Thema hinzuführen, sind nach unseren Erfahrungen folgende Möglichkeiten sinnvoll:

- Sie knüpfen an Erfahrungen in Ihrer Gruppe an („Da habe ich mir neulich so viel Mühe gegeben, und keiner hat so richtig mitgemacht!").
- Sie verteilen drei kurze, spannende Zeitungsmeldungen, die **gleichzeitig** laut vorgelesen werden. Die Zuhörer berichten danach, was sie verstanden und empfunden haben.
- Sie sprechen über die beiden Zeichnungen.

Keine leitet . . .

Eine leitet . . .

1. Schritt

Wann reißt der Gesprächsfaden manchmal ab?

Arbeitsblatt
Austausch über Erfahrungen in der Gruppe

Zweiergespräch 15 bis 30 Minuten

Das Nachdenken über die Ursachen unbefriedigender Gespräche kann intensiver werden, wenn die Tln sich im Zweiergespräch austauschen. Damit nicht allgemein und über andere gesprochen wird, ist es günstig, konkrete Situationen zum Gesprächsgegenstand zu machen. Vielleicht treffen die Vorschläge des Arbeitsblattes auch auf Ihre Gruppe zu, vielleicht finden Sie typischere, wenn Sie an Ihre Tln denken.

Arbeitsblatt

Einigen Sie sich mit Ihrer Gesprächspartnerin, über welche der drei Situationen Sie sprechen wollen:

1. Was tun Sie, wenn eine Dauerrednerin immer wieder von ihrer Schwiegermutter erzählt, obwohl ihr kaum eine Tln zuhört?
2. Eine Tln sitzt mit traurigen Augen und hängenden Schultern seit über einer Stunde schweigend dabei. Wie verhalten Sie sich?
3. Eine Frau sagt immer: man sollte ..., wir müßten doch ... Sie kritisiert dauernd andere oder weiß alles besser. Was tun Sie?

Anleitung

- Jede Tln bekommt ein Arbeitsblatt
- Die Tln finden sich in Zweiergruppen zusammen.
- Die Gesprächsleiterin gibt an, wieviel Zeit zum Gespräch über eine der drei Gruppensituationen zur Verfügung steht.

2. Schritt

Was dazu beitragen kann, Gesprächsdichte zu ermöglichen

Gesprächssituationen aus dem 1. Schritt spielen und auswerten

Plenum 1 Stunde

Gesprächshilfen für ein gutes Gruppengespräch

- Sag ‚ich' (sag was von dir!), nicht ‚man'!
- Nimm die andere genauso wichtig wie dich!
- Nimm das Thema (die Aufgabe) ernst!

Anleitung

- Nach Beendigung des Zweiergespräches bekommt jede Tln den Text mit den Gesprächshilfen.
- Tln überlegen still für sich, welche Aufforderung hilfreich sein könnte bei den eben besprochenen Beispielen.
- Gesprächssituationen aus dem ersten Schritt werden gespielt:
  - Tln beschreiben Personen und Situation;
  - sie suchen sich Mitspieler;
  - sie probieren im Spiel verschiedene Möglichkeiten, das Gespräch positiv zu gestalten;
  - die anderen Tln versuchen herauszufinden, ob und wo die ‚Gesprächshilfen' angewendet wurden.
- Auswertung nach jeder Szene.

Teilnehmeraussagen aus unterschiedlichen Gruppen:

- „Ich habe einfach Angst, von *mir* zu sprechen, daß *mich* etwas stört. Ich warte oft lieber, ob vielleicht eine andere etwas sagt."
- „Ich finde nicht gut, wenn ich ausgefragt oder zum Sprechen gezwungen werde. Aber ich bin

froh, wenn sich jemand um mich kümmert und ich mich dann entscheiden kann, ob ich rede oder schweige."

- „Das Thema wird eigentlich erst richtig spannend, wenn möglichst viele mitreden."
- „Es ist gut, sich immer wieder klarzumachen, daß wir alle dafür verantwortlich sind, das Thema einzuhalten. Früher dachte ich, die Gesprächsleiterin könnte gekränkt sein, wenn ich eingreifen würde."

3. Schritt

Das Gruppengespräch

nicht: Aussage neben Aussage
sondern:
ein Netz – eine knüpft bei der anderen an

Plenum 30 Minuten

Anleitung

Erste Runde: Äußerungen stehen ohne Beziehung nebeneinander.

- Die Gesprächsleiterin nennt das Thema: „Wie habe ich unsere Gruppengespräche erlebt?" und erklärt, daß das Gespräch darüber auf zwei gegensätzliche Weisen ausprobiert werde. In der ersten kurzen Runde kann die negative Erfahrung gemacht werden, wie es nicht sein sollte. (Die Tln stellen die Aussagen – ohne aneinander anzuknüpfen – nebeneinander.) Erst in der zweiten Runde bemühen sich die Tln, aufeinander zu hören, miteinander zu sprechen.
- Die Leiterin beginnt: „Ich habe erlebt, daß unser Gruppengespräch gut war, als ..."
  „Ich habe erlebt, daß unser Gruppengespräch schlecht war, als ..."
  und vervollständigt beide Sätze,
  z. B. „... als der Sprechenden alle zuhörten."
  „... als alle durcheinander redeten."
- Einige Tln sprechen einen oder beide Einleitungssätze und vervollständigen sie aus ihrer Erfahrung.
- So reiht sich in der Gruppe Aussage an Aussage.
- Es ist zu ermüdend, wenn **jede** Tln spricht. Die Demonstration sollte besser ziemlich schnell abgebrochen werden.
- Anschließend macht die Gesprächsleiterin deutlich, daß
  - zwar gesprochen wurde, aber kein Gespräch stattfand;
  - die Äußerungen der einzelnen Tln ohne Beziehung **nebeneinander** standen;
  - sich so aus den Erfahrungen und Meinungen kein echtes Gespräch entwickeln konnte.

Hinweis

Wir haben erlebt, daß sich die Gruppe nicht an die Anweisungen hielt. Die Leiterin erinnerte dann daran, daß die Erfahrung eines gutes Gespräches in der zweiten Runde ‚hautnäher' sein kann, wenn vorher eine negative Erfahrung gemacht wurde.

Zweite Runde: Das Netz – eine knüpft bei der anderen an.

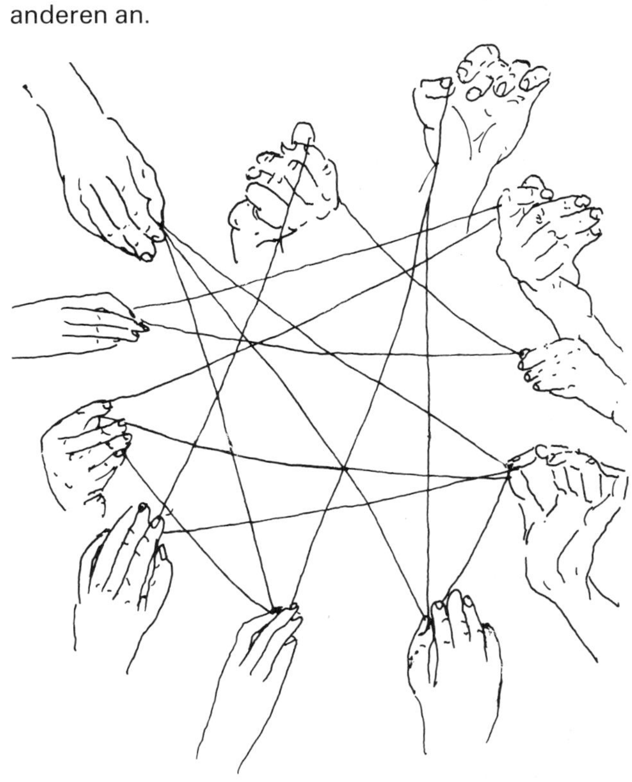

Das Herstellen eines Netzes hat sich als sehr wirkungsvoll erwiesen. Es kann offen-sichtlich und hand-greiflich machen, wie ein gutes Gespräch verläuft, und Anregungen geben, über die Gruppensituation nachzudenken. So wie sich aus den Fäden der einzelnen langsam das Netz ent-wickelt, so ent-faltet sich das gemeinsame Thema aus den Beiträgen der einzelnen Tln.

Anleitung

- Die Gesprächsleiterin nimmt einen Wollknäuel und erklärt, daß jetzt mit dem gegenseitigen Zuwerfen des Knäuels und dem ‚Knüpfen' der Verbindung das Hinhören und die Zuwendung zum anderen deutlich gemacht werden kann.
- Sie nennt das Thema: „Wie geht es mir bei den Gesprächen in unserer Gruppe?"
- Die Tln überlegen nicht lange im voraus, was sie sagen wollen, sondern entwickeln ihre Meinung aus der Aussage der Vorrednerin, indem sie zustimmen, ablehnen, ihre persönliche Auffassung dazu äußern usw.
- Die Leiterin beginnt das Spiel (Gespräch) mit dem Satz: „Ich finde gut (nicht gut) in unseren Gruppengesprächen, daß . . ."
- und macht ihre Aussage.
- Dann wirft sie den Knäuel einer Tln zu, von der sie signalisiert bekommt, daß diese etwas zu ihrer Meinung sagen will.
- Die Tln beobachten sich und die anderen, damit diejenige, die etwas zum Fortgang des Gespräches sagen will, den Wollknäuel bekommt.
- Durch das Zuwerfen (und Abwickeln) des Knäuels entsteht langsam ein Netz. Das ‚Anknüpfen' ist nur symbolisch gemeint. Wenn Sie in Ihrer Gruppe aus den einzelnen Fäden Knoten herstellen wollen, brauchen Sie mehr Zeit.
- Damit für die Tln kein Druck entsteht, ist es wichtig, darauf hinzuweisen, daß auch die Tln den Wollknäuel annehmen kann, die im Moment keine Aussage machen möchte. So kann deutlich werden, daß jede auch als Hörende aktiv am Gespräch beteiligt ist oder z. B. durch Kopfnicken ohne Worte zustimmen kann.
- Die Leiterin bricht das Gespräch so ab, daß noch genügend Zeit bleibt, das Gruppennetz zu betrachten.

Hinweis

Wir haben bei diesem Spiel keinen Einfluß darauf genommen, wie oft jede Tln den Knäuel in die Hand bekam. So passierte es, daß eine Tln viermal ‚anknüpfte', eine andere nur einmal den Faden weitergeben konnte. In der Gruppe wurde dann festgestellt, daß die Tln das so akzeptieren können, denn nicht jede Tln muß in gleichem Maße zum Gespräch beitragen.

Mögliche Fragen:

- „Was sehe ich?"
- „Wie geht es mir?"
- „Sind alle gleich stark beteiligt an der Entwicklung des Themas?"
- „Was passiert, wenn jemand den Faden verweigert oder sehr lange festhält?"
- „Wie geht es mir, wenn mir mein Faden entgleitet, jemand daran reißt, ihn mir aus der Hand zieht?"
- „Was passiert, wenn keine Spannung im Netz ist? Was passiert, wenn alle anspannen?"
- „Sehe ich Entlastung darin, daß viele mittragen?"

Teilnehmeraussagen aus unterschiedlichen Gruppen:

- „Ich stelle fest, daß man mit dem Netz behutsam umgehen muß."
- „Die Spannung muß gleichmäßig verteilt sein."
- „Ich spüre meine Verantwortung. Wenn ich loslasse (d. h. mich nicht an die Regeln halte), entsteht ein Loch."
- „Seitdem ich mich nicht mehr verschließe, halte ich mit und werde auch mitgehalten. Die Gespräche geben mir viel Kraft."
- „Mir ist klarer geworden: Ein Gespräch ist nicht die Aneinanderreihung von vorher ausgedachten Sätzen, sondern es entwickelt sich erst dadurch, daß ich hinhöre und hinsehe. Dann fällt mir eine richtige Antwort ein."

Hinweis

Entscheiden Sie nach der noch zur Verfügung stehenden Zeit, ob Sie mit der Betrachtung des Netzes Ihr Treffen beenden wollen oder ob dieses durch Zurückwerfen des Knäuels wieder aufgelöst werden soll. In einer Gruppe haben die Tln mit dem Zurückwerfen ‚Ich-Sagen' geübt: „Ich finde gut an dir, daß . . ."
Durch das Spiel und die Betrachtung des Netzes kann das Gemeinschaftsgefühl in der Gruppe gestärkt und sich jede einzelne ihrer Verantwortung noch bewußter werden. Zusätzlich kann darauf hingewiesen werden, daß bei jedem Gruppengespräch eine Tln die letzte Verantwortung haben muß (z. B. kommt kein Netz zustande, wenn niemand die Wolle besorgt), siehe auch Stichwort ‚Gruppen leiten'.
Die Grundhaltung, die hinter den hier angebotenen

Anregungen steht, ist die TZI, eine Methode, die von der Psychotherapeutin Ruth Cohn entwickelt wurde (Erklärungen zur **T**hemen**z**entrierten **I**nteraktion im Stichwort ‚Gruppen leiten'). Von Ruth Cohn sind auch Kommunikationshilfen erarbeitet worden, die sie selbst nicht als Regeln verstanden haben will, sondern mehr als eine für unser Zusammenleben wichtige Grundhaltung, an deren Verwirklichung wir ein Leben lang arbeiten.

Vertiefung oder Weiterführung

Die folgenden Gesprächshilfen sind inhaltlich Bestandteile der TZI, von der Formulierung her aber stark verändert. Sie können jeder Tln eine Kopie mit nach Hause geben, wenn keine Zeit mehr für ein gemeinsames Besprechen bleibt. Die Tln suchen sich zu Hause eine ‚Regel' heraus, die sie besonders anspricht, und schreiben diese groß auf ein DIN-A4-Blatt. Beim nächsten Treffen werden diese Blätter mitgebracht. Jede Tln legt ihr Blatt in die Mitte und begründet, warum ihr gerade diese ‚Regel' wichtig ist. Anschließend werden die Gesprächshilfen an eine Wäscheleine gehängt.
Erfahrungsgemäß haben Sie genug Gesprächsstoff für ein Treffen, wenn Sie mit den Fragen weiterarbeiten:

- Was ist doppelt?
- Was fehlt?
- Was hat das mit unserer Gruppe zu tun?

Gesprächshilfen
Was ist wichtig, damit Gespräche in der Gruppe gelingen können?

1. Jeder ist für sich verantwortlich!
   Jeder bestimmt selbst, wann er redet und wann er schweigt. Die Gruppe darf von niemandem einen Gesprächsbeitrag erzwingen. Jeder soll in eigener Regie und selbstverantwortlich entscheiden, welchen Gesprächsbeitrag er leisten will.

2. Nicht alle gleichzeitig!
   Jeder darf sagen, was er will, doch wenn mehrere gleichzeitig sprechen, werden sie nicht mehr von allen anderen gehört, und den meisten geht dann der rote Faden des Gesprächs verloren. Jeder muß dafür sorgen, daß nur einer spricht.

3. Was einen ärgert, möglichst bald in die Gruppe bringen!
   Wer sich über etwas ärgert, kann nicht mehr ungestört am Gespräch teilnehmen, sondern schaltet ab. Auf eine Störung, die nicht deutlich benannt wird, können andere auch nicht angemessen reagieren. Wenn die anderen auf die eigene Befindlichkeit keine Rücksicht nehmen, staut sich der Ärger, und es kann dann eine Störung der Beziehung zu anderen Tln entstehen, weil man sich von den anderen vernachlässigt glaubt.
   Jeder einzelne trägt zum Gelingen des Gesprächs bei. Denn wenn ein Gespräch unbefriedigend verläuft, liegt das nicht allein an denjenigen, die das Gespräch geführt haben, sondern ebenfalls an denjenigen, die ihre Unzufriedenheit nicht rechtzeitig geäußert haben!

4. Seitengespräche vermeiden!
   Kurze Seitenbemerkungen sind manchmal sehr entlastend. Es ärgert und stört aber, wenn mit dem Nachbarn geredet wird.

5. Sich selbst zur Sprache bringen!
   Wer etwas sagt, sollte seinen Beitrag oder seine Kritik als **seine** Meinung ausdrücken. Statt ständig davon zu reden, was „man" tut, ist es besser, zu sagen, was „ich" selbst für richtig halte, gut oder schlecht finde.
   Das „Ich" ist hier kein Zeichen von Egozentrik, sondern von Ich-Stärke. ‚Außerdem sind Allgemeinplätze sowieso schon übervölkert.'

6. Dem anderen mal sagen, was mir an ihm gefällt!
   Das tut jedem gut und stärkt das Selbstbewußtsein. Anerkennung ist besser als Belehrung. Denn jeder von uns möchte akzeptiert werden und braucht das Gefühl, von anderen angenommen zu sein, um sich selbst besser annehmen zu können.

7. Nichts aus der Gruppe heraustragen!
   Diskrete Verschwiegenheit nach außen ist nötig, damit Vertrauen wachsen kann.

8. Klar sagen, was ich will!
Jeder muß seine Bedürfnisse, Wünsche und Erwartungen an andere klar und deutlich artikulieren, damit die anderen wissen, woran sie sind. Nur auf einen ausgesprochenen Wunsch kann man auch ausgesprochen gut eingehen. Heimliche Wünsche werden unheimlich selten erfüllt. Wem daher an der Erfüllung seiner Bedürfnisse etwas liegt, muß sie auch mitteilen. Vom Aussprechen seiner Bedürfnisse und Wünsche darf man allerdings nicht erwarten, daß die anderen sie erfüllen müßten. Die anderen müssen mit Anstand ‚nein' sagen dürfen.

9. Gefühle aussprechen!
Bei jedem Miteinanderreden stellen sich unvermeidlich Gefühle ein, und wir sollten nicht vermeiden, sie zu äußern. Denn mit ausgesprochenen Gefühlen können wir besser umgehen. Das schafft Klarheit (für einen selber und für die anderen).

10. Auf Körpersignale achten!
Unser Körper hilft uns, Gefühle wahrzunehmen. Außerdem ist er oftmals ehrlicher als unser Verstand. Wir können uns in aller Regel gut auf ihn verlassen. Ebenso sprechen die Körper der anderen eine deutliche Sprache. Diese ist in unserer Kultur jedoch leider zu einer Fremdsprache geworden. Wir müssen sie daher wieder neu erlernen.

11. Rücksicht nehmen!
Wenn jeder seine Gefühle, seine Wünsche und Bedürfnisse, seinen Ärger und seine Störungen ausdrücken soll, bedeutet das noch lange nicht, daß er auf die Belange der anderen und der Gruppe keine Rücksicht mehr zu nehmen braucht. Es geht darum, daß jedes Gruppenmitglied sich eigenverantwortlich äußert, damit die Gruppe gemeinsam einen Weg finden kann, der möglichst alle zufriedenstellt. Dazu ist es notwendig, daß Kompromisse gefunden werden, eigene Wünsche zeitweise freiwillig zurückgestellt und im Augenblick wichtigere Bedürfnisse berücksichtigt werden.

In Anlehnung an Ruth Cohn und Conrad M. Siegers

Gesprächs-Kreis

Der Kreis kennt keine ersten
und letzten Plätze!

Du bist neben mir,
ich bin neben dir,
wir sind uns
nahe gerückt –

und schauen gemeinsam
auf das Thema!

Mögliche Weiterführung

‚Gruppen leiten'

Gruppen leiten

Gruppenleiten ist keine Hexerei

ZIEL

Erkennen,
daß durch einen partnerschaftlichen Leitungsstil eine Aufgabenverteilung möglich und sinnvoll ist,
welche besonderen Aufgaben eine Leiterin hat.

Vorüberlegungen

„Gruppen leiten, das kann ich nicht, das habe ich doch nicht gelernt!" Dieser Satz ist oft von Frauen zu hören, die sich zu mehreren zusammengefunden haben und eine Gesprächsgruppe gründen wollen. Sie sagen: „Die Leitung soll eine Fachfrau machen, eine, die eine Ausbildung dafür hat." Es kann weiterhelfen, solche Aussprüche mit einer „Gegenrede" zu hinterfragen: „Leiten Sie selbst nicht schon lange? Sie leiten doch Ihre Familie, Sie tragen viel Verantwortung für diese Familiengruppe. Was wird da alles an äußeren und inneren Qualitäten von Ihnen verlangt!" Die Erfahrungen im Organisieren und Zusammenhalten einer Familie sind zusammen mit Herzensbildung und Beweglichkeit ein gutes Startkapital für eine Gesprächs- und Gruppenleiterin. Um das zu verdeutlichen, können Sie das Bild aus der Einleitung Seite 13 einsetzen: „Mein wichtigstes Handwerkszeug bin ich selbst!"

Beim Gruppenleiten geht Ähnliches vor sich wie in Mutter- oder in Partnerschaft: Wir lernen vorwiegend durch Tun. Trotzdem ist es manchmal wichtig, besonders in der Anfangsphase einer Gruppe, über die Gruppenstruktur nachzudenken, über die Leitungsfrage und über die Verteilung der Aufgaben. Sind diese Fragen nicht geklärt, besteht Gefahr für die Gruppe, auseinanderzufallen oder bei oberflächlichem „Klönen" zu bleiben. Es kann auch sein, daß die Gründerin in die Rolle der Alleinverantwortlichen gedrängt wird. Wir haben die Erfahrung gemacht, daß eine solche Leiterin sich eines Tages ausgelaugt und überfordert fühlt.

Das folgende Material ist für eine einzige Gesprächsrunde zu umfangreich. Vielleicht haben Sie eine Idee, was Sie verändern oder weglassen wollen? Sie können auch nach dem 2. oder 3. Schritt abschließen und beim nächsten Treffen mit dem übrigen Material weiterarbeiten. Wenn Ihre Gruppe schon länger besteht und bereits Übernahme von Verantwortung in verschiedenen Bereichen praktiziert wird, entfallen für Sie wahrscheinlich der 1. und 2. Schritt. Es gibt allerdings auch für solche Gruppen Anlässe, über die Aufgaben einer Gruppen(Gesprächs)leiterin (3. und 4. Schritt) zu sprechen, besonders in Zeiten, in denen sich Tln unwohl fühlen, wenn „es nicht so gut läuft". An solche Aussprüche aus der Gruppe können Sie zur Einstimmung anknüpfen.

Oder: Jede Tln bekommt das Bild der Stühle – Stichwort Generation 1 – und begründet, auf welchen Stuhl sie sich setzen möchte;

oder: Sie haben beim letzten Treffen eine Standortbestimmung gemacht (Bild vom Zug in ‚Gruppe 1') und sprechen jetzt den Lokführerwechsel an.

oder: ....

1. Schritt

Alleinverantwortliche Leiterin

Erfahrungen machen mit Führen und Geführtwerden und Austausch im Gespräch;
Zeichnung und Gespräch

Paargruppen
Plenum 45 Minuten

Führen und Geführtwerden

Wenn Gruppenmitglieder gefragt werden, wie sie die Aufgaben der Leiterin sehen, sagen sie oft: Sie

sorgt, daß alles klappt,

sagt, wo's langgeht,

hält die Fäden in der Hand.

Diese in einer Person konzentrierte Leitung können die Tln in der folgenden Übung an sich erleben. Es ist nämlich sinnvoll, nicht nur über die Leitung zu sprechen, sondern auch die Tln am eigenen Leib erfahren zu lassen, wie es ist, wenn sie sich passiv der Leitung einer anderen übergeben oder wenn sie selbst führen. Empfindungen können intensiver wahrgenommen werden, wenn die Augen geschlossen sind. Es ist daher ratsam, das auch den Tln zu erklären, damit sie leichter mitmachen können. (Augen schließen könnte Angst machen!)

> Jede entscheidet für sich, ob sie sich auf die sehr persönliche Erfahrung des Führens und Geführtwerdens einlassen kann und will.

Anleitung

- Die Gruppe teilt sich in Paare auf.
- Es wird während des Spiels nicht gesprochen.
- Jede Tln stellt sich hinter ihre Partnerin, die die Augen schließt, und legt ihre Hände locker auf deren Schultern.
- Sie führt die Partnerin kreuz und quer durch den Raum und achtet darauf, daß diese nicht anstößt.
- Die Geschwindigkeit kann langsam gesteigert werden.
- Die Geführte versucht, sich der Leitung der anderen zu überlassen.
- Nach 3–5 Minuten sagt die Gesprächsleiterin den Wechsel an. Nun ist die Führende die Geführte – und umgekehrt.
- Anschließend haben die Paare 10–20 Minuten Zeit, sich ihre Gedanken und Gefühle mitzuteilen:
  Habe ich gern geführt?
  Wie ist es mir ergangen, als ich geführt worden bin?

Hinweis

Ein weiterführendes Gespräch im Plenum ist wichtig, damit die soeben gemachten Erfahrungen für die Gruppensituation ausgewertet werden können.

Auswertung im Plenum
Mögliche Einstiegsfragen

- Wie geht es mir jetzt?
- Was hat das, was ich erlebt habe, mit dem Zusammensein in unserer Gruppe zu tun?

Überlegungen von Tln

- Sich führen lassen ist schwieriger, als selbst zu bestimmen.
- Es ist angenehm, wenn andere bestimmen, wo es langgeht.
- Manche sind stärker und kreativer im Führen als andere.
- Wenn ich nicht klar geführt werde, werde ich unsicher.
- Wir sind uns oft gar nicht bewußt, wo wir überall organisieren und verantwortlich mit Gruppen umgehen – z. B.: Familienmanagement, Nachbarschaft, Vorstände, Kindergarten, Schule, Pfarre, Verband.
- Wir kommen aus unserem Gleichgewicht, wenn wir nicht ausgewogen leben, zu sehr überfordert oder zu passiv sind.

Anleitung

Um die Erfahrungen auf die Gruppenleitung zu übertragen, zeichnet die Gesprächsleiterin das Bild der alleinverantwortlichen Leiterin auf ein großes Blatt oder vergrößert die Zeichnung.
Anschließend erarbeitet die Gruppe (evtl. schriftlich) Vor- und Nachteile des leiterzentrierten Vorgehens:

VORTEILE

- Keine langen Diskussionen und Absprachen nötig.
- Wenig Pannen.

NACHTEILE

- Die Leiterin kann sich überfordern und an das Ende ihrer Kräfte kommen.
- Die Tln sind genießerische oder überkritische Konsumenten.
- Das Gruppenleben wird einseitig.
- Kein Wachsen, keine Mitverantwortung.

2. Schritt

Jede ist mitverantwortlich

Zeichnung
Gespräch

Plenum 45 Minuten

Anleitung

Die Gruppe erarbeitet zeichnerisch oder anhand der vergrößerten Kopie die Alternative zum leiterzentrierten Vorgehen.

Aus dem Vergleich der beiden Bilder kann erarbeitet werden:

- Alle Tln tragen Mitverantwortung, die Leitung verteilt sich auf mehrere Schultern:
  Organisation
  Vorbereitung des Themas (der Aktivität)
  Leitung des Gesprächs (oder Ausführung der Aktivität)
- Es ist wichtig, klarzustellen, daß trotz aller Aufgabenteilung jemand die Gesamtverantwortung übernehmen sollte.

Anschließend erarbeitet die Gruppe die Vor- und Nachteile dieses Vorgehens.

VORTEILE

- Keine muß über- oder unterfordert sein.
- Tln können sich weiterentwickeln, Erfahrungen machen und selbständiger werden.
- Das Gruppenleben ist spannender, vielfältiger.
- Es geht um ein Thema, in das der einzelne einbezogen ist. Er übernimmt für seinen Anteil die Verantwortung.

NACHTEILE

- Unsicherheiten, weniger Straffung.
- Konflikte.
- Immer wieder neue Auseinandersetzungen, Absprachen und mehr Zeit sind nötig.

Hinweis

Theoretisch ist es natürlich sehr einfach zu sagen, daß alle Tln Verantwortung für die Gruppe haben. Aber wie ist das in die Praxis umzusetzen? Es gibt nicht **das** Modell für Gruppen und Gruppenleitung. Wir haben mit den unterschiedlichsten Situationen zu tun, und es ist wichtig, das anzuerkennen. Die Tln müssen miteinander das Machbare herausfinden.

Anleitung

- Die Gesprächsleiterin stellt häufig praktizierte Leitungsformen vor:

1. *Eine* Tln übernimmt die volle Leitung für unbestimmte Zeit.
   Günstig für Treffs mit dauernd wechselnden Tln.
   Für feste Gesprächskreise ungünstig, weil so weniger die Mitverantwortung, eher eine Konsumentenhaltung gefördert wird.
2. *Eine* Tln übernimmt für ein (oder zwei) Jahre die Gruppen- und Gesprächsleitung.
   Es entsteht eine Krise, wenn sich die gesundheitliche, berufliche oder familiäre Situation der Leiterin verändert.
3. *Zwei* Tln übernehmen für ein (oder zwei) Jahr(e) die Gruppen- und Gesprächsleitung;
   sie sprechen sich untereinander ab,
   sie ergänzen und entlasten sich.
4. Die Leitung bezieht – je nach Interessen und Fähigkeiten – weitere Tln ein.

- Die Tln entscheiden sich für eine bestimmte Leitungsform.

Zu 1–3: Jede Tln artikuliert ihre Wünsche an die Leitung (evtl. schriftlich).

Zu 4: Wenn die Gruppe sich entschieden hat, daß Leitung gemeinsam wahrgenommen werden soll, ist es wichtig, die genauen Aufgabenverteilungen schriftlich festzuhalten, etwa so:

Verantwortung für

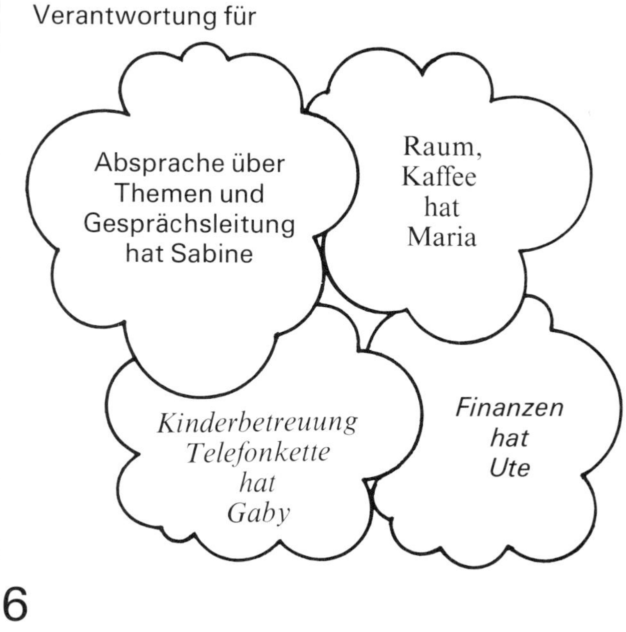

Wenn die Termine der Gruppentreffen feststehen, sollten die Verantwortlichen für die Gestaltung festgelegt werden.
Das läuft in manchen Gruppen so: Die Termine der Gruppentreffen werden auf je einem Zettel in die Mitte des Tisches gelegt. Jede Tln nimmt sich einen Termin, für dessen Gestaltung sie verantwortlich ist.
Es können auch Wünsche von Gesprächsthemen, Kreativem, Aktivitäten gesammelt werden. Die Tln übernehmen diese entsprechend ihren Fähigkeiten und legen sich auf einen Termin fest.

Hinweis

Wir machen gute Erfahrungen, wenn Gruppenleitung und Gesprächsleitung nicht von einer Person wahrgenommen werden. Die Gesprächsleiterin übernimmt die Aufgabe für ein bestimmtes Thema (und oft nur für ein Treffen). Als wichtig hat sich in langjähriger Gruppenarbeit erwiesen, daß die Vorbereitungen mit den Materialien dieses Buches nicht alleine stattgefunden haben. Wenn die Gruppenleiterinnen nicht zu zweit die Verantwortung hatten, sondern alleine leiteten, haben sie eine oder mehrere Tln der Gruppe oder andere um Mithilfe gebeten (z. B. aus der Familie), um herauszufinden, wie Texte oder Bilder wirkten. (Dieser Gedanke kann mit dem Märchen „Das Dreiblatt" – Stichwort ‚Familie' – vertieft werden.)

Wenn Sie nicht noch wenigstens eine Stunde Zeit zur Verfügung haben, dann bieten Sie besser den 3. und 4. Schritt bei Ihrem nächsten Treffen an.

Die beste Führung ist die, unter der die Leute sagen: „Wir haben es selbst geschafft." Lao-tse

3. Schritt

Gruppenleitung ist so etwas wie eine Telefonleitung

Wenn das Telefonnetz funktioniert, ist „das Fräulein vom Amt" nicht gefragt.
Wenn es nicht läuft, ist Entstörung nötig.

Plenum 30 Minuten

Anleitung

- Die Tln denken in kurzer Stille über die Frage nach: Welche gemeinsamen Aufgaben haben die Telefonleitung und die Gruppen-/Gesprächsleitung?
- Folgende (oder ähnliche) Ergebnisse können Sie schriftlich festhalten:

  Eine Telefonleitung sorgt für
  Verbindung zwischen den Menschen,
  ist Mittel zum Zweck,
  kanalisiert.
  Die Tln wählen den Gesprächspartner selbst.
  Die Tln bestimmen Inhalt und Fortgang des Gesprächs.
- Tln denken kurz über die Frage nach: „Wann sollte eine Leiterin aktiv werden, mehr sein als nur Verbindungskanal?"
- Wichtige Ergebnisse können schriftlich festgehalten werden:

  Die Leiterin wird aktiv, wenn
  sie persönlich betroffen ist;
  ihr Wissen oder ihr Erfahrungsvorsprung gefragt sind.

  Störungen auftreten, z. B.:
  Einzelne Tln sprechen zu lange;
  die Verbindung zu Tln ist unterbrochen;
  mehrere reden gleichzeitig;
  es ist längere Funkstille;
  Tln erscheinen unter- oder überfordert.

Gute Leitung ist flexibel:
Sie macht so wenig wie möglich selbst;
sie greift so oft wie nötig ein;
sie sieht sich selbst auch als Teilnehmerin und spricht auch von sich.

Hinweis

Vielen Tln fällt es schwer, Störungen anzusprechen. Dies geht aber zunehmend leichter, wenn die Tln bei der Leiterin erleben, daß diese offen davon spricht, wenn sie sich unwohl fühlt. Auch sollte die Leiterin die Tln immer wieder darin bestärken, ihre Empfindungen ernst zu nehmen.
Ich möchte den Vergleich mit der Telefonleitung nicht überstrapazieren, weil in ihm nicht deutlich werden kann, daß die Leiterin gleichzeitig Tln ist. Sie schaltet sich als Tln ein, erzählt von sich und zeigt, daß auch sie in der Gruppe und von der Gruppe lernt.

4. Schritt

Aufgaben und Verhalten einer Gruppen-(Gesprächs-)leiterin

Plenum

Die folgenden Ausführungen können Ihnen als Gruppen(Gesprächs)leiterin(nen) helfen, sich über Ihre Leitungsaufgaben klarer zu werden. Vielleicht wollen Sie einiges davon aber auch in Ihre Gruppe bringen. Wenn Leiterverhalten für die Tln durchsichtiger wird, kann das ein offeneres Gruppenklima und mehr partnerschaftliche Zusammenarbeit bewirken.

Leitung als ‚Wächteramt' über die Balance

Es sind zwar alle Gruppenmitglieder mitverantwortlich für den Gruppenprozeß, aber jede Tln ist zuerst einmal für sich selbst verantwortlich. Es zeigt sich immer wieder, daß daher abgesprochen werden muß, wer die Gesamtverantwortung hat, d. h. die gesamte Gruppe im Auge behält und immer wieder nachspürt:

- Fühlen sich die einzelnen wohl? Sorgt jede dafür, daß sie zu ihrem Recht kommt?
- Gibt es „Klübchen"? Werden einzelne „links liegengelassen"?
- Sind Feiern und Gespräche, Denken, Reden und Tun ausgewogen?
- Spricht die Atmosphäre des Raumes den ganzen Menschen an? (Blumen, Kerzen)

Hat die Leiterin den Eindruck, daß das nicht der Fall ist, kann sie nachfragen und dadurch weitere Überlegungen und Veränderungen anregen.
Was die Gesprächsleitung angeht, hat (haben) die Leiterin(nen) die Aufgabe, auf ein ausbalanciertes Gruppenklima zu achten. Es kann entstehen, wenn

- die Tln sich von dem Thema angesprochen fühlen,
- sie von **sich** etwas dazu sagen,
- sich die Tln gegenseitig ihre Erfahrungen mitteilen,
- der Lebensalltag im Vordergrund steht,
- durch Intensität und Emotionalität des Gespräches ein Gruppengefühl aufkommt.

Das Denkmodell, in dem das verdeutlicht wird, ist als TZI* bekannt.

* TZI ist die Abkürzung für Themenzentrierte Interaktion und steht für das Geschehen zwischen Tln, die sich mit ihrem gemeinsamen Thema befassen. Die gruppendynamische Methode TZI wurde von der Psychotherapeutin Dr. Ruth Cohn entwickelt und wird bei WILL (siehe Seite 280) gelehrt.

Das Dreieck
kann uns verdeutlichen,
wie wichtig
eine „dynamische Balance"
im sozialen Umfeld ist:

Jede nimmt das Thema
(die gemeinsame Aufgabe)
so wichtig wie sich selbst und die anderen.

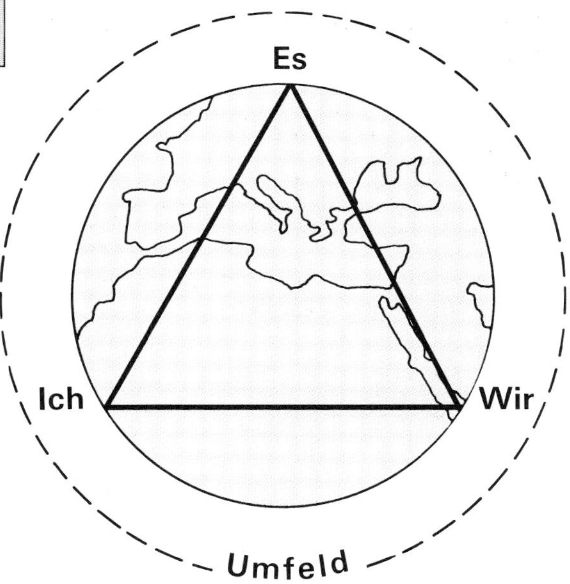

Jede nimmt sich
mit ihren
Empfindungen
und Gedanken
ernst und mutet
sich den
anderen zu.

Jede respektiert
die andere(n),
jede ist gleich
wichtig.
Alle fördern
sich gegenseitig.

Der Bezug zu dem, was außerhalb der Gruppe ist,
wird hergestellt.

Die drei Punkte sind keine Eckpfeiler, die feststehen und somit ein statisches Gleichgewicht herstellen. Vielmehr geht es um ein dynamisches Gleichgewicht, das sich dauernd verändert, weil mal der eine, mal der andere Faktor im Gruppengeschehen stärker betont ist. Je gleichgewichtiger die vier Faktoren sind, desto größer ist die Wahrscheinlichkeit, daß die Tln sich in der Gruppe und im Thema finden und ein offenes Gruppenklima entsteht. Dieses „Ineinandergreifen einer fließenden Bewegung" kann z. B. so wirken:
Wenn die Leiterin das Thema so anbietet, daß sich die Ichs interessieren können, dann wird das Wir durch den Austausch über das Thema gestärkt. Wenn das Ich sich in der Gruppe wohl fühlt, ermöglicht es die Gruppe den einzelnen, sich dem Thema offener zu stellen. Wenn in der Gruppe ein Thema wächst, das ‚dran' ist, dann gibt es für die einzelnen die große Chance, sich damit auseinanderzusetzen und daran zu wachsen. Das folgende Beispiel aus der Praxis kann die theoretischen Überlegungen verdeutlichen:
Es standen Wahlen zum Pfarrgemeinderat an. Einige Tln äußerten ihr schlechtes Gewissen, weil sie sich bis jetzt noch nicht genug engagiert hätten. Die Gruppe entschied sich, beim nächsten Treffen darüber zu sprechen, und zwar unter dem Thema: ‚Wo spüre ich meine Verantwortung, welche Antwort gebe ich darauf?'

In der Gruppe herrschte schon so viel Vertrauen, daß während der Gesprächsrunde jede einzelne über sich und ihre Ängste sprechen konnte. Die Tln fanden heraus, was sie wirklich wollten, und vertraten es in der Gruppe. Ich – Wir – Es waren in diesem Fall also gut ausbalanciert.

Ursprünglich hatte die Gruppenleiterin für das Treffen das im Jahresplan festgelegte Thema „Wird der Tod totgeschwiegen?" vorgesehen. Wäre sie bei diesem Thema geblieben, hätte sie die Balance wohl kaum ermöglichen können. Das Thema (das Es) wäre ohne Beziehung zum Wir und zum Umfeld gewesen.

Vielleicht möchten Sie als Gruppenleiterin die Frage der Balance in Ihrer Gruppe ansprechen. Wir haben bei solchen Gelegenheiten gute Erfahrungen damit gemacht, das Denkmodell der TZI aufzuzeichnen und zu erklären. In einem anschließenden Gespräch können die Tln auf ihre Gruppensituation eingehen.

Mögliche Fragen

- Wie erlebe ich in dieser Gruppe die Balance?
- Fallen mir Störungen ein, z. B.:
  Langeweile,
  Ärger,
  fruchtlose Diskussionen?
  Einige schieben sich in den Vordergrund.
- Was kann ich dazu beitragen, daß sich ein vertrauensvolles Wir entwickelt?
- Kreisen unsere Themen immer um uns selbst, oder nehmen wir auch unser soziales Umfeld mit herein?

Eine Leiterin, die die Verantwortung für die Balance hat, versucht herauszufinden,
ob das vorgeschlagene Thema wirklich das Thema der Gruppe ist;
ob die Beziehungen in der Gruppe ausreichen, damit die einzelnen über das Thema sprechen können;
ob die einzelne genug Vertrauen zu sich, zur Leiterin, zur Gruppe hat, um sich auf das Thema einzulassen;
ob die Leiterin sich als ganze Person mit Verstand und Herz einbringt.

Hinweis

Wir haben die Erfahrung gemacht, daß die Mehrzahl der Tln kein Interesse an wissenschaftlichen Theorien über Gruppenprozesse hat. Als günstig hat es sich erwiesen, ab und zu mit einem Hinweis auf das Dreieck die Gruppensituation anzuschauen. Sie können das Gespräch darüber mit einem ‚Blitzlicht' einleiten: Jede Tln sagt in ganz wenigen Sätzen, wie es ihr im Augenblick geht (keine Diskussion darüber).
Außerdem kann es nützlich für eine Verbesserung der Balance sein, sich die „Spielregeln" für ein gutes Gespräch (siehe ‚Gruppengespräch') wieder bewußtzumachen. Diese Hilfen für den Umgang miteinander sind nur dann wirklich hilfreich, wenn sie immer wieder angesprochen und geübt werden.

Für mich persönlich war es sehr entlastend, als ich eines Tages zwei Erkenntnisse hatte: einmal, daß es **die** Gruppenleiterin gar nicht gibt, sondern daß ich meinen individuellen Stil entwickeln muß; zum anderen, daß ich zwar in meiner Funktion wichtig bin, aber nicht alles von mir abhängt. Der folgende Text hat mir bei der Umsetzung dieser Erkenntnis sehr geholfen:

Text zum Mitnehmen und Weiterdenken

„Herr, gib mir Mut, das zu ändern,
was ich ändern kann;
gib mir Gelassenheit,
das hinzunehmen, was ich nicht ändern kann,
und gib mir Weisheit,
den Unterschied zu erkennen."

Persönlicher Hinweis

Es stimmt, daß ‚Gruppenleiten keine Hexerei' ist, aber es stimmt genauso, daß es nicht einfach ist. Mit den Ausführungen zu diesem Stichwort bin weder ich noch die, die mitgearbeitet haben, zufrieden. Gruppenleiten haben wir vorgelebt und in passenden Situationen, die sich gerade in der Gruppe ergaben, durchsichtig gemacht. Wir fanden es sehr schwierig, das theoretisch zu erläutern. Sie als Leiterin sind sich sicher bewußt, daß Sie Gruppenleiten nicht lernen können durch Anweisungen. Aber das Stichwort hat Ihnen vielleicht Anstöße zum Nachdenken gegeben und Mut gemacht. Gruppenleiterinnen brauchen Vertrauen in die Gruppe und Mut, wenn sie mit ihrer eigenen Unsicherheit und mit ihren unfertigen Überlegungen in die Gruppe gehen. Der Autorin geht es nicht anders mit diesen Ausführungen.

Mögliche Weiterführung

Stichwort ‚Gruppengespräch'

Kind

„Ich will ja nur dein Bestes!" Was ist eigentlich das Beste?

ZIEL

Mir klarer werden:
Mein Kind braucht Schutz und Hilfe, sein **eigenes** Leben leben zu lernen.
Mein Kind ist nicht mein Besitz!

Vorüberlegungen

Vielleicht wollen Sie in Ihrer Gruppe erst einmal grundsätzlich über Erziehung in den Herkunftsfamilien und über unsere heutigen Erziehungshaltungen nachdenken (siehe Stichwort „Erziehung").
Im Folgenden können wir der Frage nachgehen, ob wir unsere Kinder loslassen, ihnen ihr Anderssein zugestehen können. Vielleicht kennen Sie den Ausspruch: „Ein Pullover ist das, was ein Kind anziehen muß, wenn die Mutter friert." Diesen Satz geben oft Mütter anderen Müttern zur Antwort, wenn letztere sich beklagen, die Kinder gehorchten ihnen nicht, obwohl sie doch nur das Beste wollten (z. B. Krankheit oder schlechte Noten verhindern). „Das Beste wollen" kann auch heißen, daß wir konkrete Erwartungen haben (z. B. wissen wir schon im 1. Schuljahr, auf welches Gymnasium das Kind gehen wird und welches Musikinstrument es lernen wird).
Vielleicht wollen Sie als Gesprächsleiterin zum Einstieg an ein persönliches Erlebnis anknüpfen – oder die Tln sammeln, was ihnen zu der Zeichnung einfällt oder . . .

1. Schritt:

Der Kleine Prinz und die Rose

Text lesen oder erzählen
Austausch im Gespräch

Plenum oder Kleingruppen 30 Minuten

Kinder sind Gäste, die nach dem Weg fragen.

Aus dem Himalaya

Der kleine Prinz

Eines Morgens, die Sonne ist gerade aufgegangen, entdeckt der kleine Prinz eine wunderschöne Rose. Er hat noch nie eine so hübsche Blume gesehen und ist ihr augenblicklich von ganzem Herzen zugetan. Bewundernd flüstert er: „Guten Morgen", und ist gar nicht erstaunt, als sie ihm seinen Gruß erwidert. Ein seltsames Gefühl der Verbundenheit steigt in ihm auf. „Ich liebe dich", sagt er. Als sie ihn später darum bittet, eine Glasglocke zum Schutz gegen Zugluft und wilde Tiere über sie zu stülpen, da ist er glücklich, ihr einen Gefallen tun zu können. Zugleich ist er ein wenig verwirrt: „Diese Blume ist recht schwierig!" Die Rose, die die Bemühungen des kleinen Prinzen sehr schätzt, wird immer anspruchsvoller.
Eines Abends, als für den kleinen Prinzen die Zeit kommt, seine geliebte Blume zu verlassen, entdeckt er in sich das Bedürfnis zu weinen. „Adieu", sagt er und holt die Glasglocke. Zu seiner Überraschung lehnt nun die sonst so anspruchsvolle Blume den Glasschutz ab. „Laß das", sagt sie, „ich will ihn nicht mehr." Der kleine Prinz ist erstaunt. Er erinnert sich an ihre Anfälligkeit gegen Krankheiten und ihre Ängste vor den wilden Tieren. „Die frische Nachtluft wird mir guttun. Ich bin eine Blume", erklärt ihm die Rose, „und was die Tiere anbelangt, da muß ich wohl zwei oder drei Raupen aushalten, wenn ich die Schmetterlinge kennenlernen will. Vor den großen Tieren fürchte ich mich auch nicht, ich habe meine Krallen!" Und sie zeigt treuherzig ihre vier Dornen. Dann fügt sie noch hinzu: „Zieh den Abschied nicht so in die Länge, geh jetzt", denn sie will nicht, daß er sie weinen sieht. Es ist eine stolze Blume.

Aus: A. de Saint-Exupéry
Der Kleine Prinz, nacherzählt von Trudi Albers

Mögliche Fragen

- Erinnert Sie das Erlebnis des kleinen Prinzen an eigene Erfahrungen?
- Wann ist die Glasglocke – der elterliche Schutzraum – sinnvoll und notwendig?
- Die Blume lehnt plötzlich alles ab, was sie einmal gefordert hatte. Machen auch Sie ähnliche Erfahrungen mit Ihrem Kind?
- Wann haben Sie ihrem Kind ‚Zugluft' und eigene Verteidigungsmöglichkeiten zugetraut?

Teilnehmeraussagen aus unterschiedlichen Gruppen

- „Bei schlechtem Wetter werden doch heute fast alle Kinder mit dem Auto zur Schule gebracht."
- „Wie sollen die Kinder ein gesundes Selbstvertrauen entwickeln, wenn wir sie ‚in Watte pakken', ihnen alles abnehmen, was gefährlich und schmerzlich ausgehen kann?"
- „Unsere Tochter muß wegen ihrer Diabetes auf vieles verzichten. Da ist es für mich gar nicht so einfach, sie nicht zu verwöhnen. Ich erfülle ihr nicht alle Wünsche, obwohl wir es uns finanziell leisten könnten."
- „Unser Markus wollte mit zwei 15jährigen Klassenkameraden für drei Tage eine Radtour von Jugendherberge zu Jugendherberge machen. Die Eltern der Freunde haben es aus Sorge, daß etwas passiert, nicht erlaubt."

2. Schritt

Eure Kinder sind nicht **eure** Kinder

Lesen des Textes
Austausch im Gespräch

Plenum oder
Kleingruppen 60 Minuten

Von den Kindern

1 Eure Kinder sind nicht **eure** Kinder.
2 Es sind die Söhne und Töchter von des Lebens Verlangen nach sich selber.
3 Sie kommen durch euch, doch nicht von euch.
4 Und sind sie auch bei euch, so gehören sie euch doch nicht.
5 Ihr dürft ihnen eure Liebe geben, doch nicht eure Gedanken, denn sie haben ihre eigenen Gedanken.
6 Ihr dürft ihren Leib behausen, doch nicht ihre Seele, denn ihre Seele wohnt im Hause von Morgen, das ihr nicht zu betreten vermöget, selbst nicht in euren Träumen.
7 Ihr dürft euch bestreben, ihnen gleich zu werden, doch suchet nicht, sie euch gleich zu machen. Denn das Leben läuft nicht rückwärts, noch verweilet es beim Gestern.
8 Ihr seid die Bogen, von denen eure Kinder als lebende Pfeile entsandt werden.
9 Der Schütze sieht das Zeichen auf dem Pfade der Unendlichkeit, und Er biegt euch mit Seiner Macht, auf daß Seine Pfeile schnell und weit fliegen.
10 Möge das Biegen in des Schützen Hand euch zur Freude gereichen.
11 Denn gleich wie Er den fliegenden Pfeil liebet, so liebt Er auch den Bogen, der standhaft bleibt.

Kahlil Gibran: Der Prophet

Anleitung

- Der Text wird vorgelesen.
- Die Tln sollten den Text vor sich liegen haben, weil sie sich dann Zeit nehmen können, ihn ein zweites Mal auf sich wirken zu lassen.
- Sie äußern sich, was ihnen zu dem recht schwierigen Text eingefallen ist, z. B.:

zu 1. „Das Loslassen beginnt schon bei der Geburt."

zu 4. „**Mein** Mann gehört mir ja auch nicht!"

zu 5. „Es ist so schwer, ehrlich meinen Standpunkt zu vertreten, ohne die Kinder auf meine Linie bringen zu wollen."

zu 6. „Solange die Kinder die Füße unter unseren Tisch stellen, können sie doch nicht ganz aus der Reihe tanzen."

zu 7. „Ich darf das, was für mich gut und richtig war, nicht meinen Kindern überstülpen.
In der Bibel steht ja derselbe Gedanke: Wenn ihr nicht werdet wie die Kinder! Für mich bedeutet das, daß ich von meinen Kindern gelernt habe, über die Wunder der Natur zu staunen.

zu 8. „Wir haben Angst, daß der Bogen die Spannung nicht aushält und bricht oder daß die Pfeile das Ziel verfehlen."
„Was macht ein Bogen ohne Pfeile?"
„Was machen Pfeile ohne Bogen?"
„Der Pfeil darf nur locker auf dem Bogen aufliegen, weder mit dem Schützen noch mit dem Bogen fest verbunden sein.
Das Sich-biegen-lassen geht nur in einer bestimmten Zeit, wenn der Ast jung ist. Ich habe die Phase des Bogens hinter mir."

zu 9. „Es ist schwer, dem unsichtbaren Gott zuzutrauen, daß er das Ziel kennt. Da ist es leichter, sich auf Wissen und Technik zu verlassen."
„Es ist ärgerlich und tröstlich, daß ich nur Werkzeug bin."

zu 10. „Wenn ich mich nicht überfordere, wenn ich gelassen bin, bringt das Muttersein Freude."

zu 11. „Um standhaft zu sein, muß ich noch mehr an meiner Selbständigkeit arbeiten."

Hinweis

Da der Text zu inhaltsreich ist, um ihn beim ersten Mal ganz auszuschöpfen, ist es sinnvoll, nur wenige Gedanken zu vertiefen (der vollständige Text kann dann bei einem nächsten Gruppentreffen besprochen werden). Wenn es Ihnen Freude macht, können Sie bei Ihren Vorbereitungen zu Hause einen Bogen und Pfeile basteln. Damit können Sie und die Tln zum Abschluß des Gruppengesprächs ausprobieren und erleben, was im Text beschrieben steht, z. B. daß ohne Spannung nichts geht, daß aber gleichzeitig Gelassenheit und Fingerspitzengefühl für die Beziehung wichtig sind. Das krampfhafte Starren auf ein Ziel führt nicht unbedingt zum Besten für mein Kind, sondern eher das lockere Herausfinden, was jetzt angebracht (gut) für mein Kind und mich ist.

Herstellung des Bogens

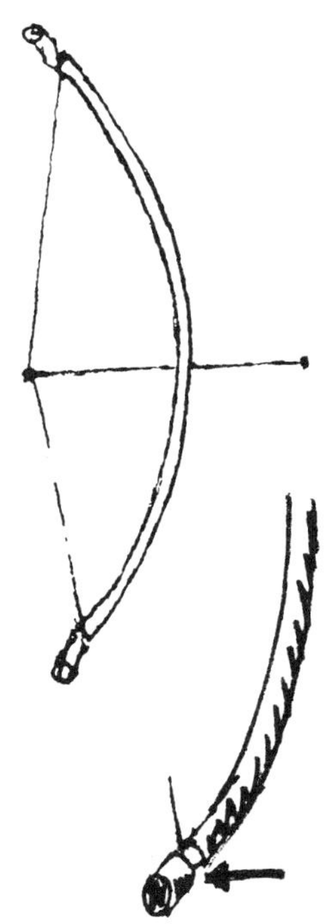

Mögliche Weiterführung

Stichwort ‚Vertrauen'
Stichwort ‚Loslassen'

Körper 1

Bewußter mit allen Sinnen leben!

ZIEL

Berührungsängste abbauen
tasten, fühlen,
riechen wieder stärker
„als Brücke" nach innen und außen
wahrnehmen

Vorüberlegungen

Vor Jahren besuchten uns in unserem Häuschen am Rande der Kleinstadt Freunde, die mit ihren kleinen Kindern in einer Etagenwohnung einer großen Stadt wohnten. Ich bewunderte, daß die Kinder schon im Vorschulalter lesen konnten und mit Begeisterung Blockflöte spielten. Die Mutter sagte dagegen ganz traurig: „Unseren Kindern fehlt etwas Wichtiges! Sie können nicht mit euren Kindern barfuß durchs Gras laufen. ‚Das pickt', sagen sie. Außerdem sind sie entsetzt über die Matscherei eurer Jungens im Sandkasten, weil ‚die sich so dreckig machen'." Diese Kinder hatten kaum Gelegenheit, die vielfältigen natürlichen Sinnesfreuden zu erfahren.

Auch viele Erwachsene haben das verlernt oder vergessen, weil sie in klimatisierten Räumen mit Kunstlicht leben, von Beton, künstlichen Blumen und Lärm umgeben und sich ein dickes Fell anschafften, um das auszuhalten. Im Sommer, besonders in den Ferien, bricht in vielen Menschen die Sehnsucht nach einem natürlicheren Leben wieder auf.

Das ist eine Gelegenheit, auf dieses Thema näher einzugehen. Wir haben gute Erfahrungen damit, die Tln zu bitten, aus den Ferien etwas aus der Natur mitzubringen (Muscheln, Steine, Blumen, etc.). Das kann zur Einstimmung herumgereicht, erfühlt und beschnuppert werden. Eine andere Möglichkeit, die Tln auf das Thema einzustimmen, ist die Begrüßung nach Landessitte, siehe 1. Schritt.

1. Schritt

Verschiedene Begrüßungsformen ausprobieren
Erfahrungen austauschen

Plenum 15 Minuten

Verschiedene Begrüßungsformen

Anleitung

Tln gehen im Raum umher, Gesprächsleiterin schlägt vor, sich nach den Sitten der verschiedenen Länder zu begrüßen, z. B. wie die

Japaner	mit Verbeugung
Deutschen	mit Handschlag
Russen	mit Umarmung
Franzosen	mit Küßchen links, Küßchen rechts
Eskimos	mit Nasereiben

Jede begrüßt jede.

Jedes Paar nimmt die Form(en) der Begrüßung, die ihm einfällt, die es passend findet. Keine soll sich zu etwas gedrängt fühlen.

Austausch im Gespräch

- Wie geht es mir jetzt?
- Wann habe ich mich wohl/unwohl gefühlt?
- Stimmten meine Körpersprache und meine Gefühle überein?

Hinweis

Diese Einstimmung ist nur sinnvoll, wenn in der Gruppe schon eine gewisse Vertrautheit und Nähe gewachsen ist, sonst entsteht leicht eine etwas beklemmende Atmosphäre. Wenn Sie beim Vorüberlegen kein gutes Gefühl haben, ist es besser, Sie lassen die Übung weg und beginnen mit dem 2. Schritt.

2. Schritt

Wahrnehmungsübung
Mich selbst spüren

Plenum 15–20 Minuten

Anleitung / Mich selbst spüren

- Ich sitze aufrecht mit gerader Wirbelsäule auf meinem Stuhl.
- Meine Handflächen liegen locker auf den Oberschenkeln.
- Ich spüre den Kontakt des Gesäßes mit dem Stuhl.
- Die Füße stehen parallel mit etwas Abstand auseinander und spüren den Boden.
- Ich pendle mit dem Oberkörper leicht nach vorne, nach hinten, zur Seite, bis ich meinen Schwerpunkt im Bauchraum gefunden habe.
- Aus meiner Mitte wächst meine Wirbelsäule hoch. Ich spüre in ihrer Verlängerung meinen Kopf. Ich lasse ihn nicht hängen, sondern halte ihn aufrecht, so als trüge ich einen Korb auf dem Kopf.
- Die Augen sind geschlossen, die Lippen leicht geöffnet.
- Ich atme ein, dabei balle ich langsam meine Fäuste und kralle meine Zehen, immer fester. Spannung durchzieht meinen Körper.
- Ich atme hörbar aus, ich lasse langsam los. Ich fühle die Entspannung durch den Körper fließen. (An- und Entspannung dreimal)
- Ich atme ein und hebe meine Schultern.
- Ich stoße den Atem aus und lasse die Schultern entspannt herunterfallen. (An- und Entspannung dreimal)
- Ich lasse los, was mich im Augenblick belastet, was ich auf meinen Schultern trage.
- Ich halte meine Gedanken nicht fest, sondern lasse sie wie Wolken vorüberziehen.
- Ich lasse beim Einatmen den Atem durch meinen Körper fließen, von den Zehen bis zum Kopf.
- Beim Ausatmen fließt der Atem an mir herunter, wie Wasser, das die Spannung mitnimmt (dreimal).
- Ich konzentriere mich auf die Mitte meines Leibes, auf meinen Bauch und meinen Beckenraum.
- Ich lege meine Hände flach auf den Bauch und fühle, wie er sich beim Einatmen wie eine Halbkugel wölbt.
- Beim Ausatmen zieht sich die Bauchdecke sanft in Richtung Wirbelsäule zurück.
- Beim Einatmen wird mein Bauch zu einer immer größeren Kugel.
- Beim Ausatmen mache ich mich bewußt leer, immer noch ein wenig leerer (dreimal).
- Ich lausche in mich hinein, ich spüre meinem Atem nach, der wie eine Welle kommt und geht.
- Mein Atem ist eine Welle, die kommt.
- Mein Atem ist eine Welle, die geht.
- Ich nehme die Atempause wahr und ruhe, bis der Atem von alleine wieder in mich einfließt.
- Ich brauche nichts zu tun, nur loszulassen, offen zu sein für das Geschenk des neuen Atems.
- Ich überlasse mich jetzt in einer Stille von fünf Minuten ganz meinem persönlichen Atemrhythmus.
- Ich wende mich behutsam nach innen.
- Ich lasse es geschehen (fünf Minuten Schweigen).
- Ganz sachte, ganz allmählich komme ich aus der Stille zurück.
- Ich atme dreimal tief durch.
- Ich recke und strecke und dehne mich nach allen Seiten.
- Ich öffne die Augen und schaue mich im Raume um.

Hinweis

Wir haben die Erfahrung gemacht, daß es günstiger ist, nicht über die Atemübung zu sprechen. Die Tln vergleichen manchmal untereinander. Es können dann Blockaden entstehen, wenn manche glauben, sie könnten etwas schlechter als andere. Es ist gut, die Tln immer wieder daran zu erinnern, daß jeder Mensch eine eigene Persönlichkeit ist, die immer wieder neu empfindet, und es deshalb keine allgemeingültigen Ergebnisse geben kann. Ob jemand die Übung gut findet oder nicht, so wie es ist, ist es gut.
Es ist sinnvoll, diese Atemübung nur dann in der Gruppe anzuwenden, wenn Sie als Leiterin selbst positive Erfahrungen damit gemacht haben. Wir haben einen erprobten Text wörtlich abgedruckt, so daß Sie diesen auf Tonband sprechen und selbst danach üben können. Dabei finden Sie heraus, ob Sie langsam genug sprechen.

3. Schritt

Wahrnehmungsübung
Gegenstände spüren
Gespräch: Austausch von Erfahrungen

Kleingruppen
zu 5 (bis 7) Teilnehmern 30 Minuten

Gegenstände spüren

Die meisten Menschen nehmen häufiger ihre Umwelt durch die Augen wahr als durch den Tastsinn. Um einmal eine andere Erfahrung zu machen, ist es wichtig, die Augen zu schließen, dann können andere Sinne intensiver erlebt werden.

Anleitung

- Sie haben so viele Gegenstände wie Tln mitgebracht (Pelzrest, spitzen Stein, Apfelsine, Blume, Bürste, Schneckenhaus, glatte Kugel usw.).
- Jeweils fünf verschiedene Gegenstände pro Gruppe liegen griffbereit.
- Sie erklären den Tln den Sinn und den Ablauf der Übung, weil sonst das Schweigen und Augenschließen Angst machen könnte.
- Sie können eine leise Hintergrundmusik laufen lassen (Musikvorschläge Seite 281).
- Die Tln schließen die Augen, legen beide Hände auf den Tisch und spüren das Holz.
- Die Handflächen werden dann nach oben gewendet wie eine Schale, die darauf wartet, gefüllt zu werden.
- Sie legen jeder Tln **vorsichtig** einen Gegenstand in die Hand, den diese ertastet oder an dem sie auch riecht.
- Nach ca. zwei Minuten schiebt die Tln den Gegenstand auf dem Tisch in die Richtung der linken Nachbarin und holt sich von rechts einen neuen Gegenstand (mit geschlossenen Augen).
- Wenn nötig, helfen Sie etwas nach.
- Wenn die Tln ihren ersten Gegenstand wieder in ihren Händen halten, legen sie diesen in die Mitte.
- Nach dem Öffnen der Augen brauchen die Tln noch etwas Zeit, um in Ruhe die Gegenstände zu betrachten.

Erfahrungsaustausch
Überlegungen von Tln aus verschiedenen Gruppen:

- Es ist herrlich, wieder wie als Kind so einfache Dinge zu tun und so intensive Erfahrungen zu machen.
- Es ist traurig, daß wir uns für so schöne Erfahrungen so wenig oder gar keine Zeit nehmen.
- Es kann erleichtern und guttun zu hören, daß andere auch gerne manchmal „verrückt" sein möchten oder es sind:
  sich im Gras wälzen
  Roll(Schlitt)schuhlaufen auch noch jenseits des 50. Lebensjahres
  einen Baum umarmen
  den Gewitterregen auf der Haut genießen
  sich in ein flauschiges Schafsfell kuscheln
  eine Wasserschlacht machen
  den Kuchenteig zwischen den Fingern quellen lassen.

Manche Frauen können so ansteckend davon erzählen, wieviel Lebensfreude ihnen ein intensives Fühlen, Genießen usw. gibt, daß sie auch andere Tln ermutigen, sich zu trauen, das zu tun, was sie doch eigentlich gerne täten. Manchmal sind es die ganz einfachen Dinge, z. B. über den weichen Angorapulli der Nachbarin streichen; sich die Sonne auf den Bauch scheinen lassen (wenn sie mal zufällig scheint, und nicht erst noch die Bügelwäsche usw. fertig machen).

4. Schritt

Spiel: Ballett von vier Händen

Zweiergruppen 30 Minuten

Alternative

Text – „Rettet die Gefühle!" (Seite 57)

Ballett von vier Händen

Manchmal haben ältere Menschen aufgrund einer körperfeindlichen Erziehung Hemmungen, andere Menschen zu berühren, z. B. jemanden zum Trost in den Arm zu nehmen. Der Händetanz ist eine Möglichkeit, auszuprobieren:

- wie sensibel Hände, besonders die Fingerspitzen sind,
- daß ein Körper (z. B. die Hand) ohne Worte sprechen kann,
- daß fühlen, spüren, bewegen große Freude machen kann.

Anleitung

- Zwei Tln stehen sich mit geschlossenen Augen gegenüber.
- Eine tänzerische Musik von etwa 10 Min. wird angeschaltet (siehe Seite 281).
- Die Tln lassen die Musik durch ihren Körper bis in die Hände fließen.
- Die vier Handflächen begegnen sich langsam und vorsichtig, erspüren sich gegenseitig.
- Die vier Hände bewegen sich im Takt der Musik, ohne daß eine Führung ausgemacht wird, die Bewegung entwickelt sich evt. in den ganzen Körper hinein.
- Es ist wichtig, dabei nicht zu sprechen, weil dann intensiver gefühlt werden kann.
- Anschließend tauschen die Partner in der Zweiergruppe aus, was sie empfunden haben (etwa 20 Min.).

Mögliche Überlegungen

Berührung ist eine wichtige und angenehme Brücke von Mensch zu Mensch. Wir haben Sehnsucht nach liebevoller Berührung, gleichzeitig aber Angst davor. Vielleicht liegt es daran, daß wir gelernt haben, wir müßten „alles im Griff haben", nur nicht „den Kopf verlieren". Der Tastsinn aber läßt Gefühle entstehen, die wir nicht unbedingt in Kontrolle haben, und so fürchten wir uns vor dem Unbekannten, das uns vielleicht überkommt. Ein dickes Fell ist keine Lösung, weil wir im Innersten fühlen, daß wir glücklicher, **sinn**voller leben, wenn wir alle Sinne auskosten.

Hinweis

Dieses Spielen mit den Händen kann hilfreich sein, weil es unserer Berührungsscheu positive Erfahrungen entgegensetzt. Außerdem kann uns das Erleben von Musik besonders deutlich machen, was mit ganzheitlichem Erleben gemeint ist. Wenn wir ein Musikstück hören, können wir auf die Töne, den Aufbau achten und nach dem Komponisten fragen. Wir können aber auch zuerst einmal die Melodie wahrnehmen, uns innerlich anrühren lassen (fröhlich, traurig werden), uns beschwingen lassen, nach der Musik tanzen.
Wenn Sie aufgrund Ihrer Gruppensituation entscheiden, daß ein Text günstiger sein könnte, so bietet sich „Rettet die Gefühle!" (Seite 57) an.

Vertiefender Text:

als jesus
den tauben heilte
da ist er mit dem finger
in dessen ohren gegangen
er blieb nicht auf distanz
jesus ist ganz dicht
an den tauben herangetreten
und hat gesagt:
komm laß mich mal an deine ohren heran
und dann hat jesus mit dem finger
in seinen ohren gebohrt
die waren nämlich verstopft

als jesus
den blinden heilte
da ist er ganz nahe
an den blinden herangegangen
und dann hat jesus ihn angeschaut
ganz tief
bis auf den grund
und dann brach ein quell hervor
aus den augen des mannes
er weinte
das war seine rettung
seine letzte rettung

als jesus
den stummen heilte
ja . . . was da?!
da ist er ganz nahe herangegangen
an diesen stummen menschen
hat ihn umarmt
hat sich nicht distanziert verhalten
ist nicht wie ein psychotherapeut
nicht wie ein medizinmann
nicht wie ein seelsorger
mit vollmacht vom amt aufgetreten
wie ein mensch
ist er ganz nahe herangegangen
und hat mit dem finger
speichel aus seinem mund genommen
und den speichel
dem stummen auf die zunge gestrichen
ganz konkret
furchtbar konkret
bah . . . speichel!
wo bleibt da die hygiene
das gesundheitsamt muß einschreiten
aber
was ist bei verliebten „bah . . ."
und diese ungeheure menschliche nähe
diese nicht gespielte zuneigung
löste und erlöste den stummen
das ist erlösung!!

Wilhelm Willms: der geerdete himmel (gekürzt)

Mögliche Weiterführung

Mein Körper, ein Instrument, das ich brauche, ein Haus, in dem ich wohne (Stichwort „Körper 2").
Keine Angst vor Gefühlen (Stichwort „Gefühle").

meine **Sinne** nach außen wenden
meine **Sinne** nach innen wenden
mich **besinnen**
Sinn in meinem Leben finden

Körper 2

Mein Körper, ein Instrument, das ich brauche, ein Haus, in dem ich wohne.

ZIEL

Sich bewußter werden,
daß ein Zusammenhang besteht zwischen Gefühlswelt, Körperempfindungen und Denken,
daß ich nicht einen Körper habe, sondern Körper bin.

Vorüberlegungen

Viele Erwachsene müssen wieder neu lernen, was Kindern angeboren ist: Erfahrungen mit allen fünf Sinnen zu machen, also auch intensiv zu tasten, zu schmecken und zu riechen, nicht nur mit Augen und Ohren wahrzunehmen. Wenn Sie über unsere Berührungsscheu sprechen wollen, so finden Sie Anregungen auf Seite 128.

Seit einiger Zeit steht der menschliche Körper stärker im Mittelpunkt des Interesses:

- Jogging
- Fitneß-Zentren
- Sauna- und Sonnenstudios
- Massagekurse für Laien

So lebenswichtig (im wahrsten Sinne des Wortes) es ist, unseren Körper ernst zu nehmen, so schädlich ist mancher übertriebene Körperkult (Hautkrebs durch Solarien, Gesundheitsschäden durch Leistungssport).

Die Ausgaben für die Gesundheit in der BRD betrugen 1986 245 Milliarden DM. Trotz dieser hohen Aufwendungen für unseren Körper leiden immer mehr Menschen ständig unter Schmerzen und fühlen sich krank. Die Behandlung des Körpers hat so wenig Erfolg, sagen viele Mediziner, weil der Zusammenhang der Einheit von Leib und Seele zuwenig beachtet wird. Es wird geschätzt, daß über die Hälfte aller körperlichen Symptome auf seelische Ursachen zurückzuführen sind. Dann helfen auch die 1,2 Milliarden DM, die für Psychopharmaka und Schlafmittel ausgegeben werden, wenig oder gar nicht. Der Körper wird oft als Maschine verstanden, die zu funktionieren hat. Wenn etwas nicht klappt, wird die Verantwortung dem „Reparaturdienst" Arzt übergeben. In den letzten Jahren lernen viele Menschen zunehmend Verantwortung für ihre Gesundheit zu übernehmen, ihren Körper nicht mehr äußerlich und innerlich zu strapazieren, wie etwas, das ich neu kaufe, wenn es ausgedient hat. Vielmehr wird uns immer mehr bewußt, daß eine liebevolle Pflege unseres Leibes, der ja unser Zuhause ist, zugleich Zuwendung zu uns selbst ist.

Vielleicht wollen Sie in das Thema einstimmen mit Erfahrungen aus Ihrem Alltag. Eine weitere Möglichkeit ist die Wahrnehmungsübung: Mich spüren, auf Seite 126. Gerade bei diesem Thema ist es sehr wichtig, neben Erfahrungen im Gespräch auch solche im Fühlen zu machen.

1. Schritt

Körpererfahrungen

Text: Meine Tochter
Gespräch in Kleingruppen

Kleingruppen 45 Minuten

Meine Tochter

Ich sortiere Wäsche im Badezimmer. Katrin, die 16jährige Tochter, kommt aus der Dusche und trocknet sich vor dem Spiegel ab. Plötzlich schaue ich genauer hin, weil ich merke, wie langsam sie über ihren Körper fährt. Ihre Bewegungen sind anmutig, graziös, sie beschaut sich von allen Seiten, keine Verlegenheit, kein Gefühl, etwas Verbotenes zu tun, sie fühlt sich wohl in ihrer Haut.
Ein wenig Wehmut steigt in mir auf. Wie lange, wie viele Jahrzehnte hatte ich nötig, bevor ich mich in meinem Körper einigermaßen wohl fühlte; noch heute bin ich in ihm nicht so selbstverständlich zu Hause wie meine Tochter!
Meine Mutter kommt mir in den Sinn. Als junges Mädchen im Pensionat mußte sie im Unterhemd in der Badewanne baden, damit sie sich nicht nackt sah oder berührte. Es wurde kontrolliert, und Verstöße wurden bestraft. Die Welt der Großmutter – die Welt der Enkelin –, welche Gegensätze!

Holle Schneider

Mögliche Einstiegsfragen

- Kann ich diese Mutter verstehen?
- Ist es mir auch schon einmal so ergangen?

Hinweis

Lassen Sie jeweils eine Tln aus jeder Kleingruppe den Text ein- bis zweimal vorlesen. Kopieren Sie die obigen Einstiegsfragen nur mit, wenn Sie glauben, daß ihre Tln nicht spontan auf die Geschichte reagieren. Vermutlich werden schnell aus der persönlichen Betroffenheit eigene Beispiele erzählt. Vielleicht ist es so wie bei uns, daß die eine Kleingruppe nur über ihre Kinder spricht, in der anderen die Frauen von ihrer eigenen Pubertät berichten, z. B. daß sie nichts über die erste Monatsblutung wußten. Es ist wichtig, in einem anschließenden Plenumsgespräch noch einige grundsätzliche Gedanken zu erarbeiten.

2. Schritt

Körperkult oder Kultur des Leibes

Plenumsgespräch über eigene Erfahrungen

Plenum 15 Minuten

Mögliche Einstiegsfragen

- Die Welt der Großmutter – die Welt der Enkelin: erlebe ich ähnliche Gegensätze?
- Hat sich mein Körperbewußtsein in den letzten Jahren verändert?
- Was wünsche ich mir für mich, für meine Kinder?

Hinweis

Wir haben erlebt, daß das Gespräch zeitweise blockierte, weil viele Tln die Körperfeindlichkeit ihrer Erziehung so sehr verurteilten, daß nur über Prüderie und Verklemmtheit der Vergangenheit geredet wurde. Es ist wichtig, dann das Gespräch wegzuführen von allgemeinen Bewertungen, z. B: Früher war **alles** schlechter, heute ist **alles** besser. Jede Zeit (Kultur) hat ihre eigenen Werte und Ausdrucksformen und ihre besonderen Irrtümer. So kann unser übertriebener Körperkult heute schon wieder körperfeindlich sein. Wenn wir im Gespräch die Erlebnisse aus der Vergangenheit ohne Bewertung stehenlassen und nur fragen, was das heute für uns bedeutet, dann können wir von uns und unserer Entwicklung sprechen und so aus der Vergangenheit lernen.

Teilnehmeraussagen aus verschiedenen Gruppen

- „Wie schön, daß meine Tochter heute offen fragt, was mit ihrem Körper los ist; ich hatte niemanden, der mir etwas erklärte."
- „Ich habe mich selber besser kennengelernt dadurch, daß meine Kinder mit ihrer Neugier auch meinen Körper eroberten.
- „Ich kann seit kurzem ohne Hemmungen in die gemischte Sauna gehen, auch zu meinem Fett und meinen Falten stehen."
- „Ich finde es schrecklich, wenn man gleich als prüde verurteilt wird, wenn man nicht in die gemischte Sauna geht, früher ging der Druck in die eine Richtung, heute in die andere."
- „Ich genieße es, im Sommer ohne BH zu gehen, auch wenn meine Mutter es schockierend findet."
- „Ich fand es toll, wieviel Spaß die Männer in Kreta beim Tanzen miteinander hatten."

Hinweis

Es kann sein, daß Sie die Geschichte „Meine Tochter" für ihre Gruppe nicht passend finden, z. B. weil die Frauen noch sehr jung sind. Dann können Sie Fotos zum Thema auslegen, und jede Tln nimmt sich das Bild, das sie anspricht. Wir haben durch diesen Einstieg sehr intensive Gespräche erlebt, wenn die Bilder sehr verschiedenartig waren, z. B. alte, junge, dicke, dünne Menschen, Leistungssportler, Reklamebilder für Körperpflege, Aktaufnahmen.

Lerne denken mit dem Herzen, lerne fühlen mit dem Geist.

Theodor Fontane

3. Schritt

Das Zusammenwirken von Körper, Geist und Seele

Auf einem Blatt in der Mitte Aussprüche aufschreiben
Plenumsgespräch

Plenum 1 Stunde

In den letzten Jahren wird viel davon gesprochen, daß wir mehr „aus dem Bauch heraus" leben müßten. Das hat zur Folge, daß manche Menschen wieder stärker ihrer Intuition folgen, auch wenn sie ihre Entscheidung nicht rational begründen können. Im Altertum und Mittelalter glaubte der Mensch, daß die Vernunft im Herzen säße. Dadurch hatte das Fühlen als Quelle der Erkenntnis einen wichtigen Stellenwert. Der Mensch lebte ganzheitlicher. Er lebte aus dem Kopf **und** aus dem Bauch, mit Herz **und** Verstand.

Eine Überbetonung des Verstandes kann eine Vernachlässigung oder „Unterentwicklung" der leib-seelischen Kräfte zur Folge haben.

In unserem Alltag benutzen wir zwar Bilder aus unserer Körpersprache, die anzeigen, daß zwischen Stimmungen, Gefühlen, seelischen Zuständen und der körperlichen Verfassung ein enger Zusammenhang besteht. Aber wir können feststellen, daß wir uns dessen wenig bewußt sind und nicht konsequent danach handeln. Wir sagen, eine Angelegenheit „macht mir Kopfzerbrechen, schlägt mir auf den Magen". Anschließend nehmen wir vielleicht eine Schmerztablette, anstatt zu versuchen, die Situation zu klären, damit sie morgen nicht „an die Nieren" geht. Wir vergessen, daß wir **krank** werden können, wenn wir uns **gekränkt** fühlen.

Der Körper als Spiegel der Seele

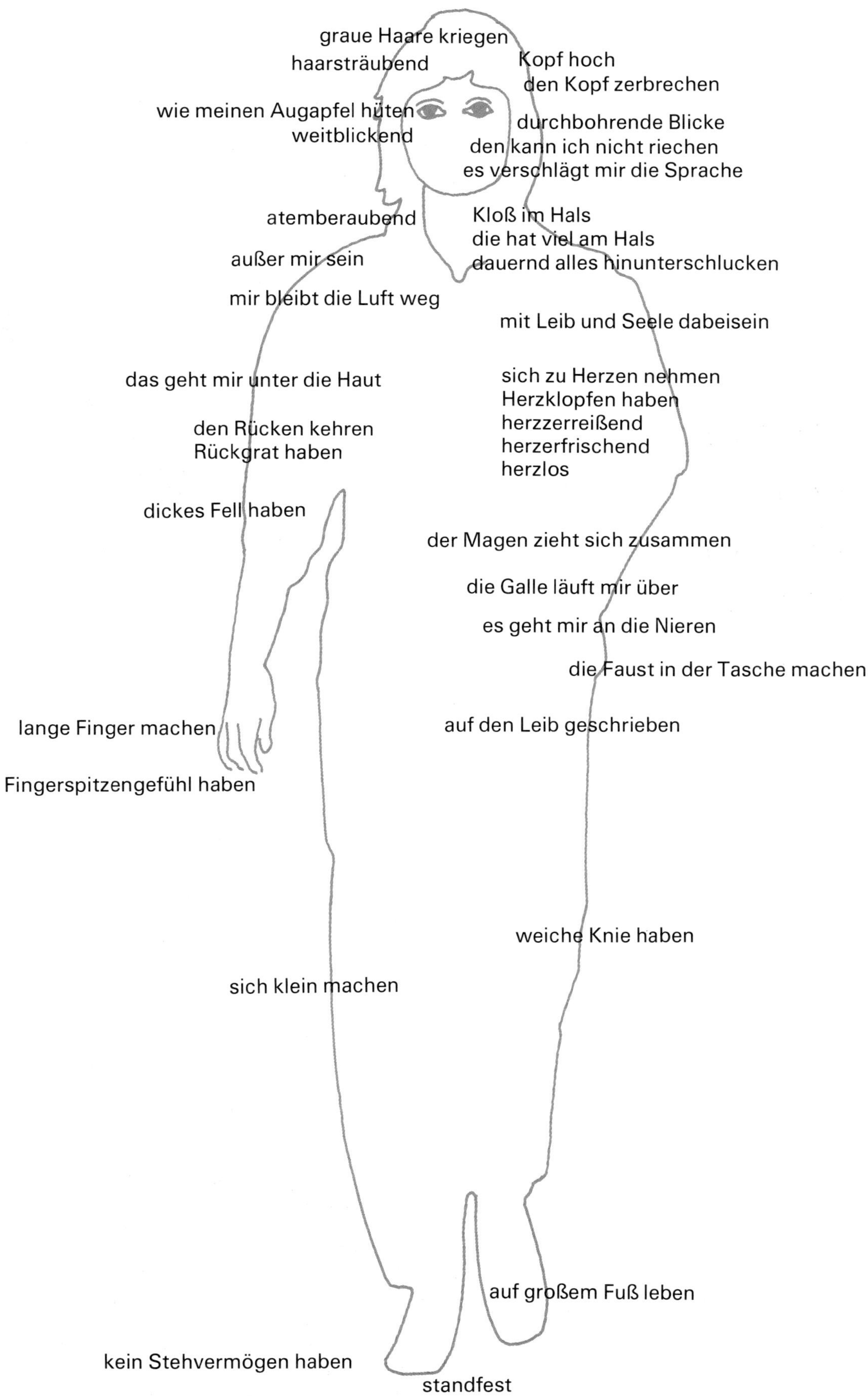

Anleitung

- Die Zeichnung mit den Aussprüchen dient Ihrer Vorbereitung. Es ist für die Gruppe günstiger, wenn alle gemeinsam Ausdrücke suchen.
- Legen Sie ein großes Blatt in die Mitte und zeichnen Sie die Umrisse einer Tln darauf.
- Die Tln schreiben an die entsprechenden Körperstellen, welche Bilder aus der Körpersprache ihnen einfallen, wenn sie seelische Vorgänge beschreiben.
- Vielleicht fallen Ihnen mehr oder weniger oder andere ein, entscheidend ist nur, daß die Tln darüber nachdenken, wie bewußt sie in ihrem Körper leben.

Mögliche Fragen zum Plenumsgespräch

- Fallen mir zu den Aussprüchen Erlebnisse ein?
- Nehme ich die Signale, die mein Körper sendet, bewußt wahr, nehme ich sie ernst? (Müdigkeit, Schmerzen, Verschnupftsein)
- Sage ich, daß die Kopfschmerzen schon von selbst wieder weggehen werden, sie seien ja auch von selbst gekommen? Oder lege ich Pausen ein, öffne das Fenster, entspanne oder bewege mich in frischer Luft?
- Schlucke ich weiter den Ärger hinunter und nehme Tabletten gegen Gallenbeschwerden?

Überlegungen und Fragen von Tln

- Warum stelle ich eigentlich das Wohl meines Mannes und meiner Kinder über mein eigenes und stehe mit Fieber auf, um ihnen Frühstück zu machen?
- Es gibt schwierige Situationen, die ich nicht ändern kann. Aber ich kann die Entscheidung treffen, ob und wie weit ich mir alles unter die Haut gehen lasse.
- Könnte ich doch besser entspannen!
- Warum sitzen wir bei unseren Gruppenabenden soviel? Ich möchte mich mehr bewegen und mal an die frische Luft gehen.
- Ich will wieder zweimal in der Woche einen Dauerlauf machen, aber von jetzt an für mich allein, damit ich meinen eigenen Rhythmus laufen kann.
- Beachten wir, daß Krank-Sein ein nicht Heil-Sein ist?
- Tun wir etwas miteinander, das zu unserem Heil-Sein beiträgt?
- Liebe ich meinen Körper, kann ich mich an ihm freuen? Er ist ein Tempel Gottes.

Impuls zum Weiterdenken

Jede Tln überlegt, was sie sich „hinter die Ohren schreiben will". (Z. B. Ich will meinen Ärger nicht immer hinunterschlucken, bis mir die Galle überläuft, sondern gleich darüber sprechen.)

Vertiefender Text

Wilhelm Willms, „als jesus den blinden heilte ...", Seite 129

Mögliche Weiterführung

Stichwort ‚Gefühle'

Konflikte 1

Nicht der Konflikt ist das Problem, sondern die mangelnde Fähigkeit, mit ihm umzugehen.

ZIEL

Mir klarer werden,
wie ich mit Konflikten umgehe.

Vorüberlegungen

Die große Sehnsucht nach Harmonie verführt uns leicht dazu, Probleme oder Konflikte ‚unter den Teppich zu kehren'. Dieses Verhalten ist so schädlich wie das andere Extrem: **jeden** Konflikt angehen zu müssen, ihn möglichst schnell lösen zu wollen. Die vielen Verhaltensmöglichkeiten dazwischen haben die wenigsten von uns gelernt und ausprobieren können. Eine 22jährige Studentin sagte bei einem Besuch zu Hause: „Ich habe eine schöne und behütete Kindheit und Jugend gehabt. Aber seit ich nicht mehr bei euch wohne, weiß ich, daß ich etwas sehr Wichtiges nicht gelernt habe, nämlich das Streiten." Vielleicht stellen Sie auch in Ihrer Gruppe fest, daß dort Auseinandersetzungen gemieden werden und von Schwierigkeiten zu Hause selten gesprochen wird. Dann könnte es günstig sein, das Thema: „Das rechte Wort zur rechten Zeit" (Stichwort ‚Gespräch 3') zu besprechen, bevor Sie sich mit dem Themenkreis Konflikte befassen.

Als Einstieg haben sich bewährt:

- Anknüpfen an ein persönliches Erlebnis,
- Gespräch über die Bildergeschichte im Stichwort ‚Wünsche',
- Gespräch über die Zeichnung im 1. Schritt.

1. Schritt

Gespräch über die Zeichnung

Plenum oder Kleingruppen — 10 Minuten

Was Tln zu der Zeichnung eingefallen ist:

- „Und irgendwann stinkt es einem, und es platzt einem der Kragen."
- „,Trautes Heim! Glück allein!' Und ich glaube immer noch, **ich** sei dafür verantwortlich!"
- „Probleme trägt man nicht aus dem Haus! Bei den anderen ist ja alles in Ordnung!"
- „Aber die dauernden Streitereien bringen doch auch nichts!"
- „Gewitter reinigen die Luft! Ich finde, daß Spannungen spannend sind, ohne die Streitgespräche fände ich unsere Familie langweilig."
- „Bei uns zu Hause gab es früher nie ein Gewitter, immer nur dicke Luft, das hat mich unheimlich gelähmt."

Hinweis

Es ist wichtig, nach spätestens 10 Minuten mit dem 2. Schritt weiterzumachen, weil die lange Beschäftigung mit ungünstigem Konfliktverhalten die Gruppenatmosphäre negativ beeinflussen kann.

2. Schritt

Fragebogen

Einzelarbeit 15 Minuten

Anleitung

- Jede Tln kreuzt zu den Fragen a–e eine Antwort (evtl. zwei) an, die ihrem eigenen Verhalten am meisten entspricht.
- Es geht nicht um die Ideallösung, sondern um das momentane Verhalten.

Fragebogen

a) Wie beurteile ich Konflikte grundsätzlich?

1. Ich vermeide sie nach Möglichkeit.
2. Ich sehe darin eine Chance, zu echten Entscheidungen zu kommen.
3. Ich suche sie, weil dann Leben in die Bude kommt.
4. Sie machen mir Angst.
5. Jeder Konflikt muß gelöst werden.
6. Ich rechne mit ihnen und möchte lernen, mit ihnen umzugehen.
7. Ich mag keine Konflikte, weil sie für mich gleichbedeutend sind mit Streit und unguten Gefühlen.
8. Ich weiß nicht, wie ich sie beurteilen soll.

b) Welche Situationen sind für mich konfliktgeladen?

1. Wenn mir jemand meine Zeiteinteilung durcheinanderbringt.
2. Wenn ich mich mit Verboten und Normen konfrontiert sehe.
3. Wenn ich mich überlegen fühle.
4. Wenn ich Stellung nehmen muß in einer unangenehmen Sache.
5. Wenn ich mit Leuten zusammensein muß, die mich sowieso aufregen.
6. Wenn zu viele Menschen mich beanspruchen.
7. Wenn ich meine Meinung nicht durchsetzen kann.
8. Wenn ich meinem Idealbild nicht entspreche.
9. Wenn mich jemand kritisiert.

c) Wie reagiere ich dann meistens?

1. Ich platze.
2. Ich warte erst einmal ab in der Hoffnung, daß es sich von selbst regelt.
3. Ich versuche, die Sache ruhig zu überdenken.
4. Ich schlucke alles hinunter, damit es nicht noch schlimmer wird.
5. Ich bemühe mich um Klärung bzw. Aussprache.
6. Ich überspiele den Konflikt.
7. Ich erzwinge eine Aussprache bzw. Klarstellung.
8. Ich erwarte, daß mich ein anderer aus der Situation befreit.
9. Ich versuche vor allem, mir selber gegenüber ehrlich zu sein, und überprüfe meine Ansprüche.

d) Warum reagiere ich so?

1. Ich möchte mit allen gut auskommen.
2. Ich kann gespannte Situationen nicht gut aushalten.
3. Ich vertrage Ablehnung schlecht.
4. Ich will meine Ruhe haben.
5. Ich fühle mich für die positive Atmosphäre in der Gruppe (Familie usw.) verantwortlich.
6. Es gibt Dinge, die mich so tief betreffen, daß ich einfach Stellung nehmen muß.
7. Ich finde es feige, wenn ich einfach still bin.
8. Ich möchte vor mir selbst bestehen können und vor meinem Gewissen.
9. Ich möchte meine Freunde nicht verlieren.

e) Welche „Lösungen" halte ich für echte Konfliktbewältigung?

1. Einige Tage nicht mehr darüber reden.
2. Ab jetzt sage ich am besten überhaupt nichts mehr.
3. Ich habe sehr viel eingesehen und bin froh darüber.
4. Mir graut schon vor der nächsten Auseinandersetzung.
5. Ich hätte nie gedacht, daß soviel Positives dabei herauskommen kann.
6. Nächstes Mal werde ich gleich besser hinhören, was der andere zu sagen hat.
7. Konflikte kann man nicht im Alleingang lösen, wenn sie alle betreffen.

3. Schritt

Auswertungsgespräch

Plenum 60 Minuten

Anleitung

Das Gespräch im Plenum kann eingeleitet werden mit Fragen wie:

- Was ist Ihnen beim Ankreuzen aufgefallen, eingefallen?
- Welche der Aussagen haben Sie angekreuzt, welche Aussagen haben die anderen Tln angekreuzt? Ergibt sich daraus ähnliches oder verschiedenes Konfliktverhalten?
- Was wollen Sie mit Ihren Erkenntnissen anfangen?

Überlegungen von Tln aus verschiedenen Gruppen:

- Mein Konfliktverhalten ist sehr oft eine Vermeidung von Konflikten.
- Wir wissen mit unserem Verstand, daß eine konfliktlose Welt eine tote Welt ist, aber wir haben Ängste, Spannungen anzunehmen.
- Durch ‚Auseinander-setzen' gewinnen wir neue Aspekte, haben die Chance zur Veränderung, zu wachsen und zu reifen.
- Mir fällt es oft schwer, ungelöste Konflikte gelassen auszuhalten.
- Wer streitet, lebt miteinander, nicht aneinander vorbei. Die Kälte der Gleichgültigkeit ist tödlich.
- Ich muß annehmen lernen, daß es unlösbare Konflikte gibt, z. B. bei verschiedenen Wertsystemen.

Mögliches Gesprächsergebnis

Konflikte gehören zu meinem Leben,

manchmal gehe ich sie an – manchmal schiebe ich sie beiseite,

manchmal löse ich sie – manchmal halte ich sie aus.

Ich möchte lernen, meine richtige Balance zu finden.

Hinweis

Wenn noch etwa 30 Minuten Zeit zur Verfügung steht, können die Tln im folgenden 4. Schritt Erfahrungen sammeln, wie sie sich in einer schwierigen Lage verhalten.
Entscheiden Sie als Gesprächsleiterin, ob es aufgrund der momentanen Situation günstiger zu sein scheint, das Thema bei Ihrem nächsten Treffen weiter zu bearbeiten und dann mit dem im folgenden Schritt angebotenen Spiel zu beginnen.

Wer sich auseinander-setzt, der kann sich auch wieder zusammen-setzen.

4. Schritt

Spiel: Der gordische Knoten

Alternative

Text von Beppo

Plenum 30 Minuten

Spiel: Der gordische Knoten

Ziel des Spiels ist es, hand-greiflich zu erfahren: Manchmal kann ich große Schwierigkeiten in kleine verwandeln, und die kleinen lösen sich dann auf.

Anleitung

- Günstige Teilnehmerzahl 12.
- Die Tln stellen sich Schulter an Schulter im Kreis auf.
- Sie schließen die Augen und strecken beide Hände zur Mitte.
- Sie greifen mit jeder Hand nach einer anderen Hand (wichtig: gut festhalten).
- Wenn jede Tln eine andere Hand fest gefaßt hat, werden die Augen geöffnet, und alle treten so weit zurück, wie es möglich ist, ohne die Hände zu lockern.
- Der ‚Knoten', der entstanden ist, soll von allen Tln wieder entwirrt werden, indem sie unter den Händen hindurch, über die Hände weg etc. steigen.
- Wichtig ist, die Hände fest gefaßt zu halten und geduldig rauf und runter, vor und zurück nach Lösungen zu suchen. Der ‚Knoten' läßt sich in der Regel zu einem Kreis auflösen.

Mögliche Fragen

- Reagiere ich in schwierigen Situationen ähnlich wie hier?
- Bin ich gelähmt vor Schreck, oder werde ich aktiv?
- Habe ich Geduld, denke ich nach, bevor ich handle?
- Übernehme ich die Führung?

Hinweis

Gelegentlich entstehen zwei Kreise, wenn die Tln die Hände der Nachbarn gefaßt haben, statt sie so in die Mitte zu strecken, daß gegenüberliegende Tln sie fassen können.
Das Spiel macht Spaß: die Nähe, die Enge, das Hin- und Hergezogenwerden, jeder Lösungsfortschritt und die endgültige Entwirrung. Zusätzlich kann es den Tln ‚augen-fällig' deutlich machen, wie sie sich in dieser schwierigen Situation verhalten haben. Die anschließenden Fragen können den Tln Anstöße geben, darüber nachzudenken, ob sie sich bei Konflikten in ihrem Alltag ähnlich verhalten.

Alternative

Beppo Straßenkehrer

Der Alte hieß Beppo Straßenkehrer. Er wohnte in einer Hütte, die er sich aus Ziegelsteinen, Wellblechstücken und Dachpappe selbst zusammengebaut hatte. Er war ungewöhnlich klein und ging obendrein immer ein bißchen gebückt. Seinen großen Kopf, an dem ein kurzer weißer Haarschopf in die Höhe stand, hielt er stets etwas schräg, und auf der Nase trug er eine kleine Brille. Beppo fuhr jeden Morgen lange vor Tagesanbruch mit seinem alten, quietschenden Fahrrad in die Stadt. Dort wartete er, bis man ihm einen Besen und einen Karren gab und ihm eine bestimmte Straße zuwies, die er kehren sollte. Beppo liebte diese Stunden vor Tagesanbruch, wenn die Stadt noch schlief. Und er tat seine Arbeit gern und gründlich. Er wußte, es war eine sehr notwendige Arbeit.
Wenn er so die Straßen kehrte, tat er es langsam und stetig: bei jedem Schritt einen Atemzug und bei jedem Atemzug einen Besenstrich.
Schritt – Atemzug – Besenstrich
Schritt – Atemzug – Besenstrich
Während er sich so dahin bewegte, vor sich die schmutzige Straße und hinter sich die saubere, kamen ihm oft große Gedanken. Aber es waren Gedanken ohne Worte, Gedanken, die sich so schwer mitteilen ließen wie ein bestimmter Duft, an den man sich nur gerade eben noch erinnert, oder wie eine Farbe, von der man geträumt hat. Nach der Arbeit, wenn er bei der kleinen Momo saß, erklärte er ihr seine großen Gedanken. Und da sie auf ihre besondere Art zuhörte, löste sich seine Zunge, und er fand die richtigen Worte.
„Siehst du, Momo", sagte er dann z. B., „es ist so: Manchmal hat man eine sehr lange Straße vor sich. Man denkt, die ist so schrecklich lang; das kann man niemals schaffen, denkt man." Er blickte eine Weile schweigend vor sich hin, dann fuhr er fort: „Und dann fängt man an, sich zu eilen. Und man eilt sich immer mehr. Jedesmal, wenn man aufblickt, sieht man, daß es gar nicht weniger wird, was noch vor einem liegt. Und man strengt sich noch mehr an, man kriegt es mit der Angst, und zum Schluß ist man ganz außer Puste und kann nicht mehr. Und die Straße liegt immer noch vor einem. So darf man es nicht machen."
Er dachte einige Zeit nach. Dann sprach er weiter: „Man darf nie an die ganze Straße auf einmal denken, verstehst du? Man muß nur an den nächsten Schritt denken, an den nächsten Atemzug, an den nächsten Besenstrich. Und immer wieder nur an den nächsten."
Wieder hielt er inne und überlegte, ehe er hinzufügte: „Dann macht es Freude; das ist wichtig, dann macht man seine Sache gut. Und so soll es sein."
Und abermals nach einer langen Pause fuhr er fort: „Auf einmal merkt man, daß man Schritt für Schritt die ganze Straße gemacht hat. Man hat gar nicht gemerkt wie, und man ist nicht außer Puste."
Er nickte vor sich hin und sagte anschließend: „Das ist wichtig."

Auszug aus: Michael Ende, „Momo"

Impuls zum Weiterdenken

- In welchen Situationen stört oder ärgert mich mein Konfliktverhalten?
- Welchen kleinen ersten Schritt möchte ich tun, um mich anders zu verhalten?

Mögliche Weiterführung

- ‚Konflikte 2'
- ‚Selbstbehauptung'

Konflikte 2

Ich habe recht – du hast recht! Und was nun?

ZIEL

Sinnlose Konflikte vermeiden, indem ich Macht- und Konkurrenzkämpfe meide. Bestehende Konflikte durch ein ‚Vorgehen ohne Niederlagen' so lösen, daß es keinen Sieger und keine Besiegten gibt.

Vorüberlegungen

- Vielleicht haben Sie Sätze wie ‚Wir wollen uns doch nicht streiten' oft gehört.
- Vielleicht denken Sie heute noch manchmal: ‚Der Klügere gibt nach.'
- Vielleicht wünschen Sie sich wie viele andere Frauen, Sie könnten besser streiten, argumentieren, sich auseinandersetzen.
- Vielleicht spüren Sie, daß Sie keine faulen Kompromisse ‚um des lieben Friedens willen' schließen wollen, aber Sie sind auch unsicher, wie Sie besser mit Konflikten umgehen können.

Der folgende Text kann helfen, darüber nachzudenken.

1. Schritt

Gespräch über einen Text von U. Wölfel

Plenum oder Kleingruppen — 1 Stunde

Die Geschichte von den beiden Heuhüpfern

Einmal haben zwei Heuhüpfer sich gezankt. Der eine hat gesagt: „Ich bin der beste Heuhüpfer! Ich kann viel höher hüpfen als du!" Und er ist auf einen hohen Baum gehüpft. Der andere Heuhüpfer hat gesagt: „Nein! Ich bin der beste Heuhüpfer! Ich kann viel weiter hüpfen als du!" Und er ist mit einem riesigen Sprung über die ganze Wiese gehüpft. Der Heuhüpfer auf dem Baum hat geschrien: „Sieh mich! Sieh mich! Wie hoch ich hüpfen kann!" Und der Heuhüpfer in der Wiese hat geschrien: „Sieh mich! Sieh mich! Wie weit ich hüpfen kann!" Aber keiner hat den anderen gesehen, und keiner hat den anderen gehört. Der eine hat viel zu hoch oben im Baum gesessen, und der andere hat viel zu weit weg im Gras gesessen. Den ganzen Tag haben sie geschrien und geschrien, und das war sehr langweilig. Am Abend ist der eine endlich wieder vom Baum gehüpft, und der andere ist endlich wieder über die Wiese zurückgehüpft. Der eine hat gesagt: „Du bist der beste Weithüpfer!" Und der andere hat gesagt: „Du bist der beste Hochhüpfer!" Und sie haben sich wieder vertragen.

Ursula Wölfel

Hinweis

Die Erfahrung hat gezeigt, daß der Text beim ersten Lesen sehr simpel wirkt und der tiefere Sinn leicht überlesen wird. Die Abkehr vom Wettlauf um den ersten Platz wird am ehesten deutlich, wenn Sie beim Vorlesen auf die Betonung achten. Zuerst streiten sich die beiden, wer der beste **HEU**-Hüpfer ist, danach gesteht es der eine dem anderen zu, daß dieser der beste **WEIT**- bzw. **HOCH**-Hüpfer ist.
So findet jeder beim anderen etwas, worin dieser besonders gut ist.
Wenn das Gespräch noch nicht in Gang kommt, kann ich mir als Gesprächsleiterin klarmachen, wie es mir geht, welche Gedanken mich im Moment bewegen. Vielleicht denke ich an Situationen in meinem Alltag, wo sich zwei wieder vertragen haben. Vielleicht überlege ich auch, wann ich einmal der beste Heuhüpfer sein wollte. Meist ist es für die Tln hilfreich, wenn ich mich als Gesprächsleiterin dann entscheide, einen solchen Gedanken auch mitzuteilen. Ich bin dann so etwas wie ein Eisbrecher. Den Tln fällt es leichter, von sich zu erzählen, wenn sie hören, daß es auch der Leiterin schwer fällt, ihre Einstellung zu ändern:
von „Ich muß in allem super sein"
zu „Jede hat und ist etwas Besonderes".

Überlegungen von Tln aus verschiedenen Gruppen

- Die Haltung: ‚Ich bin die Beste', macht einsam und ist anstrengend.
- Konkurrenzdenken verhindert Gespräch, Begegnung und Austausch.
- Wenn ich laut schreie, wie toll ich bin, wird viel Energie und Kraft sinnlos verpulvert.
- Das ‚Sich-Vergleichen' kann eine Quelle der Unzufriedenheit sein.
- Übertriebene Selbstdarstellung verhindert Partnerschaft.
- Es ist eine zerstörerische Einstellung, allein auf dem Gipfel stehen zu wollen und alle anderen herunterzuwerfen.
- Wenn ich glaube, die Beste zu sein, kann ich nichts mehr lernen; Austausch und Gespräch sind erst möglich, wenn ich dem anderen einen eigenen Wert zugestehe.
- Manche Frauen trauen sich nicht zu sagen, sie seien die Tüchtige, sondern sie sagen: Was tut die Frau X schon den ganzen Tag?
- Andere ‚klein machen', damit ich ‚größer werde', ist auch eine Form von Konkurrenzkampf.
- Wie schön, wenn es keinen Sieger und keinen Besiegten gibt, wenn beide an Ansehen gewinnen!
- Durch Auseinandersetzen ist Besinnung und Umkehr möglich, dann nimmt jeder außer sich auch den anderen wahr (Du-Anrede im Text).

Vielleicht finden Sie mit Ihrer Gruppe andere Schwerpunkte?

Hinweis

Da der Verlauf eines Gespräches nicht vorherzusehen ist, ist es angebracht, nach etwa einer Stunde aufgrund der momentanen Situation zu entscheiden, ob Sie den 2. Schritt für ein nächstes Treffen vorsehen – oder das Rundgespräch jetzt beenden wollen, um die Familienszene zu spielen.
Vielleicht ist von den Tln schon angesprochen worden, daß es in ihrem Leben Konflikte gibt, die sie nicht vermeiden können oder wollen. Im 2. Schritt werden Lösungsmöglichkeiten aufgezeigt.

2. Schritt

Spiel: eine Familienszene
Auswertung im Gespräch

Plenum 60 Minuten

Sobald man einen Gedanken gefaßt hat, soll man forschen, ob nicht das Gegenteil genauso wahr ist.

Simone Weil

Aus unserem Alltag wissen wir, daß es Situationen gibt, in denen wir unsere Meinung und unsere Interessen mit Nachdruck vertreten wollen, weil wir sonst uns selbst, anderen oder einer Sache schaden. Wenn es dann durch Interessenkollision zu einem Konflikt kommt, ist oft die Lösung sehr wenig zufriedenstellend: Der ‚faule Kompromiß' ist genauso unbefriedigend wie der ‚Sieg einer Seite', die sich auf Kosten der anderen durchsetzt. Glücklicher sind wir mit einem Vorgehen, in dem niemand eine Niederlage einstecken muß, weil die Lösung von beiden Seiten angenommen werden kann. Im Folgenden können die Tln die unterschiedlichen Lösungsmöglichkeiten an einem Beispiel entwikkeln.

Anleitung

- Die Gesprächsleiterin beschreibt die Familiensituation:
  Vater, Mutter und der 19jährige Sohn sitzen beim Abendessen. Die Eltern berichten, daß sie ihr acht Jahre altes Auto verkaufen wollen. Der Sohn möchte den Wagen geschenkt haben, weil es für ihn zu anstrengend ist, den 9 km langen Schulweg mit dem Rad zurückzulegen.
- Die Leiterin erklärt, daß jeweils drei verschiedene Spielerinnen (in der Mitte des Stuhlkreises an einem Tisch sitzend) drei verschiedene Lösungsmöglichkeiten des Konfliktes spielen:
  1. Der Sohn siegt, er setzt seinen Wunsch durch.
  2. Der Vater siegt, er setzt seine Absicht durch.
  3. Kein Sieger – kein Besiegter, ein Kompromiß, mit dem alle einverstanden sind.
- Nach der ersten und zweiten Szene ist es günstig, eine kurze Pause zu machen, damit die Spielerinnen sagen können, wie sie sich in der Sackgasse gefühlt haben.
- Die dritte Szene kann mit wechselnden Tln öfters gespielt werden, um aufzuzeigen, daß gute Konfliktlösungen Kreativität, Zeit und Geduld benötigen und daß es immer mehr als nur einen Lösungsweg gibt.

Mögliche Verläufe des Rollenspiels

1. Sohn ist Sieger:
   Er ist so hartnäckig („Ihr seid geizig, alle haben ein Auto", etc.), daß die Eltern nachgeben und ihm den Wunsch erfüllen, obwohl der Vater dagegen ist. Er wollte das Geld für eine Reise mit seiner Frau nehmen. Diese ist dagegen, weil sie fürchtet, noch mehr außer Haus verdienen zu müssen. Die Eltern haben schnell die gewünschte Ruhe und Harmonie mit dem Sohn, fühlen sich aber schlecht.
2. Vater ist Sieger:
   Er beschimpft seinen Sohn als Schmarotzer, der erst einmal etwas leisten solle, bevor er Ansprüche anmelde.
   „In deinem Alter mußte ich ganz anders arbeiten!" Vater lehnt ab, Mutter schweigt. Alle fühlen sich schlecht.
3. Kein Sieger – kein Besiegter:
   - Alle drei begründen ausführlich ihren Standpunkt.
   - Jeder versucht, den anderen zu verstehen (Eltern wollen Sohn nicht verwöhnen; Sohn will bei Regen nicht naß werden und es bequemer haben).
   - Jeder sieht ein, daß der andere auch gute Gründe hat.
   - Lösungsmöglichkeiten sammeln:
     Sohn jobbt und beteiligt sich finanziell, oder Sohn verzichtet.
     Eltern geben Teilbeträge gegen Leistungen.
     Eltern bieten eigenes Auto bei Regen gegen Beteiligung an den Benzinkosten.
   - Jeder stellt fest, worauf er verzichten kann und was für ihn unverzichtbar ist.
   - Alle einigen sich auf eine Lösung, die den berechtigten Wünschen beider Seiten gerecht wird.
   - Keiner fühlt sich schlecht; keiner hat eine Niederlage erlitten.

Hinweis

In vielen Gruppen zeigt sich immer wieder, daß die Tln zuerst sehr zurückhaltend reagieren, wenn ein Rollenspiel angeboten wird. Wir haben die Erfahrung gemacht, daß weniger Ängste entstehen, wenn die Gesprächsleiterin das Wort ‚Rollenspiel' gar nicht ausspricht. Sie kann besser vorschlagen, daß „wir jetzt gemeinsam ausprobieren können, was uns wohl einfällt, wenn wir uns in folgende Situation hineindenken". Wenn die Tln sich dann ein Herz gefaßt haben, sind sie oft erstaunt über die neuen Erfahrungen, die sie mit sich und den anderen gemacht haben.

Mögliche Weiterführung

Stichwort ‚Selbständigkeit'
Stichwort ‚Gespräche 1–3'
Kapitel aus Thomas Gordon:
Familienkonferenz, zusammen erarbeiten

Lebensmitte
– alte Wege – neue Wege – andere Wege

ZIEL

Sich klarer werden:
Wo stehe ich?
Wohin will ich?

Vorüberlegungen

Die Phase der Lebensmitte beginnt im fünften Lebensjahrzehnt.
In unserer Umgebung stellen wir fest, daß diese Zeit sehr unterschiedlich erlebt wird. Das zeigt sich in Aussagen, wie wir sie im Alltag öfters hören:

- Heute habe ich mehr Stress als früher: am Wochenende Bundeswehrwäsche, in der Woche die Enkelkinder!
- Seitdem alle Kinder auswärts sind, geht es mir so gut wie noch nie!
- Wenn ich in den Spiegel schaue und dabei an die attraktiven Kolleginnen meines Mannes denke, werde ich unsicher.
- Ich habe meine Halbtagsbeschäftigung wieder aufgegeben und lebe nur noch für meine Gesundheit und für meinen Mann.
- Ich heule ja nur noch den ganzen Tag, ich muß wieder unter Menschen, ganz egal wie!
- Das kann doch nicht alles gewesen sein. Da muß doch noch irgendwas kommen. Nein, da muß doch Leben ins Leben (singt Wolf Biermann).

Sicherlich fallen Ihnen weitere Aussprüche oder Erlebnisse aus Ihrem Umfeld ein. Wenn Tln zu Beginn des Treffens davon erzählen, kann die Einstimmung in das Thema leichter fallen. Es kann auch günstig sein, davon zu erzählen, wie die eigene Mutter, der Vater in der Lebensmitte erlebt wurden. Ein weitere Einstiegsmöglichkeit ist die Ideensammlung auf einem großen Blatt:
„Was fällt Ihnen zum Thema ‚Lebensmitte' ein?"
Es hat sich als günstig erwiesen, die Tln erst ein wenig mit dem Thema anzufreunden, bevor sie sich mit dem Bogen (Seite 148) befassen.

Wenn du zum Tor des Lebens gelangen
willst, mußt du aufbrechen,
einen Weg suchen,
der auf keiner Karte verzeichnet
und in keinem Buch beschrieben ist.
Dein Fuß wird an Steine stoßen,
die Sonne wird brennen
und dich durstig machen,
deine Beine werden schwer werden.
Die Last der Jahre
wird dich niederdrücken.
Aber irgendwann wirst du beginnen,
diesen Weg zu lieben.
Weil du erkennst, daß es dein Weg ist.
Du wirst straucheln und fallen,
aber die Kraft haben, wieder aufzustehen.
Du wirst Umwege und Irrwege gehen,
aber dem Ziel näherkommen.
Alles kommt darauf an,
den ersten Schritt zu wagen.
Denn mit dem ersten Schritt
gehst du durch das Tor.

Wolfgang Poeplau

1. Schritt

Einzelbeschäftigung mit dem Arbeitsbogen
Austausch im Gespräch

Einzelarbeit
Plenum 60 Minuten

Arbeitsbogen

× Kreuzen Sie die Aussagen an, die Ihnen zutreffend für die Situation der Lebensmitte erscheinen!

/ Streichen Sie diejenigen durch, denen Sie nicht zustimmen können!

? Machen Sie ein Fragezeichen, wenn Ihnen die Aussage fraglich erscheint!

- Während der Lebensmitte geht die erfüllteste Lebensphase der Frau zu Ende.
- Lebensmitte ist eine so entscheidende Entwicklungsphase wie die Pubertät.
- Der Mensch in der Lebensmitte hat nicht mehr die Kraft, sich etwas Neues aufzubauen.
- Das Klimakterium gibt es nur bei Frauen.
- Frauen ohne Aufgaben werden mit Beschwerden des Klimakteriums schwerer fertig.

  Entscheidende Weiterentwicklungen sind ohne Krisen nicht möglich.
- Wenn die Kinder aus dem Haus gehen, gibt es vermehrt Partnerprobleme und erhöhte Scheidungsziffern.
- Der Trend zur Selbstverwirklichung hat überall „Scherbenhaufen" zur Folge.
- Lebensmitte bedeutet nicht unbedingt „Mitte des Lebens", sondern Lebenswende, Wende nach innen.
- In der Lebensmitte gibt es mehr Zeit und Möglichkeiten, sich Klarheit zu verschaffen über das, was hinter und vor einem liegt.
- Der Tod der Elterngeneration fordert zur Auseinandersetzung mit dem eigenen Tod heraus.
- In der Lebensmitte wächst die Erkenntnis, daß ich für mein Leben ganz allein verantwortlich bin.
- In der Lebensmitte beschäftigt man sich am besten nicht zuviel mit sich selbst, sonst kommen Unsicherheiten und Ängste hoch.
- Für viele Menschen ist das eigentliche Problem der zweiten Lebenshälfte ein religiöses, die Frage nach dem Sinn ihres Lebens.
- In der Lebensmitte hat der Mensch die Chance, sich zu finden. Er beginnt, sich mit sich selbst zu versöhnen, seinen Frieden mit Gott und der Welt zu machen.
- In der zweiten Lebenshälfte guckt man besser nicht mehr nach vorn, man hat ja kein Ziel mehr.
- In der Lebensmitte verändert sich das Verhältnis der Ehepartner zueinander.
- In der zweiten Lebenshälfte werden andere Werte wichtiger als in den Jahrzehnten vorher.

Anleitung

Jede Tln bekommt eine Kopie des Arbeitsbogens. Die Gesprächsleiterin liest die Anweisungen vor. Sie bittet die Tln, sich schweigend mit den Aussagen zu beschäftigen und diese entsprechend zu kennzeichnen. Wenn alle Tln fertig sind, eröffnet die Gesprächsleiterin das Gespräch.

Mögliche Fragen

- Welche Aussage hat meine persönliche Situation oder meine Erfahrungen besonders gut getroffen?
- Welche Aussage stimmt für mich überhaupt nicht?
- Wie hat sich meine Einstellung zum Leben, wie haben sich meine Wertvorstellungen verändert?

Überlegungen von Tln in unterschiedlichen Gruppen:

- Für manche hat der Prozeß der Selbstfindung und Umorientierung schon vor der Lebensmitte begonnen, für manche beginnt er erst im hohen Alter.
- Lebensmitte ist kein Fixpunkt, sondern ein Prozeß, in dem ich – wie so oft im Leben – viele Entscheidungen treffen muß.
- Jede Entscheidung ist aufgrund der individuellen Situation nur ganz persönlich zu treffen.
- Die Entscheidungen können nur im Einverständnis gefällt werden: z. B. mit meinen Kindern, ob sie mir die Enkel lassen wollen, mit meinem Mann, ob er akzeptiert, daß ich viel außer Haus bin.
- Vor- und Nachteile von bezahlter oder ehrenamtlicher Arbeit sollten ausführlich abgewogen werden.
- Ohne andere Menschen, die einen Einfall haben, die mich mal stützen, geht es manchmal nicht weiter.
- Ich kann nur in die Zukunft schauen, wenn ich mich mit der Vergangenheit versöhnt habe.
- Umdenken, Neues dazulernen ist spannend und macht Freude.
- Andere Werte werden wichtig:
  Gelassenheit und Großzügigkeit, Zeit für mich selbst und andere Menschen, intensives Befassen mit religiösen Fragen.

Was mache ich, wenn...

Es könnte sich in Ihrer Frauengruppe Ähnliches wiederholen, was wir erlebt haben: Eine Frau, Mitte vierzig, lehnt es ab, über die Lebensmitte zu sprechen, dazu fühle sie sich zu jung. Dann ist es wichtig, daß die Gesprächsleiterin zeigt, daß sie jeder Tln ihre Meinung läßt (nicht missionieren!). Keine Frau sollte sich bedrängt fühlen, sich mit Fragen zu befassen, über die sie nicht nachdenken will. Keine sollte Schuldkomplexe bekommen, wenn für sie die Lebensmitte keine besondere Situation ist.

Achten Sie beim Gespräch darauf, daß die Tln von sich konkrete Erlebnisse erzählen, statt allgemein über die heutige Zeit zu reden. Das hilft auch den Tln weiter, die noch Ängste haben, über ihre Fragen zu sprechen.

Alternative

Vielleicht haben Sie als Gruppenleiterin die Erfahrung gemacht, daß die Tln besonders gut ins Gespräch kommen, wenn ein Thema mehr spielerisch angesprochen wird. Dann können Sie das Würfelspiel aus dem Stichwort ‚Gruppe' anbieten. Es muß allerdings zuerst etwas verändert werden, indem Sie neue Spielkarten herstellen: die Aussagen des Arbeitsbogens werden in Fragen umgewandelt.

2. Schritt

Gespräch über die Zeichnung vom Weg

Plenum 30 Minuten

In der Lebensmitte, aber ebenso in jeder Phase des Lebens kann es sinnvoll sein, dem Lebensweg eine neue Richtung zu geben. Die Zeichnung kann beim Nachdenken und Gespräch über diese Situation helfen. Es ist günstig, wenn jede TIn eine Kopie vor sich liegen hat und die Zeichnung in einer kurzen Stille betrachtet.

Mögliche Fragen

- Spricht mich das Bild an?
- Was fällt mir auf?
- Wo befinde ich mich zur Zeit?
- Wo will ich hin?

Mögliche Gesprächsergebnisse

Die Wege sind so verschieden wie die Menschen:

- zurück in die Erwerbstätigkeit
- alles so lassen, wie es ist
- Engagement in der Pfarre
- Weiterbildung
- Großmutterpflichten
- pflegerische Aufgaben innerhalb oder außerhalb des Hauses
- politische Aktivitäten
- Hobbys
- ....
- ....
- ....

Weiterführende Frage

Was will ich heute dafür tun, daß ich so werde, wie ich später sein will?

Sobald du dich auf den Weg machst, öffnet der Horizont seine Grenzen.

Kyrilla Spiecker

HOBBYDORF
ENKELHAUSEN
KIRCHHEIM
BÜROSTADT

Vertiefender Text

Sie können als Abschluß den folgenden Text vorlesen und mit nach Hause geben:

Stufen

Wie jede Blüte welkt und jede Jugend
Dem Alter weicht, blüht jede Lebensstufe,
Blüht jede Weisheit auch und jede Tugend
Zu ihrer Zeit und darf nicht ewig dauern.
Es muß das Herz bei jedem Lebensrufe
Bereit zum Abschied sein und Neubeginne,
Um sich in Tapferkeit und ohne Trauern
In andere, neue Bindungen zu geben.
Und jedem Anfang wohnt ein Zauber inne,
Der uns beschützt und der uns hilft, zu leben.

Wir sollen heiter Raum um Raum durchschreiten,
An keinem wie an einer Heimat hängen,
Der Weltgeist will nicht fesseln uns und engen
Er will uns Stuf' um Stufe heben, weiten.
Kaum sind wir heimisch einem Lebenskreise
Und traulich eingewohnt, so droht Erschlaffen;
Nur wer bereit zu Aufbruch ist und Reise,
Mag lähmender Gewöhnung sich entraffen.
Es wird vielleicht auch noch die Todesstunde
Uns neuen Räumen jung entgegen senden,
Des Lebens Ruf an uns wird niemals enden . . .
Wohlan denn, Herz, nimm Abschied und gesunde!

Hermann Hesse

Mögliche Weiterführung

- Jede Tln bringt Erlebnisse und Gedanken zu einem Satz oder einer Zeile des Gedichtes von H. Hesse mit.
- Wenn die Tln noch stark mit der Ablösung ihrer Kinder beschäftigt sind, bietet sich das Stichwort ‚Loslassen' an.
- Wenn nach neuen Lebensinhalten gesucht wird, wenn die Frauen ihr Selbstwertgefühl nicht allein aus dem Muttersein beziehen wollen, dann können die Stichworte ‚Rollen', ‚Selbstbewußtsein', ‚Selbstverwirklichung' und ‚Selbstvertrauen' hilfreich sein.
- Wenn bis jetzt hauptsächlich von Hobbys und Aktiv-Sein die Rede war und weniger von sinnerfüllter Lebensgestaltung, können Sie neue Impulse geben mit den Stichworten ‚Werte' und ‚Verantwortung'.

Liebe

Liebe, ein unfaßbares Geheimnis

ZIEL

Sich bewußtmachen,
daß Liebe nicht beschreibbar,
sondern nur erfahrbar ist
in lebendiger Beziehung zu einem Du.

Vorüberlegungen

Wir scheuen uns, das Wort ‚Liebe' auszusprechen, weil es so häufig mißbraucht oder mißverstanden wird. In einer TV-Sendung ‚Nur nicht aus Liebe' wurde Liebe größtenteils mit der Sucht, gebraucht zu werden, mit Sex, Machtausübung, Erpressung oder Opferhaltung gleichgesetzt.
Mit den folgenden Anregungen kann versucht werden, unseren täglichen negativen Erfahrungen positive Erfahrungen, Gedanken und Hoffnungen gegenüberzustellen. Das Unbehagen bei der Beschäftigung mit diesem Thema ist vielleicht bei Ihnen ähnlich groß wie bei uns, weil das Sprechen über Liebe nicht das Wesentliche erfassen kann. Trotzdem glauben wir, daß die Beschäftigung mit dem Thema ‚Liebe' wichtig ist, um zu mehr ‚Liebeskultur' zu ermutigen, ohne die es keine tragfähigen Beziehungen gibt.
Da Liebe nur unter der Voraussetzung von Annahme möglich ist, können Sie auch unter dem Stichwort ‚Annahme' wichtige Anregungen finden.

1. Schritt

So viele Worte um die Liebe

Blatt mit Aussprüchen

Dreier-Gruppen 20 Minuten

Anleitung

- Jede Tln bekommt eine Kopie des Blattes S. 154.
- Es bilden sich Dreiergruppen.
- In einer Stille von ca. 5 Minuten sucht sich jede Tln den Spruch aus, der sie am meisten beschäftigt.
- Anschließend teilt sie ihn den anderen mit.
- Es folgt ein Gespräch über Gedanken, Gefühle, Erfahrungen zu den ausgesuchten Sprüchen.

Vielleicht wollen Sie im Verlauf des Treffens darauf hinweisen, daß das Zusammensein den Tln nicht nur die Möglichkeit gibt, über Liebe zu sprechen, sondern auch sich in einem besonders liebevollen Umgangston zu üben und sich an die Vereinbarung zu erinnern, daß persönliche Aussagen von Gruppenmitgliedern nicht an andere weitererzählt werden.

Liebe deinen Mitmenschen wie dich selbst.
(Lukas 10, 27)

Stehet beieinander, doch nicht zu nahe beieinander: Denn die Säulen des Tempels stehen einzeln, und Eichbaum und Zypresse wachsen nicht im gegenseitigen Schatten . . .
(Kahlil Gibran)

Zu den schwierigsten Dingen zählt für mich,
einen Menschen als das zu mögen, was er zum jeweiligen Zeitpunkt in der Beziehung ist.
(Carl Rogers)

Die Liebe gleicht dem Mond,
wenn sie nicht zunimmt, nimmt sie ab.
(Aus Frankreich)

Die Liebe befreit das längst Bekannte aus jeglichem Bildnis. Wenn wir glauben, wir kennen den anderen, ist das das Ende der Liebe.
(Max Frisch)

Die Liebe ist kurzlebig, wenn ich nicht den langen Atem der Geduld und der Langmut habe.

Liebende brauchen zwei Hände:
eine Hand, die gibt, und eine Hand, die empfängt.

Die Liebe hat kein Alter – sie wird ständig geboren.
(Blaise Pascal)

Dünne Liebe sieht überall dicke Fehler.
(Phil Bosmans)

Einen Menschen lieben heißt: ihn so sehen, wie Gott ihn gemeint hat.
(Dostojewski)

Liebe – und dann tue, was du willst.
(Augustinus)

Die Liebe allein versteht das Geheimnis, andere zu beschenken und dabei selbst reich zu werden.
(Clemens Brentano)

Liebe ist nicht das Gefühl eines Augenblickes, sondern die bewußte Entscheidung zu einem Lebensstil.
(Ulrich Schäfer)

Liebe ist erst dann Liebe, wenn keine Gegenliebe erwartet wird.
(Antoine de Saint-Exupéry)

Liebe ist, wenn man den Satz nicht beenden muß.
(Truman Capote)

Nur mit dem Herzen sieht man gut. Das Wesentliche ist für die Augen unsichtbar.
(Antoine de Saint-Exupéry)

Liebe ist das einzige, was wächst, wenn wir es verschwenden.
(R. Huch)

Liebe besteht nicht darin, daß man einander ansieht, sondern daß man gemeinsam in die gleiche Richtung blickt.
(Antoine de Saint-Exupéry)

Es ist bemerkenswert, daß wir gerade von dem Menschen, den wir lieben, am wenigsten aussagen können, wie er sei. Wir lieben ihn einfach.
(Max Frisch)

Liebe ist ein Glas, das zerbricht, wenn man es unsicher oder zu fest anfaßt.
(Aus Rußland)

Wenn Mann und Frau auch auf dem gleichen Kissen schlafen, so haben sie doch unterschiedliche Träume.
(Aus der Mongolei)

Einen Menschen lieben
heißt einwilligen,
mit ihm alt zu werden.
(Albert Camus)

Gleich wie die Liebe dich krönt, so wird sie dich kreuzigen; wie sie deinen Lebensbaum entfaltet, so wird sie ihn beschneiden.
(Kahlil Gibran)

2. Schritt

Liebe ist eine Kraft, die ungeahnte Möglichkeiten im Menschen weckt.

Text: Arabische Liebesgeschichte
Gespräch

Alternative

Gedicht von Erich Fried
Gespräch

Plenum 60 Minuten

Die arabische Liebesgeschichte wird vielleicht beim ersten Lesen nicht sofort gefallen. Beim näheren Hinsehen können interessante Ansatzpunkte sichtbar werden, die in der Praxis zu guten Gesprächen geführt haben. Wenn Sie sich als Gruppenleiterin von dem Text nicht angesprochen fühlen, bieten wir als Alternative das Gedicht von Erich Fried an.

Arabische Liebesgeschichte

Ein junger Mann und ein Mädchen liefen auf zwei verschiedenen Landwegen. In einem bestimmten Augenblick kamen die zwei Wege zusammen, und der Junge und das Mädchen liefen nun gemeinsam weiter.
Der Junge trug einen Kupferkessel auf seinem Rücken. In der Hand hatte er ein lebendes Huhn und einen Stock, während er an der anderen Hand eine Ziege führte. Nach einer Weile kamen sie an eine Bergschlucht. Da blieb das Mädchen stehen und sagte: „Durch diese Schlucht gehe ich nicht mit dir."
„Warum nicht?" wollte der Junge wissen.
„Du könntest mich dort umarmen und küssen", antwortete sie.
„Wie soll ich dich denn umarmen und küssen. Ich habe einen Kupferkessel auf dem Rücken, an der einen Hand habe ich eine Ziege und in der anderen Hand ein lebendes Huhn und einen Stock."
Aber das Mädchen beharrte auf seiner Meinung: „Du könntest mich die Ziege halten lassen, danach den Stock in den Boden stecken, das Huhn auf den Boden setzen und den Kessel darüberstülpen, und dann könntest du mich umarmen und küssen."
Lange starrte der Junge das schöne, nette Mädchen an. Endlich sagte er: „Allah segne deine Weisheit." Worauf sie gemeinsam durch die Schlucht gingen.

Anleitung

Nach dem Erzählen (Vorlesen) äußern die TIn ihre Überraschung, ihr Befremden oder ... Vielleicht stoßen Sie das Gespräch an mit einem Satz wie z. B.: Ich habe gesehen, daß einige geschmunzelt haben, was geht Ihnen durch den Sinn?

Mögliche Impulse:

1. Wir wollen uns jetzt gemeinsam die Beziehung der beiden anschauen.
2. Der Junge hat viel Gepäck. Was belastet ihn und uns, wenn wir die Chance verpassen, einem Menschen näherzukommen?
3. Die Situation wird von beiden sehr verschieden wahrgenommen. Erleben Sie ähnliches in Ihren Beziehungen?
4. Haben Sie schon erlebt, daß sich Menschen durch kreatives Denken und handfestes Tun nähergekommen sind?
5. Das Mädchen geht das Risiko ein, sich einem anderen Menschen anzuvertrauen. Wie macht sie es, sich trotzdem ihre eigene Entscheidung vorzubehalten?

Mögliche Gesprächsergebnisse:

zu 1. Liebe kann als überwältigendes Gefühl beginnen, sie wächst bei gemeinsamem Tun und in Extremsituationen.

zu 2. Unser Besitz, unsere Arbeit, unsere Vorurteile, unsere Lebensgeschichte können uns daran hindern, offen zu sein.

zu 3. Ein liebender Mensch sieht sein Gegenüber neu. Ein Partner kann so belastet sein, daß keine Beziehung möglich zu sein scheint.

zu 4. Liebe macht erfinderisch.
Das Mädchen sagt ihm nicht, er müsse sein Gepäck (seine Vorurteile) ablegen, sondern sie hilft ihm, damit umzugehen.

zu 5. Lieben heißt nicht: sich aufgeben. Das Mädchen kann entscheiden, ob sie dem Jungen die Ziege abnimmt oder nicht.
Der Wunsch nach Nähe und Angst vor Nähe begleiten uns ein Leben lang.

Hinweis

In einer Frauengruppe sprachen die Tln davon, wie schwer es sei, zu Gefühlen zu stehen und Wünsche nach Zärtlichkeit auszusprechen. Wir haben daraufhin bei einem nächsten Treffen mit Texten aus dem ‚Hohenlied' des Alten Testamentes darüber gesprochen. Dabei haben wir erstaunt festgestellt, daß die biblische Überlieferung Sinnenfreude und Erotik nicht verschweigt, sondern daß diese neben der geistigen Liebe gleichwertig zum vollen Menschsein gehören.
Überwältigende Liebeserfahrungen sind Hoch-zeiten, es gibt genauso Zeiten, in denen Liebe nicht als etwas Außerordentliches spürbar ist. Durch den Text ‚Der beste Ehemann', Seite 159 wurde den Tln klar, daß Liebe im grauen Alltag gelebt werden will. Sie ist etwas in uns, das ausstrahlt in Blicken, Gesten, Taten und in der Atmosphäre, die anderen hilft, sich in unserer Nähe wohlzufühlen.
Oft taucht in Gruppen die Frage auf, wieso die Liebe so leicht zur müden Gewohnheit wird. Im 3. Schritt kann darüber nachgedacht werden, warum manche Beziehungen zum Partner, zu Kindern oder Freunden in alten Bahnen festgefahren sind.

Alternative

Was es ist

Es ist Unsinn
sagt die Vernunft
Es ist was es ist
sagt die Liebe

Es ist Unglück
sagt die Berechnung
Es ist nichts als Schmerz
sagt die Angst
Es ist aussichtslos
sagt die Einsicht
Es ist was es ist
sagt die Liebe

Es ist lächerlich
sagt der Stolz
Es ist leichtsinnig
sagt die Vorsicht
Es ist unmöglich
sagt die Erfahrung
Es ist was es ist
sagt die Liebe

Erich Fried

Anleitung

- Das Gedicht wird vorgelesen.
- Alle Tln bekommen eine Kopie.
- Kurze Stille zum Lesen.

Mögliche Fragen, die weiterhelfen, wenn das Gedicht als schwierig empfunden wird

- Erinnern Sie sich an Lebenssituationen, in denen Sie aus Liebe un-vernünftig, un-einsichtig usw. gehandelt haben?
- Sicher fällt Ihnen der oft wiederholte Satz „Es ist, was es ist" auf! Haben Sie auch schon so oder ähnlich gesprochen?
- Möchten Sie von Erfahrungen erzählen, bei denen Ihre Liebe Ihren Stolz, Ihre Angst, Ihre Vorsicht überwunden hat?

Aussagen von Tln aus verschiedenen Gruppen

- „Mein Mann sagte nach der Kirmes, als die Kinder mir ein Lebkuchenherz geschenkt hatten, das hätte er eigentlich auch gerne getan; aber nach 10 Jahren Ehe wäre das doch Unsinn."
- „Ich hatte Angst, mich lächerlich zu machen, als ich wie ein kleines Kind ein paar Gänseblümchen verschenkte."
- „Die Ärzte sagten aus Erfahrung, daß sich das Nachbarskind wohl nie wieder bewegen könne. Die Mutter hat ihm nach einem Jahr in unendlicher Liebe mit viel Üben wieder zum Laufen verholfen."
- „Warum lasse ich mich nicht auf eine nähere Beziehung zu meiner krebskranken Nachbarin ein, obwohl ich sie gern habe?"
- „Ich habe zwei Seelen in meiner Brust: die Vernunft ist mißtrauisch, die Liebe will vertrauen."
- „Das Aufrechnen ist der Tod der Liebe."
- „Ich will nicht alles auseinanderpflücken. Es ist, was es ist: die Liebe Gottes, die ich nicht verstehe, die Liebe meines Mannes, die ich nicht ‚verdient' habe, sie ist einfach da."

3. Schritt

Liebe ist ein so unfaßbares Geheimnis wie das Du, das ich liebe.

Einzelbeschäftigung mit dem Blatt evtl. Gesprächsaustausch

Plenum

Vermutlich werden Tln ansprechen, wie schwer es uns im Umgang mit geliebten Menschen fällt, auf die ‚Meßlatte' zu verzichten: „Eigentlich müßte er doch, wenn er mich gern hätte, . . ." oder: „Das Kind bringt nicht das, was wir von ihm erwartet haben." Es taucht immer wieder die Frage auf: „Wie gehe ich mit meinen Erwartungen an den anderen um? Mache ich mir ein Bild, wie der (die) andere zu sein hat?"
Das folgende Blatt kann helfen, diesen Fragen nachzugehen.

Stellen Sie sich einen Menschen vor, den Sie lieben.

Können Sie wesentliche Aussagen über den geliebten Menschen – oder über Ihre Liebe in den Rahmen schreiben?

hier knicken und umschlagen

Du sollst dir kein Bildnis machen,
von Gott,
vom Mitmenschen,
von der Liebe.

Und dennoch versuchen wir es täglich!

Das Wunder der Liebe besteht darin, daß der geliebte Mensch sich aus jeglichem Bildnis befreit, wenn wir ihm in all seinen möglichen Entfaltungen folgen. Das ist das Erregende, das Spannende, daß wir mit den Menschen, die wir lieben, nicht fertigwerden: weil wir lieben, solang wir sie lieben. Wenn wir glauben, wir kennen den anderen, ist das das Ende der Liebe. *(Nach Max Frisch)*

Anleitung

- Jede Tln bekommt eine Kopie, die so gefaltet ist, daß sie auf der Vorderseite mit dem Rahmen endet.
- Die Tln haben kurz Zeit, ihr Erstaunen oder ihren Unwillen zu artikulieren, evtl. zu begründen, warum sie Liebe nicht für beschreibbar halten.
- Der Text auf der Rückseite kann dann als besinnlicher Abschluß vorgelesen werden oder als Grundlage eines längeren Gesprächs dienen.

Hinweis

Die Tln einer Gruppe waren sich einig, daß zwar in unserem Leben viel von Sexualität die Rede ist, aber wenig von Liebe. Wir vertrauen vielleicht deshalb so wenig auf die Kraft der Liebe, weil wir die Kultur der Liebe vernachlässigt haben. Oder haben Sie in der letzten Zeit vielleicht einen ‚Liebesbrief' geschrieben an Ihr Kind, Ihren Partner, eine gute Freundin?

Abschluß

Der Gedanke, daß Liebe sich im Alltag bewährt, kann mit folgendem Text angesprochen werden.

Der beste Ehemann der Welt

„Warum" – so fragte eine amerikanische Zeitung ihre Leserinnen – „lieben Sie Ihren Mann? Ist Ihr Mann vielleicht sogar der beste Ehemann der Welt? Und was ist es, was ihn so liebenswert macht?"
Tausend Dollar hatte die amerikanische Zeitung ausgesetzt. Tausend Dollar für die Antwort, mit der am typischsten die Gründe ausgesprochen wurden, die die Liebe auch in einer langen Ehe über die Jahre hinweg erhalten. Die tausend Dollar bekam Frau Isabel Bascomfield aus Richmond. Und was sie schrieb, das ist gewiß nicht nur für Amerikaner interessant.
„Ich bin jetzt 55 Jahre alt, und mein Mann ist 61. Wir sind 30 Jahre lang verheiratet. Ich hatte also Zeit genug, mir meine Antwort zu überlegen. Also: Wenn Sie den besten Ehemann der Welt suchen – er sitzt gerade zehn Schritte von mir in einem Sessel und liest seine Zeitung. Er würde mich schön auslachen, wenn er wüßte, was ich schreibe. Und doch ist es so – er ist der beste Ehemann der Welt! Er hat nie ausgesehen wie ein Filmschauspieler, und er hat auch nie mit wohlgezieltem Faustschlag irgendwelche Feinde für mich niedergestreckt. Er hat auch keine Reichtümer mit nach Hause gebracht – nur eben ganz ordentlich verdient.
Alle diese Sachen, die in Filmen so oft vorkommen, machen aus einem Mann noch lange keinen guten Ehemann – und schon gar nicht den besten der Welt! Der muß schon so sein wie mein Mann: Ich konnte immer Vertrauen zu ihm haben. Das war vielleicht das Allerwichtigste, aber es gehört noch eine Menge dazu. Er hat keine Tag vergessen, mir seine Liebe durch Hilfsbereitschaft und Rücksicht zu beweisen.
Ich will ein Beispiel nennen, auch wenn Sie das vielleicht sehr komisch finden: Mein Mann arbeitet in einer Autoreparaturwerkstatt, die nicht weit von unserem Haus entfernt ist. Zum Mittagessen kommt er nach Hause. Nun, der Umgang mit Autos macht schmutzig. Ich kann mir gut vorstellen, daß er manchmal, wenn er sehr hungrig war, sich gern nach kurzem Händewaschen so an den Tisch gesetzt hätte. Aber das hat er nie getan. Wenn er nach Hause kam, zog er immer seinen Overall aus, machte ein gewaltiges Geplansche im Badezimmer und saß mir dann vollkommen frisch in einem sauberen Hemd gegenüber. Einmal hat er mir sogar gesagt, warum er das tut: ‚Ich will dir damit zeigen, wie ich mich auf das Essen mit dir freue, wie ich die Mühe achte, die du dir für mich gegeben hast.'
Wenn man älter wird, weiß man, daß sich das ganze Leben aus lauter ganz kleinen Ereignissen zusammensetzt. Wie liebenswert wird ein Mensch, wenn er auch bei den vielen kleinen Alltäglichkeiten niemals vergißt, zärtlich und rücksichtsvoll zu sein. Ich muß es wissen – mein Mann ist doch der beste Ehemann der Welt."

Mögliche Weiterführung

Anregungen finden Sie unter den Stichworten
‚Partnerschaft'
‚Gefühl'
‚Körper' (Bewußter mit allen Sinnen leben)

Melodie der Liebe

Ich höre Musik von Zamfir. Zwei Instrumente, eine Panflöte und eine Orgel, spielen jedes seine Melodie. Liebe ist vergleichbar mit dieser Musik: Ich empfinde jedes der beiden Instrumente für sich und in seiner Melodie als vollständig, als schön. Am Zusammenklingen sind sie beide, jedes auf seine Art, beteiligt; sie scheinen Freude daran zu haben. Ich habe nicht den Eindruck, daß sie einander zwingen, sich in der Eigenständigkeit beschneiden, sich den Rang ablaufen wollen:

Sie gehen aufeinander zu,
sie gehen aufeinander ein,
sie lösen sich voneinander.
Sie ergänzen sich,
sie fordern sich gegenseitig heraus,
sie begleiten einander.

Sie gehen,
mal unsicher tastend,
dann sicherer
– wie aufeinander hörend –
miteinander um,
– nie sich selbst verlierend:

Sie finden sich,
sie verlieren sich,
sie gehen eigene Wege,
sie finden sich wieder
für eine Zeit.

Annedore Schultze

Loslassen

Altes loslassen – Neues zulassen

ZIEL

die Ent-bindungen
von meinem Kind überdenken
Sorgen und Ängste loslassen
neue Perspektiven zulassen

Vorüberlegungen

Jeder von uns macht Erfahrungen, wie schwer es ist, loszulassen, z. B.:

- liebgewonnene Tätigkeiten
- Erwartungen an mich und andere
- Kränkungen und Krankheiten
- Menschen, die wir lieben

Gerade die sehr enge Bindung, die Ein-igkeit zwischen Eltern und Kindern macht die Ablösung zu einer schmerzvollen, mit Kämpfen verbundenen Erfahrung. In einer Zeit, in der Sicherheit über alles geht, ist es besonders schwer, Kinder in eine ungewisse Zukunft, in der sie vielleicht schwerwiegende Fehler machen, zu entlassen. Wer aber nicht loslassen kann, sondern nur an Bestehendem festhält, erliegt der Erstarrung und verhindert Lebendigkeit und neues Leben. Wer nur hinter Neuem herläuft, weil es „in" ist, übersieht, daß es auch wichtig sein kann, Altes zu bewahren.
Unser Körper stößt den verbrauchten Atem ab, damit der neue Platz findet. So üben wir uns ein in den Rhythmus des Loslassens und Zulassens. Da das Loslassen ein körperlicher und seelischer Vorgang ist, bietet es sich an, zum Einstieg in das Thema eine Erfahrung mit dem Körper und seinen Sinnen zu machen.

1. Schritt

Spiel: Binden und Lösen und Auswertung im Gespräch

Alternative

Gespräch über die Bilder

Paargruppen
Plenum 15 Minuten

Spielanleitung

Je zwei Tln schlingen eine Kordel (Springseil, Bindegürtel o. ä.) um ihre Körper, so daß diese ganz eng verbunden sind. Nachdem sie etwa 3–5 Minuten im Raum umhergelaufen sind, lösen sie die Ver-bindungen und setzen sich.

Austausch im Plenum

- Wie war das für mich?
- Was ist mir deutlich geworden?

Teilnehmeraussagen aus unterschiedlichen Gruppen

- „Die eine zieht hierhin, die andere dorthin. Es ist lästig, so aufeinander angewiesen zu sein."
- „Es ist auch angenehm und kuschelig, fast so eng wie in der Schwangerschaft."
- „Nach einer gewissen Zeit haben wir uns aufeinander eingestellt, wir gewöhnten uns aneinander."
- „Eine hat das Tempo bestimmt, die andere sich angepaßt."
- „Bei anderen hat sich der Knoten von selbst gelöst. Unserer war so festgezogen, daß wir viel Geduld und Geschick brauchten, ihn zu lösen."
- „Wenn ich meine Eltern, meinen Mann, meine Kinder loslasse, dann stehe ich allein, das macht Angst."

Alternative

Gespräch über die Bilder

Kindheit
- durch Nähe Sicherheit und Halt erfahren
- das Bäumchen kann sich wundreiben, wenn der Pfahl zu nahe steht

Pubertät und Ablösungsphase
- je stärker der Baum wird, um so lockerer muß die Verbindung, um so größer die Distanz werden
- bei Sturm ist noch eine Stütze nötig

Erwachsensein
- selb-ständig sein
- aus eigener Kraft leben
- Kraft für Neues entwickeln

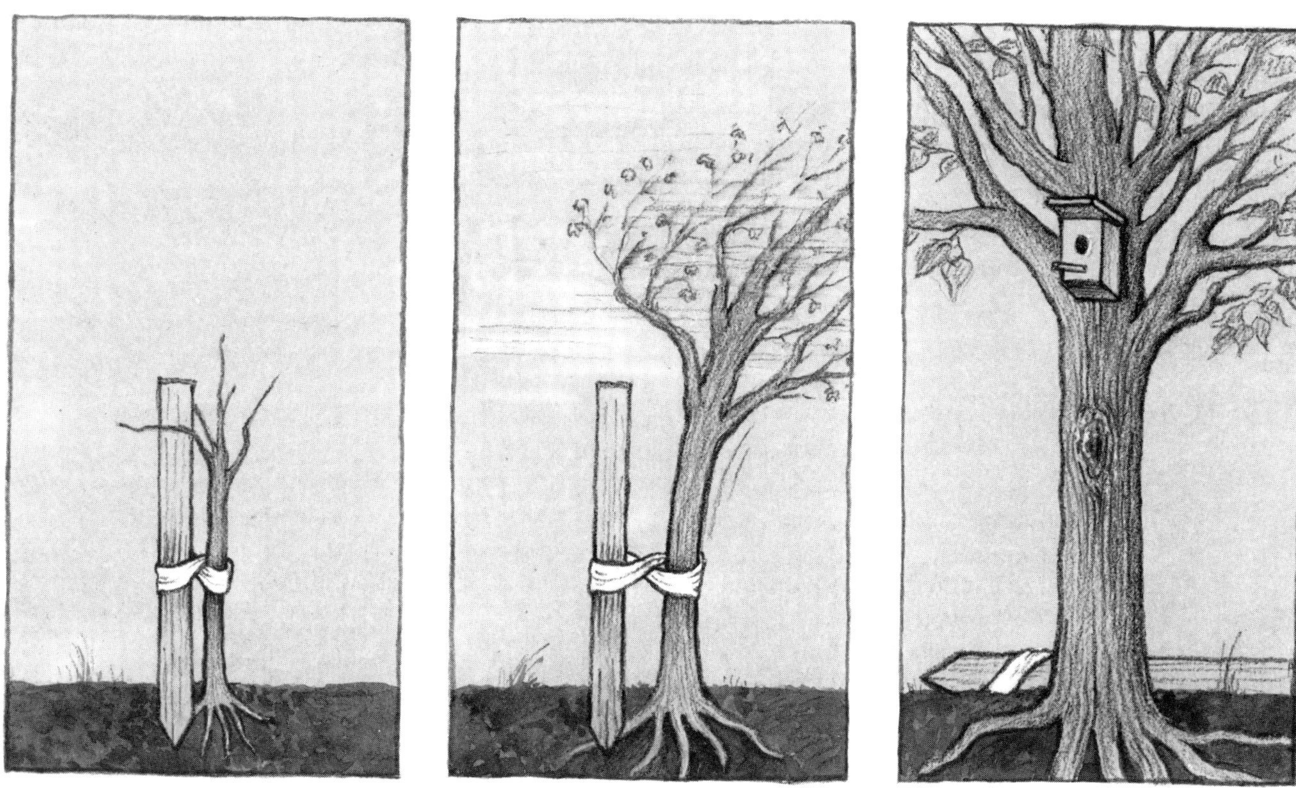

Hinweis

Wenn die Frage nach dem Wann und Wie der Ablösung gestellt wird, können Sie den folgenden Text anbieten:

2. Schritt

Text zum Thema:
Loslösen von der Mutterrolle
Austausch im Gespräch

Plenum 60 Minuten

Wie junge Adler fliegen lernen

Wißt Ihr, wie das zugeht, wenn junge Adler das Fliegen lernen? Leute, die sich im Gebirge Sinai auskennen, haben dies anschaulich geschildert. Der Adlerhorst, das Nest, in dem die Jungen aufwachsen, befindet sich hoch oben auf einer Felsenklippe, über einem tiefen Abgrund. Wenn die Jungen so weit sind, daß sie „flügge" werden sollen, werden sie vom alten Adler aus dem Nest gejagt. Die Jungen piepsen und sträuben sich; sie können ja noch nicht fliegen. Aber der alte Adler läßt nicht locker. Und plötzlich packt er das erste der Jungen mit seinen Krallen, fliegt über den Abgrund und läßt es fallen. Das Junge zappelt mit den Flügeln und versucht zu fliegen; aber es gelingt nicht, und es stürzt, und immer schneller fällt der hilflose kleine Vogel in den Abgrund. Der Zuschauer denkt schon: bald muß es am Boden zerschellen. Plötzlich schießt der alte Adler, der ruhig seine Kreise gezogen hat, steil nach unten, fängt das Kleine im Fallen auf und trägt es wieder nach oben, und das Spiel beginnt von neuem, und langsam lernt der junge Adler seine Flügel gebrauchen; er kann selber fliegen und mit großen Schwüngen die Luft durchschneiden.

Adolf Exeler

Mögliche Fragen

- Was berührt mich an dem Verhalten der Adler?
- Kann und will ich meine Kinder aus dem Nest werfen?
- Habe ich Vertrauen in die Kräfte und Fähigkeit von Eltern **und** Kindern?
- Habe ich mein Kind schon einmal „auf den Bauch fallen lassen"? Wie ging es mir dabei? Was hat das Kind gelernt?
- Was habe ich dafür getan, daß meine Kinder „Vorübungen im Selbständigsein" machen konnten?

Teilnehmeraussagen aus unterschiedlichen Gruppen

- „In unserer Generation ging man oft mit 13 Jahren in die Lehre, hatte dort Kost und Logis, weil es zu Hause zu eng wurde. Heute haben es unsere 20jährigen Kinder noch bequem im warmen Nest unter unseren Fittichen. Wir müssen uns schon anstrengen, uns von der Mutterrolle zu lösen."
- „Es ist so schwer abzuschätzen, ob das Kind schon flügge ist. Wir hatten Angst, als unsere 17jährige Tochter sich ein eigenes Zimmer suchte, weil sie in einem anderen Ort die Lehre begann. Heute sind wir froh, daß sie so viel neue Erfahrungen gemacht hat. So selbständig wäre sie zu Hause nie geworden."
- „Es genügt nicht, dauernd zu sagen: ‚Du bekommst kein Geld mehr von uns, du mußt dich

auf eigene Füße stellen.' Erst als unser Sohn merkte, daß es uns wirklich ganz ernst damit war, ihn herauszuwerfen, weil er uns ausnützte, erst von da ab hat er sich wirklich um Arbeit bemüht."

- „Wenn ich mein Kind in die Eigenverantwortung entlasse, heißt das eigentlich nicht: Ich verlasse mein Kind, aber trotzdem fühle ich mich manchmal verlassen."
- „Ich bekomme viele Vorwürfe, weil ich unsere kleine Tochter von fünf Jahren beim Schwimmen untertauchen lasse. Aber ich bin doch eine gute Schwimmerin und kann genau übersehen, was ich ihr zutrauen kann."

Hinweis

Wir haben erlebt, daß Eltern mit jüngeren Kindern die Botschaft dieser Geschichte ablehnen. Sie wollen verständlicherweise ihren Kindern nicht unnötige Angsterlebnisse zumuten. Überlegen Sie als Gesprächsleiterin, ob aufgrund der Altersstruktur dies auch in Ihrer Gruppe der Fall sein könnte. Dann bietet sich als Alternative der Text von K. Gibran aus dem Stichwort ‚Kind' an.
Wenn die Tln sich auf die Adlergeschichte einlassen können, werden sie feststellen, daß Sorgen und Ängste der Eltern oft einer Loslösung im Wege stehen. Der folgende Text kann helfen, bewußter mit den eigenen Sorgen umzugehen.

3. Schritt

Text zum Thema: Sorgen loslassen
Austausch im Gespräch

Zweiergruppen 20 Minuten

Anleitung

Jede Tln bekommt den Text (evtl. mit den Fragen) und sucht sich eine Partnerin für ein Zweiergespräch.

Sorgenliste

Ein englischer Schriftsteller soll bei einer Auflistung üblicher Sorgen folgendes herausgefunden haben:
40% der Sorgen betreffen Ereignisse, die überhaupt nicht eintreffen oder ihren Schrecken verlieren, wenn man sie aus der Nähe betrachtet.
30% der Sorgen betreffen längst vergangene Ereignisse. Aber vorbei ist vorbei, man sollte nicht auf den Sorgen hocken bleiben wie auf einem Sofa, die Vergangenheit sollte besser ein Sprungbrett sein. Es ist wichtig für eine gute Fahrt, ab und zu in den Rückspiegel zu schauen, aber vor allem müssen wir die Wegstrecke beachten, die vor uns liegt.
12% sind grundlose Sorgen um unsere Gesundheit, die das Gegenteil bewirken. Wer sich dauernd selbst beobachtet und immerzu an drohende Krankheiten denkt, wird leichter krank.
8% unserer Sorgen sind berechtigt.

Mögliche Fragen

- Entsprechen die Prozentsätze Ihren Erfahrungen?
- Fallen Ihnen Beispiele ein, die Sie Ihrer Gesprächspartnerin erzählen können?
- Bedenken Sie den Spruch: „Du kannst es nicht ändern, daß dich die Vögel der Sorge umkreisen, aber du kannst verhindern, daß sie Nester auf deinem Haupte bauen."

Loslösen vom Problem führt zur Lösung des Problems.

4. Schritt

Atemübung: Loslassen – Zulassen
Austausch über Zukunftsperspektiven

Plenum 30 Minuten

Atemübung

Genauso wichtig wie das Loslassen des verbrauchten Atems ist das Zulassen des neuen. Um bewußt nachzufühlen, wie es ist, wenn Neues in mir lebendig wird, können Sie die Wahrnehmungsübung von Seite 126 anbieten (evtl. verkürzen).

Mögliche Fragen

- Wie ist es mir mit dem Loslassen des alten und Zulassen des neuen Atems gegangen?
- Was gibt es in meinem Alltag schon an belebenden Elementen, und was könnte sich durch mehr Loslassen noch entwickeln?

Mögliche Perspektiven

Mehr Zeit und mehr Freiheit für mich
neue Zweisamkeit mit dem Ehepartner
ruhiger, reifer, gelassener werden
anfangen mit ……………………………………

……………………………………………………

Impulse zum Mitnehmen und Weiterdenken

Spruch und Bild „Willst du flügge werden – mache den Nestrand nicht zu deinem Horizont!" (Seite 276)

Mögliche Weiterführung

Stichwort ‚Lebensmitte'
‚Selbständigkeit'

Das Märchen ‚Die Kugeln' (Seite 55).

Natur

**Die Menschen gehen
mit der Erde um,
als ob sie noch eine zweite im
Koffer hätten.**

ZIEL

Erkennen,
daß die Natur weder ein Abfalleimer noch ein Selbstbedienungsladen ist;
daß wir wieder Ehrfurcht und Liebe zur Natur lernen müssen, um sie schützen zu können.

Vorüberlegungen

Wir hören und sehen fast täglich schreckliche Nachrichten über die Verseuchung von Wasser, Luft und Erde. Unsere gesamte Natur, einschließlich des Menschen, ist bedroht. Diese schreckliche Gefährdung rüttelt uns wach. Es rufen viele nach dem Gesetzgeber, der durch Verordnungen den Umweltschutz garantieren sollte. Viele sehen aber auch, daß die Gesetze allein nicht weiterhelfen können, unsere Erde zu retten.
Wir müssen wegkommen von der Einstellung, die Natur möglichst gut auszunützen, ja auszubeuten, und erkennen, daß wir nicht „Herren" der Schöpfung, sondern als Geschaffene ein Teil von ihr sind.
Bei diesem Thema können Sie gut an die Betroffenheit der Tln anknüpfen. Jede Tln hat die Möglichkeit, zum Einstieg etwas beizutragen, wenn sie Meldungen der letzten Tage mitbringt. Wir waren sehr erschreckt über die Fülle der Hiobsbotschaften in fünf Tagen.

1. Schritt

Die Umweltverseuchung bedroht die Natur, die Menschen und die Tiere.

Sammeln von aktuellen Meldungen

Plenum 5–10 Minuten

Anleitung

Tln bringen Zeitungsausschnitte mit, die aufgeklebt werden. Das könnte dann so aussehen:

„Die Atmosphäre ist kein Abfallkorb und nicht unbeschränkt belastbar".

Dramatische Folgen der Luftverschmutzun

Nebel wie Essig

Nach neuen Erkenntnissen nehmen aber nicht nur Wassertropfen, sondern auch Schnee- und Eiskristalle die Schadstoffe auf, sodaß im Winter „saurer Schnee" fällt. Dessen Wirkung ist deshalb besonders fatal, weil er in dikken Schichten auf Bäumen liegenbleibt und dort langsam schmilzt. Das Wasser verdunstet, zurück bleibt eine Säure. Das könnte eine Erklärung dafür sein, daß Nadelbäume, die nicht jedes Jahr ihre Nadeln wechseln, vom Waldsterben besonders stark betroffen sind.

Wattenmeer gesperrt

Robbentod: Kein Ende abzusehen

Prof. Sebastian Gerlach (Kiel) wies darauf hin, daß sich der Gehalt an Nährstoffen, die über die Flüsse in die Nordsee geleitet werden, in den letzten 50 Jahren bei Phosphat um bis zum Siebenfachen erhöht hat, ir

Vier Fünftel des Bergwalds geschädigt

Antwort der Bundesregierung

BONN, 15. August (Reuter). Die Bergwälder in den Alpen sind zu 80 Prozent geschädigt, und rund 50 Prozent weisen mittlere und starke Schäden auf. Diese

Genetische Veränderungen als Folge schleichender Vergiftung?

Igel verlieren ihre Stacheln

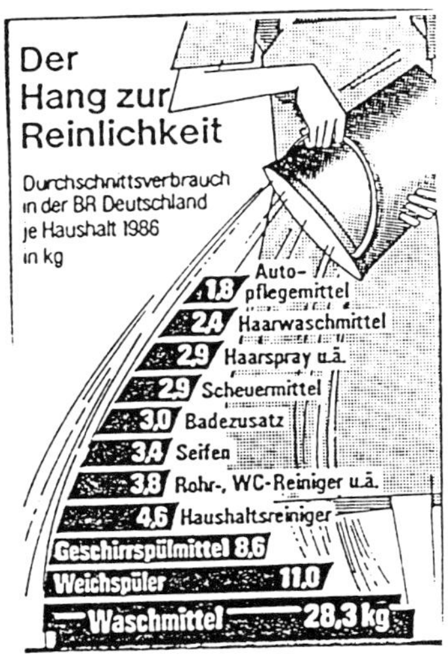

Die Bienen finden nicht mehr genug Nahrung

Von DIETER DORMANN

AACHEN. In den 50er Jahren schwärmten noch drei Millionen Bienenvölker durch die Bundesrepublik. Ihre Zahl hat sich inzwischen auf etwa eine Millic verringert.

Eine wesentliche Ursache für den starken Rückgang der Honigbienenvölker und Wildbienenarten sieht Dr. Gerhard Liebig (Universität Hohenheim) in der Verarmung der Natur.

Ozon-Schwund

. Als Ursache dafür kommen hauptsächlich vom Menschen produzierte Chlor-Fluor-Kohlenwasserstoffe (CFKW) in Frage. Professor Peter Fabian forderte als Ausrichter der Tagung einen Ersatz dieser als Treib-, Kühl- und Schäummittel genutzten Stoffe durch weniger schädliche Substanzen.

Als Folge des fehlenden Ozons in der Stratosphäre dringt zunehmend die energiereiche Ultraviolettstrahlung auf die Erdoberfläche vor. Sie löst nach übereinstimmender Auffassung der Wissenschaftler Hautkrebs und Augenschäden aus. Nach Ilyas

Verbot für viele Pflanzenschutzmittel gefordert

Selbst das Regenwasser bedroht jetzt die Natur

Klimaveränderung

EG alarmiert über den Wärmestau

„Es gibt keinerlei Zweifel, daß die Erde immer wärmer wird und daß die Aussicht auf folgenschwere Veränderungen des Meeresspiegels be-

Gefahr für Bienenvölker

DÜSSELDORF (dpa). Den Bienen droht zur Zeit tödliche Gefahr: Nach Angaben des nordrhein-westfälischen Umweltministeriums sind in den vergangenen Tagen zahlreiche Bienenvölker durch falsche Anwendung von Schädlingsbekämpfungsmitteln vergiftet worden.

Hinweis

Die Zeitungsausschnitte können noch durch weitere Feststellungen ergänzt werden. Die Bestandsaufnahme sollte aber nicht zu lange dauern, sondern in die Frage nach den Ursachen übergehen.

2. Schritt

Ursachen der Umweltzerstörung

Sammeln: Wann bedrohe ich die Natur?

Plenum 20 Minuten

Anleitung

- Das Bild der zerstörten Erdkugel (evtl. vergrößert) wird auf ein großes Blatt geklebt und in die Mitte der Runde gelegt.
- Die Tln vervollständigen den Satz: *Ich bedrohe die Natur, wenn ich . . .*
  z. B. Gift im Garten spritze, zuviel Energie verbrauche, Wasser verschwende, scharfe Putzmittel benutze.
- Die Tln haben kurz Gelegenheit, ihre Sorgen und Fragen auszusprechen.

Hinweis

Es ist wichtig, sich nicht zu lange mit der negativen Bilanz aufzuhalten, das kann zu Resignation oder der Suche nach dem Schuldigen (den anderen, die versagen) führen. Es gilt vielmehr, herauszufinden, daß wir unsere innere Einstellung ändern müssen. Dabei können uns die Aussagen des Indianerhäuptlings Seattle helfen, die dieser im Jahre 1855 gemacht haben soll, als die Weißen das Land von ihm kaufen wollten.

3. Schritt

„Wir sind ein Teil der Erde, und sie ist ein Teil von uns."

Auszüge aus der Rede des Häuptlings Seattle
Lied
Austausch im Gespräch

Plenum 60 Minuten

Es wäre schön, wenn die Tln Ehrfurcht und Staunen vor der Natur nicht nur durch die nachfolgenden Worte, sondern auch durch persönliche Erlebnisse erfahren könnten. Wir haben daher (wenn es aufgrund der Jahreszeit möglich war) ein kleines Stück Wiese mit verschiedenen Gräsern, Kräutern, Blumen in einer Schale auf den Tisch gestellt. Vielleicht können Sie sich auf einer Wiese oder unter einem alten Baum treffen? Im Winter kann ein gutes Naturfoto ein wenig Atmosphäre vermitteln.

Die Erde ist unsere Mutter

Wie kann man den Himmel kaufen oder verkaufen – oder die Wärme der Erde? Diese Vorstellung ist uns fremd. Wenn wir die Frische der Luft und das Glitzern des Wassers nicht besitzen – wie könnt Ihr sie von uns kaufen? Jeder Teil dieser Erde ist meinem Volk heilig. Jede glitzernde Tannennadel, jeder sandige Strand, jeder Nebel in den dunklen Wäldern, jede Lichtung, jedes summende Insekt ist heilig in den Gedanken und Erfahrungen meines Volkes. Wir sind ein Teil der Erde, und sie ist ein Teil von uns. Die duftenden Blumen sind unsere Schwestern, die Flüsse sind unsere Brüder.

Der weiße Mann ist ein Fremder, der kommt in der Nacht und nimmt von der Erde, was immer er braucht. Die Erde ist sein Bruder nicht, sondern Feind, und wenn er sie erobert hat, schreitet er weiter. Er stiehlt die Erde von seinen Kindern – und kümmert sich nicht. Er behandelt seine Mutter, die Erde, und seinen Bruder, den Himmel, wie Dinge zum Kaufen und Plündern, zum Verkaufen wie Schafe oder glänzende Perlen. Sein Hunger wird die Erde verschlingen und nichts zurücklassen als die Wüste. Fahret fort, Euer Bett zu verseuchen, und eines Nachts werdet Ihr im eigenen Abfall ersticken.

Was die Erde befällt, befällt auch die Söhne der Erde. Lehrt Eure Kinder, was wir unsere Kinder lehren: Die Erde ist unsere Mutter. Wenn Menschen auf die Erde spucken, bespeien sie sich selbst. Denn das wissen wir: die Erde gehört nicht den Menschen, der Mensch gehört zur Erde. Alles ist miteinander verbunden wie das Blut, das eine Familie vereint. Der Mensch schuf nicht das Gewebe des Lebens, er ist darin nur eine Faser. Was immer Ihr dem Gewebe antut, das tut Ihr Euch selber an.

Auszüge aus der Antwort des Häuptlings Seattle auf das Angebot der Weißen, den Indianern ihr Land abzukaufen (1855)

Anleitung

- Nachdem der Text einmal vorgelesen worden ist, erhält jede Tln eine Kopie.
- Mit dem folgenden Kanon, vielleicht schon vorher von einigen Tln eingeübt, kann die Grundaussage des Textes unterstützt werden.

Jeder Teil dieser Erde

- Nun lesen verschiedene Tln je einen der drei Abschnitte.
- Nach jedem Abschnitt singen alle den Kanon.
- Dann ist jeweils 3 Minuten Stille.
- Anschließend tauschen die Tln aus, was sie besonders berührt hat.

Teilnehmeraussagen aus verschiedenen Gruppen

- „Warum mußte ich erst eine Wüste erleben, um den Wert eines Baumes zu schätzen?"
- „Wenn ich Flüsse und Meere wirklich als meine Brüder ansähe, würde ich Abwässer nicht mit Chemikalien vergiften!"
- „Können wir wie die Indianer in allen Tieren und Pflanzen unsere Brüder und Schwestern sehen, sie sogar als heilig ansehen?"
- „Alle finden die Wiese schön, aber im eigenen Garten ist der Rasen bequemer; alle finden Bäume wichtig und schön, aber das Laub auf dem Bürgersteig will keiner kehren."
- „Als Stadtkind fehlte mir jede Naturerfahrung. Seit ich einen eigenen Garten habe, bewundere ich die Libellen, erfreue mich an der Farbenpracht der Blumen und staune über die Biene in der Blüte. Jetzt schütte ich giftige Holzschutzmittel nicht mehr in die Erde."
- „Gibt es noch ein Zurück, damit wir nicht am eigenen Abfall ersticken?"

* Text: Arrow Smith. Musik: Stefan Vesper. Quelle: Rede des Indianerhäuptlings Seattle. Aus: Mein Liederbuch, 1981. Alle Rechte im tvd-Verlag, Düsseldorf

4. Schritt

Die **Um**welt zu meiner **Mit**welt machen.

Arbeitsblatt:
Wie schütze ich meine Mitwelt?

Zeichnung der Erdkugel:
Mein Beitrag zum Schutz der Erde.

Plenum 30 Minuten

„Zurück zur Natur" wollen wir nicht, wir brauchen Kultur und Zivilisation. Aber wir müssen lernen, daß wir nicht über der Natur stehen, unabhängige Herrschende sind, die ihre Umwelt für ihre Zwecke (Bequemlichkeit, Freizeit, usw.) ungestraft ausnützen können. Wir sind vielmehr alle eingebunden in eine Mitwelt, wo das Handeln jedes Teiles zu Kettenreaktionen führt. Wie Liebe zur Natur sich in konkretem Handeln äußern kann, tragen die Tln zum Abschluß zusammen. Dabei ist es wichtig, mit wenigen kleinen Schritten anzufangen, große ermüden so schnell!

Anleitung

- Es ist günstig, die Tln zuerst einmal zu fragen, ob sie wissen, wieviel Wasser eine Normalfamilie verbraucht oder wieviel Hausmüll wir produzieren. Vielleicht lassen Sie die Tln der Gruppe raten, und diese sind vielleicht nachher ebenso erstaunt wie wir über die großen Zahlen.
- Wir haben gute Erfahrungen damit gemacht, das Blatt auseinanderzuschneiden und die verschiedenen Bereiche Wasserverbrauch, Energie, Abfälle usw. zur Diskussion in Kleingruppen zu geben.

Arbeitsblatt Seite 172/173

- Im Plenum werden anschließend die Ergebnisse der Kleingruppengespräche zusammengetragen, evtl. die Texte vorgelesen.

Umweltschutz gibt es nicht zum Nulltarif; es kostet Anstrengung, Zeit für Information, Umdenken, Geld, Verzicht.

Arbeitsblatt

Wie schütze ich meine Mitwelt in Haus und Garten?

Wasserverbrauch

Ich bedenke: In der BRD verbraucht eine vierköpfige Normalfamilie durchschnittlich täglich 560 Ltr. bestes Trinkwasser, davon werden tatsächlich für Trinken und Kochen nur 11 Ltr. verwendet. Eine Toilettenspülung braucht 6–9 Ltr. Wasser.

Ich könnte:
- duschen statt baden (nur ca. 40 statt 160 Ltr.);
- waschen, wenn die Waschtrommel richtig voll ist;
- am tropfenden Wasserhahn neue Dichtungen anbringen;
- Sparspülung am WC anbringen.

Energie

Ich bedenke: Ein Vierpersonenhaushalt verbraucht im Jahr für arbeitserleichternde Elektrogeräte (vom Elektroherd bis Bügeleisen) für ca. 2225,– DM Strom.

Ich könnte:
- beim Kochen die passende Topfgröße zu den Kochplatten nehmen, einen Schnellkochtopf nehmen;
- in der Heizperiode nicht stundenlang mit gekipptem Fenster lüften;
- mit warmem Wasser sparsam umgehen;
- keine Alufolie verwenden, weil die Herstellung soviel Energie kostet.

Abfälle

Ich bedenke: In der BRD fallen jährlich ca. 29 Mio. Tonnen Hausmüll und hausmüllähnlicher Gewerbemüll an, diese würden 1 Mio. Eisenbahnwaggons füllen. Der Güterzug würde von Berlin bis Zentralafrika reichen. Mehr als die Hälfte des gesamten Abfallvolumens besteht aus weggeworfener Verpackung und organischen Abfällen.

Ich könnte:
- den Einkaufskorb statt Plastiktüten verwenden;
- auf aufwendig verpackte Produkte verzichten;
- organische Haushaltsabfälle selbst kompostieren;
- zur Wiederverwertung Altglas und Altpapier getrennt sammeln;
- möglichst wenig Produkte in Einwegbehältern kaufen;
- Sondermüll getrennt sammeln.

Chemie im Haushalt

Ich bedenke: In der BRD gelangen jährlich mehr als 2 Mio. Tonnen Reinigungs-, Pflege- und Waschmittel in unser Abwasser. Diese Menge würde 100 000 LKWs (à 20 t) füllen. Die Phosphate der Reinigungsmittel wirken in Flüssen, Seen und Meeren als Dünger, der den Algenwuchs fördert. Weil dadurch der Sauerstoff knapp wird, müssen Tiere und Pflanzen sterben.

Ich könnte:
- umweltschonende Wasch-, Spül- und Reinigungsmittel sparsam verwenden;
- auf Weichspüler verzichten;
- statt WC-Reiniger milden Allzweckreiniger (z. B. Neutralseife) und Scheuerpulver verwenden;
- statt ätzenden Rohrreiniger die Saugglocke oder Spirale verwenden;
- statt Raumspray sprühen die Fenster zum Lüften öffnen.

Luftverschmutzung

Ich bedenke: Durch Autos, Kraftwerke, Hausheizungen und Industrieanlagen kommen Schadstoffe in die Luft und führen z. B. zum Waldsterben.

Ich könnte:
- öfter Fahrrad fahren,
- weniger heizen und einen Pullover anziehen,
- FCKW-freie Sprays verwenden.

Garten

Ich bedenke: Viele Pflanzen und Tiere werden durch die Verwendung von Schädlingsbekämpfungsmittel unnötig getötet.

Ich könnte:
- Brennesselbrühe gegen Blattlausbefall verwenden;
- durch möglichst geringen Eingriff (Ameisen leben lassen, Wiese statt Rasen) das ökologische Gleichgewicht erhalten.

Hinweis

Die Zahlen und Mengenangaben beim Wasserverbrauch und beim Abfallberg stoßen bei vielen Tln auf ungläubiges Erstaunen. Sie sind uns vom Umweltbundesamt in Berlin bestätigt worden.
Da nach der Einsicht nicht automatisch das Handeln folgt, kann es für die einzelnen Tln eine gute Hilfe sein, sich ihren persönlichen Beitrag zusammenzustellen und mit nach Hause zu nehmen.

Mein Beitrag zum Schutz der Erde

Ehrfurcht vor der Schöpfung, Liebe zur Natur

Ich handle verantwortungsbewußt, wenn ich ...

Anleitung zu Seite 173

- Jede Tln bekommt eine Kopie der Zeichnung und hat 5–10 Minuten Zeit, ihre persönlichen Beiträge aufzuschreiben, z. B. *wenn ich*

  mehr Fahrrad fahre;

  nicht nur billig, sondern auch umweltbewußt einkaufe;

  nicht nur umdenke, sondern auch um-fühle;
  Abfälle sortiere und kompostiere;
  meinen Garten nicht wie mein Wohnzimmer behandle;

  von den Kindern wieder das Staunen über die Schönheit der Natur lerne.
- Wenn die Tln sich gut kennen, tauschen sie sich vielleicht gerne noch im Gespräch aus. Sie können mit dem Kanon schließen.

Teilnehmeraussagen aus verschiedenen Gruppen

- „Beim Scheuerpulver klebe ich nach dem Öffnen sofort die Hälfte der vorgestanzten Löcher zu. Auf diese Weise läßt sich der Verbrauch kontrollierter dosieren."
- „Ich lasse keine Blumen mehr in Klarsichtfolie einpacken, weil ich gehört habe, daß sich diese Folie ca. 30 Jahre hält, bevor sie verrottet."
- „Es ist nicht leicht auszuhalten, daß meine Rosen in diesem Jahr wegen des Mehltaus keine Blätter mehr haben. Die Nachbarn haben so viel schönere Rosen, weil sie spritzen."
- „Ich sammle in der Küche das Wasser, mit dem ich Salat und Gemüse wasche; meine Geranien freuen sich darüber."
- „Ich stecke alles, was herumliegt, in die Waschmaschine, auch wenn es noch nicht dreckig ist. Ich weiß, daß das Wasser- und Energieverschwendung ist, aber ich komme nicht gegen meinen Ordnungsfimmel an."
- „Mein Vater war ein einfacher Mann, der nur mit Mühe seinen Namen schreiben konnte, aber er hat seinen Kindern und Enkelkindern eine große Liebe zur Natur beigebracht. Er bückte sich nach dem kleinsten Pflänzchen, das er in Rillen zwischen Steinen fand, und bewunderte es."

Impuls zum Mitgeben

- Könnte der Kanon vielleicht in der Gruppe, in Ihrer Familie gesungen oder gesummt werden, wenn wir uns selbst oder andere daran erinnern wollen, verantwortungsbewußter mit der Natur umzugehen?
- Haben Sie schon einmal mit einem Vergrößerungsglas ein Blatt betrachtet und bewundert?

Mögliche Weiterführung

- Stichworte ‚Werte 1' und ‚Werte 2', ‚Verantwortung'
- Sich in Einzelbereichen sachkundig machen durch Bücher oder Umweltberater(-innen)
- Besuch bei einem Ökobauern
- Wir haben an einem Wochenende folgenden Familiennachmittag gestaltet:
  Eine Sternwanderung von verschiedenen Gruppen mit mehreren Familien durch den ortsnahen Wald. Unterwegs wurden Abfälle gesammelt. Beim gemeinsamen Treffpunkt wurden die brennbaren Abfälle im Lagerfeuer vernichtet, über die Probleme des Plastikabfalls gesprochen und ein gemeinsamer Gottesdienst gestaltet.

Partnerschaft

Ich-Werden
Ich-Bleiben
Partner-Sein

ZIEL

Erkennen,
daß Eigenständigkeit eine wichtige Voraussetzung für Partnerschaft ist,
daß Partnerschaft ein Geben und Nehmen ist.

Vorüberlegungen

In meinem neunbändigen Lexikon von 1958 steht unter Partnerschaft: „... zusammenfassende Bezeichnung für Bestrebungen, das menschliche Verhältnis zwischen Vorgesetzten und Untergebenen ... neu zu gestalten." Es findet sich kein Wort zu Partnerschaft in Ehe, Familie, Freundschaft: damals waren Partner nur Geschäftspartner. Es fällt mir dazu ein, daß für meine Eltern (geheiratet 1933) das Wort Partnerschaft auch unbekannt war. Damals gab es in den Beziehungen zwischen Mann und Frau wenig ‚Teilhaberschaft' oder ‚gegenseitige Anteilnahme' (in **Par**tnerschaft steckt das lateinische Wort pars = Teil), da gab es mehr Unterordnung oder Anpassung der Frau an die beruflichen oder persönlichen Interessen des Mannes.
Wenn in der jungen Generation auf der Suche nach neuen Möglichkeiten viele Unsicherheiten und Schwierigkeiten entstanden sind, ist das nicht verwunderlich, denn es gibt noch keine ausreichenden Erfahrungen mit dem partnerschaftlichen Modell. Deshalb ist das Gespräch über unsere Vorstellungen und Wünsche sehr wichtig. Auf diese Weise können wir vorgeformte Bahnen verlassen und Neues ausprobieren.
Überlegen Sie, ob es für Ihre Gruppe sinnvoll ist, sich mit der Frage der Rollenerwartungen zu befassen, bevor Sie auf das Thema ‚Partnerschaft' eingehen (siehe Stichworte ‚Rollen', ‚Frau'). Es kann auch günstig sein, zuerst an der Selbstannahme zu arbeiten (siehe Stichwort ‚Annahme').
Zum Anwärmen oder als Überbrückung, bis alle Tln anwesend sind, können Sie das Scrabble-Spiel anbieten:

Schreibspiel

```
               P
               ANNEHMEN
               R
               T
               N
     ZÄRTLICHKEIT
               R
               S
               C
             ZUHÖREN
               A
               F
               T
```

Die Tln schreiben in die Waagerechte Begriffe, die ihnen zu den Buchstaben des senkrecht geschriebenen Wortes ‚Partnerschaft' einfallen.

Die folgenden Schritte enthalten zu viele Materialien für ein einziges Treffen. Beim Auswählen stellen Sie sich am besten Ihre Tln vor und vertrauen dann Ihrer Intuition. Es ist immer wichtig, daß Sie persönlich einen guten Zugang zu dem Material haben, das Sie der Gruppe anbieten wollen.

1. Schritt

Harmonie und Nähe

Gespräch über eine Seitenansicht der Tonplastik

Alternative

Gespräch über die Kugelgeschichte von Plato

Plenum oder Kleingruppen 20 Minuten

Anleitung

Sie erklären den Tln, daß Sie für jede ein Foto mitgebracht haben, das Ihnen etwas über Partnerschaft auszusagen scheint, und daß die Tln etwa 3 Minuten Zeit zur stillen Betrachtung haben.

Mögliche Einstiegsfragen:

- Finde ich in der Plastik Merkmale, die mir für den partnerschaftlichen Umgang miteinander wichtig sind?
- Finde ich die Plastik in ihrer Aussage einseitig?
- Fehlen mir wichtige Aspekte?

Mögliche Gesprächsergebnisse

- Wichtig sind: Zuwendung, Ver-bundenheit, sich auf den anderen ein-stellen, einen gemeinsamen Stand haben, zwei Hälften ergänzen sich zu einem Kreis, Harmonie.
- Es fehlt: Selb-ständigkeit, Öffnung nach draußen.
- Gefahr dieser Darstellung von Partnerschaft: Verschmelzung, Egoismus zu zweit.

Alternative

Anstelle der Tonplastik können Sie diese Gedanken auch mit dem Text vom Kugelmenschen deutlich machen (siehe Stichwort ‚Frau') und anschließend mit dem Text von Höver im 2. Schritt weiterarbeiten. Wir haben allerdings die Erfahrung gemacht, daß Bilder mehr den ganzen Menschen ansprechen und daher oft weiterführen als Texte, die eher zum Argumentieren anregen.

2. Schritt

Eigenständigkeit und Distanz

Gespräch über die andere Seite der Tonplastik

Alternative

Gespräch über den Text von Höver

Plenum 30 Minuten

Vielleicht haben die Teilnehmer schon die Gefahren angesprochen, die entstehen können, wenn Menschen zu eng miteinander verbunden sind oder sich aneinander klammern. Dann kann der Gedanke der notwendigen Selbständigkeit noch mit einem weiteren Foto der Plastik vertieft werden.

Mögliche Fragen

- Finde ich in dieser Ansicht der Plastik auch Merkmale, die mir für Partnerschaft wichtig sind?
- Finde ich beide Seiten der Plastik gleich wichtig als Symbol für Partnerschaft, oder könnte ich auf eine Seite verzichten?

Mögliche Gesprächsergebnisse

- Partnerschaft ist die Beziehung von zwei eigenständigen Menschen, die gleichwertig sind.
- Beiderseitiges Aufeinander-Einstellen ist etwas anderes als Verschmelzung oder Selbstaufgabe.
- Distanz ist so wichtig wie Nähe.
- Ohne Freiraum kann sich kein Ich entwickeln.
- Der Preis der Eigenständigkeit kann manchmal Einsamkeit sein, der Preis der Nähe die Aufgabe eigener Interessen.

Alternative

In der Ehe, in der Freundschaft, im Verhältnis von Eltern zu ihren Kindern fällt es oft schwer, zu akzeptieren: Ich bin nicht du, du bist nicht ich. – Wir verfallen leicht in den Fehler, uns ein Bild vom anderen zu machen, zu glauben, daß wir wüßten, wie der andere denkt und fühlt und was er braucht. Sie können den folgenden Text als Verstärkung dieses Gedankens verwenden oder alternativ zur Tonplastik.

Der andere ist anders

Er denkt anders,
als ich denke.

Er handelt anders,
als ich handle.

Er bewegt sich anders,
als ich mich bewege.

Er meint etwas anderes,
als ich verstanden habe.

Er tut etwas anderes,
als ich von ihm erwartet hätte.

Er sagt etwas anderes,
als ich es für passend finde.

Er lacht und trauert anders,
als ich augenblicklich gestimmt bin.

Er schlußfolgert anders,
als ich es für logisch halte.

Er äußert sich anders,
als ich es hören wollte.

Er lebt anders als ich.

Günter Höver

3. Schritt

Zu zweit sich selber treu sein

Bewegung zu zweit

Alternative

Text von A. M. Lindbergh

Plenum 45 Minuten

Partnerschaft ist kein gleichbleibender Zustand, sondern ein dynamischer Prozeß, in dem Partnerschaft mal mehr, mal weniger gelingt. Dieser Gedanke kann deutlich werden an dem Text von A. M. Lindbergh. Besonders gute Erfahrungen haben wir mit einem Bewegungsspiel gemacht, bei dem man sich ohne Worte austauschen kann. Dabei erfahren wir manchmal mehr über uns und unsere Gefühle, als wenn wir sprechen.

Anleitung

Bewegung zu zweit mit einem Bambusstab:

- Jede Tln sucht sich eine Partnerin.
- Wichtig ist genügend Platz und Ruhe, damit die Paare sich nicht gegenseitig stören.
- Beide stellen sich im Abstand von 20 bis 30 cm gegenüber und schließen die Augen.
- Die Tln suchen ihren eigenen Stand, konzentrieren sich auf sich und ihre Atmung (ca. 2 Min.).
- Jedes Paar bekommt einen Bambusstab von 1 bis 1,5 cm Durchmesser und 70–80 cm Länge.
- Eine Tln hält den Stab waagerecht, eingespannt zwischen ihren Handflächen.
- Ihre Partnerin umfaßt mit beiden Händen den Stab in der Mitte.
- Der Stab verbindet beide und gibt die Möglichkeit zu gemeinsamem Tun (schnelle und langsame Bewegungen, hoch und tief usw.).

- die Paare lassen sich Zeit, zu spüren:
  Was will ich?
  Was will die andere?
  Was wollen wir zusammen tun?
- Nach ca. 7 Minuten bittet die Gesprächsleiterin, die Bewegungen langsam ausklingen zu lassen.
- Die Tln, die den Stab in der Mitte umfaßt hat, hält ihn jetzt an beiden Enden, ihre Partnerin wechselt zur Mitte.
- Die Tln konzentrieren sich in einer kleinen Pause von 2 Minuten auf ihre Atmung.
- Dann läßt jede in dieser veränderten Stellung erneut Bewegungen zu, oder nicht zu, so wie sie es will (ca. 7 Min.).
- Erfahrungsaustausch im Paargespräch (10–20 Min.).

Hinweis

Es zeigt sich immer wieder, daß Tln, die zuerst Schwierigkeiten hatten, mitzumachen, nachher froh waren über neue Erfahrungen und Erkenntnisse. So kann eine Tln von einer anderen ganz anders wahrgenommen werden (z. B. dominierend), als sie sich selbst einschätzt. Es sollte sich noch ein Plenumsgespräch anschließen, um die hier gewonnenen Erfahrungen in den Alltag übertragen zu können.

Austausch im Plenum, mögliche Fragen

Kenne ich Situationen in meiner Partnerschaft, in denen ich mich ähnlich fühle wie hier?
z. B. besonders aktiv/passiv
z. B. unsicher/neugierig bei neuen Aufgaben
z. B. angeregt, ergänzt

Teilnehmeraussagen, die in verschiedenen Gruppen gemacht wurden

- „Ich dachte, du hättest mit dem Schwingen des Stockes begonnen, und du hast dasselbe von mir gedacht. In Wirklichkeit waren es die Schwingungen unseres Atems. Es ist doch gut, öfter mal meine Phantasien über den anderen zu überprüfen."
- „Ich fühlte mich total überfordert von den schnellen Bewegungen. Ich dachte, ich verliere den Stock. Warum bremse ich andere Menschen nicht, wenn sie mich bedrängen?"
- „Ich verstehe gar nicht, daß mich andere so dominierend finden, obwohl ich doch fast nichts getan habe."
- „Wir waren beide so vorsichtig, daß wir eine einmal gefundene Form nicht mehr verändert haben."
- „Leider ist der Umgang zweier unterschiedlicher Menschen im Alltag noch viel schwerer. Mein Mann und ich haben so wenig Gemeinsames, das uns verbindet. Vielleicht sollten wir gemeinsame Abende fest im Kalender planen."

Erst im Spiegel des anderen erkennt man sein eigenes Ich.

Zenta Maurina

Alternative

Muscheln in meiner Hand

Eine gute Beziehung ist wie ein Tanz und baut sich nach den gleichen Regeln auf. Die Partner bedürfen keines festen gegenseitigen Haltes, denn sie bewegen sich vertrauensvoll nach der gleichen Choreographie . . .
Eine plumpe Berührung würde alles zum Stillstand bringen . . . Hier ist kein Raum für die besitzergreifende Umklammerung, den Arm auf der Schulter, die schwere Hand; nichts als eine leise Berührung im Vorübergehen. Sei es Arm in Arm, sei es Auge in Auge, sei es Rücken gegen Rücken – das bleibt sich gleich. Denn man weiß, daß man der Partner des anderen ist, daß man sich im Gleichklang bewegt . . .
Die Freude daran besteht nicht nur in der schöpferischen Freude oder in der Freude des Mitteilens, es ist auch die Lebensfreude des Augenblicks. Die Leichtigkeit der Berührung und die Freude, den Augenblick ganz zu leben, sind miteinander verknüpft. Man kann nur gut tanzen, wenn man sich im vollkommenen Einklang zur Musik bewegt, wenn man nicht zögernd im letzten Schritt verharrt oder sich vorzeitig in den nächsten drängt. Man muß den Takt des Augenblicks erfassen.
Wie erlernt man aber diese Technik des Tanzes? Weshalb ist sie so schwierig? Was läßt uns zögern und stolpern? Ich glaube, es ist die Angst, die uns heimwehkrank am jüngst vergangenen Augenblick festhalten läßt oder uns treibt, gierig nach dem nächsten zu greifen. Angst zerstört das ‚beschwingte Leben'. Wie kann man diese Angst bannen? Nur durch ihren Gegenspieler, die Liebe. Ist das Herz voll Liebe, bleibt kein Raum mehr für Angst, Zweifel und Unentschlossenheit . . . Wenn jeder Partner so vollkommen in der Liebe aufgeht, daß er vergißt zu überlegen, ob er wiedergeliebt wird, wenn er nur noch weiß, daß er liebt und sich zur Melodie dieser Liebe bewegt – dann und nur dann können sich zwei Menschen in vollkommenem Einklang, in gleichem Rhythmus bewegen.

A. M. Lindbergh; gekürzt

Vertiefender Text

Von der Ehe

Liebet einander, doch macht die Liebe nicht zur Fessel: Schaffet eher daraus ein webendes Meer zwischen den Ufern eurer Seelen.
Lasset Raum zwischen eurem Beieinandersein. Und lasset Wind und Himmel tanzen zwischen euch.
Singet und tanzet zusammen und seid fröhlich, doch lasset jeden von euch allein sein.
Gleich wie die Saiten einer Laute allein sind, erbeben sie auch von derselben Musik.
Und stehet beieinander, doch nicht zu nahe beieinander: Denn die Säulen des Tempels stehen einzeln, und Eichbaum und Zypresse wachsen nicht im gegenseit'gen Schatten.

Gekürzt aus: Kahlil Gibran, Der Prophet

Mögliche Weiterführung

Bild von Gott mit Adam und Eva im Stichwort ‚Gotteserfahrung'
Stichwort ‚Liebe'

Rollen

Rollen im Leben – leben in Rollen

ZIEL

Erkennen,
daß ich nicht in Rollen
aufgehen will,
die nicht zu mir gehören,
sondern daß ich ich-selbst sein möchte.

Vorüberlegungen

Wie frau zu sein hat, was sie tun darf oder lassen muß, darüber gab es jahrhundertelang genaue Vorstellungen. Heute sind weder die Aufgabenverteilungen noch die Verhaltensvorstellungen festgelegt. Trotzdem gibt es einen Zeitgeist, wechselnde Tendenzen, die Frauen immer wieder auf bestimmte Rollenbilder festzulegen versuchen.

- In den siebziger Jahren hieß es, daß Mutterschaft die Frau an ihrer Selbstverwirklichung hindere; nur im Beruf könne sie ihre Persönlichkeit voll entfalten.
- In den achtziger Jahren war die Superfrau das Ideal, die Familie, Karriere und bestes Aussehen durch perfekte Organisation meisterte.
- Ende der achtziger Jahre schreiben Frauen ‚neue Mütterlichkeit auf ihre Fahne' und gehen in Konfrontation zur Männerwelt.

Glücklicherweise weigern sich immer mehr Frauen, vorgefertigte Rollenbilder zu übernehmen. Selbstbestimmt versuchen sie, ihren persönlichen Weg zu finden:

Emanzipiert, aber keine Emanze
Feminin, aber keine Feministin
Aktiv, aber nicht karrieresüchtig
Selbstbewußt, aber nicht egozentrisch
Mütterlich, aber keine Glucke

Diesen persönlichen Weg in der Praxis zu finden ist oft so schwer, weil Männer wie Frauen unbewußt Verhaltenserwartungen von ihren Eltern übernommen haben. Aber selbst wenn ein Ehemann nichts gegen die außerhäuslichen Aktivitäten seiner Frau hat, so fühlt er sich doch vernachlässigt, vielleicht zurückgesetzt, wenn er nicht so verwöhnt wird, wie seine Mutter es bei seinem Vater tat. Es ist wichtig, immer wieder zu prüfen, welche Rollenerwartung jeder von uns erfüllen kann und will. Sie können darüber ins Gespräch kommen, indem Sie von eigenen Erfahrungen erzählen, oder mit dem Gedicht im 1. Schritt oder . . .

***Ich erschrak,
als ich merkte,
daß ich bin,
wie man ist.***

1. Schritt

Wie man/frau zu sein hat!

Gedicht von Kurt Marti
Gesprӓch und Auswertung auf einem Blatt

Plenum 30 Minuten

als sie mit zwanzig
ein kind erwartete
wurde von ihr heirat
erwartet

als sie geheiratet hatte
wurde von ihr verzicht
auf alle studienpläne
erwartet

als sie mit dreißig
noch unternehmungslust zeigte
wurde von ihr dienst im hause
erwartet

als sie mit vierzig
noch einmal zu leben versuchte
wurde von ihr anstand und tugend
erwartet

als sie mit fünfzig
verbraucht und enttäuscht war
zog ihr mann
zu einer jüngeren frau

liebe gemeinde
wir erwarten zu viel
wir gehorchen zu viel
wir leben zu wenig

Kurt Marti (verändert)

Gespräch über das Gedicht

Mögliches Ergebnis:

Viele der unbewußten Erwartungen an uns entwickeln sich in unserer Erziehung und durch unsere Umwelt. Wir machen uns ein Bild von dem, wie man als junge Frau, als gute Mutter oder als reife ältere Frau zu sein hat. Um Rollenklischees deutlicher werden zu lassen, können sie während des Gesprächs schriftlich festgehalten werden.

Rollenklischees

Wie die Frau zu sein hat

- kinderlieb
- attraktiv
- zurückhaltend
- gefühlvoll
- finanziell unabhängig
- Nur-Hausfrau
- emanzipiert
- anschmiegsam
- tüchtig, aber nicht karrieresüchtig
- sportlich
- liebevolle Tochter

Wie der Mann zu sein hat

- technisch geschickt
- erfolgreich im Beruf
- ‚kein Waschlappen'
- ‚kein Pantoffelheld'
- logisch denkend
- mehr Geld verdienend als seine Frau
- politisch interessiert
- durchsetzungsfähig
- überzeugend

Hinweis

Um nicht auf Anforderungen von Rollenklischees hereinzufallen, sondern eine eigenständige Entwicklung zu nehmen, ist es wichtig, sich der Besonderheit und Einmaligkeit der eigenen Persönlichkeit bewußt zu werden.

Wenn Sie nicht noch mindestens eine Stunde Zeit zur Verfügung haben, ist es besser, mit dem Text ‚Werde, der du bist' (siehe ‚Selbstverwirklichung') fortzufahren als mit dem Malen und dem nicht so leichten Text von Martin Buber, den wir im 3. Schritt vorschlagen. Es ist bei Zeitmangel günstiger, die folgenden Anregungen bei Ihrem nächsten Treffen anzubieten.

Im Laufe des Lebens hat jeder verschiedene Rollen (Aufgaben, Beziehungen). Wir tragen sie wie Kleider oder Schalen, die unser Wesen einhüllen, die wir zum Teil ablegen/verändern, wenn es an der Zeit ist (z. B. von der Mutterrolle zur Großmutterrolle).

2. Schritt

Unser einmaliges Wesen entfaltet sich in Beziehungen und im Handeln innerhalb festgelegter Rollen

Zusammenstellen: Ich lebe Rollen
Malen eines Symbols
Austausch in Dreiergruppen

Plenum
Einzelarbeit
Dreiergruppen 45 Minuten

Zusammenstellen: Ich lebe in Rollen

Anleitung

- Die Gesprächsleiterin bittet die Tln, in einer kurzen Stille darüber nachzudenken, in welchen Rollen sie leben, welche Aufgaben und Beziehungen sie haben.
- Anschließend werden die Aussagen der Tln auf einem großen Blatt festgehalten.
- Das sah in einer Gruppe so aus:

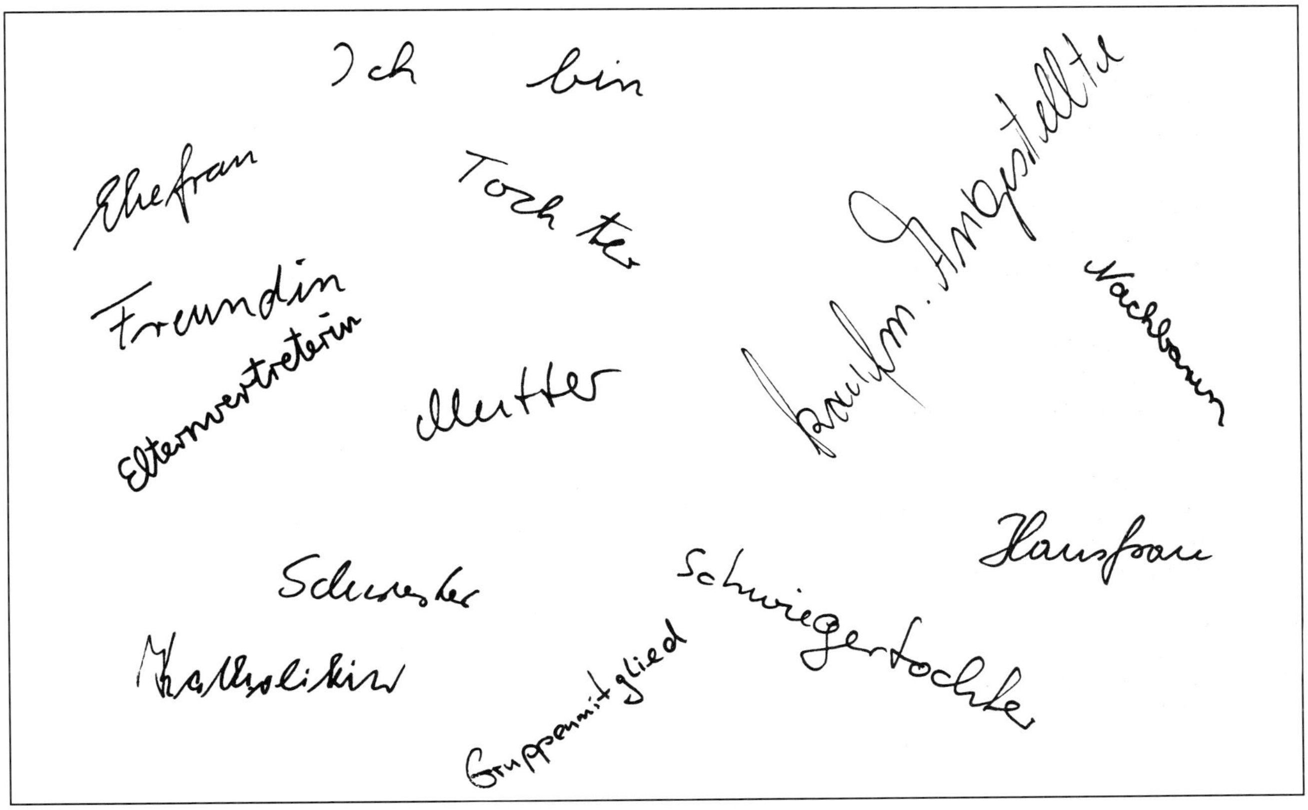

Hinweis

Einer Tln fiel trotz langen Nachdenkens nichts weiter ein als ihr Muttersein, obwohl sie auch in sehr vielen anderen Beziehungen lebte. Die Erschütterung über die Fixierung auf die Mutterrolle ließ die Frage aufkommen, ob wir Frauen nicht bewußter auch andere Beziehungen als nur familiäre pflegen müssen, damit wir uns nicht nur aus dieser Rolle definieren.

Eine ‚Spirale' malen
Ich werde mir meiner selbst bewußt,
mein Ich ist mehr als meine Rollen.

Im Anschluß an eine mehr allgemeine Bestandsaufnahme kann sich jetzt jede Tln mit ihrer persönlichen Situation beschäftigen. Dazu ist es nötig, Zeit und Ruhe zur Sammlung zu geben.

Anleitung

- Leise Hintergrundmusik (Musikvorschläge siehe Seite 281);
- jede Tln hat ein DIN-A4-Blatt und einen Stift vor sich liegen;
- die Atemübung (siehe ‚Körper 1') kann helfen, sich auf die eigene Mitte zu konzentrieren;
- die Leiterin gibt folgende Hinweise:

  Jedes Ich ist umgeben von Hüllen, von verschiedenen Schichten. Wir leben nicht allein, sondern in Beziehungen und Rollen.

  Eine Spirale kann uns helfen, daß wir uns klarer bewußt werden, was für uns „wesen"tliche Schichten sind und was Unwesentliches am Rande ist.

  Deshalb malen wir gleich eine Spirale von außen nach innen über das ganze Blatt, um unsere Tiefen auszuloten, um von mehr unwichtigen Rollen zu unserem eigenen Wesen vorzustoßen.

  Wir lassen uns viel Zeit, fühlen, was wir dabei empfinden.

  Anschließend malen wir die Spirale von innen nach außen und achten darauf, welchen Weg wir als positiver empfunden haben.

  Die Mitte ist unser ‚Ich', wir beschriften sie mit unserem Namen.

  Dann ergänzen wir, welche persönlichen Beziehungen und gesellschaftliche Rollen zu uns gehören und ob diese unserem Herzen näher oder entfernter sind.

Hinweis

Während der Anleitung haben Sie auf ein großes Blatt gut sichtbar die Spirale aufgezeichnet. Jetzt können Sie die Musik ein wenig lauter stellen. Es ist gut, wenn Sie selbst Ruhe ausstrahlen. Das gelingt besser, je mehr Sie sich schon bei der Vorbereitung zu Hause mit Ihrer Spirale angefreundet haben.
Wir drucken als Beispiel die Spirale einer Tln ab.

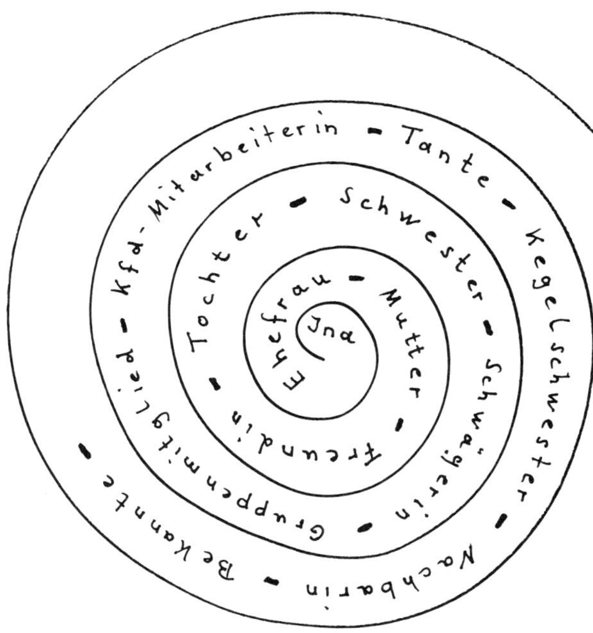

Was mache ich, wenn...

... einige Tln nicht malen wollen? Nach unserer Erfahrung verstärkt eine lange Diskussion darüber die Widerstände. Sie können jeder Tln ein Blatt geben und betonen, daß niemand malen muß, daß Sie aber die Chance geben möchten, eine wichtige Erfahrung zu machen.

Austausch in Dreiergruppen

Hinweis

Damit die Tln die Gelegenheit haben, ausführlich zu Wort zu kommen, ist eine kleine Gesprächsgruppe sehr wichtig. Das Vergleichen der Spiralen kann helfen, daß die Tln manches bei sich noch klarer sehen. Bei einem so persönlichen Austausch wie hier können Dreier- besser als Zweiergruppen sein, damit eine Tln, die nicht über sich sprechen möchte, sich nicht bedrängt fühlt. Wenn Sie das Gefühl haben, daß die Kleingruppengespräche sehr intensiv sind, brechen Sie sie besser nicht zu schnell ab.
Wir haben die Erfahrung gemacht, daß manche Tln so betroffen sind, daß sie davon nicht sprechen können oder wollen. Oft wirkt dann eine solche Erfahrung im Stillen intensiv weiter, manchmal kommt davon später einiges zutage.
Falls Ihnen das Symbol der Spirale nicht zusagt, können Sie das Bild der Zwiebel anbieten. Auf diese Weise wäre schon der Bezug zum folgenden Gedicht hergestellt, in dem von Schalen gesprochen wird.
Beginnen Sie die Ausführung des 3. Schrittes nur, wenn Sie noch mindestens 30 Minuten Zeit zur Verfügung haben. Sonst bringen Sie das Gedicht zu Ihrem nächsten Treffen mit. Es hat sich gezeigt, daß das anschließende Gespräch bis zu 2 Stunden füllen kann.

3. Schritt

Mensch – werde wesentlich!

Gedicht von Martin Buber
Gespräch

Plenum 30 Minuten

Du, eingetan in die Schalen,
in die dich Gesellschaft,
Staat, Kirche, Schule, Wirtschaft,
öffentliche Meinung
und dein eigener Hochmut
gesteckt haben –
Mittelbarer unter Mittelbaren,
durchbrich deine Schalen,
werde unmittelbar.

Martin Buber

Anleitung

- Das Gedicht wird vorgelesen.
- Jede Tln bekommt eine Kopie.
- Einzelbesinnung von etwa 3 Minuten.

Mögliche Einstiegsfragen

- Was hat mich ‚eingeschalt'?
- Wo möchte ich herauskommen?
- Welche Schalen brauche ich zu meiner Sicherheit?
- Gibt es Schalen, Barrieren, die anderen den Weg zu mir versperren?

Hinweis

In manchen Gruppen ist die Frage nach der Bedeutung des Wortes ‚mittelbar' aufgetaucht. Tln haben sie erläutert als Gegensatz zu unmittelbar und zu spontan, also nicht aus der Mitte lebend.
Vielleicht kommt auch in Ihrer Gruppe Bitterkeit hoch gegen ‚Einschalungen' und Trauer über den Verlust der Unmittelbarkeit. Es ist wichtig, das auszusprechen, aber nicht hilfreich, dabei stehenzubleiben. Anklagen und ‚Schuldige suchen' hilft nicht weiter. Es verändert sich am ehesten etwas, wenn jede bei sich selbst beginnt. So nahm in einer Gruppe das Gespräch darüber breiten Raum ein, ob nicht unser Perfektionsdrang etwas ist, das uns besonders stark in einen Rahmen preßt.

Teilnehmeraussagen aus verschieden Gruppen:

- „Wenn ich spontan bin, gibt es Konflikte, davor habe ich Angst."
- „Durchbrechen ist zerstören, das will ich nicht."
- „Am schwersten ist die Schale zu knacken, die aus meinem Hochmut kommt: ich muß stark und perfekt sein, außerdem immer Leistung bringen."
- „Beim Malen von innen nach außen habe ich eine große Kraft gespürt, die aus meinem Inneren kommt. Warum sollte ich damit nicht etwas an meiner Rolle als Ehefrau verändern können? Eigentlich bin ich doch mehr als die Frau an der Seite meines Mannes!"
- „Ich möchte so werden wie eine ältere Frau aus der Nachbarschaft. Sie hat eine große Ausstrahlung. Bei ihr leuchtet ihr innerstes Wesen durch alles, was sie sagt und tut."
- „Ich bin ersetzbar in meinen Funktionen, aber nicht als Person."
- „Ich finde es gut, wenn im Urlaub mal meine ganz tiefen Wünsche und Sehnsüchte aufbrechen; dann bin ich so, wie ich sonst gern wäre. Ich schaukele oder lache ‚albern', was ‚man' sonst nicht tut."

Vertiefender Text

Unsicherheit

Ganz selbstverständlich
habe ich lange
vielen Rollenerwartungen
entsprochen.

Jetzt genügen mir
die ausgetretenen Pfade
nicht mehr.
Ich stelle in Frage,
klage an,
provoziere,
fordere Rechte,
verändere mich.

Du findest dich,
bei meinem Verhalten,
nicht mehr zurecht.

Du fühlst dich verunsichert,
angegriffen und verletzt.

Ich hoffe
auf Einfühlung,
Verständnis,
Solidarität.

Es fällt dir nicht leicht,
mich neue, eigene Wege
gehen zu sehen.

Bleib ich jetzt stehen?
Warte ich auf dich?
Gebe ich auf?
Gehe ich allein?

Du bist mir wichtig.
Ich bedenke es gut.

Am liebsten teilte ich
diesen Weg mit dir.

Dagmar Bröker

Mögliche Weiterführung

‚Selbstverwirklichung'
‚Frau'
‚Partnerschaft'
‚Konflikte'
Gruppen, die sich für biblische Frauengestalten interessieren, haben gute Erfahrungen für sich gemacht, wenn sie das traditionelle Bild von Maria und Martha überdacht haben. (Das Buch von E. Moltmann-Wendel: ‚Ein eigener Mensch werden', ist dabei sehr hilfreich.)

Schenken

Schenken statt Tauschen

ZIEL

Nachdenken darüber, inwieweit das Tauschgeschäft von Leistung und Gegenleistung uns verarmen läßt; wie wir die zwischenmenschliche Bedeutung des Schenkens wieder stärker fördern können.

Vorüberlegungen

Wir haben dieses Thema oft in der Vorweihnachtszeit angesprochen, manchmal schon im November, bevor der ‚Geschenkerummel' begonnen hat. Es hat sich auch als günstig erwiesen, im Anschluß an die Themen: Gefühle zeigen, Seite 57, Wünsche äußern, Seite 253 über das Schenken zu sprechen.
Vielfach ist es üblich, beim Schenken genau zu rechnen, dann interessiert die Ware und ihr materieller Wert mehr als der Mensch: „Man kann doch nicht mit einem billigen Taschenbuch zum Geburtstagskaffee gehen, wenn man von der Freundin ein viel teureres Geschenk bekommen hat."
Zum Einstieg ist es gut, wenn die Tln an persönliche Erlebnisse anknüpfen.
Wir machen im 1. Schritt einen Vorschlag, der den Tln durch ihre persönliche Erfahrung hier und jetzt die Möglichkeit zum Gespräch gibt. (Uns ist diese Idee eingefallen, vielleicht kommt Ihnen eine ganz andere.)

1. Schritt

Wie geht es mir beim Beschenktwerden, beim Schenken?

Ein Überraschungsgeschenk
Austausch im Gespräch

Zweier- oder Dreiergruppen — 15 Minuten

Sie haben sicher schon festgestellt, daß ein Gespräch besonders lebendig ist, wenn es an Erfahrungen anknüpfen kann, die in der Gruppe gerade gemacht wurden. Deshalb schlagen wir vor, daß Sie zum Gruppentreff für jede Tln ein Geschenk mitbringen.

Anleitung

- Die Gruppenleiterin hat so viele kleine Geschenke wie Tln bereitgestellt (eine Blume, eine Praline, eine Vogelfeder, eine Spruchkarte, einen schönen Stein etc.)
- Sobald eine Tln den Raum betritt, bekommt sie etwas in die Hand gelegt mit den Worten: „Ich möchte dir mit einem kleinen Geschenk eine Freude machen."
- 2–3 Tln bilden eine Kleingruppe und sprechen darüber, wie sie das Überraschungsgeschenk empfunden haben.
- Die Leiterin kann folgende Fragen in die Kleingruppen geben:
  - Wie fühle ich mich?
  - Welche Fragen gehen mir im Kopf herum?
  - Wie geht es mir im Alltag, wenn ich etwas geschenkt bekomme?
  - Muß ich Geschenke ‚verdient' haben?
  - Wann habe ich schon einmal ein ‚Verpflichtungsgeschenk', wann ein ‚Herzensgeschenk' gemacht?

Überlegungen und Fragen von Tln aus verschiedenen Gruppen:

- „Wie kann ich das wiedergutmachen?" denken wir oft.
- Wir brauchen Zeit und Phantasie, um ein persönliches Geschenk zu finden.
- Schenken kann kränken.
- Vor lauter Geschenken nichts geschenkt.
- Schenken ist nicht investieren.

2. Schritt

Schenken ohne Berechnung

Märchen: Die kleinen Leute von Swabedo
Austausch im Gespräch

Plenum 60 Minuten

Die kleinen Leute von Swabedo

Vor langer Zeit lebten im Dorf Swabedo glückliche, kleine Leute und nannten sich Swabedodas.
Sie liebten es, einander warme, weiche Pelzchen zu schenken. Diese Pelzchen trug ein jeder in einem Beutel über seiner Schulter. Es war besonders schön, jemandem ein weiches, warmes Pelzchen zu geben, weil es eine Art war, dem anderen zu sagen: „Ich mag dich." Und selbstverständlich war es sehr erfreulich, ein solches Pelzchen zu bekommen. Warm und flauschig fühlte es sich an, und wenn man es sanft und leicht an der Wange entlangstrich, war das wundervoll. Man fühlte sich anerkannt und geschätzt und mochte dem anderen ebenfalls etwas Schönes tun. So war das gemeinsame Leben sehr glücklich und froh.
Außerhalb des Dorfes, in einer kalten, dunklen Höhle, wohnte ein großer, grüner Kobold. Er schien mit niemandem auszukommen und war manchmal sehr einsam. Das Austauschen von warmen, weichen Pelzchen hielt er für einen großen Unsinn. Einmal ging der Kobold in das Dorf und traf einen freundlichen Swabedoda. „War heute nicht ein schöner Tag?" sagte der kleine Einwohner. „Hier, nimm ein warmes weiches Pelzchen. Ich mag dich und sehe dich so selten." Der Kobold schaute sich um, ob niemand ihnen zuhörte, und flüsterte dann dem Swabedoda ins Ohr: „Hör mal, weißt du denn nicht, daß dir die Pelzchen ausgehen, wenn du sie alle weggibst?" Er bemerkte einen erstaunten Blick und Furcht im Gesicht des kleinen Mannes und fügte noch hinzu: „Sei lieber vorsichtig mit dem Schenken!" Damit tappte der Kobold davon und ließ den verwirrten, unglücklichen Swabedoda zurück.

Der Kobold wußte, daß ein jeder der kleinen Swabedodas einen unerschöpflichen Vorrat an Pelzchen besaß: gab man nämlich jemandem ein Pelzchen, so wurde es bald durch ein anderes ersetzt. Doch der Kobold verließ sich auf die gutgläubige Natur der kleinen Leute und noch auf etwas anderes, das er bei sich selbst entdeckt hatte. Er wollte herausfinden, ob es auch in den kleinen Swabedodas steckte.

Es dauerte nicht lange, und ein guter Freund, mit dem der kleine Swabedoda schon viele Pelzchen getauscht hatte, begrüßte ihn. Der Freund stellte mit Überraschung fest, daß er diesmal einen befremdenden Blick erhielt, als er dem vertrauten Swabedoda ein Pelzchen gab. Dabei wurde ihm noch empfohlen, auf seinen abnehmenden Pelzchenvorrat achtzugeben.
Diese Neuigkeit hatte sich am nächsten Tag im ganzen Dorf verbreitet. Man verschenkte zwar immer noch weiche Pelzchen, aber sehr, sehr vorsichtig. „Unterscheide", sagten die Leute. Die kleinen Swabedodas wurden mißtrauisch und verbargen ihre Beutel mit den Pelzchen nachts unter ihrem Bett. Streitigkeiten brachen darüber aus, wer die meisten Pelzchen hatte, und der Bürgermeister von Swabedo rief die Pelzchen als Zahlungsmittel aus. Es gab sogar einige Fälle von Raub der Pelzchen. Das Schlimmste von allem: An der Gesundheit der kleinen Leute begann sich etwas zu ändern. Viele klagten über Schmerzen in Schultern und Rücken, und mit der Zeit befiel immer mehr kleine Swabedodas eine Krankheit, bekannt als Rückgraterweichung. Sie liefen gebückt und schleiften ihre Pelzbeutelchen auf dem Boden. Weil viele Leute im Dorf glaubten, daß das Gewicht des Beutels die Ursache der Krankheit sei, schlossen sie ihn zu Hause ein.

Zuerst war der Kobold mit dem Ergebnis seiner Lüge zufrieden und fühlte sich erfolgreich. Er hatte herausfinden wollen, ob die kleinen Leute auch so fühlen und handeln würden wie er, wenn er selbstsüchtige Gedanken pflegte. Wenn er nun in das Dorf kam, bot man ihm keine weichen Pelzchen an. Statt dessen starrten ihn die kleinen Leute mißtrauisch an, so wie sie auch einander anstarrten. Für ihn bedeutete dies, der Wirklichkeit ins Auge zu schauen: „So ist die Welt."
Mit der Zeit ereigneten sich noch schlim-

mere Dinge: Einige der kleinen Leute starben. Nun war alles Glück aus dem Dorf Swabedo verschwunden. Als der Kobold davon hörte, sagte er zu sich selbst: „Mein Gott, ich wollte ihnen nur zeigen, wie die Welt wirklich ist. Ich habe ihnen nicht den Tod gewünscht."
Dann erdachte er einen Plan. In seiner Höhle hatte der Kobold eine geheime Mine von kaltem, stacheligem Gestein entdeckt und in vielen Jahren die stacheligen Steine aus dem Berg gegraben. Er entschloß sich, sie mit den Swabedodas zu teilen. So füllte er Hunderte von Säcken mit kalten, stacheligen Steinen und nahm sie mit ins Dorf. Die Leute nahmen die Säcke dankbar an. Nun hatten sie wieder etwas, was sie schenken konnten. Aber es machte nicht soviel Spaß, kalte, stachelige Steine zu verschenken. Es war die Art, dem anderen die Hand zu reichen – aber nicht so sehr in Freundschaft und Liebe. Wenn man einen stacheligen Stein bekam, war man nicht ganz sicher, was der Geber meinte. Es war nett, etwas von einem anderen zu erhalten, aber man blieb verwirrt und oft mit zerstochenen Fingern zurück.
Einige kleine Leute begannen wieder, einander warme, weiche Pelzchen zu geben, und jedesmal machte der Schenkende den Beschenkten wirklich sehr glücklich. Aber das Schenken von Pelzchen wurde nie mehr Mode in Swabedo. Das Pelzchenschenken war eine Kunst, die nicht von vielen gepflegt wurde. Mißtrauen konnte man aus den Bemerkungen der Leute hören:
„Ich weiß niemals, ob meine Pelzchen auch geschätzt werden."
„Ich habe ein weiches Pelzchen gegeben und bekam dafür einen stacheligen Stein. So dumm bin ich nie wieder."
„Ich möchte meinem Jungen ein warmes, weiches Pelzchen geben, aber er verdient es nicht."
Wahrscheinlich wäre jeder Bürger von Swabedo gern zurückgekehrt zu jenen frühen Tagen: „Wie schön wäre es doch, von jemandem ein warmes, weiches Pelzchen zu bekommen", und in Gedanken begann er wieder Pelzchen zu verschenken. Aber etwas hielt ihn stets davon zurück. Gewöhnlich war es einfach dies, daß er hinausging und sah, „wie die Welt wirklich war".

Anleitung

- Auf dem Tisch liegen mehr Pelzreste (evtl. Watte) als Tln.
- Jede Tln nimmt sich ein Pelzstück.
- Während die Leiterin das Märchen erzählt oder vorliest, können die Tln das Angenehme und Weiche des Pelzchens nachfühlen.

Hinweis

Wenn Sie bei der Vorbereitung des Themas die Tln Ihrer Gruppe vor Augen haben, können Sie sich sicher vorstellen, ob es sinnvoll ist, nach dem Märchen Fragen zu stellen – oder spontane Reaktionen abzuwarten. Nach diesem Text ist es sicher günstig (mit oder ohne Fragen), die Möglichkeit für ein breites Spektrum von Eindrücken, Ansichten und Gefühlen zu geben. Für den Fall, daß die Tln zu weit von dem Thema abkommen, hilft die Frage: Habe ich es schon erlebt, daß Pelzchen oder Steine geschenkt wurden?

Teilnehmeraussagen aus verschiedenen Gruppen:

- „Manchmal habe ich erst nachher gemerkt, daß ich einen stacheligen Stein geschenkt habe, der dem anderen weh tat."
- „Die Pelzreste waren nicht ‚nützlich', sie haben nicht äußerlich gewärmt wie der Pelzmantel, sondern innerlich."
- „Wer im Schenken rechnet, bekommt Angst, selbst zu kurz zu kommen, und wird mißtrauisch."
- „Wir lassen uns so sehr von äußeren Einflüssen wie Reklame leiten, obwohl wir es im Inneren eigentlich besser wissen."
- „Es ist so schwer, gegen den Strom zu schwimmen."
- „Ich wünsche mir, eine Schenkende zu sein und doch reich zu bleiben."

3. Schritt

Von Herzen schenken

Tln sammeln Ideen
Tln beschenken sich

Plenum 20 Minuten

Es wird vermutlich die Frage auftauchen, was die einzelne tun kann, wenn sie den „Geschenkerummel", den „Tauschzwang" nicht mitmachen will. Wenn dann die Tln Anregungen zum Schenken sammeln, macht es Freude, sich gegenseitig mit Phantasie zu mehr Mut und Kreativität anzufeuern.

Anleitung

- Die Tln sammeln Geschenkideen;
- sie bekommen das Blatt mit den Vorschlägen;
- jede Tln schreibt noch das dazu, was ihr von den Anregungen gut gefallen hat.

Was schenke ich, wenn ich von Herzen schenke?
- einen Brief
- einen Gutschein für einen Besuch im Theater, Museum, . . .
- eine Zusage, einen ganzen Tag die Kinder zu übernehmen
- einen Strauß aus meinem Garten (auch wenn die anderen mit 20,00-DM-Sträußen gratulieren)

....

....

....

Teilnehmeraussagen aus verschiedenen Gruppen:
- „Wenn ich ein Geschenk mitbringe, das nichts gekostet hat (nur meine Zeit), dann habe ich Sorge, man hält mich für geizig."
- „Ich bin ganz schön enttäuscht, daß die Nachbarin das von mir mit viel Mühe gehäkelte Deckchen gar nicht benutzt."
- „**Kleine** Geschenke erhalten die Freundschaft."
- „Das Geschenk liegt im Drandenken."

Hinweis

Vielleicht klagen Tln, daß sie Enttäuschungen erleben oder sich verausgaben beim Schenken. Überlegungen dazu finden Sie im Stichwort: „Geben und Nehmen".

Damit nicht nur vom Schenken gesprochen wird, sondern es auch geübt werden kann, machen sich die Tln zum Abschluß ein Geschenk.

Anleitung

- Die Leiterin hat zu Hause alle Namen der Gruppenteilnehmerinnen auf je ein Papierherz geschrieben.
- Sie legt diese und einige unbeschriebene in die Mitte.
- Jede Tln schreibt auf mindestens ein Herz ein persönliches Geschenk auf, z. B. Sauerampfer aus meinem Garten.

- Wenn alle Herzen mit Namen mit einem Geschenk beschriftet sind, werden sie überreicht.
- Es ist sinnvoll, nach einem halben Jahr darüber zu sprechen, ob die Tln ihren Gutschein eingelöst haben.

Mögliche Weiterführung

Stichwort
‚Geben und Nehmen'
Text „Verschenkte Zeit" in ‚Zeit 1'

Selbständigkeit

Was denken bloß die anderen!

ZIEL

Ermutigen,
den eigenen
Standpunkt zu finden,
den anderen ihren Standpunkt zu lassen,
selbstbestimmt in Abhängigkeiten
zu leben.

Vorüberlegungen

Manchmal treffen wir nach guter Überlegung eine Entscheidung und sagen dann, wenn wir deshalb angegriffen werden: „Dazu stehe ich jetzt!" Dabei erfahren wir, daß es nicht einfach ist, den eigenen Standpunkt zu vertreten, eigenständig zu denken und zu handeln, denn die Angst vor Gerede oder Ablehnung der anderen steckt tief. Es hilft oft, wenn wir uns austauschen über gelungene und weniger gelungene kleine Schritte auf dem Weg von zuviel Fremdbestimmung zu mehr Selbstbestimmung.
Es kann eindrucksvoll sein, mit ein paar Übungen im Stehen den eigenen Stand zu suchen, die eigene Stand-Festigkeit zu überprüfen. Vielleicht wollen Sie lieber lustiger beginnen, mit der Geschichte vom seltsamen Spazierritt?

Seltsamer Spazierritt

Ein Mann reitet auf seinem Esel nach Hause und läßt seinen Buben zu Fuß nebenher laufen. Kommt ein Wanderer und sagt: „Das ist nicht recht, Vater, daß Ihr reitet und laßt Euren Sohn laufen; Ihr habt stärkere Glieder." Da steigt der Vater vom Esel herab und läßt den Sohn reiten. Kommt wieder ein Wandersmann und sagt: „Das ist nicht recht, Bursche, daß du reitest und lässest deinen Vater zu Fuß gehen. Du hast jüngere Beine." Da sitzen beide auf und reiten eine Strecke. Kommt ein dritter Wandersmann und sagt: „Was ist das für ein Unverstand, zwei Kerle auf einem schwachen Tiere? Sollte man nicht einen Stock nehmen und euch beide hinabjagen?" Da steigen beide ab und gehen selbdritt zu Fuß, rechts und links der Vater und Sohn und in der Mitte der Esel. Kommt ein vierter Wandersmann und sagt: „Ihr seid drei kuriose Gesellen. Ist's nicht genug, wenn zwei zu Fuß gehen? Geht's nicht leichter, wenn einer von euch reitet?" Da bindet der Vater dem Esel die vorderen und hinteren Beine zusammen, zieht einen starken Baumpfahl durch, der an der Straße steht, und sie tragen den Esel auf der Achsel heim. So weit kann's kommen, wenn man es allen Leuten recht machen will!

Johann Peter Hebel

***Nichts macht uns feiger
als der Versuch,
von allen Menschen geliebt zu werden.***

Marie von Ebner-Eschenbach

1. Schritt

Übungen im Stehen

Alternative

Text von Joh. Peter Hebel

Plenum 15 Minuten

2. Schritt

Text „Die Absage"
Austausch im Gespräch

Plenum oder Kleingruppen 30 Minuten

Anleitung zu den Stehübungen

- Schuhe ausziehen,
- hüpfen und springen, Arme und Beine lockern,
- Hampelmann spielen (Arme über dem Kopf auseinanderbringen, Beine grätschen, dann Arme und Beine gleichzeitig zusammenschlagen),
- auf Zehenspitzen stehen und mit Fingerspitzen immer höher zur Decke wachsen,
- tänzeln; mich einstellen, um den eigenen Standpunkt zu finden,
- auf Zehenspitzen oder Fersen, Außen- oder Innenkanten stehen,
- breitbeinig, Füße eng aneinander, auf **einem** Bein stehen,
- sich gegenseitig anstoßen; ausprobieren, wie man stehen muß, damit man nicht so schnell umgeworfen wird (Bauchatmung beachten, locker in den Knien, nachgiebig fest stehen, ohne blockiert zu sein),
- Kräfte messen, indem paarweise versucht wird, die andere wegzudrücken; sich auf die anderen, ein„stellen"; die eigene Standfestigkeit erproben,
- zum Abschluß mit beiden Fußsohlen guten Bodenkontakt erfühlen, ‚mit beiden Beinen fest im Leben stehen', ‚bodenständig' sein.
- Kurzer Erfahrungsaustausch

Hinweis

Für ruhige, nicht so wortgewandte Tln kann diese Übung hilfreich sein, weil sie hier ihre Stärke zeigen können. „Hättet ihr wohl nicht gedacht, daß ich so standfest bin", sagte eine Tln, die sich in Diskussionen schwertut.

Alternative

Die Absage

Der Streit ist heftig gewesen, und Margot hat sich gerade weinend ins Schlafzimmer verzogen, Peter spielt nervös auf dem Programmsucher des Fernsehers, als es klingelt.
Unangemeldet stehen Eli und Jan, gute Freunde, mit strahlenden Gesichtern vor der Haustür.
„Hallo, Peter! Wir möchten euch zum Essen einladen. Es soll eine Überraschung für euch sein. Macht euch fertig, – wir haben vorsichtshalber schon einen Tisch reservieren lassen." Peter schließt die Haustür, stellt den Fernseher ab, und – mit einem Keep-smiling – bittet er die beiden, erst einmal Platz zu nehmen. Er denkt nach. ‚Was wird Margot sagen? Man darf doch eine so spontane Aufmerksamkeit nicht abschlagen! Und außerdem', so denkt Peter, ‚bringt uns das auf andere Gedanken.'
Margot, die alles mit angehört hat, überlegt einen Augenblick und entscheidet sich für den ehrlicheren Weg. Sie erscheint im Wohnzimmer, erklärt ihren Freunden die Situation und versucht, ihre Absage freundlich zu formulieren. Dann verzieht sie sich von neuem ins Schlafzimmer.

Gaby van Koeverden

Mögliche Fragen

- Wie hätten Sie sich verhalten? (als Margot, als Peter, als Freunde?)
- Welche Vor- und Nachteile hat jede der verschiedenen Entscheidungen?
- Welche Personen schränken mit ihrer Selbstbestimmung die Selbstbestimmung anderer ein?

Teilnehmeraussagen aus verschiedenen Gruppen

- „Margot ist mutig."
- „Vielleicht sind die Freunde sauer und bleiben für immer weg."
- „Margots persönliche Entscheidung geht auf Kosten der anderen."
- „Vielleicht ist Margot nachher in ihrer Wut unglücklicher, als wenn sie mitgegangen wäre?"
- „Ganz egal, wie der einzelne handelt, irgend jemand wird immer verletzt."
- „Geht der Mann mit, oder bleibt er zu Hause?"
- „Wenn die Freunde für eine Viertelstunde sitzen bleiben, klärt sich vielleicht die Situation durch ein Gespräch."

Hinweis

Es kann sein, daß die Tln sich mit einer der Personen aus dem Text identifizieren oder von eigenen Erfahrungen berichten. Dabei kann deutlich werden, daß ich nicht beziehungslos leben will, daß ich aber nicht will, daß meine Beziehungen so an mir „ziehen", daß ich total abhängig werde, mich aufgebe. Um unsere Abhängigkeiten deutlicher vor Augen zu führen, kann eine Marionettenpuppe hilfreich sein.

3. Schritt

Gespräch über eine Marionette

Plenum 45 Minuten

Anleitung

- Bringen Sie eine Marionette mit und erläutern Sie, wie diese „nach der Pfeife anderer tanzt". Z. B.:

  „Durch die Fenster kann man kaum noch durchgucken!" (Sie putzt.)

  „Der Pullover ist das Letzte! Du siehst aus wie eine Oma." (Sie tauscht um.)

  „Das Kind kann doch nicht bei dem Regen zu Fuß in die Schule gehen!" (Das Kind wird mit dem Auto gebracht.)
- Entsprechend den Aussagen „putzt" etc. bewegt sich die Marionette.
- Nun suchen die Tln Beispiele oder eigene Erlebnisse.

Mögliche Fragen

- Wo habe ich mich von anderen bestimmen lassen, obwohl ich nicht wollte?
- Wo habe ich schon einmal meine Auffassung gegen Widerstände durchgesetzt?
- Wo habe ich mich schon einmal bewußt für Wünsche anderer entschieden, obwohl ich zuerst nicht wollte?

Teilnehmeraussagen aus verschiedenen Gruppen:

- „Meine Mutter sagte: ‚Du bist immer weg! Du tust nichts mehr im Haus!' Da habe ich Schuldkomplexe gekriegt und die ganze Wohnung auf den Kopf gestellt, obwohl es überhaupt nicht dreckig war."
- „Ich bin abends nicht mit meinem Mann zu unserem Kegelclub gegangen, weil ich endlich mal einen Abend für mich haben wollte. Er hat den anderen gesagt, ich hätte Kopfweh, weil sie sonst sauer gewesen wären."
- „Mein Mann und ich, wir tanzen viel und gern, aber er weigert sich, die Tanzwettbewerbe um die Medaillen mitzumachen. Das war hart für mich zu akzeptieren, ich mußte gegen meinen Willen verzichten. Aber – ich lerne mich umzustellen, ihm zuliebe! Ein anderes Mal tut er etwas für mich!"

Hinweis

Wenn Sie aus Zeitgründen das zum Abschluß angebotene Spiel verschieben wollen, können Sie das Gespräch mit den folgenden Gedanken – langsam gesprochen – abschließen:

- Ich kann nicht beziehungslos leben!
- Ich möchte keine Marionette sein!
- Ich muß immer wieder neu entscheiden, um meinen persönlichen Weg dazwischen zu finden!
- Ich gehe besser nicht mit dem Kopf durch die Wand!
- Ich möchte nicht auf Kosten anderer leben!
- Ich möchte freiwillig manche Abhängigkeiten annehmen können.
- Ich kann versuchen, mich auf die Wünsche anderer ein-zu-stellen und mich um-zu-stellen.
- Ich will meinen eigenen Stand aus dem Einklang mit mir selbst, aus meiner Mitte, finden.
- Ich möchte akzeptieren, daß Be-ziehungen an mir ‚ziehen' können, weil ich weiß, daß sie mich ein anderes Mal halten und tragen.

4. Schritt

Spiel: „Ich bin nicht auf der Welt, um so zu sein, wie du mich haben willst!"

Plenum 45 Minuten

Anleitung

A holt sich den Ball aus der Kreismitte und spielt damit, bis ihr etwas einfällt. A wirft ihn B zu und sagt: „Mir gefällt an dir, daß du . . .; mir gefällt nicht, . . ."

B antwortet zu A:
„Ich habe gehört, was du gesagt hast! Ich bin nicht auf der Welt, um so zu sein, wie du mich haben willst!" B legt den Ball in die Mitte.
C holt sich den Ball und wirft ihn D zu, s. oben.
Das Spiel kann beendet werden, wenn jede Tln mindestens einmal den Satz gesagt hat: „Ich habe gehört, . . ."

Mögliche Fragen

- Was habe ich wahrgenommen?
- Was habe ich gefühlt?
- Was bedeutet das für mein Verhalten?
- Was will ich mit diesen Erfahrungen anfangen?

Hinweis

Vermutlich werden die Tln mit Widerständen gegen dieses Spiel reagieren. Uns ist immer wieder aufgefallen, daß der Satz „Ich habe gehört . . ." sehr ungern und nicht von allen Tln gesagt wird. Manchmal wird er mißverstanden als Aufforderung zu egozentrischem Handeln ohne Rücksichtnahme. Im Gespräch kann dann klargestellt werden, daß Selbstliebe und Nächstenliebe gleich wichtig sind. Das bedeutet, daß ich mich und die anderen im gleichen Maße ernst nehme.
Eine Tln hat dazu ein schönes Bild gefunden:
„Ich will nicht sein wie das ferngesteuerte Auto meines Sohnes. Ich möchte das Auto (d. h. mich) selbst lenken, aber doch Rücksicht nehmen auf die Mitfahrer, die Straße, die Wetterverhältnisse."

Mögliche Weiterführung

‚Selbstverwirklichung'
‚Selbstbewußtsein 1 und 2'

Selbstbehauptung

Sag nicht Ja, wenn Du lieber Nein sagen willst!

ZIEL

Erkenntnisse gewinnen darüber, ob ich weiß, was ich will, und ob ich will, was ich weiß!

Vorüberlegungen

Vielleicht ist es in Ihrer Gruppe so wie bei vielen anderen, daß eigene Bedürfnisse und Ansprüche selten laut ausgesprochen werden, geschweige denn, daß die Frauen versuchen, ihre gegenteilige Meinung durchzusetzen. Mangelnde Selbstsicherheit kann dazu führen, daß man etwas gegen die innere Überzeugung tut, sich nachher sehr unwohl fühlt und sagt: „Ich muß lernen, ‚Nein' zu sagen." Das können wir aber nur, wenn wir uns persönliche Situationen vor Augen führen, z. B.: Wo habe ich mich überrumpeln lassen (Verkauf an der Haustür), oder: Wo habe ich gegen meine innere Überzeugung ‚um des lieben Friedens' nachgegeben? – Vielleicht fallen Ihnen Beispiele aus Ihrem Alltag ein, von denen Sie berichten können! Oder finden Sie die Geschichte im 1. Schritt passend als Einstieg zum Thema?

1. Schritt

Text: Leben oder gelebt werden?
Austausch im Gespräch

Plenum oder Kleingruppen — 30 Minuten

Leben oder gelebt werden?

Sie sagte nicht **Nein**, als sie mit 14 Jahren, trotz bester Noten, die Schule verlassen mußte, um Geld zu verdienen, während der Bruder weiterlernen durfte.

Sie sagte nicht **Nein**, als nach ihrer Hochzeit ihre Mutter und ihre Schwiegermutter zu dem jungen Paar in das kleine Reihenhäuschen ziehen wollten.

Sie sagte nicht **Nein**, als die Omas die beiden kleinen Kinder immer mehr verwöhnten.

Sie sagte nicht **Nein** zu den maßlosen Ansprüchen der beiden Jugendlichen und arbeitete eine Schicht als Putzhilfe und eine Schicht im eigenen Haus und Garten.

Sie sagte nicht **Nein**, wenn die sehr gut verdiendende Tochter am Ende des Monats Geld von ihr lieh, obwohl sie wußte, daß sie es noch nie zurückbekommen hatte.

Sie sagte nicht **Nein**, wenn der arbeitslose Sohn Geld für die Disco wollte, obwohl der Sohn die ganze Woche Nein gesagt hatte, als er den Garten umgraben sollte.

Sie sagte nicht **Nein**, als der Turnverein sie zur Kassiererin machte.

Sie sagte nicht **Nein**, als sie die Organisation der Cafeteria beim Pfarrfest übernehmen sollte.

Nach einem körperlichen und seelischen Zusammenbruch mußte sie endlich lernen, **Nein** zu sagen. *Holle Schneider*

Hinweis

Nach diesem Text braucht es sicher eine längere Stille, weil die Betroffenheit groß ist. Danach spricht vielleicht eine Tln von sich aus, wenn sie ermunternd in die Runde schauen, oder Sie leiten das Gespräch mit einer Frage ein:

Mögliche Fragen

- Manche von Ihnen haben den Kopf geschüttelt, manche haben genickt! Was empfanden Sie, als Sie diese Beispiele hörten?
- Fallen Ihnen Situationen ein, in denen Sie ‚Ja' statt ‚Nein' gesagt haben, aus Gewohnheit, ‚um des lieben Friedens willen', weil Sie überrumpelt wurden, oder . . .?
- Stecken Sie lieber zurück, statt Ihre eigenen Wünsche auszusprechen, nur damit es keine Probleme gibt, aus Angst, daß die Wünsche abgelehnt werden, oder . . .?
- Galten Sie früher als unartiges Kind, wenn Sie Widerworte gaben?
- Fühlen Sie sich heute schlecht, wenn Sie nicht tun, was andere von Ihnen wollen?

Teilnehmeraussagen aus verschiedenen Gruppen:

- „Vielleicht ist sie gerne Märtyrerin; es ist so schön, gebraucht zu werden."
- „So schlimm ist es bei mir nicht, aber ich merke oft erst viel später, daß ich mich total überfordert habe."
- „So ist es leider! Alle erwarten von einem, daß man funktioniert."
- „Ich springe heute so selbstverständlich für Mann und Kinder (z. B. wenn das Telefon klingelt), wie Mutter und ich zu Hause für Vater und die Brüder gesprungen sind."
- „Mein Vater war ein Lehrer vom alten Schlag: keine Widerrede, auch wenn ich im Recht war. Ich habe heute noch Herzklopfen, wenn ich irgendwo widerspreche."
- „Ihr Frauen müßt doch nicht denken, das sei nur euer Problem! Im Beruf muß ich mich auch anpassen und den Mund halten" (männlicher Teilnehmer).
- „Aber bin ich nicht egoistisch, wenn ich Nein sage?"
- „Meine Tochter hat einmal zu mir gesagt: ‚Erst sagst du Ja, und nachher läufst du mit einem Nein-Gesicht herum!'"

Hinweis

Der Text hat sich bewährt für Frauen in der Lebensmitte. Wenn in Ihrer Gruppe jüngere Frauen überwiegen, kann der Text ‚Die Absage' im Stichwort ‚Selbständigkeit' vielleicht günstiger sein.

Wir können alte Denk- und Verhaltensmuster nur ablegen, wenn wir die neuen einüben. Erfolge in der angstfreien Atmosphäre einer vertrauten Gruppe helfen, neue Erkenntnisse auch im Alltag auszuprobieren. Deshalb ist es wichtig, im Spiel die Selbstbehauptung zu üben.

2. Schritt

Eine Alltagssituation mit verteilten Rollen spielen
Plenumsgespräch

Paargruppen
Plenum 45 Minuten

Überlegen Sie mit der Gruppe, welche Erlebnisse die Tln im Spiel darstellen wollen. Das könnte sein:

- Verkäufer an der Haustür abweisen.
- Gekaufte Bluse mit Fehlern zurückgeben, obwohl die Verkäuferin zum Behalten überreden will.
- Nein sagen, wenn die Nachbarin etwas leihen will, was ich nicht hergeben mag.

Wir haben mit dem Spielen der folgenden Familienszene schon gute Erfahrungen gemacht.

Eine Alltagssituation

9 Uhr morgens. Frau A. hat für heute vorgekocht, so daß ihr Mann sowie die 14 und 16Jahre alten Kinder zurechtkommen. Sie hat einen Termin beim Friseur, und anschließend will sie mit einer Freundin zum lange geplanten Stadtbummel in die 25 km entfernte Großstadt. Es klingelt, und der 20jährige Sohn steht in der Tür mit schmutziger Wäsche und Reparaturwünschen. Er will ab morgen mit Freunden ein verlängertes Wochenende an der See verbringen.

- Versetzen Sie sich in die obige Situation.
- Stellen Sie diese mit verteilten Rollen dar.
- Tauschen Sie aus, wie Sie sich im Spiel gefühlt haben.
- Wechseln Sie die Rollen nach etwa 15 Minuten.
- Tauschen Sie aus, was Ihnen leicht- und was schwergefallen ist.

Anleitung

Die Gruppe teilt sich in Paare auf. Jede Zweiergruppe bekommt den Text für das Rollenspiel mit den Anweisungen und wird gebeten, sich nach einer halben Stunde wieder in der Plenumsrunde einzufinden.

Mögliche Einstiegsfragen für das Plenumsgespräch

- Wie habe ich reagiert?
- Wie fühle ich mich jetzt?

Teilnehmeraussagen aus unterschiedlichen Gruppen:

- „Man ist doch froh, daß der Junge noch nach Hause kommt! Deshalb muß man zurückstekken!"
- „Ich sage ganz automatisch Ja, wenn einer etwas von mir will!"
- „Ich habe meinen Sohn drei Monate nicht gesehen, da habe ich gerne auf meine Planung verzichtet."
- „Das ist doch meine Pflicht als Mutter!"
- „Mein Sohn ist alt genug, sich selbst um seine Wäsche zu kümmern, sonst soll er die unmodernen Klamotten anziehen, die noch sauber im Schrank liegen."
- „Ich weiß, daß ich mich hinterher immer ärgere, daß ich meine Pläne nicht gegen Widerstände durchsetzen kann."
- „Wenn ich anfange nachzugeben, ohne zu wollen, spreche ich mir gut zu mit dem Satz: Der Klügere gibt so lange nach, bis er der Dumme ist."
- „Wenn ich Ja statt Nein sage, verlege ich die Auseinandersetzung, die ich eigentlich mit dem Sohn führen sollte, nach innen. Das belastet mich dann unheimlich lange, ich werde traurig, ärgerlich oder aggressiv."
- „Ich bin damals nicht zum Arzt gegangen, weil ich mehrere Wochen auf das Baby meiner Tochter aufpassen mußte. Dadurch ist die Handverletzung so schlimm geworden, daß sie jetzt noch nicht in Ordnung ist. Heute verstehe ich nicht mehr, daß ich der Tochter damals nichts gesagt habe."

Hinweis

Gegen das Rollenspiel gibt es oft Widerstände. Wir haben die Erfahrung gemacht, daß die Tln immer wieder neu ermutigt werden müssen. Nachher sind dann alle begeistert, und das Spielen hat wichtige Erfahrungen gebracht.

Es wäre wichtig, daß jede Tln einmal die Rolle der Bittenden und der Antwortenden spielt. Erkenntnisse und Verhaltensänderungen kommen mehr durch Tun als durch Reden in Gang. In einer Gesprächsgruppe, die die obige Szene gespielt hat, hat nur eine einzige Frau an ihrem Nein gegenüber dem Sohn festgehalten; die anderen haben alle Ja zu seinen Wünschen gesagt, obwohl fast alle es nicht wollten. Dieses hautnahe Erleben des „Nicht-Nein-sagen-Könnens", obwohl ich eigentlich „Nein" sagen will, war ein heilsamer Schock.

Vielleicht entsteht auch in Ihrer Gruppe der Wunsch nach weiterem Üben durch Tun. Wenn Sie nicht mehr in Zweiergruppen eine weitere Situation durchspielen wollen, dann können Sie an folgender Frage weiterarbeiten: Ich will kein Egoist sein, aber ich möchte zu meinem Recht kommen; wie mache ich das? (Siehe 3. Schritt!)

„Ich will nicht einfach nachschreiben, was andere mir vorschreiben."

3. Schritt

Arbeit mit dem Impulsbogen
Plenumsgespräch

Einzelarbeit
Plenum 20 Minuten

Anleitung

- Jede Tln notiert eine Situation aus ihrem Alltag, in der sie üben will, **Nein** zu sagen.
- Jede Tln bekommt einen Impulsbogen, füllt den ersten Satz aus und prüft, ob die anschließenden Sätze „Ich will Nein sagen . . ." für sie so stimmen und nachvollziehbar sind.

Impulsbogen

Ich werde Nein sagen, wenn ich gebeten werde,

....

....

....

- Ich will Nein sagen, wenn es dem anderen nicht schadet.
- Ich will Nein sagen, wenn es den anderen nicht verletzt.
- Ich will Nein sagen, wenn ich merke, daß ich andernfalls zuviel wegstecken muß.
- Ich will Nein sagen, wenn ich bei einem Ja mich selbst verletze.
- Ich will meine Wünsche nicht aus den Augen verlieren.
- Ich will mit dem anderen nach einem möglichen Ausweg suchen.

Hinweis

Es ist wichtig, darauf hinzuweisen, daß die persönlichen Notizen weder abgegeben noch vorgelesen werden.

Mögliche Fragen zur Einleitung des Plenumsgespräches

- Glauben Sie, daß es demnächst für Sie einfacher sein wird, berechtigte Interessen durchzusetzen?
- Welche Argumente können Ihre Erfolgschancen verbessern?
- Haben Sie Sorge, Schuldgefühle zu bekommen, und wie könnten Sie damit umgehen?

Impulse zum Mitnehmen und Weiterdenken

Ich bestärke mich (z. B. durch Loben),

- wenn ich dort meine Meinung gesagt habe, wo ich sie bis jetzt heruntergeschluckt habe;
- wenn ich einen guten (keinen faulen) Kompromiß gefunden habe;
- wenn ich mich entschieden habe, nachzugeben, und dann zu dieser Entscheidung ohne Groll stehen kann.

Mögliche Weiterführung

‚Selbständigkeit',
‚Selbstverwirklichung',
‚Rollen'

Selbstbewußtsein 1

Begabungen sind Geschenke, die darauf warten, ausgepackt zu werden

ZIEL

Meine Fähigkeiten
und Eigenschaften
sehen
und dazu stehen

Vorüberlegungen

‚Wenn ich schlecht drauf bin', sehe ich oft nur das Negative an mir. Die Sicht auf meine Wirklichkeit ist dann versperrt oder getrübt. Ich fühle mich z. B. unsicher, unfähig, minderwertig. Bei anderen Menschen aber nehme ich (fast) nur deren Klugheit, Stärke, Sicherheit wahr und nicht deren Schwächen. Wenn diese Empfindungen auch für Mitglieder Ihrer Gruppe zutreffen, dann kann eine Beschäftigung mit dem Fähigkeitsbogen den Tln helfen, positiver über sich zu denken.
Selbst-**ein**-schätzung hat nichts mit Selbst-**über**-schätzung zu tun. Wenn Sie näher darauf eingehen wollen und außer den persönlichen Fähigkeiten auch die eigenen Grenzen ansprechen wollen, dann können Sie die Anregungen von ‚Selbstbewußtsein 2' aufgreifen.

Meine Möglichkeiten schlummern in mir, erwachen in mir, wachsen in mir

1. Schritt

Einzelarbeit mit dem Bogen
Austausch im Gespräch

Plenum oder
Kleingruppen 45 Minuten

Hinweis

Wenn Sie die Tln Ihrer Gruppe vor Augen haben, wollen Sie dann den Bogen in dieser Form übernehmen, oder ist es nötig, ihn anzupassen?

- zu streichen
- umzuändern
- etwas zu ergänzen

Es sollten möglichst viele Tln möglichst viel ankreuzen können!!!

Arbeitsbogen

ICH KANN ...*

- Ich kann zügig arbeiten.
- Ich kann herzhaft lachen, auch über mich.
- Ich kann Märchen/Witze erzählen.
- Ich kann lecker kochen/backen.
- Ich kann um etwas bitten.
- Ich kann mich verändern.
- Ich kann singen.
- Ich kann fotografieren.
- Ich kann verzeihen.
- Ich kann danken.
- Ich kann loben.
- Ich kann Vertrauen erwecken.
- Ich kann sparsam wirtschaften.
- Ich kann Auto fahren.
- Ich kann Blumen/Garten pflegen.
- Ich kann mich mitteilen.
- Ich kann malen/zeichnen.
- Ich kann Buchführung erledigen.
- Ich kann mich mitfreuen.
- Ich kann Gefühle äußern.
- Ich kann abwarten.
- Ich kann mich durchsetzen.
- Ich kann Verantwortung übernehmen.
- Ich kann ...
- Ich kann Taktgefühl zeigen.
- Ich kann zuhören.
- Ich kann Gemütlichkeit verbreiten.
- Ich kann ein Musikinstrument spielen.
- Ich kann basteln.
- Ich kann sachlich diskutieren.
- Ich kann Ordnung halten.
- Ich kann aufmuntern.
- Ich kann trösten.
- Ich kann Fröhlichkeit verbreiten.
- Ich kann Briefe schreiben.
- Ich kann anschaulich berichten.
- Ich kann nähen/stricken.
- Ich kann organisieren.
- Ich kann Schulaufgaben beaufsichtigen.
- Ich kann mitleiden.
- Ich kann Geschenke annehmen.
- Ich kann durchhalten.
- Ich kann mich anpassen.
- Ich kann schnell reagieren.
- Ich kann auf mich selbst gut achtgeben.
- Ich kann ...

* bedeutet nicht, etwas 100% zu können, sondern ich kreuze an, wenn ich dabei bin, es zu lernen.

Anleitung

- Jede Tln bekommt einen Fähigkeitsbogen.
- Nach dem Lesen kreuzt jede Tln an, welche Fähigkeiten sie hat.
- Es ist ratsam, auf Stille beim Ankreuzen zu achten und zu bitten, mit spontanen Äußerungen zu warten, bis alle Tln fertig sind.

Austausch im Gespräch / mögliche Einstiegsfragen:

- Wie ging es mir beim Ankreuzen?
- Habe ich mehr Fähigkeiten, als ich dachte?

Vielleicht möchten Sie der Gruppe auch sagen, wie es Ihnen ergangen ist. Obwohl Sie ja schon darauf vorbereitet waren, hat es Ihnen vielleicht doch noch Mühe gemacht.

Was mache ich, wenn...

... Widerstände entstehen und Tln den Bogen nicht ausfüllen mögen. Dann haben wir in unseren Gruppen etwa folgendes gesagt:

- Auch andere Tln hatten schon Ermutigung nötig, weil diese Übung sehr ungewohnt ist.
- Vielen tut es gut, ihren Blick auf das zu richten, was sie können, und nicht nur auf das, was sie nicht können.
- Niemand wird gezwungen, nicht jede Tln muß mitmachen. Allerdings sollten einzelne nicht die ganze Übung blockieren.

Teilnehmeraussagen aus unterschiedlichen Gruppen:

- „Ich habe mich zuerst nicht getraut, mehr als fünf Sachen anzustreichen. Aber dann sah ich bei den anderen, daß die so viele Kreuze machten, und habe mir auch ein Herz gefaßt, das anzustreichen, was ich ja auch wirklich kann."
- „Das Gefühl, daß ich eigentlich nicht viel kann, sitzt so tief, daß ich total perplex bin über meine vielen Fähigkeiten."
- „Ich habe große Schwierigkeiten anzukreuzen, was ich nicht perfekt beherrsche, z. B. kann ich wirklich gut zuhören, aber doch nicht immer."
- „Ich finde es egoistisch, sich so wichtig zu nehmen und soviel anzukreuzen."
- „Ich konnte nur wenig ankreuzen, weil ich doch gelernt habe, daß ‚Eigenlob stinkt'."
- „Ist ja eigentlich unverschämt von mir, so viel anzukreuzen, so gut kann ich doch gar nicht sein!"

Hinweis

In vielen Gruppen erleben wir, daß Frauen sich vor einer Selbsteinschätzung scheuen oder sich sehr gering einschätzen. Sie weigern sich z. B., von sich zu sagen, daß sie ‚verzeihen können' oder ‚Vertrauen erwecken'. Sie glauben, daß das andere beurteilen müßten, und machen damit das Bewußtsein über sich selbst von der Fremdeinschätzung abhängig.
Im 2. Schritt können Frauen üben, ihre Eigen-art genau anzusehen und dazu zu stehen.

2. Schritt

Übung und Gespräch

Alternative

Text und Gespräch

Plenum 45 Minuten

Die Eigen-art, die Persönlichkeit eines Menschen beruht nicht nur auf dem, was er kann, sondern noch mehr auf dem, was er ist (z. B. liebevoll, verschwiegen, spontan). Viele sind sich dieser unsichtbaren, nicht meßbaren Werte ihrer Persönlichkeit wenig bewußt, oder sie nehmen diese wenig wichtig. Die folgende Übung kann den Tln helfen, zu erkennen: Wenn ich mich selbst wichtig nehme, können mich auch andere ernst nehmen.

Anleitung

- Die Gesprächsleiterin erklärt, daß zu unserem Selbstbewußtsein neben der Erkenntnis unserer Fähigkeiten auch die unserer persönlichen Eigenschaften und unserer eigenen Wesensart gehört.
- Jede Tln bekommt fünf kleine Zettel mit dem Satzanfang: Ich bin . . .
- Die Tln ergänzen die Sätze (z. B.: Ich bin mitfühlend, rücksichtsvoll, kinderlieb, sozial engagiert, erfinderisch, treu, gastfreundlich).
- Die Gesprächsleiterin verteilt kleine Tütchen oder Umschläge an jede Tln und bittet diese, die Zettel hineinzustecken.
- Sie erklärt, daß in jedem von uns Eigenschaften und Möglichkeiten schlummern, die sich nur ent-wickeln können, wenn wir sie aus-wickeln. Begabungen sind Geschenke, die darauf warten, ausgepackt zu werden.
- Die Tln, die wollen, können ihre Zettel auspacken und vorlesen, wie sie sich einschätzen.
- Es ist gut, darauf hinzuweisen, daß jede Tln für sich entscheiden sollte, ob und wieviel sie vorliest. Manche hängen ihre Einschätzung vielleicht erst einmal zu Hause an die Pinnwand.

Austausch im Gespräch

- Fällt es mir leicht/schwer, meine persönlichen Eigenschaften vorzuzeigen?
- Möchte ich lieber, daß andere meinen Wert erkennen, ohne daß ich etwas dazutue?
- Bin ich mit meinem Selbstbewußtsein zufrieden, oder möchte ich, daß es stärker wird?
- Was möchte ich von meinen besonderen Eigenschaften zum Tragen kommen lassen?

Man kann viel, wenn man sich nur recht viel zutraut!

Wilhelm von Humboldt

Alternative

Text und Gespräch

Manchmal haben wir Zeiten, wo es uns guttut, uns klarzumachen, welche Fähigkeiten wir haben. Das kann uns ermutigen, unsere Gaben und Begabungen weiterzuentwickeln. Allerdings können wir auch erleben, daß die tieferen Schichten unseres Selbst erst aufbrechen, wenn besondere Herausforderungen auf uns zukommen und wir sie annehmen. Davon spricht der folgende Text:

„Ich lebte auf der Schattenseite der Straße
und sah hinüber zu den Gärten meiner
Nachbarn, die im Sonnenlichte prunkten.
Ich fühlte, ich war arm, und hungrig ging
ich von Tür zu Tür. Je mehr sie mir von
ihrem sorgenlosen Überfluß gaben, um so
bedrückender ward mir die Bettlerschale.
Bis eines Morgens ich aus meinem Schlaf
erwachte, weil plötzlich meine Tür sich
öffnete: Du kamst und batest um Almosen!
Verzweifelt brach ich meiner Truhe Deckel
auf, und überrascht fand ich, wie reich ich
selber war."

Rabindranath Tagore

Anleitung:

Vielleicht wollen Sie vor dem Vorlesen ein schönes Kästchen in die Mitte stellen? Da der Text vielschichtig ist, ist es wichtig, daß die Tln Zeit zum Nachdenken haben. Nach einer kleinen Pause kann der Text ein zweites Mal vorgelesen werden. Vielleicht äußern sich die Tln spontan, oder Sie locken sie mit der allgemeinen Frage, wie es ihnen mit diesem Text ginge. Oder wollen Sie lieber mit einer der folgenden Fragen dem Gespräch schon eine bestimmte Richtung geben?

Mögliche Fragen

- Kenne ich das Gefühl, daß bei mir alles dunkel, bei den anderen alles hell ist?
- Schäme ich mich manchmal, weil ich glaube, nur zu nehmen und nichts zu geben?
- War ich schon einmal überrascht, wie reich ich an äußeren und inneren Werten bin?
- Wo habe ich schon einmal erlebt, daß ich durch eine Herausforderung mich und meinen Wert besser kennengelernt habe?

Teilnehmeraussagen aus unterschiedlichen Gruppen:

- „Wie oft lasse ich mich blenden von anderen und sehe nicht mehr, was ich habe oder bin."
- „Manchmal denke ich, was ist bei mir schon zu holen!"
- „Es gibt äußere, sichtbare Werte, die ich verschenken kann, aber ich ahne, daß es auch solche in mir gibt, die ich noch nicht kenne."
- „Mein Mann sagt immer: ‚In dir steckt viel mehr', aber ich traue mich nicht, die Truhe in meinem Inneren aufzubrechen."
- „Ihr habt mich hier in der Gruppe ganz schön herausgefordert, als ich das Thema ‚Umweltschutz' besprechen mußte. Ich war wirklich überrascht, wie gut es dann klappte. Hätte ich nie gedacht!"

Impulse zum Mitnehmen und Weiterdenken

Wir machen uns einen Knoten ins Taschentuch. Er soll uns in der nächsten Zeit daran erinnern, daß wir uns selbst positive, lebensstärkende Sätze sagen: Ich kann ... Ich bin ...

Hinweis

Unser Selbstbewußtsein bezieht sich nicht nur auf unsere Eigenschaften, sondern auch auf unser Sein, auf die Einmaligkeit unserer Person: Ich bin ich, ich nehme mich an, so wie ich bin, mit Stärken und mit Schwächen. Um das zu vertiefen, bieten folgende Stichworte Anregungen:

Mögliche Weiterführung

‚Annahme',
‚Selbstbewußtsein 2'
‚Selbstvertrauen'
‚Selbständigkeit'

„Das kann ich nicht!“

Wie oft Gott
sagen wir so
trauen uns nichts zu
haben keinen Mut
reden uns ein:
das habe ich nicht gelernt
meine Stimme dringt nicht durch
das können andere besser
das soll lieber mein Mann machen
der kann sich eher durchsetzen
wir sind da sehr phantasiereich

Gott
Ausreden sind leichter
als Gegenreden
Mitreden
Fürsprache

Befähigen Ermutigen Bestärken
Gott
wenn wir wenigstens das könnten!

Chr. Voß-Goldstein

Selbstbewußtsein 2

Das Licht nicht unter den Scheffel* stellen

ZIEL

Sich der eigenen Fähigkeiten und Grenzen bewußter werden

Vorüberlegungen

„Das kannst du doch nicht!" Dieses oder ähnliches hörten und hören noch heute viele Menschen. Daher ist es für ein gesundes Selbstbewußtsein wichtig, diesen krankmachenden Giftsätzen mit lebensstärkenden Sätzen entgegenzuwirken. Die positiven Sätze kann sich jede einzelne selbst sagen (siehe Fähigkeitsbogen in ‚Selbstbewußtsein 1') oder von anderen gesagt bekommen (siehe 1. Schritt). Auf jeden Fall ist es wichtig, daß sich die Tln zunächst in ihrem Selbstwert gestärkt fühlen; es fällt dann leichter, die dunklen und unangenehmen Seiten der eigenen Person anzunehmen. Wenn die Tln Ihrer Gruppe sich noch nicht lange kennen, bieten Sie im 1. Schritt besser den Fähigkeitsbogen aus ‚Selbstbewußtsein 1' an.

* Altes Hohlmaß für Kartoffeln, Getreide etc.

Menschenurteil

Gott
Du sagst ich soll mein Licht
nicht unter den Scheffel stellen

Doch hole ich es endlich hervor
bin ich stolz

Spreche ich ehrlich und direkt
bin ich schrecklich hart

Sage ich ja oder nein
bin ich undiplomatisch

Äußere ich Wünsche
bin ich egoistisch

Zeige ich mich echt
bin ich zu gefühlsbetont

Gott schenke mir
trotz dieser Urteile
den Mut
ganz ich selbst zu sein

Dagmar Bröker

1. Schritt

Meine Fähigkeiten im Spiegel der anderen

Schreibspiel und Gespräch

Plenum
(nicht mehr als ca. 10 Pers.) 60 Minuten

Anleitung

- Die Leiterin hat für jede Tln ein Papier in Postkartengröße mit deren Namen vorbereitet.
- Sie legt diese Zettel so auf den Tisch, daß die Namen nicht zu lesen sind.
- Jede Tln nimmt sich einen Zettel und dreht ihn um. (Falls er den eigenen Namen trägt, wird er gegen einen anderen ausgetauscht.)
- Jede Tln schreibt mindestens fünf positive Eigenschaften, die sie der Namensträgerin zuschreibt, auf die leere Seite.
- Die Zettel werden gemischt, dann so auf den Tisch gelegt, daß die Namen nicht zu lesen sind.
- Eine Tln sucht sich nun einen Zettel aus, ohne den Namen auf der Rückseite zu lesen, und versucht herauszufinden, wer die beschriebene Person sein könnte.
- Sie wendet sich an diese Tln und liest ihre Eigenschaften vor und begründet gleichzeitig, warum sie glaubt, daß diese Eigenschaften passen.
- Wenn die Tln glauben, daß es stimmig ist, wird die Karte der zugeschriebenen Tln überreicht, die sie behält, sofern es ihre ist.
- Wenn Schwierigkeiten auftauchen, nimmt man zuerst die Karten, deren Zuordnung klarer zu erkennen ist.

Hinweis

Eine Tln sagte dazu, sie habe Schwierigkeiten gehabt, weil sie glaubte, ihr werde nichts über die andere Tln einfallen. Die längere Stille habe es jedoch ermöglicht, sich in die andere hineinzuversetzen. So war es allen Tln möglich, sogar mehr als fünf konkrete Eigenschaften und Fähigkeiten zu finden, die charakteristisch waren.

Austausch im Gespräch

Es ist wichtig, daß die Tln sich anschließend spontan äußern können, wie es ihnen dabei ergangen ist.

Teilnehmeraussagen aus verschiedenen Gruppen:

- „Wenn mir jemand etwas Positives ins Gesicht sagt, kriege ich Bauchweh, mir bricht der Schweiß aus."
- „Ich vertrage Kritik besser als Lob."
- „Ich fühle mich verkannt, ich bin mehr als nur eine gute Hausfrau."
- „Ich habe mich geschämt und mich schnell klein gemacht."

Was mache ich, wenn...

. . . die Tln positive Eigenschaften bagatellisieren:
„Ist doch nichts Besonderes."
„Ist ja gar nicht schwierig."
„Das können doch alle."
Wir haben dann gemeinsam positive Antworten überlegt, etwa:
„Danke, das finde ich auch gut an mir!"
„Wie schön, daß Sie das sagen!"

Hinweis

Durch die positive Verstärkung kann ein frohes Gefühl entstehen. Aber es ist auch möglich, daß Tln auffällt, daß ihre wichtigsten Fähigkeiten und ganz persönlichen Eigenschaften noch fehlen. Dann können Sie darauf hinweisen, daß zur Selbsterkenntnis, zum Bewußtsein der eigenen Persönlichkeit, nicht nur die Fremdeinschätzung, sondern auch die Selbsteinschätzung gehört. Da diese vielen Frauen schwerfällt, geben die folgenden Anregungen eine Möglichkeit, die Selbsteinschätzung im angstfreieren Klima unter vertrauten Menschen zu üben.

2. Schritt

Ich stelle mein Licht nicht unter den Scheffel!

Satzergänzungsspiel und Gespräch

Plenum 20 Minuten

Anleitung

- Jede Tln ergänzt den Satz: ‚Ich schätze an mir besonders, daß ich ...' mit 1–3 positiven Eigenschaften, die bis jetzt noch nicht genannt wurden.
- Während sie spricht, nimmt die Tln eine brennende Kerze in die Hand, die nach dem Ausspruch in die Mitte zurückgesetzt wird.
- Wird die Kerze von einer Tln an die nächste weitergereicht, entsteht ein stärkerer Druck zu sprechen, als wenn die Kerze aus der Mitte genommen wird.
- Im anschließenden Gesprächsaustausch sagen die Tln, wie sie sich fühlen.

Hinweis

Erfahrungsgemäß gibt es oft Widerstände, und es kommt schnell der Satz: „Eigenlob stinkt." Ruth Cohn sagt dazu: „Eigenlob stinkt sehr viel weniger als Eigenzerstörung; sowohl Mord als auch Selbstmord zerstören. Einen anderen Menschen und sich selber schätzen baut auf." Versuchen Sie aufgrund dieser Gedanken, die Tln zur Ergänzung ihrer guten Eigenschaften zu motivieren. Auch wenn es einzelnen schwerfiel oder sie zuerst nicht mitmachen wollten, hat es sich in vielen Gruppen nachher als gut erwiesen, wenn die Tln sich auf diese Übung eingelassen haben.
Vielleicht haben die Tln schon angesprochen, daß sie nicht nur positive, sondern auch negative Seiten und Begrenzungen an sich erfahren haben. Diese Überlegungen können Sie im 3. Schritt vertiefen.

Mut zu sagen, was ich kann –
in Demut anzunehmen,
was ich nicht kann.

3. Schritt

Wo Licht ist, ist auch Schatten

Gespräch

Plenum 45 Minuten

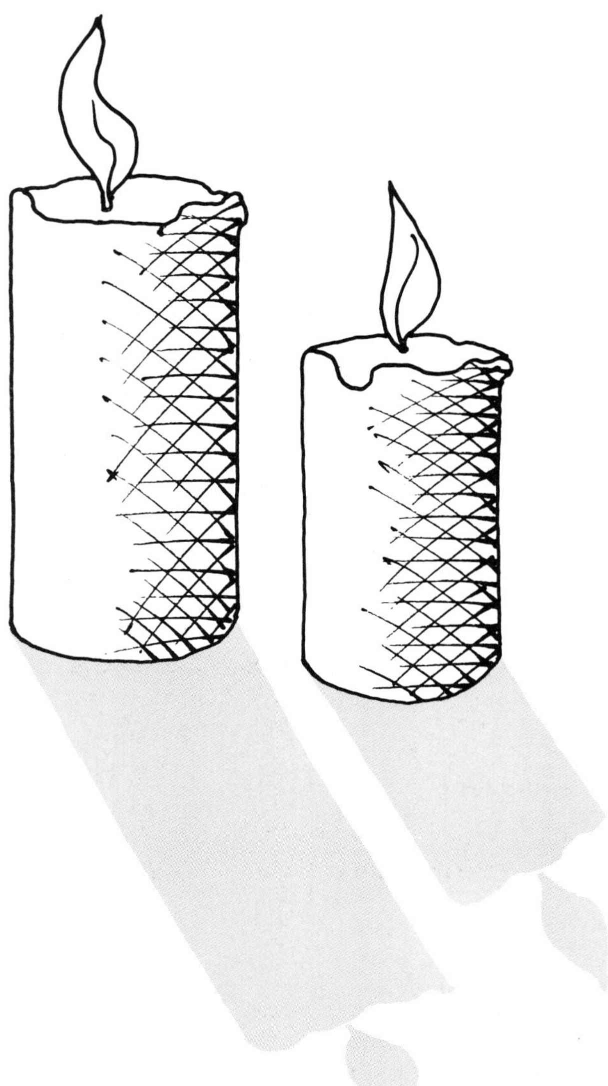

Anleitung

- In der Mitte stehen zwei leuchtende Kerzen von möglichst unterschiedlicher Größe.
- Die Tln sagen, was ihnen auffällt, wenn sie den Schatten der beiden Kerzen ansehen.
- Die Tln überlegen, ob manche ihrer Fähigkeiten und Eigenschaften auch Schattenseiten haben.
- Wer möchte, bringt Beispiele.

In einer Gruppe haben wir auf einem großen Blatt folgendes festgehalten:

Ich bin Ich

Zu mir gehören zwei Seiten

Licht und Schatten

Ich bin:	Ich bin:
ordentlich	pingelig
vertrauensvoll	leichtgläubig
großzügig	schlampig
höflich	unehrlich
gemütlich	lahm
sparsam	geizig
stark	dominierend
mitfühlend	mich aufgebend
fleißig	arbeitswütig

Überlegungen von Tln aus verschiedenen Gruppen:

- Wer nichts tut, macht keine Fehler; wer viel tut, macht viele Fehler.
- Bis jetzt habe ich mich immer nur darüber geärgert, daß sich manchmal andere von mir überredet fühlen; jetzt sehe ich auch die guten Seiten meines Redetalentes.
- Ich kann mir und anderen viel besser meine Schwächen zugestehen, wenn ich von meinen Stärken und meinem Wert überzeugt bin.
- Schatten ist nicht nur etwas Negatives: so wie die Rose ihre Stacheln, brauche ich meine Abwehr manchmal als Schutz.
- Vielleicht werde ich mich jetzt nicht mehr dauernd verteidigen, wenn ich Fehler mache. Die Kerze hilft mir, einzusehen, daß auch meine Unvollkommenheit (mein Schatten) zu mir gehört.

Mögliche Weiterführung

‚Selbstvertrauen'
‚Selbstverwirklichung'
‚Selbständigkeit'

Selbstvertrauen

Das schaffe ich nicht! – Schaffe ich das wirklich nicht?

ZIEL

Erkennen,
daß mangelndes Selbstvertrauen eine ‚verbreitete Krankheit' ist;
daß Selbstvertrauen und Selbstverantwortung zusammengehören;
welche Quellen unser Selbstvertrauen speisen.

Vorüberlegungen

Eine der Grundbedingungen für unsere Entwicklung ist das Vertrauen. Ich kann nur schwer Vertrauen in mich oder andere haben, wenn ich selbst kaum Vertrauen erfahren habe. Wie stark Selbst- und Fremdvertrauen voneinander abhängig sind, wird im Text „Martina" (Stichwort ‚Vertrauen') deutlich. Da Selbstvertrauen nicht klar abzugrenzen ist von Selbstbewußtsein, können Sie vielleicht unter diesem Stichwort noch weitere Anregungen finden. Viele Menschen machen sich immer wieder klar, welche Fähigkeiten sie haben; sie wissen um sich, sie denken über sich nach. Weil aber Denken und Gefühl zweierlei sind, können trotz des theoretischen Wissens um den eigenen Wert mangelndes Selbstvertrauen oder Minderwertigkeitsgefühle vorhanden sein.

Eine *Alternative* zu der kleinen Geschichte „Was soll's!" ist das Gedicht von Chr. Voß-Goldstein im Stichwort ‚Selbstbewußtsein 1'.

1. Schritt

Mal habe ich Selbstvertrauen, mal habe ich keines!

Text „Was soll's!"
Kreisläufe des Selbstvertrauens

Kleingruppe
Plenum — 45 Minuten

„Was soll's!"

Die beiden Putzhilfen der chirurgischen Station, Frau L. und Frau R., begegnen auf dem Flur dem Arzt, Dr. M., der heute aus dem Urlaub zurückkommt. Die beiden Frauen scheinen „Luft" für ihn zu sein, denn er bemerkt ihr höfliches „Guten Morgen" nicht. Frau L. denkt: „Für den bin ich ja wohl der letzte Dreck, na ja, wer bin ich denn schon?" Sie fühlt sich den ganzen Morgen miserabel und geht niedergeschlagen nach Hause. Frau R. atmet tief durch, schaut dem Arzt nach und denkt: „Vielleicht war er in Gedanken und hat uns nicht gesehen. Vielleicht ist er so hochnäsig, wie man von ihm sagt. Was soll's? Wenn ich heute morgen den OP nicht geputzt hätte, könnte er jetzt nicht operieren!"

Anleitung

- Kleingruppen von ca. 5 Tln
- Austausch im Gespräch für ca. 20 Minuten

Kleine Gruppen sind bei diesem Thema besonders wichtig, damit ein Vertrauensklima entsteht, in dem sich auch zurückhaltende Tln öffnen können.
Die Tln werden wahrscheinlich schnell Beispiele aus ihrem Leben bringen, wo sie sich minderwertig fühlten bzw. kein Selbstvertrauen hatten. Es kann für einzelne eine Befreiung bedeuten, davon zu berichten. Anderen hilft es zu sehen, daß sie mit ihrem geringen Selbstvertrauen nicht allein sind.

Kreisläufe des Selbstvertrauens
Anleitung

- Tln kommen ins Plenum zurück.
- Jede Tln bekommt den folgenden Teufelskreis in die Hand und kann erzählen, was ihr dazu einfällt.

„Teufelskreis" des Minderwertigkeitsgefühls

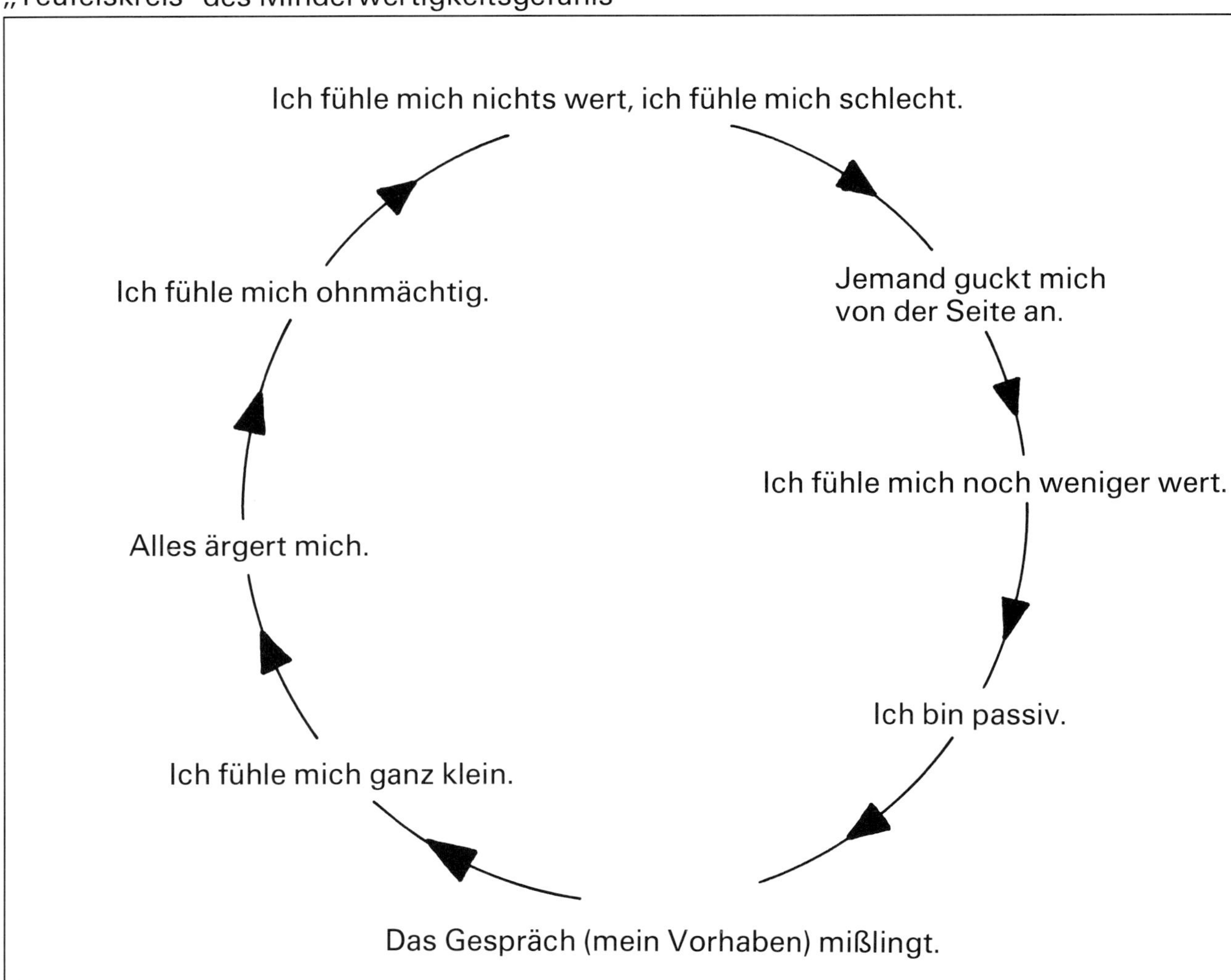

Hinweis

Durch die zeichnerische Darstellung wird das Beklemmende solcher Situationen noch stärker bewußt. Es ist nicht gut, wenn das Gespräch zu lange bei diesem negativen Bild bleibt, das kann mutlos machen. Die folgende Frage kann dem Gespräch eine weiterführende Wendung geben:
Was tun Sie, um den Teufelskreis der Minderwertigkeitsgefühle zu durchbrechen?

Teilnehmeraussagen aus verschiedenen Gruppen:

- „Ich rufe jemanden an oder gehe unter Leute."
- „Ich denke nicht mehr an den Mißerfolg und versuche es noch einmal."
- „Ich mache einen Dauerlauf."
- „Ich messe mich nicht dauernd an anderen."
- „Ich stricke mir einen neuen Pullover."

Anleitung

Jede Tln bekommt den Kreislauf des Selbstvertrauens und kann erzählen, wann sie sich o. k. und anerkannt fühlt.

Kreislauf des Selbstvertrauens

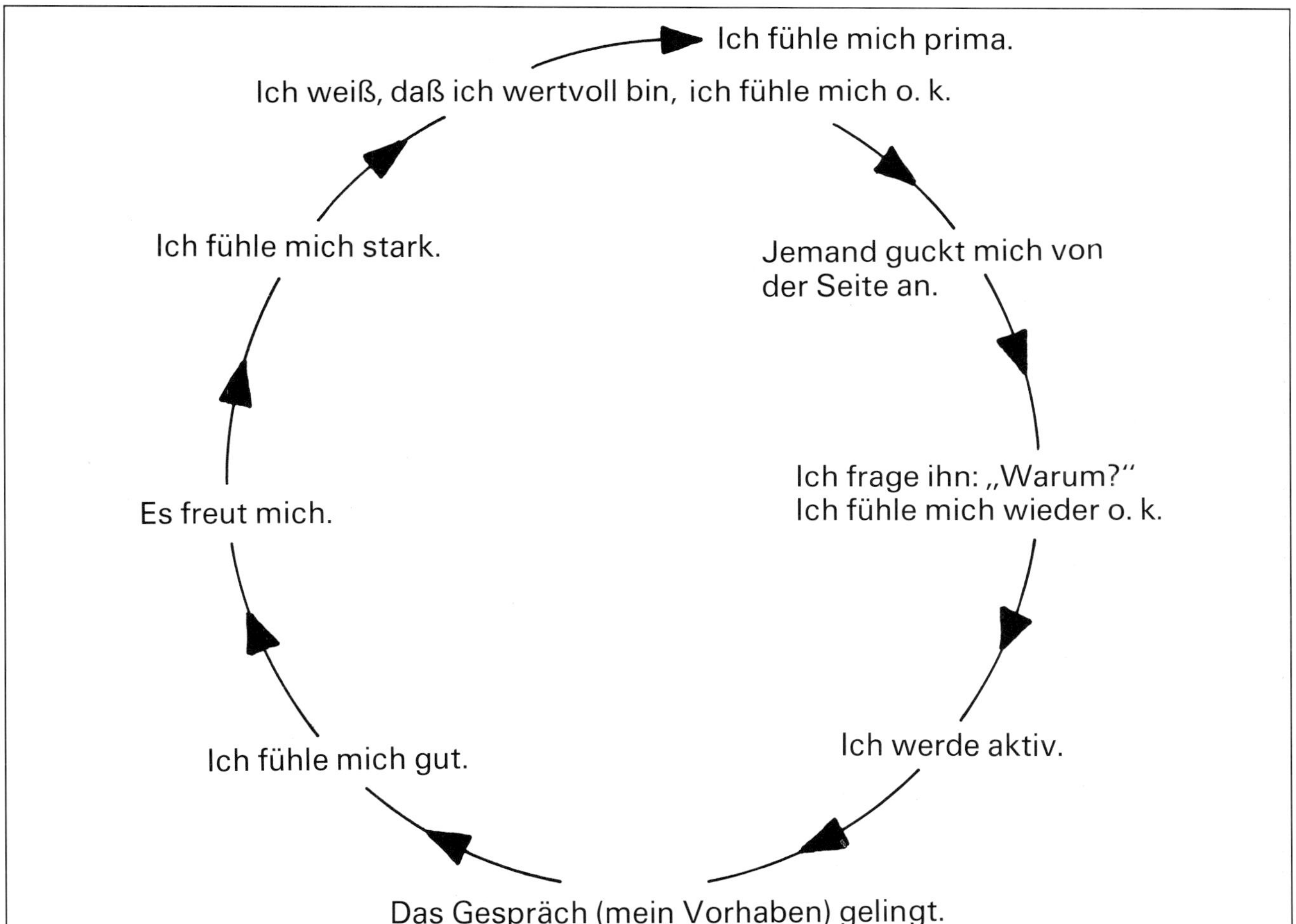

Teilnehmeraussagen aus unterschiedlichen Gruppen:

„Ich fühle mich o.k.,

- wenn ich gesundheitlich gut dran bin!"
- wenn ich Anerkennung und Zuwendung bekomme."
- wenn ich auch das Positive sehe – und nicht nur auf meine Fehler gucke."
- wenn ich Erfolg habe."
- wenn ich meine Schwächen akzeptieren kann, weil ich meine Stärken kenne."
- wenn ich mir klarmache, daß ich nicht perfekt sein muß."
- wenn mich jemand so mag, wie ich bin."

Hinweis

Vielleicht sprechen die Tln an, daß es problematisch sein kann, wenn wir unser Selbstvertrauen nur aus unseren Fähigkeiten beziehen. Sie können den Gedanken, daß es auf das Sein und nicht auf das Haben ankommt, durch Erlebnisse der Tln vertiefen oder durch die kleine Geschichte im 2. Schritt.

2. Schritt

Quellen für mein Selbstvertrauen

Text „Ich werde nicht gebraucht."
Gespräch

Plenum 45 Minuten

„Ich werde nicht gebraucht."

Frau S. liegt schon 4 Wochen auf der Isolierstation – Gelbsucht! Verwandte, Freunde, Nachbarn helfen ihrem Mann, so daß der Haushalt mit den drei kleinen Kindern einigermaßen geregelt weiterläuft. Eines Abends findet Herr S. seine Frau weinend in ihrem Bett liegend. „Ihr kommt ja auch ohne mich zurecht, was bin ich überhaupt noch wert, ich werde ja nicht mehr gebraucht!" Herr S. macht seiner Frau liebevoll klar, daß er doch nicht die tüchtige Hausfrau und die gute Mutter liebt, sondern die Renate, „und das bist du auch dann, wenn du krank im Bett liegst!"

Mögliche Fragen

- Ist es mir auch schon einmal ähnlich ergangen?
- Fühle ich mich manchmal minderwertig, wenn ich schlecht aussehe oder krank bin?
- Hängt mein Selbstvertrauen von meiner Leistung, meinen Erfolgen ab?
- Gibt es Menschen, die mich als Person schätzen, unabhängig von dem, was ich ‚bringe'?
- Gibt es weitere Quellen, die mein Selbstvertrauen stärken (z. B. die Zusage von Gottes Liebe in der Bibel . . .)?

Überlegungen von verschiedenen Tln:

- Eigenschaften und Fähigkeiten begründen einen Teil meines Selbstvertrauens.
- Mein Sein, die Einzigartigkeit meiner Person, ist eine noch wichtigere Grundlage meines Selbstvertrauens.
- Wenn ich mich geliebt weiß, kann ich mich selbst lieben.

Hinweis

Frauen definieren sich oft aus den Beziehungen, in denen sie leben:
als Frau des Handwerkers, dessen Buchführung sie macht;
als Mutter des erfolgreichen Sohnes;
als Tochter der pflegebedürftigen Mutter.

Diese Einstellung birgt die Gefahr in sich, daß die Frau sich aufgibt in der Sorge für . . . Wenn dann die Beziehungen wegfallen oder lockerer werden, ist es schwer, noch an den eigenen Wert zu glauben. Im folgenden Schritt können sich die Tln fragen, wie sie ihr Selbstvertrauen stärker aus ihrem persönlichen Selbstwertgefühl beziehen können.

3. Schritt

Im Vertrauen Neues wagen

Foto und Kleingruppengespräch
Zeichnung und Plenumsgespräch

Kleingruppen von ca. 5 Tln
Plenum — 30 Minuten

Hinweis

Da der Teufelskreis von manchen Tln so einengend erlebt wird, daß den Tln die Luft wegbleibt, wird das positive Bild des springenden Jungen als befreiend erlebt. Es ist gut, wenn dann in kleinen Gruppen genügend Zeit für jede Tln ist, von sich zu erzählen und ihren Blick in die Zukunft zu richten.

Mögliche Fragen

- Gefällt Ihnen das Bild?
- Haben Sie schon einmal besonders stark auf Ihre Kräfte vertraut und sind ein Wagnis eingegangen?
- Welchen kleinen oder großen Schritt möchten Sie in der nächsten Zeit tun?

Teilnehmeraussagen aus unterschiedlichen Gruppen:

- „Ich springe immer wieder, obwohl ich manchmal schon auf den Bauch gefallen bin."
- „Ich würde nie aus einem so wackeligen Kahn abspringen, das ist mir zu unsicher."
- „Ich kann mit dem Bild nicht viel anfangen, den Sprung finde ich nicht besonders gewagt."
- „Ich weiß doch, daß mein Wert nicht von meinen Leistungen abhängt. Warum schäme ich mich dann eigentlich, wenn meine Nachbarin mich für faul hält, wenn ich morgens im Liegestuhl die Sonne genieße?"
- „Ob ich es wohl schaffe, dienstags zum Turnen zu gehen, obwohl mein Mann dann gerade von der Arbeit kommt und essen will?"
- „Ich will meinen bequemen Kahn verlassen, aussteigen aus der Haltung der hilfsbedürftigen Frau, die immer einen braucht, der für sie rudert. – Ich mache meinen Führerschein."
- „Ich melde mich zum Schwimmunterricht an, auch wenn andere über die ‚zurückgebliebene' 40jährige grinsen."
- „Ich bin über mich erschrocken, weil ich schnell sage: Das **kann** ich nicht, obwohl ich denke: Das **will** ich nicht. Da will ich in Zukunft ehrlicher nachprüfen."

Zeichnung und Plenumsgespräch

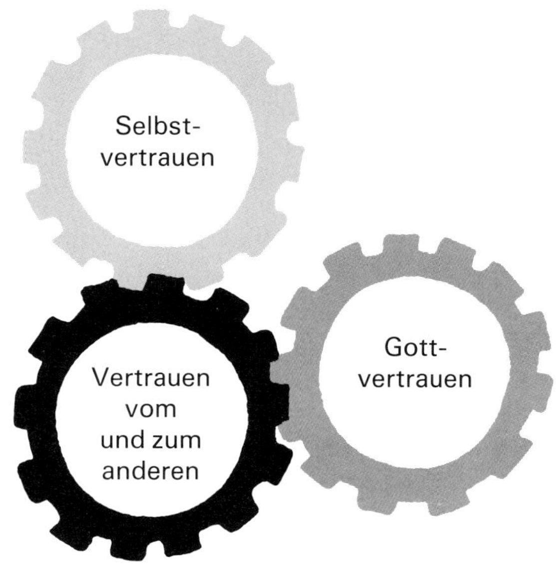

Anleitung

Wenn die Tln aus den Kleingruppen wieder ins Plenum kommen, können anhand der Zeichnung wichtige Gedanken zusammengefaßt werden. Wenn die verbleibende Zeit sehr kurz ist, spricht die Leiterin einiges aus, was ihr wichtig geworden ist. Wenn Sie noch 10 bis 15 Minuten zur Verfügung haben, ist ein Abschlußgespräch angebracht.

Mögliche Abschlußgedanken

- Ich lebe nicht allein, sondern in Beziehungen.
- Ich kann andere fördern oder hemmen.
- Ich kann von anderen Menschen bewegt oder blockiert werden.
- Gottes Liebe und Vertrauen in mich ist immer da und unendlich groß.

Mögliche Weiterführung

Stichwort ‚Vertrauen'
Stichwort ‚Selbstverwirklichung'

Selbstverwirklichung

Selbstverwirklichung – der lange Weg zu mir selbst

ZIEL

Erkennen,
was in mir angelegt ist
und wie ich es entwickeln kann;
welche Kompromisse ich eingehen kann,
ohne mich selbst zu verlieren.

Vorüberlegungen

Wir erleben heute, daß Selbstverwirklichung manchmal sehr einseitig verstanden wird und als Deckmantel für Selbstherrlichkeit, für ‚Nabelschau', für Selbst-sucht gebraucht wird. Gleichzeitig gibt es das andere Extrem, besonders bei Frauen, daß diese glauben, Selbstlosigkeit bis zur Selbstaufgabe sei ihr Lebensweg.
Wenn Sie und die Tln Ihrer Gruppe zwischen diesen beiden Extremen ihren persönlichen Weg suchen wollen, dann ist es sinnvoll, zu überlegen, ob Sie zuerst einmal an den Stichworten ‚Selbstbewußtsein' oder ‚Selbständigkeit', ‚Selbstbehauptung' oder ‚Rollen' arbeiten wollen. Nur wer sich die Frage stellt: Wer bin ich?, kann seine Persönlichkeit entfalten und entwickeln.
Bevor Sie die Parabel (2. Schritt) einbringen, ist es nach unserer Erfahrung wichtig, die Tln kurz mit dem Thema anzufreunden

- durch sammeln von Gehörtem oder Gelesenem zum Thema ‚Selbstverwirklichung' oder
- ein zusammengerolltes und ein entfaltetes Farnblatt in die Mitte stellen und fragen: was fällt mir zu meinem Prozeß der Entwicklung, der Selbstwerdung, ein? oder
- mit den Fragen im 1. Schritt.

1. Schritt

Selbstverwirklichung – ein schillernder Begriff

Vier Fragen in Kleingruppen
Austausch im Gespräch

Kleingruppen
und Plenum — 20 Minuten

Vier Fragen

1. Es wird behauptet, daß der Mensch nur etwa 15% seiner Möglichkeiten und Kräfte ausschöpft. Haben Sie schon einmal erlebt, daß Sie bisher Unentdecktes aus Ihrem Innersten ‚ausgegraben' haben?

2. Es sind oft nicht die anderen, die mich hindern, ich-selbst zu sein, sondern meine Ängste, meine Bequemlichkeit, meine Gewohnheiten. Fallen Ihnen Beispiele ein?

3. Kann sich ein Mensch nur dann zur selbstbestimmten, einmaligen Persönlichkeit entwickeln, wenn er sich von gesellschaftlichen Zwängen und Rollenerwartungen löst?

4. Glauben Sie, daß Selbstverwirklichung eine Sackgasse ist, die egoistisch macht und die den Menschen in Einsamkeit und Verlassenheit führt?

Anleitung zu S. 217

- Die Gruppe teilt sich in vier Kleingruppen.
- Die vier Fragen (evtl. verändert) auf vier Kleingruppen verteilen – oder die Gruppen eine Frage wählen lassen.
- Die Teilnehmer sprechen zehn Minuten über ihre Frage. Es soll kein Ergebnis zustande kommen, sondern erst einmal das Thema angedacht werden. Unklarheiten und weitere Fragen können ins Plenum gebracht werden.
- Zehn Minuten Plenumsgespräch: Jede Gruppe liest ihre Frage vor und sagt einige Gedanken dazu.
- Lassen Sie Fragen, Unklarheiten, kontroverse Meinungen im Raum stehen und bieten den Tln an, sich ihre Antwort in der folgenden Gleichnisgeschichte zu suchen.

2. Schritt

Werde, der du bist

Parabel: Der Adler
Malen in Einzelarbeit
Austausch im Gespräch

Plenum 60 Minuten

Anleitung

- Jede Tln hat ein großes Blatt (mind. DIN-A3) vor sich, Stifte, evtl. Kreiden liegen in verschiedenen Farben in der Mitte.
- Die Leiterin schlägt der Gruppe vor, nach dem Hören des Textes zu schweigen und dann zu versuchen, Bilder sprechen zu lassen.
- Beim Hören möglichst die Augen schließen und die Bilder, die auftauchen, anschauen oder wie Wolken vorbeiziehen lassen.
- Anschließend kann, wer will, Farben, Formen, Bilder, die vor dem inneren Auge entstanden sind, zu Papier bringen (ca. 15 Min.).
- Die Leiterin erzählt (oder liest) langsam – mit Pausen – und legt einige Exemplare des Textes in die Mitte für Tln, die noch einmal nachlesen wollen.

Der Adler

Ein Mann ging in einen Wald, um nach einem Vogel zu suchen, den er mit nach Hause nehmen könnte. Er fing einen jungen Adler, brachte ihn heim und steckte ihn in den Hühnerhof zu den Hennen, Enten und Truthühnern. Und er gab ihm Hühnerfutter zu fressen, obwohl er ein Adler war, der König der Vögel.
Nach fünf Jahren erhielt der Mann den Besuch eines naturkundigen Mannes. Und als sie miteinander durch den Garten gingen, sagte der: „Der Vogel dort ist kein Huhn, er ist ein Adler!" – „Ja", sagte der Mann, „das stimmt. Aber ich habe ihn zu einem Huhn erzogen. Er ist jetzt kein Adler mehr, sondern ein Huhn, auch wenn seine Flügel drei Meter breit sind." „Nein", sagte der andere. „Es ist noch immer ein Adler, denn er hat das Herz eines Adlers. Und das wird ihn hoch hinauffliegen lassen in die Lüfte." „Nein, nein", sagte der Mann, „er ist jetzt ein richtiges Huhn und wird niemals wie ein Adler fliegen."
Darauf beschlossen sie, eine Probe zu machen. Der naturkundige Mann nahm den Adler, hob ihn in die Höhe und sagte beschwörend: „Der du ein Adler bist, der du dem Himmel gehörst und nicht dieser Erde: breite deine Schwingen aus und fliege!" – Der Adler saß auf der hochgereckten Faust und blickte um sich. Hinter sich sah er die Hühner nach ihren Körnern picken, und er sprang hinunter. Der Mann sagte: „Ich habe dir gesagt, er ist ein Huhn." „Nein", sagte der andere, „er ist ein Adler. Ich versuche es morgen noch einmal."
Am anderen Tag stieg er mit dem Adler auf das Dach des Hauses, hob ihn empor und sagte: „Adler, der du ein Adler bist, breite deine Schwingen aus und fliege!" Doch als der Adler wieder die scharrenden Hühner im Hofe erblickte, sprang er abermals zu ihnen hinunter und scharrte mit ihnen.
Da sagte der Mann wieder: „Ich habe dir gesagt, er ist ein Huhn." „Nein", sagte der andere, „er ist ein Adler, und er hat noch immer das Herz eines Adlers. Laß es uns noch ein einziges Mal versuchen; morgen werde ich ihn fliegen lassen." Am nächsten Morgen erhob er sich früh, nahm den Adler und brachte ihn hinaus aus der Stadt, weit weg von den Häusern an den Fuß eines hohen Berges; jede Zinne erstrahlte in der Freude eines wundervollen Morgens. Er hob den Adler hoch und sagte zu ihm: „Adler, du bist ein Adler. Du gehörst dem Himmel und nicht dieser Erde. Breite deine Schwingen aus und fliege!" Der Adler blickte umher, zitterte, als erfülle ihn neues Leben – aber er flog nicht. Da ließ ihn der naturkundige Mann direkt in die Sonne schauen. Und plötzlich breitete er seine gewaltigen Flügel aus, erhob sich mit dem Schrei eines Adlers, flog höher und höher und kehrte nie wieder zurück.

James Aggrey

Was mache ich, wenn...

... sich Tln scheuen, etwas zu malen? Es ist gut, dann erneut darauf hinzuweisen, daß es nicht um schönes, künstlerisches Malen geht, daß es kein Richtig oder Falsch gibt, sondern darum geht, statt Worte Farben und Zeichen sprechen zu lassen. Alles, was kommt, ist wichtig, weil es ein Teil des Selbst ist. Es können Botschaften sein wie die Träume. Es ist wichtig zu sagen, daß niemand malen muß (Bilder können auch mit Worten beschrieben werden).

Hinweis

Es zeigt sich immer wieder, daß die Chancen, sich mit sich selbst auseinanderzusetzen, beim Malen besonders groß sind, weil manches, was nicht bewußt war, augen-fällig wird.
In unserer Gruppe entwickelten sich sehr verschiedene Bilder: Auf manchen waren ein Adler und die Sonne zu erkennen, andere waren für die Malenden und/oder die Betrachter zuerst unverständlich, ‚nur Gekritzel' oder starker Ausdruck in Farben.

Austausch im Plenumsgespräch

Das Gespräch über das eigene Bild und das der anderen Tln hilft, manche Gefühle und Gedanken deutlicher werden zu lassen.

Es ist ungünstig, die Bilder der Reihe nach zu besprechen. Das könnte Druck auf die Tln ausüben, die nicht sprechen wollen.

Teilnehmeraussagen

- „Ich habe heute mehr über mich erfahren als durch viele Gespräche."
- „Picken und arbeiten ist wirklich nicht alles im Leben."
- „Ich sitze in einem goldenen Käfig. Aber wenn ich etwas ändere, muß ich ein großes Risiko eingehen, vielleicht anderen weh tun, wenn ich meine Flügel entfalte."
- „Ich weiß nicht, was meine Bestimmung ist, ob ich ein Huhn oder ein Adler bin."
- „Ich habe spiralenförmig wie der Adler meine Kreise gezogen, vom Licht fasziniert. Dieses Strahlen des göttlichen Lichtes, auch in mir selbst, spüre ich auch sonst manchmal, wenn ich meinen Blick vom Futternapf abwende."
- „Ich finde Huhn-sein herrlich, ich habe viel Auslauf auf einer großen Wiese, kann auch in die Sonne gucken und habe meine Pflichten und Freuden im warmen Stall. Ich will gar kein Adler sein."
- „Als ich den Adler mit den weiten Schwingen malte, fiel mir ein, daß ich auch über mich hinausgewachsen bin, damals nach dem schrecklichen Verkehrsunfall."
- „Mein Mann glaubt an mich, ganz egal, was ich tue, das hat mich größer und stärker gemacht."

Hinweis

Tln einer Gruppe hatten zuerst Schwierigkeiten mit der Parabel, weil sie sie als Aufruf zum ‚Aussteigen' empfanden. Das Mißverständnis gab uns die Gelegenheit herauszufinden, daß jedes Tier seinen Auftrag hat und jeder Mensch seine besondere Bestimmung: Das Huhn legt seine Eier, erfüllt seine Aufgabe. Es kann und soll kein Adler sein. Aber der Adler hat sich nur versorgen lassen und nicht seine Nahrung gesucht und in luftiger Höhe sein Nest gebaut. Er war sich selbst nicht treu.

Als die Gruppenmitglieder nach Hause gingen, meinten einige, sie hätten jetzt mehr Fragen zur Selbstverwirklichung als vorher. Andere fanden diese Rat-losigkeit gut, weil jede für sich weiterdenken muß. Die folgenden Gedanken sind in vielen Gesprächen über den Text entstanden, vielleicht helfen Sie Ihnen beim Eindenken, wenn Sie sich vorbereiten.

Überlegungen und Fragen aus verschiedenen Gruppen:

- Jeder Mensch ist etwas Besonderes. Kenne ich meine Kraft, meine Berufung, höre ich auf meine innere Stimme? Lasse ich mein Herz sprechen, oder bin ich oft so, wie ‚frau' ist?
- Was muß ich durchstoßen, aufbrechen, um zu Neuem aufbrechen zu können?
- Ist mir der gemütliche Stall, die Sicherheit des Gefüttertwerdens wichtiger, als anstrengende und unsichere neue Erfahrungen zu machen?
- Selbstfindung ist Wandlung durch den Spiegel des Du: durch und für andere ganz Ich werden.
- Langer Atem und viel Geduld sind nötig.
- Wandlung ist mit Anstrengung verbunden, ein Prozeß mit Rückschlägen.
- Selbstverwirklichung wird zur Nabelschau und führt zur Stagnation, wenn ich nur mich selbst bestrahle und nicht ausstrahle.
- Nach oben streben heißt, nicht nach mehr Geld, Ansehen, Karriere streben, sondern dem göttlichen Entwurf von mir näherkommen.
- Frei-sein von Fremdbestimmtheit heißt Frei-sein für verantwortliches Handeln für mich und andere.

Hinweis

In den Gesprächen kamen die Tln immer wieder darauf zu sprechen, daß Selbstverwirklichung ein immer neues Suchen nach einem Ausgleich ist zwischen dem Dasein für andere und dem Ernstnehmen der eigenen Person. „Du sollst deinen Nächsten lieben wie dich selbst", nicht mehr, aber auch nicht weniger! Falls dazu keine Beispiele von den Gruppenmitgliedern kommen, können Sie diesen Gedanken anhand der beiden Alltagssituationen im 3. Schritt erarbeiten.

Nur wer ein Selbst hat, kann auch selbstlos handeln!

3. Schritt

Selbstverwirklichung – mein persönliches Gleichgewicht zwischen Hingabe und Selbständigkeit

Texte: zwei Erlebnisse aus dem Alltag
Austausch im Plenumsgespräch

Plenum 30 Minuten

Texte

Hingabe ist nicht Selbstaufgabe

Eine 43jährige Frau erzählt: „Ich habe früh geheiratet und 20 Jahre nur für die Familie gelebt, es ging nicht anders, weil wir ein behindertes Kind hatten. Nach seinem Tod habe ich entdeckt, daß ich in den vergangenen schweren Jahren viele Fähigkeiten und Stärken in mir entwickelt hatte, die ich jetzt gut in meiner ehrenamtlichen Arbeit in der Lernstube gebrauchen kann. Seit einem halben Jahr studiere ich Sozialpädagogik, einmal weil ich mit einem ‚Papier' in der Hand mehr erreichen kann, zum anderen wollte ich schon immer weiterlernen. Ich merke jetzt, daß es gut ist, ‚auf zwei Beinen zu stehen': nach den praktischen Kenntnissen auch noch theoretische zu erwerben. Es ist toll, festzustellen, daß ich gar nicht die etwas dumme Hausfrau geworden bin, für die manche die sogenannte ‚Nur-Hausfrau' halten."

Sein Ich entdecken im Tun für andere

Vom 21jährigen Markus berichtet eine Nachbarin: „Markus gammelte nach Schule und Bundeswehr ein Jahr herum. Er hatte die angestrebte Lehrstelle als Glasmaler nicht bekommen und war unheimlich frustriert, weil er glaubte, sich nur in einem künstlerischen Beruf verwirklichen zu können. Er schlief bis mittags, hing nächtelang mit Freunden herum und lamentierte über die Ungerechtigkeit der Welt.
Vor zwei Monaten hatten seine Eltern, die

eine Gärtnerei haben, einen schweren Verkehrsunfall. Beide lagen 14 Tage im Krankenhaus. Das wäre für den kleinen Betrieb eine Katastrophe gewesen, wenn nicht Markus gewesen wäre. Wir waren völlig überrascht, wie der Junge sich plötzlich entpuppte: er lieferte Pflanzen aus und ließ sich von den Eltern erklären, welche Ableger unbedingt gesetzt werden mußten, er gab die Anweisungen der Eltern an die Stundenkräfte weiter und zahlte ihnen den Lohn aus. Plötzlich war er aktiv, konnte mit Geld umgehen und kam morgens in aller Frühe aus dem Bett. Das Tollste ist für mich, daß er jetzt seine Zukunft anders sieht. Seine Eltern haben bis jetzt nur einzelne Hydropflanzen geliefert; er ist nun mit großem Spaß dabei, Arrangements in Schalen und Kübeln zusammenzustellen, die von den Kunden schon begeistert abgenommen werden."

Austausch im Plenumsgespräch

Vielleicht wollen Sie nur einen der beiden Texte erzählen oder vorlesen, wenn Sie spüren, daß ein Gegengewicht zu einer sehr einseitigen Auslegung von Selbstverwirklichung wichtig ist. Wenn Sie beide Texte anbieten, können die sehr verschiedenen Wege zur Selbstverwirklichung daran erarbeitet werden.

Mögliche Überlegungen

- Ich finde zu mir selbst durch verantwortliches Tun.
- Wer das scheinbar Sinnlose akzeptiert, kann über sich hinauswachsen.
- Es gibt Lebensumstände, in denen mal die Zielrichtung mehr auf das Du geht, mal mehr auf das Ich.
- Nur-Geben oder Nur-Nehmen macht einseitig.
- Die beiden Extreme, die den Menschen an seiner vollen Entfaltung hindern können, sind einerseits das Kreisen um sich selbst und anderseits das Aufgeben des Ich, um nur noch das Du im Auge zu haben.
- Das Du brauche ich zur Selbstverwirklichung, gleichzeitig kann es mich daran hindern.
- Jede Verallgemeinerung ist ein Zwang, weil sie die Einzigartigkeit des Menschen verfehlt.
- Selbstverwirklichung ist das Zusammenspiel zwischen meinem eigenen Denken, Fühlen, Handeln und der Herausforderung des Platzes, an den ich gestellt bin. Manchmal komme ich erst aus mir heraus durch extreme Anforderungen.

Vertiefender Text

Werde, der du bist!

Sei du selbst. Die anderen brauchen dich, so wie dich der Herr gewollt hat. Du hast kein Recht, dich zu verstellen und Theater zu spielen, wenn du die anderen nicht foppen willst. Sage dir: Ich kann dem anderen etwas bieten, denn nie ist er jemandem wie mir begegnet und nie mehr wird er ihm begegnen, denn ich bin als ein einmaliges Wesen aus den Händen Gottes hervorgegangen. *Michel Quoist*

Weiterführung

Stichwort: Geben und Nehmen
Verantwortung

Wird der Tod totgeschwiegen?

ZIEL

Nachdenken über Tod und Sterben

Vorüberlegungen

Bei uns (in der BRD) sterben täglich 50 Menschen (18 000 pro Jahr) durch Verkehrsunfälle und 35 Menschen durch Selbsttötung (13 000 pro Jahr). Krankheiten wie Krebs und AIDS breiten sich stark aus, so daß wir uns eigentlich alle darauf einstellen müßten, daß wir jeden Tag persönlich oder in unserer nächsten Umgebung dem Tod begegnen können. Nehmen wir diese Bedrohung wahr und bereiten uns auf den Tod vor? Gelegenheiten dazu haben wir heute viel weniger als frühere Generationen, weil das Sterben nicht mehr Teil unseres Alltags ist. Es werden ca. 80% der Schwerkranken und Pflegebedürftigen zu Hause in der Familie gepflegt, aber es sterben 90% im Krankenhaus und in Pflegeheimen. Vielleicht haben auch Sie schon erlebt, daß Sterbende kurz vor ihrem Tod noch ins Krankenhaus gebracht wurden, weil Angehörige und Ärzte Angst hatten, etwas zu versäumen. Die Sterbenden sind dann medizinisch optimal versorgt, aber menschlich oft allein gelassen. Die Angehörigen verpassen die Chance, sich selbst mit dem Tod und ihrem eigenen Sterben auseinanderzusetzen. Je mehr wir den Tod verdrängen, um so größer wird unsere Unsicherheit und unsere Angst vor ihm.

Eine Frau erzählte:

„Ich konnte nur deshalb ohne Angst meine Mutter zu Hause in meiner Familie sterben lassen, weil vorher in der Gruppe Maria erzählt hat, wie positiv für sie und ihre Familie die Pflege und der Tod der krebskranken Großmutter war."

Wenn Ihre Gruppe sich einig ist, das Thema „TOD" zu bearbeiten, dann können alle Tln zur Vorbereitung Totenzettel und Todesanzeigen aus Tageszeitungen sammeln.

1. Schritt

Sterben und Tod im Spiegel von Todesanzeigen

Plenum — 15 Minuten

Anleitung

Die Tln lesen aus den mitgebrachten Totenzetteln und Todesanzeigen vor, was ihnen aufgefallen ist. Sie sprechen über das, was sie anspricht, was sie stört. Für den Fall, daß das Material der Tln nicht sehr ergiebig ist, kann die Leiterin ein vorher vorbereitetes Blatt mit einigen bezeichnenden Sprüchen und Redewendungen austeilen. Sie können das Blatt mit Todesanzeigen aus Ihrer Tageszeitung selbst herstellen oder das folgende für jede Tln kopieren.

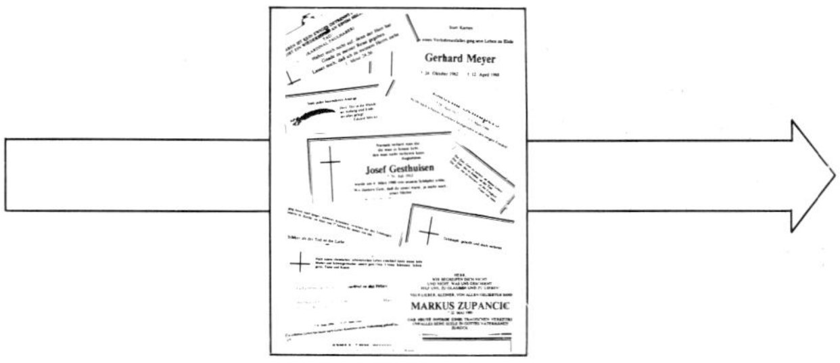

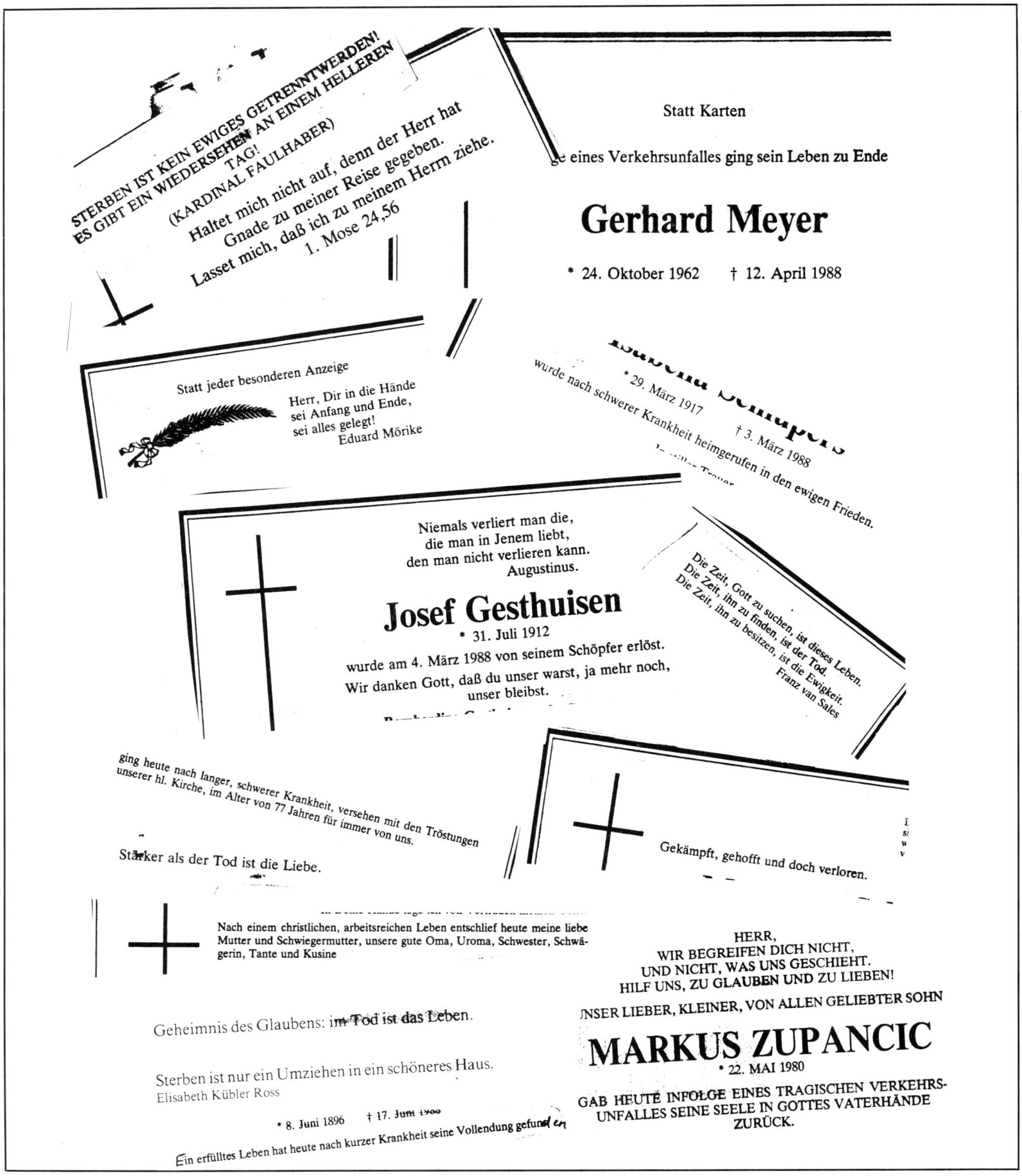
STERBEN IST KEIN EWIGES GETRENNTWERDEN!
ES GIBT EIN WIEDERSEHEN AN EINEM HELLEREN TAG!
(KARDINAL FAULHABER)
Haltet mich nicht auf, denn der Herr hat Gnade zu meiner Reise gegeben.
Lasset mich, daß ich zu meinem Herrn ziehe.
1. Mose 24,56

Statt Karten
... eines Verkehrsunfalles ging sein Leben zu Ende
Gerhard Meyer
* 24. Oktober 1962 † 12. April 1988

Statt jeder besonderen Anzeige
Herr, Dir in die Hände sei Anfang und Ende, sei alles gelegt!
Eduard Mörike

* 29. März 1917 † 3. März 1988
wurde nach schwerer Krankheit heimgerufen in den ewigen Frieden.

Niemals verliert man die, die man in Jenem liebt, den man nicht verlieren kann.
Augustinus.
Josef Gesthuisen
* 31. Juli 1912
wurde am 4. März 1988 von seinem Schöpfer erlöst.
Wir danken Gott, daß du unser warst, ja mehr noch, unser bleibst.

Die Zeit, Gott zu suchen, ist dieses Leben.
Die Zeit, ihn zu finden, ist der Tod.
Die Zeit, ihn zu besitzen, ist die Ewigkeit.
Franz van Sales

ging heute nach langer, schwerer Krankheit, versehen mit den Tröstungen unserer hl. Kirche, im Alter von 77 Jahren für immer von uns.
Stärker als der Tod ist die Liebe.

Gekämpft, gehofft und doch verloren.

Nach einem christlichen, arbeitsreichen Leben entschlief heute meine liebe Mutter und Schwiegermutter, unsere gute Oma, Uroma, Schwester, Schwägerin, Tante und Kusine

Geheimnis des Glaubens: im Tod ist das Leben.
Sterben ist nur ein Umziehen in ein schöneres Haus.
Elisabeth Kübler Ross
* 8. Juni 1896 † 17. Juni 1988
Ein erfülltes Leben hat heute nach kurzer Krankheit seine Vollendung gefunden

HERR,
WIR BEGREIFEN DICH NICHT,
UND NICHT, WAS UNS GESCHIEHT.
HILF UNS, ZU GLAUBEN UND ZU LIEBEN!
UNSER LIEBER, KLEINER, VON ALLEN GELIEBTER SOHN
MARKUS ZUPANCIC
* 22. MAI 1980
GAB HEUTE INFOLGE EINES TRAGISCHEN VERKEHRSUNFALLES SEINE SEELE IN GOTTES VATERHÄNDE ZURÜCK.

Mögliche Impulse

- Umschreibungen für Sterben suchen (entschlief, ging für immer von uns, umziehen . . .).
- Vergleiche, wie der Tod kommt (unerwartet z. B. bei einer 83jährigen, oder vorbereitet, getröstet).
- Fragen nach unserem Umgang mit der Trauer. (Von Beileidsbekundungen am Grabe bitten wir Abstand zu nehmen.).

2. Schritt

Wie erleben wir Sterben und Tod?

Erzählung und Gespräch

Plenum 40 Minuten

Katharsis oder das Weinfest

Aus der Türkenwohnung nebenan wieder einmal Geschrei. Eine Frauenstimme, ansteigend wie eine Sirene, sich überschlagend im Schluchzen, andere Stimmen dazwischen. Daß man aber auch alles mithören mußte hier von Wohnzimmer zu Wohnzimmer, das ganze Familienleben, wenn drüben die Kinder rauften, wenn abends der Mann heimkam. Rosemarie entschloß sich, nun doch mal rüberzugehen und sich zur beschweren.
Die Tür der Yüksels war offen, mindestens zehn Paar Frauenschuhe und einige Kinderschuhe standen im Flur, eine große Versammlung also. Frau Yüksel, die abends als Putzfrau im Supermarkt arbeitet, war jetzt zu Hause und schrie. Da im Wohnzimmer wälzte sie sich auf dem Teppich, zwei Frauen hockten mit ihr am Boden, hielten sie an den Armen fest, und wieder dieser Sirenenton, das Aufheulen und ein Wort: Murat, Murat. Ein Tollhaus, auch die anderen auf den Sofas an den Wänden entlang weinten und schrien, achteten nicht auf Rosemarie; sie konnte niemanden fragen, was denn los sei, die Frauen waren viel zu sehr mit sich selbst beschäftigt und mit der einen, die sich die Haare raufte. Frau Yüksel, hier erstmals ohne Kopftuch zu sehen, riß an den schönen braunen schulterlangen Haaren und schrie: „Vay, vay" und „Murat". Da mußte doch etwas geschehen sein. Hatte der Mann sie geschlagen? Aber deswegen heulte die noch lange nicht, da gab's öfter mal was ab; vielleicht war der Alte allein zurück in die Türkei, irgendwas war passiert.

Man wurde aufmerksam auf Rosemarie. Eine der Frauen machte ihr ein Zeichen, zum Fenster zu kommen, und zeigte nach unten. Da stand ein Streifenwagen der Polizei, zwei Polizisten verhandelten mit einem Mann, der sich gestikulierend verteidigte, im Gesicht rot angelaufen, wie ein ertappter Verkehrssünder. „Kind überfahren", sagte die Frau neben Rosemarie.

Was? – Dort, mit einer Folie zugedeckt, lag da ein Häufchen, welches Kind denn, ja, eben Murat. Der Jüngste der Frau Yüksel, ein ziemlicher Racker, ein Krachmacher, der, weil er die Klingel noch nicht erreichte, immer mit den Füßen gegen die Wohnungstür stieß, gestoßen hatte, darüber hatte sich Rosemarie oft und oft aufgeregt. Und dieser Murat, der sollte nun überfahren worden sein. Dann war das ja hier eine Mutter, die ihr Kind verloren hatte! Unter diesen Umständen genierte sich Rosemarie, gleich wieder zu gehen, und setzte sich in eine Sofaecke, die Frau vom Fenster blieb neben ihr. Gehen wäre peinlich gewesen. Bleiben war auch peinlich. Die Mutter des kleinen Murat schlug sich ins Gesicht, richtig feste, und schlug sich auf die Augen, mit einem Ruck riß sie sich die Goldkette vom Hals. Die neben ihr sitzenden Frauen versuchten, sie zu beruhigen, wollten ihr die Hände festhalten, doch sie entwand sich: „Vay, vay!", die Bluse riß sie sich auf, ein Knopf sprang ab, das war nicht genug, noch mehr mußte kaputtgehen, der Kragen, die Manschetten gaben nicht nach: „Murat, Murat!", beim Knopfloch riß der Stoff ein, billiger weißer Blusenstoff, eine Bahn bis zum Ärmel und dann im rechten Winkel runter, und sie zerriß auch die Kleider und weinte bitterlich: „Mein Sohn, mein Sohn!"

Plötzlich sackte sie zu Boden, die Beine verrenkt, die Arme nach hinten geworfen. Eine Großmutter brachte Kölnisch Wasser, schüttete es sich in die hohle Hand und wischte der reglos Daliegenden die Schläfen, strich ihr die Haare zurück, rieb ihr die Pulse, sprengte auch etwas über den Nacken und massierte es ganz zart ein. Die Alte hockte sich auf den Boden und bettete Kopf und Oberkörper der Ohnmächtigen in ihrem Schoß, wiegte und streichelte und tröstete, wie man ein Kleines tröstet, in den Schlaf singt, ja sie sang etwas wie ein

Schlafliedchen: Nini, nini, immer nur nini nini. Und die Daliegende ließ es sich gefallen, so getröstet zu werden, hatte die Augen aufgeschlagen, sie lag ganz still da.

Alle Frauen hatten feuchte Augen, einzelne rotgeweinte Gesichter. Rosemarie kannte ein paar vom Einkaufen, die mußten hier in der Nachbarschaft wohnen. Plötzlich fing eine an zu schluchzen, von unten herauf kam das Schluchzen, es schüttelte sie, mit dem Taschentuch versuchte sie, die Schmerzensschreie zu ersticken, aber es brach aus ihr heraus, nur jetzt nicht Murat, sondern etwas ganz anderes, eine lange, lange Erzählung stieß sie da zwischen den einzelnen Schluchzern und Schreien hervor. Die hilfreiche Dolmetscherin an Rosemaries Seite gab auch hier eine Deutung: „Die weinen, weil ihre Tochter von zu Hause weggelaufen, leben mit schlechte Mensch." Auch ihr rieben die anderen die Schläfen und die Pulsadern mit ‚Kölnisch' ein, und auch sie wurde gestreichelt und getröstet und wieder zur Ruhe gebracht, und langsam ebbte auch das Weinen ab. Inzwischen hatte Murats Mutter sich gesammelt, aufgesetzt und den Armen der Großmutter entwunden, das zerrissene Hemd bemerkt und wollte sich offensichtlich ein bißchen richten, umziehen. Auf die Alte gestützt, ging sie und kam bald darauf gewaschen und gekämmt und mit einer neuen Bluse zurück. So eine schöne Frau, herrliche Haare, die sanften Brauen über den verweinten Augen, das Leiden enthüllte ihre Schönheit für Rosemarie. Diese konnte nun nicht mehr einfach gehen, wie sie es noch vor einer Stunde gekonnt hätte, irgendwie mußte sie Frau Yüksel ihr Beileid ausdrücken, ein bißchen verstand sie ja Deutsch, oder wenn man einfach nur hinging und ihr die Hand gab? Wie schwer das fiel, den anderen war es anscheinend ganz natürlich, dieses Streicheln und Anfassen, in den Arm nehmen und trösten. Während Rosemarie noch überlegte, was sie sagen sollte, lag ihre Hand, die es besser wußte, schon an der Wange der Trauernden, sie fühlte eine weiche, zarte Haut, streichelte die Fremde und sagte: „Es tut mir leid . . ." in das schöne schmerzvolle Gesicht hinein.

In diesem Augenblick konnte sie sich nicht mehr halten, die Tränen schossen ihr hervor, nein keine kleine Rührung mit feuchten Lidrändern, sondern große Tropfen sprangen ihr aus den Augen. Sie war über sich selbst betroffen; woher das plötzliche Mitgefühl mit der fremden Frau? Ach, deren Leid war ja so fremd nicht, Rosemarie hatte selbst zwei Kinder, davon Peterle so wie der kleine Murat, im Kindergartenalter. Rosemarie wischte sich mit dem Handrücken über die Augen, sie wußte nichts anzufangen mit ihrer unerwarteten Reaktion, wie es strömte, herausdrängte. Sie suchte nach einem Taschentuch, da wurde ihr schon eins gereicht, ein gebügeltes Stofftaschentuch, das nach ‚Kölnisch' roch, und sie setzte sich wieder in ihre Sofaecke und spürte die Tränen übers Gesicht rollen und das Schluchzen in der Brust.

Warum weinte sie denn über die Kinder, die sie noch hatte; das war doch kein Anlaß! – Über den Schmerz einer anderen Mutter weinen, so was war ihr noch nie passiert, Mitleid hatte sie nur als Wort gekannt. Was sie alles mit hineinpackte in diese Tränen, Ungeweintes seit Jahren, so viele kleine Schmerzen und manchmal auch große, die sie sich hatte verbeißen müssen, Beleidigungen, Enttäuschungen, wie sie ganz allein gewesen war bei der letzten Angina, wie sie gewartet hatte auf ein gutes Wort von Mann oder Kindern; die hatten kaum mitgekriegt, daß sie mit Fieber nur mühsam noch auf den Beinen stand; wenn ich mal tot bin – vielleicht. Es tat gut, daß sie alles das ausweinen durfte hier unter den anderen verheulten Frauen. Und auch ihr schüttete man ‚Kölnisch' über die Hände, und auch ihr strich man übers Haar, und sie beruhigte sich langsam.

Als Rosemarie endlich auf die Uhr schaute, merkte sie, daß Stunden vergangen waren, Zeit, Peterle vom Kindergarten abzuholen, und bald käme auch die Große von der Schule.

Barbara Yurtdas

Hinweis

Die Geschichte wird vermutlich große Betroffenheit auslösen und die Tln bereit sein lassen, über eigene Erfahrungen mit dem Tod zu sprechen. Damit jede Tln das loswerden kann, was ihr auf der Seele brennt, sind Kleingruppen zu zweit oder zu dritt günstig (ca. 10 Minuten).

Plenumsgespräch / mögliche Fragen:

- Was haben Sie erlebt beim Tode eines Angehörigen?
- Wie lange bleibt der Tote im Haus?
- Wieviel Zeit ist da zum Trauern?
- Bekommen die Angehörigen Beruhigungsspritzen?
- Welche positiven Erfahrung hat die deutsche Nachbarin bei den türkischen Frauen gemacht?

Teilnehmeraussagen aus verschiedenen Gruppen:

- „Worte sind in solchen Situationen meist fehl am Platz, aber die andere in den Arm nehmen fällt uns so schwer."
- „Für mich war es schlimm, daß ich mich vor dem Tod unseres Kindes nie mit dem Sterben auseinandergesetzt hatte, ich war hilflos, sah keinen Ausweg."
- „Mir ist jetzt klargeworden, daß ich über mich weine, wenn ich bei Beerdigungen von fast fremden Menschen so sehr weinen muß."
- „Ich möchte nicht plötzlich sterben, sondern Zeit haben, alles vorzubereiten, und wünschte mir auch, daß ich mit meinem Mann alles vorbesprechen könnte, bevor er stirbt."
- „Als mein Vater zu Hause starb, haben wir uns Zeit gelassen, bis wir das Beerdigungsinstitut angerufen haben. Beim Tod meiner Freundin im Krankenhaus war es ganz schrecklich, so hektisch, ich hatte keine Zeit, mich von ihr zu verabschieden."
- „Das Loslassen von Trauer und Traurigkeiten und wieder nach vorne gucken ist so schwer. Und ist es dann nicht noch schwerer, wenn wir uns an Erinnerungen klammern, z. B. an eine große Puppe in der Kleidung des gestorbenen Kindes?"
- „Am Grab des toten Sohnes sagte meine Tochter, als ich weinte: ‚Warum bist du so traurig, glaubst du, daß es Carsten bei Gott gut geht, oder glaubst du es nicht?'"

Hinweis

Wir haben nicht alle Gelegenheit, Menschen kennenzulernen, von denen wir den Umgang mit dem Tod lernen können. Anhand der folgenden Fragen könnten wir nachdenken, damit uns ein unerwarteter Todesfall nicht unvorbereitet trifft.

Wie Japaner sterben

Ein japanischer Missionar erzählt von Japanern, daß diese, obwohl sie Christen geworden sind, wieder wie Japaner sterben: Man sagt, wenn Japaner auf die Welt kommen, stellen sie nur einen Fuß auf die Welt und vergessen nie das Gefühl, woanders hinzugehören. Beim Sterben stellen sie dann das Spielbein wieder zum Standbein zurück.

3. Schritt

Was würde ich tun, wenn . . .?

Arbeitsblatt und Gespräch

Plenum oder
Kleingruppen 45 Minuten

Arbeitsblatt

- Würde ich mit meinem Kindergartenkind zur Beerdigung eines gleichaltrigen Nachbarkindes gehen?
- Würde ich mein 12jähriges Kind ermutigen, den Sarg eines Klassenkameraden mitzutragen, wenn sich das die Angehörigen des verstorbenen Schülers wünschten?
- Würde ich mein Kind davor bewahren, den von Krebs entstellten Spielkameraden auf dem Sterbebett zu besuchen?
- Würde ich mein kleines Kind daran hindern, sich neben die eben gestorbene Großmutter ins Bett zu legen?

Anleitung

- Wenn sich Kleingruppen von ca. fünf Tln bilden, kommen die einzelnen mehr zu Wort.
- Die Fragen werden vorgelesen oder an die Tln verteilt.
- Es kommt nicht darauf an, daß alle Tln alle Fragen beantworten, sondern daß die Tln Gelegenheit haben, sich persönlich mit dem Tod auseinanderzusetzen.

Hinweis

Die Fragen auf dem Blatt beziehen sich nicht auf erdachte Situationen, sondern sind aufgrund persönlicher Erlebnisse von Tln entstanden. Bei ihrer Beantwortung gibt es keine allgemeingültige Regel, denn jedes Kind und jede Situation ist anders. Aber trotzdem wurde eine Tln sehr nachdenklich, die ihr Kind von Tod und Sterben fernhalten wollte. Es wurde die Frage aufgeworfen, ob es wir Erwachsenen sind, die Angst vor dem Tod haben, die nicht wissen, wie umgehen mit Sterbenden und Toten. Wir glauben dann, unsere Kinder fühlten ebenso, und halten sie davon ab, lebenswichtige Erfahrungen zu machen. Es wurde sehr deutlich, daß Unkenntnis die Angst besonders fördert.
Das Geheimnis des Todes können wir nicht ergründen, daher ist es wichtig, Fragen dazu auch ohne Antwort zulassen zu können.

Die Eule, deren Nachtaugen am Tage blind sind, kann das Mysterium des Lichtes nicht entschleiern.

K. Gibran

4. Schritt

Und was kommt nach dem Tod?

Text: Den Tod auslachen

Alternative

Meditativer Abschluß mit Bild

Plenum 5 Minuten

Den Tod auslachen

In Rußland soll es früher Brauch gewesen sein, nach dem Ostergottesdienst auf den Friedhof zu gehen, dort für die verstorbenen Angehörigen zu beten und Osterlieder zu singen. Dann fing einer an zu lachen, steckte die anderen an, die mitlachten, bis ihnen die Tränen kamen. Dazwischen riefen sie sich fröhlich zu: „Christus ist auferstanden, Halleluja!" So lachten sie den Tod aus.

Meditative Fragen (langsam gesprochen, keine Diskussion)

- Kann ich das für mich nachvollziehen? Oder hat bei uns Freude angesichts der Schrecken des Todes keinen Platz mehr?
- Hat der Tod etwas Endgültiges für mich, oder glaube ich an die Auferstehung?
- Die Auferstehung Jesu kann nicht ohne weiteres die Angst vor dem Tod nehmen, aber uns helfen, diese besser auszuhalten.

Alternative

Meditativer Abschluß mit Bild

Anleitung

- Die Tln haben das Bild vor sich liegen.
- Sie nehmen ein Weizenkorn in die Hand und fühlen seine Härte.
- Die Gesprächsleiterin sagt:
  „Das neue Leben ist der Tod des Samenkornes. Das Samenkorn und alle Lebewesen im Dunkel der Erde wissen nichts von dem Licht, das über der Erde ist. Durch den Tod des Samens entsteht der Keim der neuen Pflanze. Sie wächst zum Licht und bringt neue Früchte."
- Stille
- Die Gesprächsleiterin fährt fort:
  „Ich sterbe nicht erst am Ende meiner Tage."

  „Ich muß immer neu aufbrechen, damit ich mich wandeln kann."

  „Ich will Altes abstoßen, damit Neues werden kann."

  „Ich bin auf dem Weg zum Licht."

Zum Weiterdenken und Mitgeben oder als Weiterführung

Sinngemäße Aussagen der Sterbeforscherin E. Kübler-Ross in Veranstaltungen der letzten Jahre:

Sterbende sind weise Lehrer.

Es ist nie zu spät zu reparieren – das ist das Wunder des menschlichen Lebens.

Leben lernen heißt sterben lernen: Wenn ich jetzt lebe, nicht auf morgen warte, dann brauche ich nicht in Traurigkeit zu sterben, weil ich das Leben verpaßt habe.

Je weniger unerledigte Probleme ich in mir habe, um so offener bin ich für die Nöte des anderen.

Der Tod ist wie eine Geburt, ich brauche Hilfe, aber im letzten muß ich es alleine machen.

Bedingungslose Liebe hilft mir zu leben und zu sterben.

Der Sterbende ist oft der Tröster der Hinterbliebenen.

Wollen wir um jeden Preis Leben verlängern oder menschenwürdig sterben?

Weint man nicht mehr um sich selbst als um den anderen?

Mögliche Weiterführung

‚Gottvertrauen'
‚Gotteserfahrungen'

Verantwortung

Es kommt auf mich an, aber es hängt nicht alles von mir ab!

ZIEL

Überlegen,
wann ich Verantwortung übernehmen will, um Schaden abzuwenden;
wann ich Verantwortung verweigere, damit ich nicht überfordert bin und andere unterfordert sind.

Vorüberlegungen

Der Umgang mit der Verantwortung fällt vielen Menschen heute nicht leicht. Die einen sagen: „Wer bin ich schon, ich kann doch nichts machen" – und fallen in Resignation und Depression. Andere glauben, daß sie mit sich selbst genug zu tun hätten. Manche weisen Anfragen an ihre Verantwortung zurück mit dem Argument: „Ich bin nicht zuständig, dafür gibt es Fachleute, für die ich meine Steuern zahle." Wieder andere sind total überlastet, sie halten sich für unentbehrlich. Den Tln einer Frauengruppe, die dieses Thema besprachen, ging es darum, für sich einen Mittelweg zwischen den Extremen zu finden. Der folgende Einstieg hat sich dabei als günstig erwiesen:
Die Tln sammeln, was ihnen zu Verantwortung einfällt, z. B.:
V ertrauen
E . . .
R . . .
A ntwort geben
N . . .
T . . .
W . . .
O . . .
R . . .
T reue
U . . .
N . . .
G elassenheit

Anschließend Austausch in Kleingruppen.
Wenn Sie für das Thema nicht gut zwei Stunden zur Verfügung haben, sollten Sie überlegen, ob Sie nicht besser diesen Einstieg weglassen und gleich mit einigen persönlichen Sätzen und dem Text des 1. Schrittes beginnen.

1. Schritt

Es kommt auf mich an!

Text: „Die kleine Schraube"

Alternative

Alltagssituationen
Gespräch

Plenum — 60 Minuten

Wir können nicht verantwortlich handeln, wenn wir nicht immer wieder an unserem Verantwortungsbewußtsein arbeiten. Aus den vielen Möglichkeiten, damit umzugehen, bieten wir hier einen Text an und alternativ konkrete Beispiele aus unserem Alltag. Der Text kann das Selbstwertgefühl der Tln stärken und gibt die Möglichkeit, eigene Beispiele von verantwortlichem Handeln zu finden. Es kann auch günstig sein, den mutmachenden Text vorzulesen, um danach gleich die Situationen aus dem Alltag zu besprechen. Die Beispiele können evtl. Ängste bei den Tln hervorrufen, weil diese persönlich ganz konkret gefordert werden. Entscheiden Sie als Gruppenleiterin bei der Vorbereitung, was Sie gut finden, wenn Sie die Tln der Gruppe vor Augen haben.

Die kleine Schraube

Es gab einmal in einem riesigen Schiff eine ganz kleine Schraube, die mit vielen anderen ebenso kleinen Schrauben zwei große Stahlplatten miteinander verband. Diese kleine Schraube fing an, bei der Fahrt mitten im Indischen Ozean etwas lockerer zu werden und drohte herauszufallen. Da sagten die nächsten Schrauben zu ihr: „Wenn du herausfällst, dann gehen wir auch." Und die Nägel unten am Schiffskörper sagten: „Uns wird es auch zu eng, wir lockern uns auch ein wenig." Als die großen eisernen Rippen das hörten, da riefen sie: „Um Gottes willen bleibt; denn wenn ihr nicht mehr haltet, dann ist es um uns geschehen!" Und das Gerücht von dem Vorhaben der kleinen Schraube verbreitete sich blitzschnell durch den ganzen riesigen Körper des Schiffes. Er ächzte und erbebte in allen Fugen. Da beschlossen sämtliche Rippen und Platten und Schrauben und auch die kleinsten Nägel, eine gemeinsame Botschaft an die kleine Schraube zu senden, sie möge doch bleiben; denn sonst würde das ganze Schiff bersten und keine von ihnen die Heimat erreichen. Das schmeichelte dem Stolz der kleinen Schraube, daß ihr solche ungeheure Bedeutung beigemessen wurde, und sie ließ sagen, sie wolle sitzenbleiben.

Rudyard Kipling

Anleitung

- Text mehr erzählen als vorlesen
- Die Tln äußern spontan ihre Gedanken und Gefühle.
- Mögliche Frage:
  Wo habe ich mich schon einmal wie die kleine Schraube gefühlt?

Überlegungen und Fragen von Teilnehmerinnen

- Jeder Mensch ist an seinem Platz wichtig.
- Keiner lebt für sich allein – mein Tun und Lassen hat Auswirkungen auf Mensch und Natur.
- Wir schwanken manchmal zwischen dem Wunsch, „die Klamotten wegzuwerfen", und dem Wissen um unsere Pflicht und Verantwortung.
- Jeder einzelne Mensch kann im Positiven und Negativen Kettenreaktionen auslösen.
- Haben wir nicht seit langem mehr unser persönliches Wohl (Bequemlichkeit, Profit) im Auge als das Gemeinwohl?
- Haben wir Angst vor der Macht? Sind wir uns bewußt, daß sich ohne Einflußnahme nichts ändert?
- „Wer schweigt, stimmt zu." Wenn uns Sendungen im Funk und Fernsehen nicht gefallen, sollten wir schreiben. Eine Zuschrift wird als Meinung von ca. 3000 Zuhörern gewertet.

Alternative

Alltagssituationen

Stellen Sie sich folgende Situation vor! – Wie würden Sie reagieren? Wie haben Sie in ähnlichen Fällen reagiert?

Ihre Stadtverwaltung läßt auf allen Wegen der Grünanlagen und auf den Bürgersteigen Pflanzenvernichtungsmittel spritzen.

Sie befahren allein in Ihrem Auto eine kleine Nebenstraße. Auf dem Fahrradweg liegt ein Mann neben seinem Fahrrad.

Ihr Sohn bringt einen frechen Schulkameraden mit nach Hause. Sie erfahren, daß dessen Vater im Gefängnis ist und die Mutter den ganzen Tag außer Haus arbeitet.

Beim Schneeräumen fällt Ihnen auf, daß drei Häuser weiter der Bürgersteig vereist ist. Sie wissen, daß eine alleinstehende schwangere Frau dort kürzlich eingezogen ist.

Von 22 eingeladenen Eltern sind sechs zur Elternpflegschaftsversammlung gekommen. Ihre Nachbarin bittet Sie, sich bei der Wahl zum Vorsitz aufstellen zu lassen, weil der jetzige Vorsitzende nicht mehr kandidieren will.

Im Vorabendprogramm des Fernsehens werden ständig Filme gezeigt, die die Aggressivität Ihrer Kinder fördern.

Ihrer 15jährigen Tochter ist das Fahrrad, das nicht abgeschlossen war, gestohlen worden. Diese möchte, daß Sie unterschreiben, daß das Rad abgeschlossen war, damit die Versicherung den Schaden ersetzt.

Beim Einkaufen erzählt Ihnen Frau X, daß ihr Vater in der vergangenen Nacht plötzlich gestorben ist. Sie möchte zu ihrer Mutter reisen, um ihr beizustehen, weiß aber nicht, wo sie ihre beiden Schulkinder unterbringen könnte.

Sie lesen in der Zeitung, daß der Sozialdienst katholischer Frauen dringend Frauen und Männer sucht. Diese sollen zusammen mit Fachleuten Ausländer, Behinderte und alleinstehende Menschen betreuen und Pflegschaften und Vormundschaften übernehmen.

Sie sind eingeladen und wollen kurz vor Geschäftsschluß noch ein paar Blumen einkaufen. Da bemerken Sie eine Frau, die sich stöhnend an einer Hauswand festhält.

Ihre Kinder wünschen sich, daß Sie sich an einem Schweigemarsch für den Frieden beteiligen.

Anleitung

- Die Gruppenleiterin hat die Beispiele herauskopiert, die ihr für die Gruppe zu passen scheinen (evtl. noch einiges geändert oder hinzugefügt).
- Jede Tln bekommt ein Beispiel (bei einer größeren Gruppe sind dann manche doppelt oder dreifach vertreten).
- Die Tln versetzen sich für 5 Minuten in die angegebene Situation und überlegen, wie sie reagieren würden oder schon einmal reagiert haben.
- Austausch der Ergebnisse in Kleingruppen oder im Plenum.

Teilnehmeraussagen aus verschiedenen Gruppen:

- „Ich würde manchmal gerne helfen, aber ich habe Angst. Man hört so oft, daß man reingelegt werden kann!"
- „Wenn man die kleinen Versicherungsschwindeleien nicht mitmacht, steckt man viel finanzielle Nachteile ein."
- „Oft helfe ich nicht aus Angst, etwas falsch zu machen; manchmal nicht, weil es Fachleute gibt, die es doch sicher besser können."
- „Theoretisch ist uns unsere Verantwortung klar, praktisch fehlt oft die Zivilcourage; wir sollten uns gegenseitig mehr ermutigen."
- „Einige Gruppen haben einen Beschwerdebrief ans Fernsehen geschrieben und waren stolz, daß sie zu einem Gespräch eingeladen wurden."
- „Man wächst auch mit den Aufgaben: Wer wagt, gewinnt!"
- „Sich für andere einsetzen bringt dauernd Ärger!"
- „Bei der Elternversammlung erklärten sich alle zur Mithilfe beim Schulfest bereit; nachher mußten zwei Frauen die Arbeit allein machen."

Hinweis

Wir haben erlebt, daß eine sozial sehr engagierte Gesprächsleiterin sehr viele Beispiele brachte, wo es wichtig wäre, Verantwortung zu übernehmen. Die Tln reagierten teilweise aggressiv oder verschlossen sich, weil sie sich überfordert fühlten. Die Leiterin sollte besser nicht so viele Beispiele bringen. Niemand läßt sich gerne ein schlechtes Gewissen machen. Es ist vielmehr wichtig, herauszuarbeiten, daß die Belastbarkeit sehr unterschiedlich ist und daß jede ihr eigenes Maß finden muß.

2. Schritt

... aber es hängt nicht alles von mir ab!

Bibeltext
Gespräch

Plenum 60 Minuten

Viele haben Angst vor Überforderung und kapseln sich ab. Sie geben erst gar nicht ‚den kleinen Finger', weil der andere dann vielleicht ‚die ganze Hand' will. Das kann ein einsames, unausgefülltes Leben zur Folge haben. Nicht weniger schwierig ist das Leben der Menschen, die immer sagen: „Ich muß alles selbst tun" – und sich damit unentbehrlich machen. Um einen Mittelweg zwischen diesen Extremen zu finden, kann der folgende Bibeltext hilfreich sein.

Der barmherzige Samariter

Jesus begann zu erzählen: „Ein Mann ging von Jerusalem nach Jericho. Unterwegs überfielen ihn Räuber. Sie rissen ihm die Kleider vom Leib, schlugen ihn zusammen und ließen ihn halbtot liegen. Nun kam zufällig ein Priester denselben Weg. Er sah den Mann liegen, machte einen Bogen um ihn und ging vorbei. Genauso machte es ein Levit: er sah ihn und ging vorbei. Schließlich kam ein Mann aus Samarien. Als er den Überfallenen sah, hatte er Mitleid. Er ging zu ihm hin, behandelte seine Wunden mit Öl und Wein und machte ihm einen Verband. Dann setzte er ihn auf sein eigenes Reittier und brachte ihn in das nächste Gasthaus, wo er sich um ihn kümmerte. Am anderen Tag gab er dem Wirt zwei Silberstücke und sagte: ‚Pflege ihn! Wenn du noch mehr brauchst, will ich es dir bezahlen, wenn ich zurückkomme.' "

Lukas 10, 30–35

Anleitung

- Die Gesprächsleiterin oder eine Gruppenteilnehmerin liest den Text vor.
- Eine Stille von 3 bis 5 Minuten wird angekündigt.
- Danach wird der Text erneut vorgelesen.
- Die Tln sagen einander, was sie berührt hat.
- Die Gesprächsleiterin kann noch einmal auf das Thema verweisen: „Es kommt auf mich an, aber es hängt nicht alles von mir ab", und die Tln überlegen ob sie eine Verbindung vom Thema zum Bibeltext sehen.

Teilnehmeraussagen aus verschiedenen Gruppen:

- „Der Samariter hat geholfen, indem er selbst anpackte, als es nötig war; dann hat er die Verantwortung weitergegeben."
- „Für mich ist es ein ‚Aha-Erlebnis', daß Jesus nicht gefordert hat, daß wir uns total aufgeben im Dienst am Nächsten. Als der Samariter nicht mehr unbedingt gebraucht wird, als sein Geld zur Hilfe reicht, geht er wieder seinen eigenen Interessen nach."
- „Ich hätte ein schlechtes Gewissen, in einem solchen Moment wegzugehen."
- „Vielleicht fangen wir deshalb erst gar nicht an, irgendwo Verantwortung zu übernehmen, weil es so schwer ist, Grenzen zu setzen.
- „Ich traue mich nicht, ‚Nein' zu sagen, wenn ich nicht mehr kann oder nicht mehr will."
- „Einmal sind auch andere dran, ich muß nicht immer alles richten. Ich habe gemerkt, daß es für die Familie schlecht war, daß ich jahrelang versucht habe, allen alle Steine aus dem Weg zu räumen."
- „Es hängt wirklich nicht alles von mir ab. Als ich in Kur war, lief es zu Hause anders als sonst, aber es lief auch. Das war gar nicht so leicht zu verkraften."

Hinweis

Vielleicht geht es bei Ihnen so wie bei uns, daß die Tln ansprechen, wie schwierig es ist, das richtige Maß an Verantwortung zu finden und trotz Mißerfolgen und Enttäuschungen sich gelassen und hoffnungsvoll weiter einzusetzen. Eine Tln berichtete von einem Priester, der sich unter sehr schwierigen Bedingungen für ungerecht behandelte Indios einsetzt. Er sei gefragt worden, woher er die Kraft und den Mut nehme, sich trotz des geringen Erfolgs immer wieder zu engagieren. Da habe der Priester geantwortet, ohne Gottvertrauen hätte er schon lange resigniert: „Ich weiß, daß es auf mich ankommt, um für die Indios etwas zu verändern, aber Gott sei Dank hängt nicht alles von mir ab."
Die Gruppe fand heraus, daß verantwortliches Handeln bedeutet: aus der Liebe heraus das mir Mögliche tun. Das Beispiel des Samariters steht ja auch beim Evangelisten Lukas im Anschluß an das wichtigste Gebot, das Liebesgebot: Wenn wir Gott lieben und den Mitmenschen so wie uns selbst lieben, dann werden wir leben.
Als Abschluß können Sie das Gesagte zusammenfassen und die Verbindung zu Lukas 10, 25–29 knüpfen, oder den Abschlußtext von S. 236 vorlesen.

Abschluß

(Langsam, mit Pausen sprechen)

- Wenn unsere Hilfe, unser Engagement gefordert ist, haben wir manchmal Angst, es nicht zu schaffen oder etwas falsch zu machen. Woher wissen wir, daß es schiefgehen wird, wenn wir es nicht ausprobieren?
- Wenn die Liebe der Maßstab unseres Handelns ist, handeln wir verantwortungsbewußt. Ist dabei die Liebe zu uns selbst im Gleichgewicht mit der Liebe zum Mitmenschen, zur Mitwelt?
- Warte ich auf die große Verantwortung, oder sehe ich die alltäglichen Aufgaben, den Hilfsbedürftigen am Wegesrand?
- Jesus sagt uns, daß unser Leben gelingt, wenn wir Gott lieben von ganzem Herzen, von ganzer Seele, mit allen Kräften und unserem ganzen Verstand und wenn wir den Mitmenschen wie uns selbst lieben.
- Die Bibel sagt ausdrücklich, daß die Liebe zum Menschen gleich wichtig ist wie die Liebe zu Gott.
- Kann ich Verantwortung abgeben? Habe ich Vertrauen in meine Mitmenschen und kann zulassen, daß manches anders läuft, als ich es gerne hätte?
- Weiß ich, daß ich nicht alles selbst richten muß – und vertraue der liebevollen Für-Sorge Gottes?

Text zum Mitnehmen und Weiterdenken

„Herr, gib mir Mut, das zu ändern, was . . ." siehe Stichwort ‚Gruppen leiten'

Mögliche Weiterführung

In einer Gruppe tauchte die Frage auf: Wo kann ich, nachdem die Kinder ‚aus dem Gröbsten' heraus sind, neue Verantwortung übernehmen? Die Frauen luden Referentinnen ein, die von ihrer Arbeit bei einem Wohlfahrtsverband, einer politischen Initiative, in einem Frauenverband berichteten.

Vertrauen

Vertrauen wagen oder die Kunst, Brücken zu bauen

ZIEL

Ich traue mir,
ich traue dir, wir trauen uns

Vorüberlegungen:

Ohne ein gewisses Vertrauen, über das man nicht mehr nachdenkt, kann niemand leben:

Das Kind, das in geöffnete Arme springt, vertraut.

Der Mann, der sein Auto dem Automechaniker bringt, vertraut.

Die Frau, die Wurst beim Metzger kauft, vertraut.

Jeder Mensch, der darauf baut, daß er nach dem Ausatmen wieder einatmen kann, vertraut.

Das Urvertrauen, aus dem heraus ein Mensch sich vertrauensvoll in die Hände anderer begibt, wächst in der frühen Kindheit. Wir Erwachsenen sind durch negative Erfahrungen immer mißtrauischer geworden, einerseits uns selbst gegenüber: „Das traue ich mir nicht zu", aber auch anderen gegenüber: „Ob ich mich wohl auf sie verlassen kann?" Zutrauen und Vertrauen in andere wächst in dem Maß, wie ich mein eigenes Selbstvertrauen entwickle oder festige.

Aufgrund dieser Überlegungen ist es ratsam, wenn Sie sich die Tln vorstellen und sich fragen, ob Sie zuerst das Thema ‚Selbstvertrauen' besprechen wollen. Anregungen dazu finden Sie auf Seite 211 ff. Wenn Sie sich für das obige Thema ‚Vertrauen wagen oder die Kunst, Brücken zu bauen' entschieden haben, so schlagen wir aus den vielen Möglichkeiten folgendes vor:

1. Schritt

Vertrauen wagen

Gespräch über den Text:
„Keine Angst, das schaffen wir schon!"

Plenum oder
Kleingruppen — 30 Minuten

Keine Angst, das schaffen wir schon!

Heute, am letzten Ferientag, waren die Vettern zu Besuch gekommen. Die siebenjährige Martina, die keine Geschwister hatte, fand es herrlich, daß die wilden Jungen sie bei den Streifzügen durch die Neubauten in ihrem Viertel mitnahmen. Plötzlich ein gellender Schrei. Martina ist vor den Augen der Jungen in einen Schacht gestürzt. Die Jungen können sie nicht mehr sehen. Einer stürzt davon und holt Hilfe. Es werden Leitern herbeigeschleppt, aber man kommt nicht weiter, der Schacht ist zu schmal.
Ein Nachbar telefoniert mit der Feuerwehr, man spricht von der Möglichkeit, einen zweiten Schacht zu bohren. Inzwischen sind die Eltern von Martina eingetroffen. Sie bleiben trotz des großen Durcheinanders ruhig. Bis jetzt ist es keinem gelungen, mit Martina zu sprechen, weil sie entweder in ihrer Panik schreit oder leise vor sich hin wimmert.
Als der Vater beruhigend in den Schacht hineinspricht, wird es unten still. Die Tochter scheint die Stimme des Vaters zu erkennen: „Martina, keine Angst, wir schaffen das schon." Die Zuversicht in seiner Stimme scheint dem Kind Hoffnung zu geben, denn es antwortet leise: „Was soll ich tun, Papa?" Der Vater gibt genaue Anweisungen. Er läßt ein langes Seil hinunter und erklärt dem Mädchen, wie sie das Seil unter den Armen und um die Brust verknoten muß. Dann beginnt er langsam zu ziehen.
Als Martinas Kopf zu sehen ist, brechen alle in Jubel aus.

Holle Schneider

Ermutigen Sie die Tln erst einmal, erste Eindrücke und Fragen mitzuteilen.

Weiterführende Fragen

- Fallen Ihnen persönlich Erlebnisse ein, wo Sie, wie Martina, besonnener und mutiger geworden sind, weil jemand Ihnen viel zutraute?
- Kennen Sie die Situation des Helfers, der großes Vertrauen in sich und in den Hilfsbedürftigen haben muß?

Teilnehmeraussagen
aus unterschiedlichen Gruppen:

- „Als ich in die Jauchegrube gefallen war, hatte ich keine Angst. Ich war sicher, daß die Eltern mich herausholen würden."
- „Wenn ich lange nachdenke, kriege ich Angst vor dem Risiko."
- „Die Verantwortung an den Fachmann abgeben hätte nicht mehr Sicherheit bedeutet."
- „Ich kannte ein Kind mit *einem* Arm, das ein sehr starkes Selbstvertrauen hatte. Ich glaube, es lag daran, daß die Eltern nie gesagt haben, wenn es z. B. auf einen Baum kletterte: Das kannst du nicht, sondern: Du brauchst etwas länger, um es zu lernen."
- „Gut zureden ist etwas anderes als überreden."
- „Ich muß damit rechnen, daß ich nicht immer alles in den Griff bekomme."
- „Manches überlasse ich Gott."

Hinweis

Es kann sein, daß das Gespräch über das Wechselspiel von Selbst- und Fremdvertrauen so gut ist, daß Sie nicht abbrechen wollen und das Gespräch kurz mit dem Foto (siehe 2. Schritt) abrunden.
Vielleicht spricht Sie die Geschichte von Martina nicht an. Frauen in der Lebensmitte fanden den Text auf Seite 163 „Wie junge Adler fliegen lernen" auch sehr geeignet zum Thema „Vertrauen".
Eine weitere Alternative finden Sie unter dem Stichwort „Gruppen leiten" im 1. Schritt: Erfahrungen machen mit Führen und Geführtwerden.

2. Schritt

Brücke als Symbol
für Gespräch und Vertrauen

Foto einer Brücke
Gespräch

Plenum oder
Kleingruppen 30 Minuten

Anleitung

Alle sammeln, was ihnen beim Betrachten der Brücke einfällt, wenn sie an Vertrauen denken, z. B.:

- Urvertrauen ist das Fundament.
- Auf beiden Seiten fest gegründet, nicht auf Sand gebaut.
- Vertrauen kann wachsen.
- Wenn einer sich überschätzt, der andere sich unterschätzt, klappt es nicht.
- Vertrauen ist nicht blindes Vertrauen.
- Wer setzt den ersten Stein?
- Wer baut weiter, wenn von der anderen Seite nichts kommt?
- Ich muß Risiken eingehen, sogar damit rechnen, daß die Brücke kracht und ich auf die Nase falle.
- Wenn ich die Brücke nicht belaste, kann ich ihre Tragfähigkeit nicht feststellen, ich darf sie aber auch nicht überlasten.

3. Schritt

Wir bauen die Brücke des Vertrauens, die unsere Beziehungen trägt

Spiel

Plenum 30 Minuten

Wir haben die Erfahrung gemacht, daß die Tln im Gespräch „mehr aus sich herausgehen", wenn sie aktiv mit einbezogen werden, z. B. in einem Spiel. Sie können das folgende Spiel als 3. Schritt planen für den Fall, daß noch Zeit dafür bleibt, oder es gleich statt des Fotos als 2. Schritt einsetzen oder ... vielleicht diese Idee unter einem anderen Stichwort benutzen. (Wenn Sie erst einmal angefangen haben zu spielen, wird Ihnen und der Gruppe sicher mehr einfallen, als Sie umsetzen können!)

Spielanleitung

Die Brücke des Vertrauens

Sie benötigen 30–50 leere Kärtchen (Größe ca. 15 x 10 cm), die Sie als Bausteine benutzen.
Jede Tln bekommt einige leere Kärtchen. Sie schreibt darauf, was für sie als Baustein für Vertrauen besonders wichtig ist: z. B.

- Risikobereitschaft
- Ehrlichkeit
- Wagemut
- Verantwortungsgefühl
- Glaube
- Hoffnung
- Liebe
- Annahme
- Wertschätzung
- Achtung
- zulassen, sich fallen zu lassen
- Verschwiegenheit
- Reden
- Ernsthaftigkeit
- Zuwendung
- Offenheit
- dem anderen etwas zumuten
- auf den anderen angewiesen sein

Evtl. Karten einsammeln, um Anonymität zu wahren. Die Tln legen in die Mitte der Sitzrunde eine Brücke:

Die eine Hälfte der Tln beginnt auf der einen Seite gleichzeitig mit der anderen Hälfte der Tln auf der anderen. Wenn die Brücke fertig ist, kann jede sagen, was ihr auffällt (welche Worte oft vorkommen, was fehlt). Sie selbst könnten noch eigene Kärtchen zusätzlich schreiben, wenn wichtige Grundlagen für Vertrauen nicht erwähnt worden sind.

Impulse zum Mitnehmen und Weiterdenken

Jede Tln nimmt sich ihre Bausteine mit (evtl. schreibt sie sich eine neue Karte mit dem Wort, das sie in der nächsten Zeit in ihrem Alltag besonders ernst nehmen will).
Vielleicht wollen Sie die folgende Zeichnung kopieren und jeder Tln mitgeben?

Mögliche Weiterführung

„Petrus überwindet seine Angst im Vertrauen auf Jesus", Bild Seite 21
oder Rollenspiel *nach Mt 14, 22–32*

Werte 1

Was macht mein Leben lebenswert?

ZIEL

Nachdenken darüber,
inwieweit Wachstum, Fortschritt und mehr Wohlstand glücklicher machen;
welche Werte mir für ein geglücktes Leben wichtig sind.

Vorüberlegungen

Täglich wird versucht, uns einzureden, daß wir erst etwas wert sind und es sich erst lohnt zu leben, wenn wir
jünger aussehen,
mehr leisten,
höher aufsteigen,
bessere Noten bringen,
größeren Komfort haben
u. a. m.
Wir wissen natürlich, daß materielle Mittel zwar nötig sind, aber Geld allein nicht glücklich macht. Trotzdem ist es immer wieder schwer, sich nicht von einem Wertsystem verführen zu lassen, in dem Fortschritt und materielle Werte als das Wichtigste und Wertvollste in unserem Leben propagiert werden.
Vielleicht hat Sie eine bestimmte Werbung besonders geärgert oder ein persönliches Erlebnis sehr nachdenklich gemacht und Sie berichten den Tln zur Einstimmung darüber.
Aus den vielen Möglichkeiten, das Thema zu besprechen, machen wir die folgenden Vorschläge (vielleicht ändern Sie noch einiges aufgrund Ihrer Erfahrungen in Ihrer Gruppe?):

1. Schritt

Mehr Fortschritt – mehr Glück?

Gespräch über einen Text von H. Böll

Plenum 60 Minuten

Anekdote zur Senkung der Arbeitsmoral

In einem Hafen an einer westlichen Küste Europas liegt ein ärmlich gekleideter Mann in seinem Fischerboot und döst. Ein schick angezogener Tourist legt eben einen neuen Farbfilm in seinen Fotoapparat, um das idyllische Bild zu fotografieren: blauer Himmel, grüne See mit friedlich schneeweißen Wellenkämmen, schwarzes Boot, rote Fischermütze. Klick. Noch einmal: Klick.
Und da aller guten Dinge drei sind und sicher sicher ist, ein drittes Mal: Klick. Das spröde, fast feindselige Geräusch weckt den dösenden Fischer, der sich schläfrig aufrichtet, schläfrig nach seiner Zigarettenschachtel angelt; aber bevor er das Gesuchte gefunden, hat ihm der eifrige Tourist schon eine Schachtel vor die Nase gehalten, ihm die Zigarette nicht gerade in den Mund gesteckt, aber in die Hand gelegt, und ein viertes Klick, das des Feuerzeuges, schließt die eilfertige Höflichkeit ab. Durch jenes kaum meßbare, nie nachweisbare Zuviel an flinker Höflichkeit ist eine gereizte Verlegenheit entstanden, die der Tourist – der Landessprache mächtig – durch ein Gespräch zu überbrücken versucht.
„Sie werden heute einen guten Fang machen."
Kopfschütteln des Fischers.

„Aber man hat mir gesagt, daß das Wetter günstig ist." Kopfnicken des Fischers.
„Sie werden also nicht ausfahren?" Kopfschütteln des Fischers, steigende Nervosität des Touristen. Gewiß liegt ihm das Wohl des ärmlich gekleideten Menschen am Herzen, nagt an ihm die Trauer über die verpaßte Gelegenheit.
„Oh, Sie fühlen sich nicht wohl?"
Endlich geht der Fischer von der Zeichensprache zum wahrhaft gesprochenem Wort über. „Ich fühle mich großartig", sagt er. „Ich habe mich nie besser gefühlt." Er steht auf, reckt sich, als wolle er demonstrieren, wie athletisch er gebaut ist. „Ich fühle mich phantastisch."
Der Gesichtsausdruck des Touristen wird immer unglücklicher, er kann die Frage nicht mehr unterdrücken, die ihm sozusagen das Herz zu sprengen droht: „Aber warum fahren Sie dann nicht aus?"
Die Antwort kommt kurz und knapp. „Weil ich heute morgen schon ausgefahren bin."
„War der Fang gut?"
„Er war so gut, daß ich nicht noch einmal auszufahren brauche, ich habe vier Hummer in meinen Körben gehabt, fast zwei Dutzend Makrelen gefangen ..." Der Fischer, endlich erwacht, taut jetzt auf und klopft dem Touristen beruhigend auf die Schultern. Dessen besorgter Gesichtsausdruck erscheint ihm als Ausdruck unangebrachter, doch rührender Kümmernis.
„Ich habe sogar für morgen und übermorgen genug", sagt er, um des Fremden Seele zu erleichtern. „Rauchen Sie eine von meinen?"
„Ja, danke."

Zigaretten werden in Münder gesteckt, ein fünftes Klick, der Fremde setzt sich kopfschüttelnd auf den Bootsrand, legt die Kamera aus der Hand, denn er braucht jetzt beide Hände, um seiner Rede Nachdruck zu geben.
„Ich will mich ja nicht in Ihre persönlichen Angelegenheiten mischen", sagt der Tourist, „aber stellen Sie sich mal vor, Sie führen heute ein zweites, ein drittes, vielleicht sogar ein viertes Mal aus und Sie

würden drei, vier, fünf, vielleicht gar zehn Dutzend Makrelen fangen – stellen Sie sich das mal vor." Der Fischer nickt.
„Sie würden", fährt der Tourist fort, „nicht nur heute, sondern morgen, übermorgen, ja, an jedem Tag zwei-, dreimal, vielleicht viermal ausfahren – wissen Sie, was geschehen würde?"
Der Fischer schüttelt den Kopf.
„Sie würden sich spätestens in einem Jahr einen Motor kaufen können, in zwei Jahren ein zweites Boot, in drei oder vier Jahren könnten Sie vielleicht einen kleinen Kutter haben, mit zwei Booten und mit dem Kutter würden Sie natürlich viel mehr fangen – eines Tages würden Sie zwei Kutter haben, Sie würden . . .", die Begeisterung verschlägt ihm für ein paar Augenblicke die Stimme, „Sie würden ein kleines Kühlhaus bauen, vielleicht eine Räucherei, später eine Marinadenfabrik, mit einem eigenen Hubschrauber rundfliegen, die Fischschwärme ausmachen und Ihren Kuttern per Funk Anweisung geben. Sie könnten die Lachsrechte erwerben, ein Fischrestaurant eröffnen, den Hummer ohne Zwischenhändler direkt nach Paris exportieren – und dann . . .", wieder verschlägt die Begeisterung dem Fremden die Sprache. Kopfschüttelnd, im tiefsten Herzen betrübt, seiner Urlaubsfreude schon fast verlustig, blickt er auf die friedlich hereinrollende Flut, in der die ungefangenen Fische munter springen. „Und dann", sagt er, aber wieder verschlägt ihm die Erregung die Sprache.
Der Fischer klopft ihm auf den Rücken, wie einem Kind, das sich verschluckt hat. „Was dann?" fragt er leise.
„Dann", sagt der Fremde mit stiller Begeisterung, „dann könnten Sie beruhigt hier im Hafen sitzen, in der Sonne dösen! – und auf das herrliche Meer blicken."
„Aber das tu' ich ja schon jetzt", sagt der Fischer, „ich sitze beruhigt am Hafen und döse, nur Ihr Klicken hat mich dabei gestört."
Tatsächlich zog der solcherlei belehrte Tourist nachdenklich von dannen, denn früher hatte er auch einmal geglaubt, er arbeite, um eines Tages einmal nicht mehr arbeiten zu müssen, und es blieb keine Spur von Mitleid mit dem ärmlich gekleideten Fischer in ihm zurück, nur ein wenig Neid.

Heinrich Böll

Anleitung

- Die Geschichte lesen, erzählen oder spielen.
- Mögliche Fragen:
  Hat diese Geschichte etwas mit uns und unserem Alltag zu tun?
  Bei uns ist nach dem Zweiten Weltkrieg alles immer besser geworden, aber eigentlich ist nichts gut – oder doch?
  Was bedeutet für mich Fortschritt?
  Mache ich den Wettlauf um mehr . . ., besser . . ., schneller . . . etc. auch mit?

Teilnehmeraussagen aus verschiedenen Gruppen:

- „Wenn bei uns die Sonne immer so schön warm schiene, brauchten wir auch viel weniger."
- „Unseren Fortschritt erkaufen wir mit Streß. Wir haben keine Zeit für schöne Dinge und liebe Menschen."
- „Seit ich von meiner Kretareise zurück bin, frage ich mich, warum die Menschen dort trotz ihrer Armut froher und zufriedener sind als wir in unserem Wohlstand."
- „Ohne Fortschritt von Technik und Wissenschaft, ohne Fleiß und viel Arbeit würden wir doch verhungern."
- „Je mehr ich an Besitz und Verantwortung habe, um so größer wird die Belastung."
- „Ich habe viele Jahre geglaubt, daß wirtschaftlicher Erfolg und Karriere für meine Selbstverwirklichung wichtig sind. Heute weiß ich, daß sie mich eher hindern, zu mir zu finden."

Hinweis

Wenn Sie die Zeit, die Ihnen für Ihr Treffen zur Verfügung steht, vor Augen haben, ist es gut zu überlegen, ob Sie die Geschichte von Böll lieber verkürzt erzählen wollen. Falls Sie sich entscheiden, den Text sehr ausführlich auszuwerten, können Sie den 2. Schritt bei Ihrem nächsten Treffen anbieten. Vielleicht wollen Sie dann zum Einstieg mit dem Bilderbuch ‚Frederic' beginnen (siehe Hinweise).

2. Schritt

Was macht dem Touristen, was macht dem Fischer das Leben lebenswert?

An zwei Wäscheleinen hängen die „Werte" in der Luft

Plenum 30 Minuten

Anleitung

- Die Gruppenleiterin hat etwa 20 DIN-A5-Blätter und Stifte bereitgelegt.
- Die Tln beschriften die Blätter mit den Stichworten, die die Werte im Leben des Fischers und des Touristen umschreiben.
- Die „Werte" werden mit Wäscheklammern an zwei Wäscheleinen gehängt.
- Das könnte so oder ähnlich aussehen:

Fischer

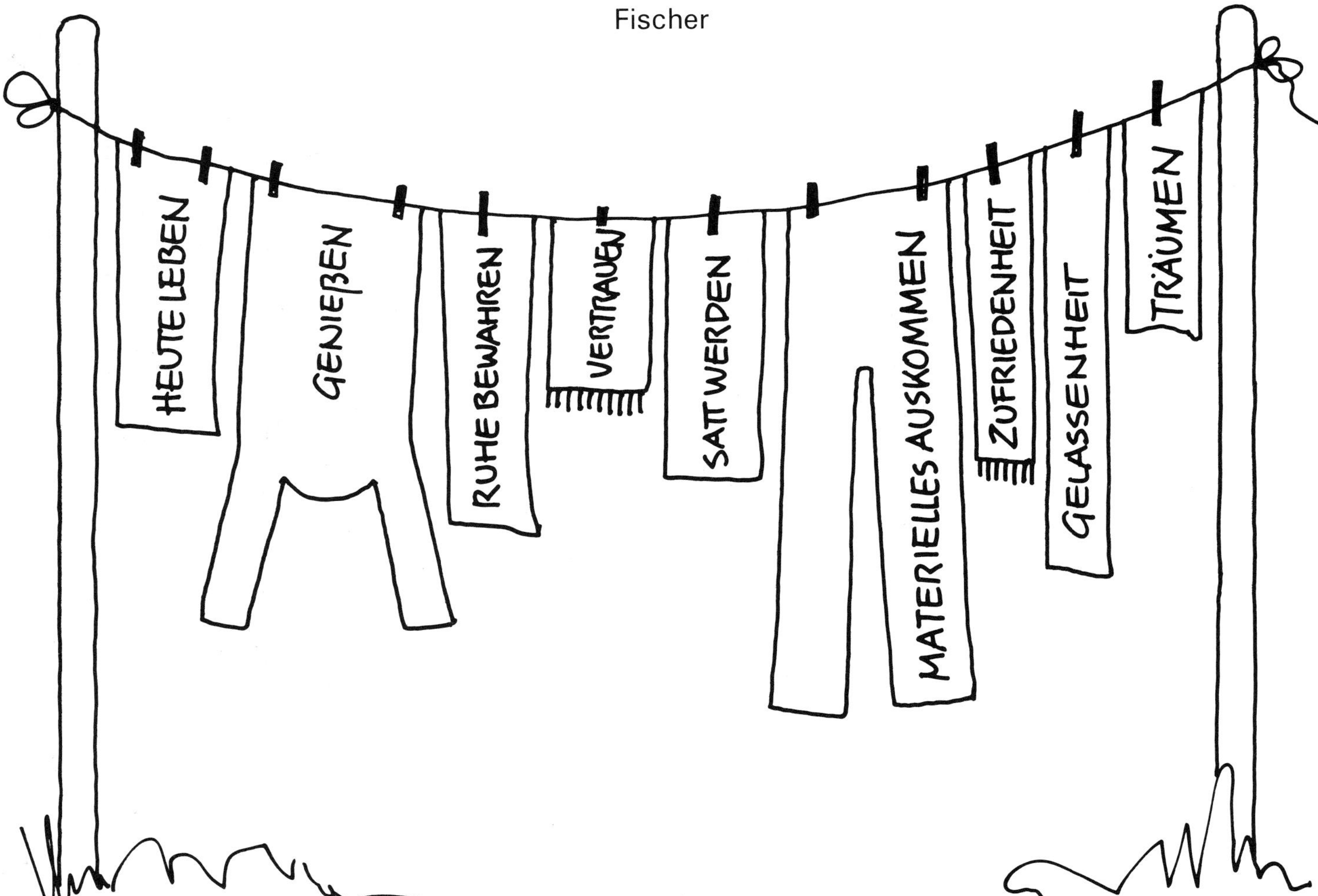

Hinweis

Das Wertsystem dieser beiden Menschen soll nicht betrachtet werden, um es zu bewerten und evtl. dann allgemeingültige Normen aufzustellen. Es kann vielmehr bewußtgemacht werden, daß jeder einzelne Mensch immer wieder vor der Entscheidung steht, welche Werte für ihn persönlich vorrangig sind und welchen Preis er für ihre Verwirklichung zahlen will.
Es ist wichtig, daß den Tln genügend Zeit für den 3. Schritt bleibt, damit sie ihre persönliche Situation bedenken können.

Tourist

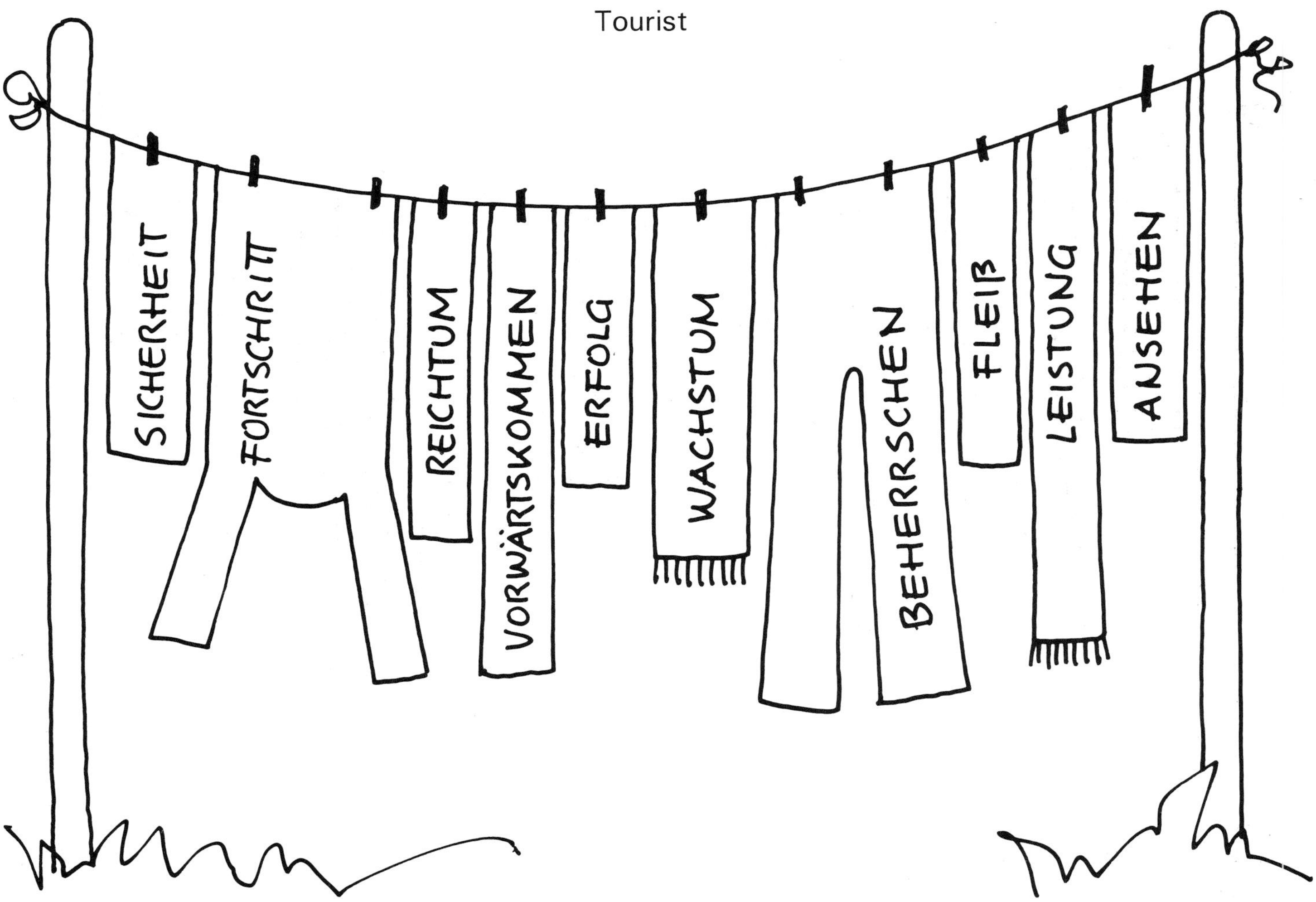

3. Schritt

Welche Werte sind mir wichtig?

Einzelarbeit: meine Sonne herstellen
Austausch im Gespräch

Einzelarbeit
Plenum 30 Minuten

Vermutlich werden die Tln schon angesprochen haben, daß sie vieles von der Einstellung des Fischers auch in ihrem Leben verwirklichen möchten, daß aber auch im Leben des Touristen einiges erstrebenswert ist. Im Folgenden haben die Tln Gelegenheit, von den Werten, die noch unverbindlich in der Luft hängen, einige in ihre eigene Wertordnung zu übernehmen und evtl. noch zusätzliche persönliche Vorstellungen von geglücktem Leben aufzuschreiben.

Anleitung

- Jede Tln bekommt aus festem gelben Papier sechs Sonnenstrahlen (ca. 10 cm lang) und einen Kreis (ca. 5 cm Durchmesser) als Mitte.
- Die Tln schreiben das, was Ihnen das Leben besonders lebenswert macht, auf.
- Der wichtigste Wert steht auf der Mitte, die Sonnenstrahlen werden angeklebt.

- Das sah bei einer Tln so aus:

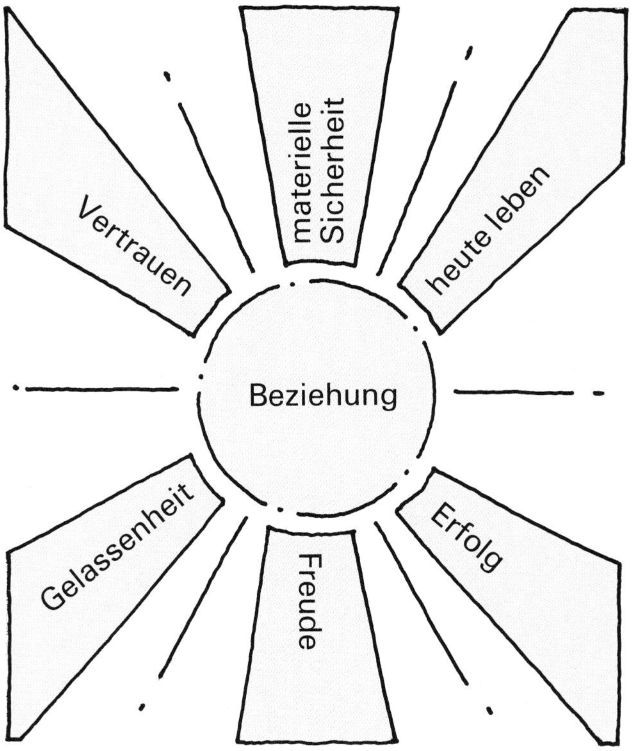

Hinweis

Nachdem die Tln ihre Sonnen fertiggestellt haben, können sie sich im Gespräch austauschen (evtl. nur zu zweit oder dritt).
Wenn es zu Ihrem vorhergegangenen Gespräch paßt, können Sie als Gesprächsleiterin oder eine Tln zum Abschluß folgende Gedanken und Fragen sprechen:

Abschluß

- „Was nichts kostet, ist auch nichts" – was bedeutet dieser Satz in meinem Leben?
- Inwieweit sind für mich Geld und soziales Prestige Maßstäbe, z. B. im Umgang mit anderen Menschen?
- Belohne ich mich oder andere mehr mit Materiellem?
- Wir können ohne materielle Mittel nicht leben, aber für ein geglücktes Leben ist es „ausschlaggebend", ob wir dem Materiellen zuviel Gewicht geben. Ich benötige einen Tennisschläger zum Tennisspielen, aber wenn er aus Gold ist, verlangt das Spiel zuviel Energie oder wird unmöglich.

Mögliche Weiterführung

Stichwort ‚Werte 2'

Werte 2

„Es muß im Leben mehr als alles geben!"

ZIEL

Abschiednehmen
von der Haltung des
Immer-mehr-Haben- und Besitzenwollens;
bewußter und einfacher leben;
von weniger Haben zu mehr Sein kommen.

Vorüberlegungen

„Hast du was, bist du was!"
„Unser Kind hat alles, es müßte eigentlich doch zufrieden sein."
Solche Bemerkungen zeigen, welche Bedeutung dem Haben, dem Besitzen beigemessen wird (siehe auch ‚Werte 1'). Immer wieder erleben wir, daß in unserem Alltag die Ansprüche wachsen. Die Unzufriedenheit wird nicht kleiner, die persönlichen und weltweiten Probleme wachsen eher, als daß sie abnehmen. Unsere Wachstumsgesellschaft, die sich nur am Haben (Geld und Macht) orientiert, ist zur Risikogesellschaft geworden durch

Umweltzerstörung,
seelische und körperliche Krankheiten,
Beziehungslosigkeit,
Orientierungslosigkeit,
Verdrängung von Leid, Alter, Tod.

Die folgende Parabel gibt den Tln eine gute Möglichkeit, von ihren persönlichen Erfahrungen zu diesem Themenkreis zu berichten.

1. Schritt

„Es muß im Leben mehr als alles geben!"

Gespräch über einen Text von M. Sendak

Plenum 30 Minuten

Jennie, die Hündin

Einst hatte Jennie alles. Sie schlief auf einem runden Kissen im oberen und auf einem viereckigen Kissen im unteren Stockwerk. Sie hatte einen eigenen Kamm, eine Bürste, zwei verschiedene Pillenfläschchen, Augentropfen, Ohrentropfen, ein Thermometer und einen roten Wollpullover für kaltes Wetter. Sie hatte zwei Fenster zum Hinausschauen und zwei Schüsseln für ihr Futter. Und sie hatte einen Herrn, der sie liebte.
Doch das kümmerte Jennie wenig. Um Mitternacht packte sie alles, was sie besaß, in eine schwarze Ledertasche mit einer goldenen Schnalle und blickte zum letzten Mal zu ihrem Lieblingsfenster hinaus.
„Du hast alles", sagte die Topfpflanze, die zum selben Fenster hinaussah. Jennie knabberte an einem Blatt.
„Du hast zwei Fenster", sagte die Pflanze. „Ich habe nur eines."
Jennie seufzte und biß ein weiteres Blatt ab. Die Pflanze fuhr fort: „Zwei Kissen, zwei Schüsseln, einen roten Wollpullover, Augentropfen, Ohrentropfen, zwei verschiedene Fläschchen mit Pillen und ein Thermometer. Vor allem aber liebt er dich."
„Das ist wahr", sagte Jennie und kaute noch mehr Blätter.
„Du hast alles", wiederholte die Pflanze. Jennie nickte nur, die Schnauze voller Blätter.
„Warum gehst du dann fort?"
„Weil ich unzufrieden bin", sagte Jennie und biß den Stengel mit der Blüte ab. „Ich wünsche mir etwas, was ich nicht habe. Es muß im Leben noch mehr als alles geben!"
Die Pflanze sagte nichts mehr.
Es war ihr kein Blatt geblieben, mit dem sie etwas hätte sagen können.

Maurice Sendak

Anleitung

- Den Text mehr erzählen als vorlesen.
- Tln äußern spontan ihren Eindruck, ihre Empfindungen und Gedanken.
- Weiterführende Fragen:
  Was will ich, wenn ich unzufrieden bin?
  Was vermisse ich?
  Bin ich festgefahren in meinem Lebensstil?
  Möchte ich Gewohnheiten verändern?

Teilnehmeraussagen aus verschiedenen Gruppen:

- „Auf Jennie paßt: ‚Je mehr sie hat, je mehr sie will.' Sie merkt gar nicht, daß ihre Einstellung das Leben anderer zerstört."
- „Mir fällt die Geburtstagsfeier unseres fünfjährigen Sohnes ein. Zwei der eingeladenen Kinder nörgelten dauernd, weil sie nicht alles bekamen, was sie sich vorstellen: Eis, Cola, Pommes. Bei den Spielen wollten sie nur mitmachen, wenn sie Preise bekommen würden."
- „Damals nach dem Krieg war ein Paar Schuhe ein großes Glück, heute ist der Kauf des achten Paares nichts Besonderes. Es ist wohl an der Zeit, unser Glück an anderer Stelle als beim neunten Paar Schuhe zu suchen."
- „Ein 18jähriger Schulkamerad unseres Ältesten kann von seinem Bett aus mit 4 Fernbedienungen TV, Video, CD und den Verstärker regeln. Vor kurzem schenkte ihm die Oma das Auto zum Führerschein."
- „Geht es manchen nicht so wie der Jennie, die den Menschen, der sie liebt, nicht wahrnimmt? Viele sind heute reich an Gütern, aber arm an Beziehungen."
- „Sehnsüchte sind wichtig. Aber vielleicht speisen wir unsere Sehn**süchte** mit äußeren Dingen ab. Wenn ich ehrlich bin, weiß ich, daß die teuerste Reise mir nicht über meine Einsamkeit hinweghilft."

Hinweis

Vielleicht finden manche Tln, daß Jennie sich so verhält, weil sie die Herausforderung sucht. Das kann sein. Allerdings haben wir in unseren Gruppen das Verhalten Jennies für die Wertediskussion benutzt und haben es so interpretiert, daß sie egozentrisch und maßlos ist.
Die Folgen ihrer Maßlosigkeit waren für die Tln der Anlaß zu überlegen, wo unsere Einstellung des Immer-mehr-Habenwollens bedrohliche Konsequenzen hat für Mensch und Natur, z. B.:

- Im Fernsehen wurde die These vertreten: Wenn wir 50% weniger Fleisch essen würden, gäbe es keinen Hunger mehr in der Welt. 10 Ar Kulturland ernähren nämlich einen Menschen 549 Tage, wenn er von den angebauten Sojabohnen lebt, aber nur 19 Tage, wenn die Ernte ans Vieh verfüttert wird und der Mensch sich vom Fleisch ernährt.
- Jedes Jahr fahren/fliegen immer mehr Deutsche in Urlaub. Dabei wird in Kauf genommen: hoher Energieverbrauch und oft Zerstörung der Natur sowie der einheimischen Kultur in den Ferienländern.

Weitere Beispiele finden Sie unter dem Stichwort ‚Natur'.

2. Schritt

Anders leben – aber wie?

Arbeit mit Impulsen von Roger Schutz

3 Kleingruppen 60 Minuten

Umlernen ist schwerer als neu lernen. Die ganz konkreten Anregungen von Roger Schutz haben vielen Tln Anstöße gegeben, wie sie ihre Lebensgewohnheit umgestalten können.
Es ist günstig, in drei kleinen Gesprächsgruppen zu arbeiten.

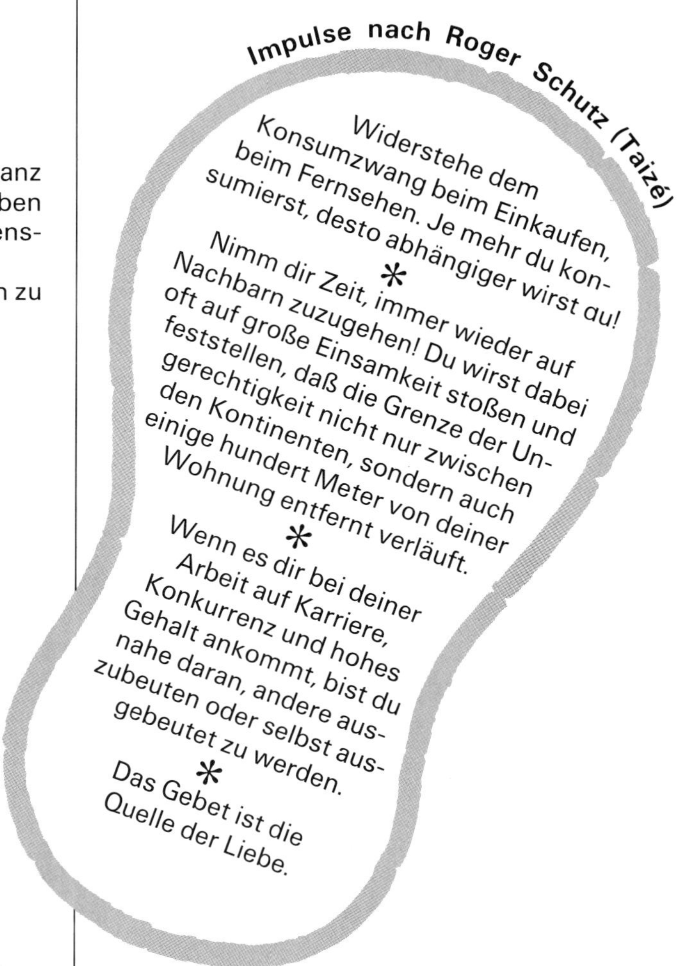

Anleitung

- Die Tln verteilen sich auf drei Kleingruppen.
- Jede Tln einer Gruppe bekommt den gleichen Fußabdruck.
- Die Tln sucht den der vier Impulse heraus, der sie am meisten anspricht (positiv oder negativ).
- Die Tln tauschen aus, ob und wie sie die Anregungen in ihrem persönlichen Alltag umsetzen können.

Impulse nach Roger Schutz (Taizé)

Arbeite, um das Lebensnotwendige zu verdienen, nicht um Geld anzuhäufen!

*

Lade andere zum Essen ein! Ein Fest wird eher bei einem einfachen als bei einem übertriebenen Mahl entstehen.

*

Es ist unerläßlich, gemeinsam dafür zu kämpfen daß die Güter der Erde neu aufgeteilt werden.

*

Laß in der Stille ein Wort von Jesus in dir lebendig werden und setze es gleich in die Tat um.

Impulse nach Roger Schutz (Taizé)

Teile alles, was du hast – du wirst freier sein!

*

Mache deine Wohnräume zu einem Ort, an dem andere immer, auch ohne Einladung, willkommen sind!

*

Informiere dich über die Lage der Wirtschaft in den Entwicklungsländern. Ziehe Konsequenzen für deinen Einkauf, für deinen Lebensstil!

*

Halte mehrmals am Tag für kurze Zeit inne, und überprüfe, ob das, was du tust, nützlich und gut für dich und andere ist!

3. Schritt

Mein nächster Schritt auf dem Weg zu einem anderen Lebensstil

Tln notieren ihren nächsten Schritt; berichten; evtl. Austausch.

Plenum 15–20 Minuten

Wir haben erlebt, daß Tln sich gegen die Vorschläge von Roger Schutz wehrten, weil diese doch wohl für die ‚Reichen' gelten würden, sie, die Tln, kämen ja gerade so hin. Andere stellten dagegen, daß die meisten von uns doch sehr reich seien, weil wir doch täglich viel mehr als das Lebensnotwendige zur Verfügung hätten. Vielleicht leisteten wir uns mehr, als wir uns leisten können. Es nütze nichts, zu verlangen, daß andere sich änderten, damit es in dieser Welt besser würde – wir müßten uns ändern. Damit dieser Gedanke nicht im Unverbindlichen bleibt, ist es günstig, daß jede Tln sich etwas Konkretes überlegt.

Anleitung

- Nachdem die Tln in der Kleingruppe Anregungen ausgetauscht haben, überlegen sie jetzt, ob und was sie an ihrem persönlichen Lebensstil verändern möchten.
- Wer will, schreibt seine Überlegungen auf die Rückseite des Fußabdrucks.
- Die Tln lesen ihre Notizen vor und legen sie auf den Fußboden.

Das waren die Schritte von Tln:

Das nächste Auto wird kleiner!

Weniger fernsehen, mehr Zeit für Gespräche und Spiele!

Ich kaufe, was möglich ist, im 3.-Welt-Laden, auch wenn es teurer ist!

Bei meinem nächsten Geburtstag lade ich zu einem einfacheren Essen ein!

Ich gehe mit dem Kleid vom letzten Jahr zum Schützenfest, auch wenn alle anderen ein neues haben!

Mindestens einmal in der Woche eine Wanderung oder Radtour, um die Natur zu genießen!

Jeden Tag eine Viertelstunde Stille für mich.

Hinweis

Entscheiden Sie als Gesprächsleiterin nach der Zeit, die noch zur Verfügung steht, und nach der Gruppenatmosphäre, ob die Einzelbeiträge der Abschluß sind oder ob noch ein Gesprächsaustausch günstig ist.

Mögliche Weiterführung

Stichwort ‚Natur'

Wünsche

Heimliche Wünsche werden unheimlich selten erfüllt!

ZIEL

Ich lerne zu **sagen,**
was ich mir wünsche.
Ich lasse dem anderen die Freiheit,
‚Nein' zu sagen.

Vorüberlegungen

Dieses Thema hängt sehr eng zusammen mit dem Thema: Keine Angst vor Gefühlen! Wenn Sie schon über den Themenkomplex ‚Gefühle' gesprochen haben und glauben, daß es Ihnen nicht schwerfällt, ihre Gefühle wahrzunehmen und zu zeigen, dann könnte das Stichwort ‚Wünsche' geeignet sein.
Vielleicht fallen Ihnen Alltagssituationen ein, mit denen Sie zum Thema hinführen wollen, z. B.

- Sonntagmittag, Ehemann liest Zeitung, Mutter klappert in der Küche, denkt: „Warum hört denn keiner, daß ich Hilfe brauche?"
- Mutter grübelt: „Ich habe meiner Mutter ihre Wünsche von den Augen abgelesen; so bin ich erzogen. Bei meinem Mann und meinen Kindern klappt es nie, wenn ich etwas möchte."

1. Schritt

Sage ich, was ich wünsche?
Spreche ich von meinen Gefühlen?

Gespräch über die Bildergeschichte

Plenum — 20 Minuten

Anleitung

Jede Tln läßt in einer kurzen Stille die Bildergeschichte auf sich wirken. Anschließend tauschen die Tln Gedanken und Empfindungen aus.

Teilnehmeraussagen aus unterschiedlichen Gruppen:

- „Ich bin auch manchmal so rücksichtsvoll, daß ich übersehen werde."
- „Sie tut etwas für ihn, aber eigentlich will sie etwas für sich."
- „Als Kind mußte ich immer ‚Nein, danke' sagen, wenn mir bei Verwandtenbesuchen Schokolade oder Plätzchen angeboten wurden. Erst beim zweiten Fragen durfte ich zugreifen. Aber leider fragten die meisten kein zweites Mal. Und ich aß so gern Süßes!"
- „Meine Mutter hat gesagt: ‚Wer sich etwas wünscht, ist ein Egoist!'"
- „Bei meinen Eltern weiß ich nie, wo ich dran bin. Sie erwarten, daß ich ihnen ihre Wünsche von den Augen ablese. Aber recht machen kann ich es nie. Das macht mich sauer, manchmal sogar aggressiv."

Sonntag nachmittag

2. Schritt

Ich rede nicht verschlüsselt, ich spreche von meinen Gefühlen und Wünschen.

Üben mit dem Arbeitsbogen

Plenum oder Kleingruppen — 60 Minuten

Anleitung

- Bogen so falten, daß zuerst nur die linke Seite zu lesen ist.
- Jede Tln sucht sich einen oder zwei Sätze heraus, die sie schon so gesagt hat oder sagen könnte.
- Tln tauschen Erfahrungen aus, was passiert, wenn sie so sprechen.
- Tln finden eigene direkte Aussagen oder lesen die von der rechten Blattseite vor.
- Tln tauschen Erfahrungen, Gedanken, Gefühle aus.

Arbeitsbogen

Wünsche äußern in verschlüsselten Aussagen:

1. Im Garten steht das Unkraut schon wieder so hoch!
2. Schon wieder diese… schreckliche Musik!
3. Wen interessiert schon, was ich denke?
4. Du hast ja schon wieder keine Zeit!
5. Diese Hetze seit heute morgen! Kranke Kinder, putzen, einkaufen. Die Wäsche wollte ich schon seit gestern abend aufhängen!
6. Mir graut vor dem Termin beim Frauenarzt, wenn ich daran denke, wie sich die Kinder im Wartezimmer aufführen!
7. Frau Jansens Mann tut unheimlich viel im Haushalt; der putzt sogar die Fenster!

Wünsche äußern in direkten Aussagen:

1. **Ich** habe keine Zeit! Kannst du das Unkraut ausmachen?
2. **Mich** stört die Musik! Kannst du sie nicht leiser einstellen?
3. **Ich** möchte, daß du mir zuhörst!
4. **Ich** möchte heute abend mit dir schwimmen gehen!
5. **Ich** schaffe die Arbeit nicht allein! Kannst du mir helfen?
6. **Ich** muß zum Arzt! Könnten Sie morgen für 2 Stunden auf meine Kinder aufpassen?
7. **Ich** hätte es gern, wenn du mir mehr Hausarbeit abnehmen würdest, z. B. Fensterputzen.

Teilnehmeraussagen aus unterschiedlichen Gruppen:

- „Wenn niemand aus der Familie reagiert, mache ich das Unkraut selbst weg, auch wenn ich eigentlich keine Zeit habe."
- „Wenn ich stöhne, sagt mein Mann: ‚Du weißt ja gar nicht, was bei uns heute los war!' Und dann fängt das Aufrechnen an."
- „Ich glaube, ich könnte nicht zugeben, daß ich etwas nicht schaffe; dann müßte ich ja Hilfe annehmen. Ich sage noch bei Fieber zur Nachbarin, die fragt, ob sie helfen kann: ‚Das ist nicht nötig, ich schaffe es schon.' "
- „Ich würde meinen Mann nicht bitten, auf die drei Kleinen aufzupassen. Der braucht Ruhe, um am Schreibtisch arbeiten zu können. Schließlich verdient er die Brötchen."
- „Es ist verdammt schwer, ‚Ich' zu sagen; dann muß ich ja zugeben, daß ich Hilfe brauche."
- „Ich hatte ein ‚Aha-Erlebnis': Es genügt nicht, daß ich meine Wünsche kenne. Ich muß auch lernen, sie so zu formulieren, daß ich den anderen nicht unter Druck setze."
- „Ich stelle fest, wie wichtig sogenannte ‚Ich'-Botschaften sind, d. h. daß ich ‚Ich' sage, von mir rede."

Hinweis

Erfahrungsgemäß taucht die Frage auf: Wie gehe ich damit um, wenn andere meine Wünsche unsinnig finden – oder nicht erfüllen wollen? Wir haben herausgefunden, daß wir das ‚Nein' eines anderen besser akzeptieren können, wenn es uns gelingt, selbst ab und zu ‚Nein' zu den Wünschen anderer zu sagen. Wenn für diese Gedanken (siehe 3. Schritt) keine Zeit mehr ist, so wäre es sinnvoll, das nächste Mal mit dem 3. Schritt und/oder mit dem Stichwort ‚Selbstbehauptung' zu arbeiten.

3. Schritt

**Ich lasse dem anderen die Freiheit, ‚Nein' zu sagen.
Ich nehme mir die Freiheit, selber ‚Nein' zu sagen.**

Spielszene

Paargruppen oder
Plenum 30 Minuten

Anleitung

Überlegen Sie sich eine Alltagssituation, in der die Tln üben können, ‚Nein' zu sagen und das ‚Nein' anderer zu akzeptieren. Vielleicht paßt auch in Ihrer Gruppe die Familiensituation, die wir gespielt haben. (Näheres: Stichwort ‚Selbstbehauptung')

Überlegungen von Teilnehmerinnen

- Als Tochter und Schwester habe ich nie ‚Nein' gesagt; Mutter und ich sind immer gesprungen, wenn Vater oder die Jungens etwas brauchten. Wünsche habe ich sehr selten ausgesprochen. Es trifft mich heute sehr, wenn jemand mir einen Wunsch abschlägt, weil ich selbst doch so selten ‚Nein' sage.
- Ich mach' mir bewußt, daß das ‚Nein' meinem Wunsch gilt, der abgelehnt wird, nicht ich werde abgelehnt.
- Ich möchte:

  meine Wünsche aussprechen;

  keine Erwartungshaltung damit verbinden;

  mich nicht auf Tauschdenken einlassen,
  z. B.: „Ich habe das für dich getan, dann kannst du mir meinen Wunsch doch nicht ausschlagen."

Mögliche Weiterführung

Das Stichwort ‚Konflikte' könnte zum nächsten Thema werden, wenn es Frauen aus Resignation oder Angst vor der Auseinandersetzung schwierig finden, ihre berechtigten Wünsche zu artikulieren.

Zeit 1

Nimm dir Zeit! (und nicht das Leben!)

ZIEL Mir Gedanken machen,
womit ich meine Zeit verbringe;
wie ich meine Zeit erlebe.

Vorüberlegungen

„Keine Zeit", „Immer dieser Streß", „Kein Termin frei, alles verplant . . .", das sind Aussprüche, die wir täglich hören. Das wäre wohl nicht so, wenn unsere viele Freizeit auch wirklich freie Zeit wäre und nicht oft „Freizeitstreß".
Das Diktat der Zeit, die genaue Verplanung des Menschen, ist eine „moderne Erfindung". Als die Menschen im 14. Jahrhundert die mechanische Uhr erfanden, begnügten sie sich mit dem Stundenzeiger. Minuten oder gar Sekunden konnten nicht gezählt werden. Es ging eben nicht genauer, aber man brauchte es auch nicht. Wir haben heute – besonders in den westeuropäischen Industrieländern – eine so exakte Zeitmessung, daß unsere Existenz ganz unter dem Diktat der Zeit steht. Vielleicht haben Sie während eines Urlaubs in südlichen Ländern die Erfahrung gemacht, daß dort die Menschen einen anderen Zeitbegriff haben als wir und allem Anschein nach zufriedener damit sind.
Zum Einstieg können Sie an persönliche Erlebnisse anknüpfen oder Anregungen aus dem 1. Schritt aufgreifen.

Es ist gut, wenn uns die verrinnende Zeit nicht als etwas erscheint, das uns verbraucht oder zerstört, sondern als etwas, das uns vollendet.

A. de S.-Exupéry

1. Schritt

Zeit in der heutigen Zeit?

Aussprüche sammeln

Alternative

Satzergänzungsspiel

Einzelarbeit
und Plenum

15 Minuten

Aussprüche sammeln

Zeit ist Geld!

„Meine Zeit steht in Deinen Händen" (Psalm 31)

Diese fünf Minuten könnte ich eben noch ausnutzen!

Die Zeit rinnt mir durch die Finger!

Freizeitstreß

Sich von der Zeitströmung mitreißen lassen

Nimm dir Zeit und nicht das Leben!

Die Zeit läuft mir weg!

Zeit totschlagen

Kommt Zeit, kommt Rat!

Alles zu seiner Zeit!

Zeit heilt alle Wunden!

Zeit sparen

Zeitverschwendung

Eins, zwei, drei, im Sauseschritt läuft die Zeit – wir laufen mit!

Zeitdruck

....

....

....

....

....

....

Anleitung

- Zuerst sammeln die Tln die Aussprüche (mündlich oder schriftlich), die ihnen zum Begriff ‚Zeit' einfallen.
- Zur Ergänzung der gesammelten Einfälle bekommt jede Tln eine Kopie des Blattes und kann diese Sprüche noch mit eigenen ergänzen.
- Alle suchen sich eine Aussage aus, die sie gut finden, die sie ärgert oder die sie an ein Erlebnis erinnert.
- Wer mag, teilt seine Gedanken dazu den anderen mit.

Alternative

So allgemeine Aussagen zum Stichwort ‚Zeit' können bewirken, daß die Tln wenig von sich persönlich sprechen. Wenn Ihre Gruppe schon so vertraut miteinander ist, daß schnell und gern zu einem Thema persönliche Beiträge gegeben werden, dann kann der Alternativvorschlag günstiger sein.

Satzergänzungsspiel

- Jede Tln schreibt den Satzanfang auf: „Wenn ich Zeit hätte, würde ich . . .", und ergänzt mit Aussagen, die sie schon gemacht hat oder sagen könnte (turnen gehen, die kranke Nachbarin besuchen; mich faul in den Garten legen).
- Die Tln tauschen ihre Sätze und ihre Gedanken dazu aus.

Hinweis

Der große Zeitmangel wird sicher auch bei Ihnen als Problem angesprochen. Daran kann sich die Frage anschließen: Wie verbringe ich meine Zeit? Nur wenn ich mir darüber im klaren bin, kann ich auch etwas verändern.

2. Schritt

Wo bleibt meine Zeit?

Der ‚Zeitkuchen'
Austausch im Gespräch

Einzelarbeit
Kleingruppen
Plenum 60 Minuten

Der Zeitkuchen einer Mutter von 3 Kindern (6, 4, 3 Jahre)

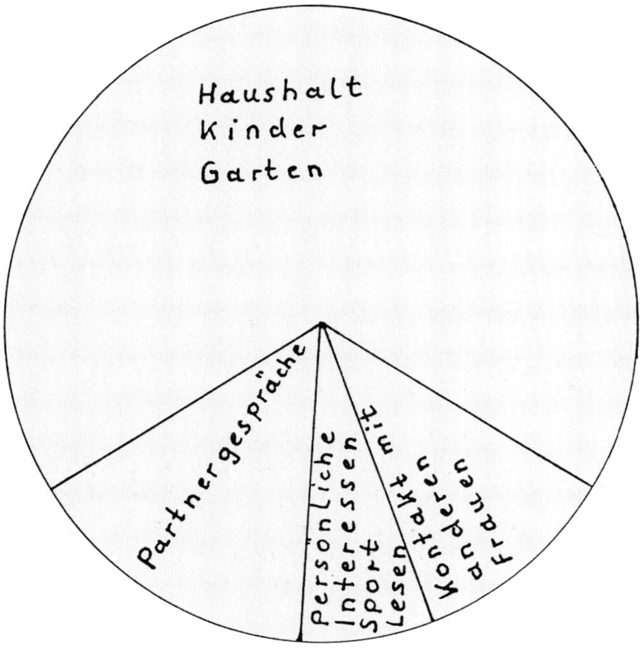

Plenumsgespräch / mögliche Fragen:

- Wie ist Ihnen jetzt zumute?
- Was ist Ihnen aufgefallen?
- Wie ist das Verhältnis von der Zeit, die Sie sich selbst nehmen, zur Zeit für andere?
- Sind die Zeitkuchen sehr unterschiedlich?

Anleitung Zeitkuchen

- Die Leiterin verteilt an jede Tln ein DIN-A4-Blatt mit einem Kreis von etwa 20 cm Durchmesser.
- Der Kreis symbolisiert meinen „Kuchen" Zeit, den ich für mich und andere austeile.
- Die Tln überlegen, wofür sie Zeit haben und wie sie ihre Zeit aufteilen, indem sie den Kuchen in entsprechende Stücke schneiden.
- Wenn sie fertig sind (nach etwa 10 Min.), gehen die Tln von Zeitkuchen zu Zeitkuchen und schauen sich diese in Ruhe an (nicht sprechen).
- Anschließend Austausch in Zweier- oder Dreiergruppen für etwa 10 Minuten, dann Plenum.

Der Zeitkuchen einer 51jährigen (2 Kinder)

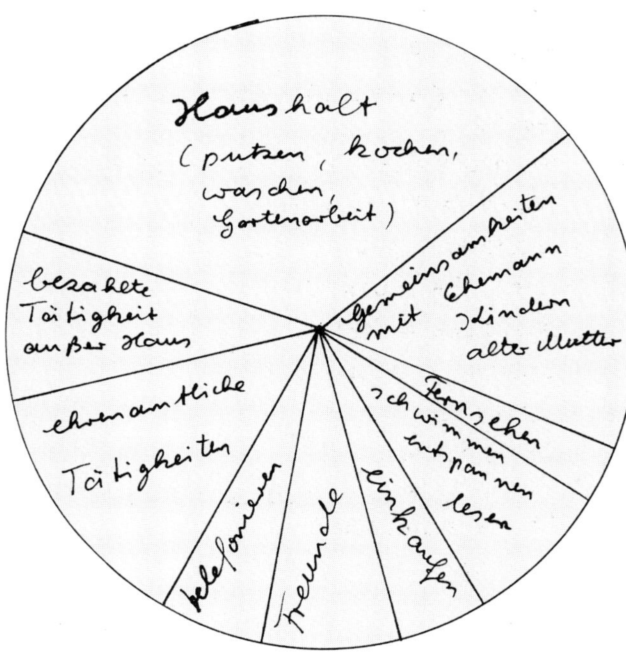

Überlegungen von Tln aus verschiedenen Gruppen:

- „Es ist erstaunlich, wie groß der Anteil der Zeit ist, die mich die Familie kostet", sagen Frauen mit kleinen Kindern.
- „Ich bin überrascht, daß ich soviel für mich persönlich unternehme und mir viel mehr Zeit gönne als früher", sagen Frauen in der Lebensmitte.
- „Mir ist bewußt geworden, daß ich in sehr vielen verschiedenen Bereichen tätig bin (eigene Familie, kranke Mutter, Beruf, Hobby). Eigentlich brauche ich mich gar nicht zu wundern, daß mein Tag immer zu kurz ist."
- „Der Zeitkuchen hat mir gezeigt, daß meine Zeit begrenzt ist. Ich gehe aber mit ihr um, als hätte ich unbegrenzt Zeit. Ich sage nie ‚Nein', wenn jemand etwas von mir will."

Hinweis

Es kann sein, daß im Gespräch die Frage auftaucht: „Lasse ich mich vom Strom der Zeit mitreißen?" „Bestimmt die Zeit mich – oder bestimme ich selbst?" Wenn Sie darüber noch länger im Gespräch bleiben wollen, verschieben Sie den 3. Schritt auf das nächste Treffen.

Zeit gewinnt nur der, der sich Zeit läßt.

Benedikt Reetz

3. Schritt

Wie lebe und erlebe ich meine Zeit?

Text und Gespräch

Plenum 60 Minuten

Hinweis

Der Zeitkuchen hat nur gezeigt, **womit** die Tln ihre Zeit verbringen, aber nicht **wie.** Die wirkliche Qualität meiner Zeit, z. B. die Intensität einer Erfahrung, läßt sich nicht an ihrer Länge messen. Es gibt Minuten oder Stunden, die uns so verändert haben, daß sie uns heute noch wichtiger sind als z. B. ein langer Urlaub. Der folgende Text kann helfen, über die uner-meßliche Dimension von Zeit nachzudenken.

Text

Geburtstag einer Eintagsfliege

Ein Interview

Reporter: „Gestatten Sie, ich möchte Sie um eine Unterredung bitten."
Eintagsfliege: „Was interessiert Sie?"
R.: „Ist es Ihnen bewußt, daß Sie nur einen einzigen Tag leben?"
E.: „Gewiß! Und zwar ist es nur ein Tag von 10 oder 12 oder 14 Stunden. Kurz vor Sonnenuntergang werde ich sterben müssen."
R.: „Aber das ist doch schrecklich! Ein so kurzes Leben!"
E.: „Wir Eintagsfliegen wissen es nicht anders. Sie sehen, daß wir glücklich sind: wir tanzen den ganzen Tag."
R.: „Ein Mensch, der wüßte, daß er heute abend sterben muß, hätte keinen Mut, zu tanzen und fröhlich zu sein."
E.: „Eine Libelle berichtete mir ganz unglaubliche Dinge. Sie erzählte mir, ein Maikäfer lebe mehr als 140 Tage, und viele Blumen dürften die Sonne 50- und manche sogar 100mal auf- und untergehen sehen. Das Alter des Menschen soll jedes Vorstellungsvermögen überschreiten."
R.: „Ein Mensch lebt 70 oder sogar 80 Jahre."
E.: „Ganz unvorstellbar! Er muß darüber doch sehr, sehr glücklich sein!"
R.: „Ach, sagen Sie das nicht! Ein Wort der Bibel sagt: ‚Unser Leben fähret schnell dahin, als flögen wir davon.' "
E.: „Sehr merkwürdig, genauso empfinden wir unsere Lebenszeit: ‚Sie fähret schnell dahin, als flögen wir davon . . .' "
R.: „Da aber Ihre Zeit soviel schneller davonfliegt als die eines Menschen, so meine ich, müsse Sie das Gefühl der Vergänglichkeit noch viel mehr bedrücken als uns."
E.: „Ich finde, alles kommt darauf an, ob das Leben schön, ob es reich und erfüllt ist. Ich sah heute zum ersten und einzigen Mal in meinem Leben einen Sonnenaufgang. Die Schönheit der Welt war so groß, daß ich fürchtete, mein Herz sei zu klein, um sie zu fassen, und müsse zerspringen. Und ich denke, es wird immer so weitergehen, von Entdeckung zu Entdeckung – bis in den Tod."
R.: „Es ist ein tiefer Gedanke, daß der Sinn der Zeit nicht in der Länge, sondern in ihrer Fülle liegt."
E.: „Und Sie, Herr Reporter, wie bringen Sie Ihre Zeit zu? Was machen die Menschen mit Ihrer unvorstellbar langen Zeit?"
R.: „Reden wir nicht davon! Ich müßte Ihnen mit einem Wort der Bibel antworten: ‚Wir bringen unsere Tage zu wie ein Geschwätz.' "
E.: „Das kann ich unmöglich glauben. Man sagt doch, die Menschen sollen sehr tiefe Gedanken denken. Die Libelle erzählte, die Menschen könnten den erkennen, der alles, Sonne und Wasser und Wiesen und Blumen und Bäume, gemacht hat. Wie glücklich müssen die Menschen sein!"
R.: „Offen gestanden, sie sind nicht sehr glücklich! Ich habe selten mit einem Menschen ein so tiefes und glückliches Gespräch geführt wie heute morgen mit Ihnen."
E.: „Ich bin sehr glücklich! Die Welt ist berauschend schön. Aber nun muß ich zu meinen Gespielen. Ich muß tanzen, tanzen für den, der die Welt geschaffen hat."
R.: „Ich danke Ihnen für dieses Gespräch, für dieses erste Interview mit einer Eintagsfliege!"
E.: „Oh, bitte sehr! Und grüßen Sie alle Ihre Leser!"

Aurel von Jüchen

Hinweis

Wenn Sie bis jetzt die Themen allein vorbereitet haben, dann bietet sich hier eine Gelegenheit, andere Tln miteinzubeziehen, damit das Interview mit verteilten Rollen gelesen werden kann. Vielleicht bekommt die eine oder andere dann Lust, öfters mit Ihnen vorzubereiten.

Überlegungen von Tln aus verschiedenen Gruppen:

- „Die Fliege ist glücklich dran, weil sie so intensiv leben kann."
- „Warum bedauern wir eigentlich das Kind, das nach einem kurzen glücklichen Leben ‚früh vollendet' stirbt?"
- „‚Zeit haben' ist nicht nur eine Frage der Zeiteinteilung und Organisation, sondern vor allem der inneren Einstellung: was mir wichtig ist."
- „Manchmal beim Anstehen am Marktstand kommt Ärger über die verlorene Zeit in mir hoch. Dann versuche ich, tief durchzuatmen und zu gucken, an was ich mich jetzt erfreuen kann: an den bunten Blumen, am frischen Gemüse, an den duftenden Kräutern ..."
- „Genießen können wir nur, wenn wir bewußt leben. Warum halten wir nicht mehrmals am Tag bewußte inne und fragen uns: Was tue ich jetzt? Lebe ich, oder werde ich gelebt?"

Alternative

Vielleicht sagt Ihnen der folgende Text mehr zu als das Interview mit der Eintagsfliege:

Dein Auto jagst du nicht ständig auf Hochtouren, du gönnst ihm Auftanken und Wartung.
Bist du weniger wert als dein Auto?
Wenn du ständig unter Druck stehst, werden dein Leib und dein Geist schnell verbraucht sein. Weil du immer rennst, wirst du niemandem mehr begegnen, und, was noch bedeutungsvoller ist, du wirst dir selber nicht mehr begegnen.
Wenn du das Tiefste in dir finden willst, mußt du innehalten und still werden.
Du meinst, keine Zeit für eine Pause zu haben?
Sei ehrlich, es gibt Augenblicke der Leere im Laufe des Tages. Fülle sie nicht mit Lärm, mit einer Zeitung, mit einem Tratsch! Genieße die Wohltat der Stille! Drehe nicht das Radio an!
Ergreife im Laufe des Tages alle Gelegenheiten, um wieder zu dir zu kommen und Gemeinschaft zu haben mit Gott:
das Warten beim Einkaufen,
das Telefon, das besetzt ist,
das Verkehrslicht, das zum Halten zwingt,
das warme Licht eines Sonnenstrahls.

Nach Michel Quoist

Vertiefender Text

Verschenkte Zeit

Termine jagen einander.
Der Zeitdruck nimmt zu.
Ich komme einfach nicht nach.
Der Berg wächst und erdrückt mich.
Ich bin kein Mensch mehr.

Da klopfst du an meine Tür.
Du willst mich, meine kostbare Zeit.
1000 Ausreden liegen bereit.
Ich schäme mich ihrer.
Jetzt bist du dran:
Deine Not, dein Vertrauen in mich.
Komm herein.
Ich bin für dich da.

Du packst aus, und ich
vergesse die Zeit.
Ich vergesse alle Termine.
Ich bin einfach ganz da,
und du füllst mein Herz.
Deines wird leichter.
Das hilft dir – schon das.

Als du aufstehst zum Gehen,
ist uns beiden geholfen.
Die verschenkte Zeit war Gewinn.
Der Zeitdruck ist von mir genommen.
Ich habe keine Zeit verloren.
Der Herr hat sie mir durch dich
angeschlossen ans Zeitlose.
Ich atme befreit.

Kyrilla Spiecker

Zeit 2

Alles hat seine Zeit ...,
wenn wir uns Zeit lassen!

ZIEL

Erkennen,
daß unser Leben rhythmisch aufgebaut ist.
daß wir gesünder und glücklicher leben, wenn wir uns natürlichen Lebensrhythmen anvertrauen.

Vorüberlegungen

Leben ist rhythmischer Wechsel von

- einatmen und ausatmen
- schlafen und wachen
- hell und dunkel.

Unsere Großeltern pflegten noch zu sagen: „Alles zu seiner Zeit", wenn wir in Ungeduld etwas nicht erwarten konnten. Der heutige Mensch versucht, alles nach seinem Plan und seinen Wünschen zu bestimmen; er will (kann) sich kaum noch natürlichen Rhythmen anpassen:

- Teile der Nacht werden zum Tage (oder sogar ganze Nächte für Schichtarbeiter).
- Graue Haare werden gefärbt.
- An Weihnachten ißt man Erdbeeren.
- Wenn man müde ist, nimmt man Aufputschmittel.
- Aus Feierabendruhe ist Freizeitstreß geworden.

Gleichzeitig ist in vielen Menschen der Wunsch sehr groß, wieder ihren eigenen Rhythmus zu finden, besonders wenn sie in den Ferien andere Seiten in sich entdeckt und gelebt haben. Wir haben die Erfahrung gemacht, daß nach den Ferien die Bereitschaft der Tln, über das Thema ‚Zeit' nachzudenken, besonders groß ist, weil die Umstände es besser erlaubten, auf sich selbst und seinen persönlichen Rhythmus zu horchen. Oft ist auch die größere Nähe zur Natur noch in lebendiger Erinnerung.

Was fällt Ihnen zu Frühling, Sommer, Herbst und Winter ein?

1. Schritt

Alles hat seine Zeit – der natürliche Rhythmus der vier Jahreszeiten

Einzelbeschäftigung mit Bildern
Austausch im Gespräch

Einzelarbeit
Plenum 30–60 Minuten

Anleitung

- 5–10 Minuten Stille, evtl. leise Hintergrundmusik, z. B. ‚Die vier Jahreszeiten' von Vivaldi.
- Jede Tln hat eine Kopie der Zeichnungen vor sich liegen und notiert ihre Gedanken, Gefühle, Vergleiche.
- Austausch im Plenum.
- Mögliche weiterführende Frage:
  Gibt es Jahreszeiten, in denen Sie lieber nicht leben möchten?

Überlegungen von Tln in verschiedenen Gruppen:

- Jede Zeit hat gute und schlechte Seiten.
- Alle Zeiten stehen in engem Zusammenhang miteinander: Es gäbe keine Äpfel ohne die Apfelblüte und ohne die Ruhepause im Winter.
- Nach einer langen Hitzeperiode kann man den Regen erst richtig genießen.
- Wie in der Natur gibt es auch im menschlichen Leben Zeiten des Lichts und der Dunkelheit, der Wärme und der Kälte, der Blüte und der Ernte.
- Wir erleben hautnah, daß wir nicht ohne Folgen natürliche Rhythmen stören können, z. B. wenn wir nach einer langen Flugreise die Uhr verstellen.
- Früher hatte der Mensch im Winter eine ruhigere Zeit mit weniger Arbeit, heute gibt es den Weihnachtsstreß und statt besinnlicher Winterabende Hallensport und Fernsehstreß.
- So wie wir die Natur manipulieren, damit sie uns dauernd verfügbar ist (Blumen im Winter), so manipulieren wir auch uns Menschen (Kinder sollen Leistungen wie Erwachsene bringen, 60-jährige sollen jugendlich und voller Dynamik sein).

2. Schritt

Alles hat seine Zeit – Rhythmen in meinem Leben

Text: AT, Kohelet 3, 1–8
Einzelbeschäftigung
Austausch im Gespräch

Einzelarbeit
Plenum 60 Minuten

Text aus dem Alten Testament

Alles hat seine Stunde

Für jedes Geschehen unter dem Himmel
gibt es eine bestimmte Zeit:

eine Zeit zum Gebären –
und eine Zeit zum Sterben,
eine Zeit zum Pflanzen –
und eine Zeit zum Abernten,
eine Zeit zum Töten –
und eine Zeit zum Heilen,
eine Zeit zum Niederreißen –
und eine Zeit zum Bauen,
eine Zeit zum Weinen –
und eine Zeit zum Lachen,
eine Zeit zum Trauern –
und eine Zeit zum Tanzen,
eine Zeit der Umarmung –
und eine Zeit der Enthaltsamkeit,
eine Zeit zum Schweigen –
und eine Zeit zum Reden . . .

Kohelet 3, 1–8; gekürzt

Anleitung

- Der Bibeltext wird vorgelesen, evtl. zweimal.
- Die Tln tauschen aus, was ihnen dazu einfällt.

- Jede Tln bekommt folgenden Text:

Auch in meinem Leben hat alles seine Zeit:

anspannen ___ entspannen

festhalten ___ loslassen

.... ___ ....

.... ___ ....

.... ___ ....

.... ___ ....

.... ___ ....

- Die Tln haben 10–15 Minuten Zeit, Beispiele aus ihrem persönlichen Leben zu ergänzen, z. B.

Gesundheit – Krankheit
mit den Händen arbeiten – mit dem Kopf arbeiten
für mich sein – für andere dasein
aktiv sein – meditativ sein
sich abreagieren – sich beherrschen
glauben – zweifeln
voll Zuversicht sein – voller Sorgen sein

Hinweis

Es ist wichtig, daß die Tln in Stille darüber nachdenken, wie sie die Gewichte in ihrem Leben verteilt haben, ob sie vielleicht in manchen Bereichen aus dem Takt sind und sich mehr oder weniger Zeit für etwas nehmen wollen.

Teilnehmeraussagen aus verschiedenen Gruppen:

- „Wie tröstlich, daß wir so sein dürfen, wie wir sind, auch hassen, auch zerstören. Hier wird nichts moralisch gewertet."
- „Als jemand unseren 60jährigen Nachbarn mit Opa anredete, weil sein erstes Enkelkind unterwegs war, wurde er sauer, weil er sich noch nicht so alt fühle und ja auch gar nicht Großvater werden wolle."
- „Ich war sehr überrascht, als ich in anderen Texten des Kohelet feststellte, daß er uns immer wieder zum Genießen, zur Lebensfreude auffordert. Ich möchte noch besser eine frohe Zeit oder einen glücklichen Augenblick wirklich auskosten können."
- „Ich nehme mir immer wieder vor, mich bei der Hausarbeit nicht so zu verausgaben. Aber wenn ich müde werde und die Beine hochlegen will, denke ich: ‚Eben noch dies oder jenes fertigmachen!', und es ist wieder Abend, ohne daß ich eine Pause hatte."
- „Als die Kinder klein waren, fand ich die Zeit schön. Jetzt genieße ich, daß sie alle aus dem Haus sind. Ich wasche keinem mehr am Wochenende die Wäsche, die Zeit ist vorbei!"
- „Ich kämpfe nicht mehr gegen meine Natur an, ich bin eben nicht so leistungsfähig und brauche mehr Pausen als andere."
- „Ich mache meinen Dauerlauf allein durch den Wald. Wenn ich meinen Rhythmus dem der anderen anpassen muß, kostet das ungeheuer viel Kraft."

Abschluß zum Vorlesen und Mitgeben

Wenn ich stehe, dann stehe ich

Ein in Meditation erfahrener Mann wurde einmal gefragt, warum er trotz seiner vielen Beschäftigungen immer so gesammelt sein könne. Dieser sagte:
Wenn ich stehe, dann stehe ich
wenn ich gehe, dann gehe ich
wenn ich sitze, dann sitze ich
wenn ich esse, dann esse ich
wenn ich spreche, dann spreche ich …

Da fielen ihm die Fragesteller ins Wort und sagten: Das tun wir auch, aber was machst du noch darüber hinaus?

Er sagte wiederum:
Wenn ich stehe, dann stehe ich
wenn ich gehe, dann gehe ich
wenn ich sitze, dann sitze ich
wenn ich esse, dann esse ich
wenn ich spreche, dann spreche ich …

Wieder sagten die Leute:
Das tun wir doch auch.
Er aber sagte, zu ihnen: Nein,
wenn ihr sitzt, dann steht ihr schon
wenn ihr steht, dann lauft ihr schon
wenn ihr lauft, dann seid ihr schon am Ziel …

Zuhören 1

„Ich bin ganz Ohr"

ZIEL

Erkennen, daß
Zuhören eine Grundvoraussetzung ist
für ein gutes Miteinander,
für ein Gelingen des Gesprächs.

Vorüberlegungen

Viel Lärm, viele Worte um ums herum haben uns abstumpfen lassen oder uns dazu gebracht, zu unserem Schutz „die Ohren auf Durchzug" zu stellen. Die Folge davon ist Beziehungslosigkeit, unter der so viele Menschen leiden. Bevor wir uns mit der Verbesserung unserer Kommunikation beschäftigen, kann es hilfreich sein, zuerst einmal über die Kunst des Zuhörens als Grundbedingung nachzudenken. Vielleicht wollen Sie dazu anregen mit:

- einem persönlichen Erlebnis
- einem Paargespräch (siehe 1. Schritt)
- dem Sprichwort:

Gott gab dem
Menschen zwei Ohren,

aber nur eine Zunge,
damit er
doppelt
soviel zuhören kann,
wie er spricht.

Aus Arabien

1. Schritt

Paargespräch

Zweiergruppen — 20 Minuten

Anleitung

A erzählt 3–5 Minuten ein persönliches Erlebnis. B hört zu; keine Diskussion. Anschließend dasselbe umgekehrt. Dann tauschen A und B aus, wie sie sich und die andere erlebt haben.

- Habe ich mich wohl gefühlt?
- Hat sich die andere mir zugewandt, Anteil genommen?
- Wie hat sie ihr Zuhören durch ihre Körperhaltung ausgedrückt?
- War ich abgelenkt? Wodurch?

Die Erfahrungen in der Paargruppe können (brauchen nicht) in den nächsten Schritt, in das Plenumsgespräch, einfließen.
Vielleicht gefällt es Ihnen besser, statt mit dem 2. Schritt mit dem 3. Schritt weiterzumachen und die Bildbetrachtung „Der Hörende" als Abschluß zu nehmen. Wir haben schon beides ausprobiert.

2. Schritt

Bildbetrachtung „Der Hörende" von Toni Zens

Plenum 15 Minuten

Anleitung

- Die Tln betrachten schweigend das Bild (etwa 5 Minuten).
- Eine ruhige Musik im Hintergrund kann dazu gehört werden.
- Die Tln tauschen ihre Empfindungen und Gedanken aus.

Überlegungen von Tln aus unterschiedlichen Gruppen:

- Der Mensch ist „ganz Ohr", seine Hände und Arme sind zum Lauschen geformt, seine Augen, sein Leib ist dem Sprechenden zugeordnet.
- Er scheint sich vor der Fülle der Geräusche zu schützen.
- Mit gespannter Aufmerksamkeit versucht er, das an ihn gerichtete Wort zu verstehen.
- Die Worte der Anrede kommen von oben, sind vielleicht leise, unaufdringlich, leicht überhörbar, könnten im Wind verwehen.
- Wer hören, hinhören kann, weiß, wohin er gehört.

3. Schritt

Gespräch über den Text aus Momo

Alternative

Gespräch über den Text aus England

Plenum oder
Kleingruppen 60 Minuten

Momo

Momo bekam sehr viel Besuch. Man sah fast immer jemanden bei ihr sitzen. Und wer sie brauchte und nicht kommen konnte, schickte nach ihr, um sie zu holen. Und wer noch nicht bemerkt hatte, daß er sie brauchte, zu dem sagten die anderen: „Geh doch zu Momo."
Aber warum?
War Momo vielleicht so unglaublich klug, daß sie jedem Menschen einen guten Rat geben konnte? Fand sie immer die richtigen Worte, wenn jemand Trost brauchte? Konnte sie weise und gerechte Urteile fällen? Nein, das alles konnte Momo nicht. Konnte Momo dann vielleicht irgend etwas, was die Leute in gute Laune versetzte? Konnte sie vielleicht besonders gut singen? Oder konnte sie irgendein Instrument spielen? Oder konnte sie, weil sie ja in einer Art Zirkus wohnte, am Ende gar tanzen oder akrobatische Kunststücke vorführen? Nein, das war es auch nicht. Konnte sie vielleicht zaubern? Wußte sie irgendeinen geheimnisvollen Spruch, mit dem man alle Sorgen und Nöte vertreiben konnte? Konnte sie aus der Hand lesen und sonstwie die Zukunft voraussagen?
Nichts von alledem.
Was Momo konnte, wie kein anderer, das war: Zuhören.
Das ist nichts Besonderes, wird jetzt vielleicht jemand sagen. Zuhören kann doch jeder.
Aber das ist ein Irrtum.
Wirklich zuhören können nur wenige Menschen. Und so wie Momo sich aufs Zuhören verstand, war es ganz und gar einmalig. Momo konnte so zuhören, daß dummen Leuten plötzlich sehr gescheite Gedanken kamen. Nicht etwa, weil sie etwas sagte oder fragte, was den anderen auf solche Gedanken brachte, nein, sie saß nur da und hörte einfach zu, mit aller Aufmerksamkeit und aller Anteilnahme. Dabei schaute sie den anderen mit ihren großen dunklen Augen an, und der Betreffende fühlte, wie in ihm auf einmal Gedanken auftauchten, von denen er nie geahnt hatte, daß sie in ihm steckten.
So konnte sie zuhören, daß ratlose oder unentschlossene Leute auf einmal ganz genau wußten, was sie wollten, oder daß Schüchterne sich plötzlich frei und mutig fühlten. Oder daß Unglückliche und Bedrückte zuversichtlich und froh wurden. Und wenn jemand meinte, sein Leben sei ganz verfehlt und bedeutungslos und er selbst nur irgendeiner unter Millionen, einer, auf den es überhaupt nicht ankommt und der ebenso schnell ersetzt werden kann wie ein kaputter Topf – und er ging und erzählte alles das Momo, dann wurde ihm, noch während er redete, auf geheimnisvolle Weise klar, daß er sich gründlich irrte, daß es ihn, genauso wie er war, unter allen Menschen nur ein einziges Mal gab und daß er deshalb auf seine besondere Weise für die Welt wichtig war.
So konnte Momo zuhören.

Michael Ende

Anleitung

- Schlagen Sie den Tln vor, beim Vorlesen (Erzählen) des Textes die Augen zu schließen, damit das Zuhören intensiver ist.
- Wenn die Tln sich in zwei Halbgruppen oder in mehrere Kleingruppen aufteilen, kommen alle besser zu Wort.
- Falls die Tln sich nicht spontan zum Text äußern (wagen Sie manchmal eine kleine Stille?), können folgende Fragen Impulse für das Gespräch geben:

  Was hat mich an dem Text berührt?
  Bin ich schon einmal einer „Momo" begegnet, war ich selbst schon einmal „Momo" für andere?

Mögliches Gesprächsergebnis

Für gutes Zuhören ist wichtig,

- Zeit zu haben,
- den anderen wichtig und ernst zu nehmen,
- den anderen zu sich selbst und seiner Meinung finden zu lassen.

Alternative

Text

Du hörst mir zu,

- wenn du in aller Ruhe in meine persönliche Welt trittst und mich selber sein läßt.
- wenn du dich bemühst, mich zu verstehen, auch wenn ich mich schlecht ausdrücke.
- wenn du meine Meinung stehenlassen kannst, auch wenn du anders denkst.
- wenn du feststellst, daß die Stunde, die du mir gabst, dich ein wenig müder gemacht und ausgelaugt hat.
- wenn du mir deine Geschichte, die du mir brennend gern erzählen möchtest, nicht erzählst.
- wenn du mir zugestehst, meine eigenen Entscheidungen zu treffen, auch wenn du meinst, daß ich völlig falsch liege.
- wenn du mir Zeit gibst und mir zutraust, daß ich mein Problem selber löse.
- wenn du mich nicht mit deinem Mitgefühl überschwemmst.
- wenn du mir weder kluge Lösungen noch religiöse Sprüche anbietest, wenn ich nicht aufnahmebereit bin.
- wenn du meinen Dank annimmst.

Aus England

Anleitung

- Blatt an jede Tln verteilen.
- Jede Tln sucht für sich ein Merkmal für gutes Zuhören heraus, das sie schon erfahren hat.
- Wer möchte, erzählt dazu ein persönliches Erlebnis.

Hinweis

Manchmal entsteht bei Gesprächen über gutes Zuhören das Mißverständnis: man müsse für jedermann jederzeit „ganz da" sein. Gerade Mütter glauben sehr oft, man erwarte von ihnen, daß sie ständig für Mann und Kinder ein offenes Ohr haben müßten. Das ist eine totale Überforderung, die Frauen laufen außerdem Gefahr, selber ungehört zu bleiben.
Es ist gut, immer wieder darauf hinzuweisen, daß nur der, der sich selbst mag, auch seinen Nächsten lieben kann. In der Bibel steht: „Liebe deinen Nächsten wie dich selbst." Ein gesundes Gleichgewicht kann nur entstehen, wenn ich genauso auf meine Wünsche und meinen Körper (Müdigkeit) achte wie auf die Signale meiner Mitmenschen.
Wenn Sie das Empfinden haben, daß es Tln Ihrer Gruppe schwerfällt, Sätze zu sagen wie: „Jetzt kann ich nicht zuhören, weil...", dann können Sie bei einem nächsten Treffen das Üben von „Ich-Botschaften" vorschlagen.

Mögliche Weiterführung

Zuhören 2
Ratschläge können auch Schläge sein! (Seite 75)
Wenn ich verstanden werden will, spreche ich am besten von mir! (Seite 79)

Zuhören 2

**Hab' ich dein Ohr nur,
find' ich schon mein Wort.**

ZIEL

Üben,
dem Gesprächspartner mehr Verständnis entgegenzubringen

Vorüberlegungen

Wenn Sie im Augenblick nicht über die grundsätzliche Bedeutung des Zuhörens (siehe: Zuhören 1) sprechen wollen, sondern sich lieber konkret mit Alltagssituationen befassen wollen, dann bietet es sich an, „beteiligtes Zuhören" auszuprobieren. Dabei ist es wichtig, daß uns immer wieder folgendes klar wird: Beim Zuhören, beim Führen von Gesprächen kommt es nicht in erster Linie auf die Gesprächstechniken an, sondern auf die Haltung, auf die Zu-wendung zum anderen, erst in zweiter Linie auf die Formulierung. Um zu verdeutlichen, wie wichtig es ist, meinem Gesprächspartner eine annehmende Haltung entgegenzubringen, können Sie beginnen mit der Übung „Paargespräch" aus Zuhören 1 oder mit dem Text im 1. Schritt.

1. Schritt

Meinem Gesprächspartner liebevoll begegnen

Gespräch über den Text: Der bessere Weg

Plenum oder Kleingruppen — 15 Minuten

Der bessere Weg

Ein kleiner Junge, der auf Besuch bei seinem Großvater war, fand eine kleine Landschildkröte und ging gleich daran, sie zu untersuchen. Im gleichen Moment zog sich die Schildkröte in ihren Panzer zurück, und der Junge versuchte vergebens, sie mit einem Stöckchen herauszuholen.
Der Großvater hatte ihm zugesehen und hinderte ihn, das Tier weiter zu quälen. „Das ist falsch", sagte er, „komm, ich zeig' dir, wie man das macht." Er nahm die Schildkröte mit ins Haus und setzte sie auf den warmen Kachelofen. In wenigen Minuten wurde das Tier warm, steckte seinen Kopf und seine Füße heraus und kroch auf den Jungen zu. –
„Menschen sind manchmal wie Schildkröten", sagte der alte Mann. „Versuche niemals, jemanden zu zwingen. Wärme ihn nur mit etwas Güte auf, und er wird seinen Panzer verlassen können."

Mögliche Fragen

- Was gefällt mir (gefällt mir nicht) an der Geschichte?
- Fallen mir Situationen aus meinem Leben ein, die ich erzählen möchte?
- Kenne ich Sätze und Reaktionen, die wie der Stock des Jungen wirken, so daß ich mich verschließe? (Siehe Gespräch 1).
- Welche Verhaltensweisen von anderen helfen mir, mich zu öffnen?

Hier kann die Gesprächsleiterin durch ihr Vorbild das verdeutlichen, was der Text aussagen will:

Die Gesprächsleiterin zwingt niemanden, zu sprechen, sie erzwingt keine bestimmten Gesprächsergebnisse. Sie bemüht sich um Geduld und Gelassenheit gegenüber den Tln.

Sie versucht, jede einzelne so anzunehmen, wie sie ist, auch wenn diese sich nicht so verhält, wie die Leiterin es gerne hätte.

Sie sorgt für eine Atmosphäre des Vertrauens, in der Ängste abgebaut werden können und Fehler möglich sind.

Hinweis

Der obige Text ist zur Einstimmung ins Thema gedacht. Wahrscheinlich werden die Tln bald sagen, daß das theoretisch alles klar sei, und bedauern, daß ihr Tun und Reden anders aussieht. Das kann Gelegenheit sein, zum 2. Schritt überzuleiten.

2. Schritt

Ein mißglücktes Gespräch

Spielszene: Nach der Arbeit
Auswertung

Plenum 15–30 Minuten

Nach der Arbeit

Situation: Ehemann Peter kommt um 19.00 Uhr, später als sonst, von der Arbeit heim. Ehefrau Maria versorgt als Familienfrau Haushalt und drei Kinder.

Peter: „Nichts als Streß und Ärger heute!"

Maria: „Wir haben schon gegessen, die Kinder konnten nicht länger warten! Ich mach' dir die Gemüsesuppe von heute mittag warm."

Peter: „Ich habe keinen Hunger!"

Maria: „Das geht doch nicht, heute mittag hast du doch auch nur ein Butterbrot gegessen!"

Peter: „Dann werde ich nicht zu dick, du beschwerst dich ja sowieso immer über meinen Bauch!"

Maria: „Aber es schadet deiner Gesundheit, wenn du nicht ordentlich ißt!"

Peter: „Jetzt meckerst **du** auch noch an mir herum!"

Maria: „Wenn du heute Ärger hattest, lad ihn nicht bei mir ab, ich hatte auch genug davon!"

Peter: „So schlimm wie bei mir wird es ja wohl nicht gewesen sein!"

Maria: „Ich weiß schon! Die Hausfrauen tun ja sowieso den ganzen Tag nichts!"

Peter: „Schrecklich! Du nimmst immer alles so persönlich!"

Anleitung

- Den Text mit verteilten Rollen lesen.
- Kurze Zeit wirken lassen.
- Die „Spieler" sagen, wie sie sich als Peter und Maria gefühlt haben.
- Alle überlegen gemeinsam, warum das Gespräch nicht gelingen konnte:

  z. B.
  Peter ist durch seinen Ärger so blockiert, daß er keinen „Blick" für seine Frau hat.

  Maria hört nicht auf das, was Peter sagt, weil sie lieber ihre eigenen Sorgen loswerden möchte.

  Jeder hat Empfindungen und Erwartungen, die er nicht ausspricht.

  Keiner signalisiert dem andern durch Worte oder Gesten, daß er ihn ernst nimmt.

  Beide fühlen sich nicht verstanden und werden aggressiv.

Hinweis

Wenn Sie näher darauf eingehen wollen, warum die Antworten der Partner das Gespräch behindern, so können Ihnen die Ausführungen unter den Stichworten Gespräch 1 und Gespräch 2 weiterhelfen. Vielleicht geht es Ihnen so wie Tln einer Gruppe, die im Gespräch über die Spielszene zu einer wichtigen Erkenntnis kamen. Sie haben herausgefunden, daß jedes Gespräch zwei Ebenen hat:
Ein Anteil jeder Aussage gilt dem Inhalt, der Sache. Ein weiterer, ganz gewichtiger Anteil hat mit der Beziehung zwischen den Gesprächspartnern zu tun. Wenn ich nur die Worte höre, aber nicht die Beziehungsebene beachte, dann kann das Gespräch blockiert werden.

Die folgende Szene zeigt, wie gutes Zuhören die Tür zum Gespräch öffnen kann.

3. Schritt

Hilfen zum besseren Zuhören

Spielszene: Nach der Schule
Auswertung

Plenum 60 Minuten

Nach der Schule

Die Haustür fällt mit Getöse ins Schloß, die Schultasche landet mit dumpfem Knall auf dem Flurboden. Die Mutter guckt von der Zeitung hoch und denkt: „Oje, da war wieder was los." Sie wartet, bis nach einer Weile Christof in der Küche erscheint.
Mutter: „Hallo, ich habe mit dem Essen auf dich gewartet!"
Christof: „Ich habe keinen Hunger!"
Christof guckt zum Fenster heraus.
Mutter: „Ich fange schon an zu essen."
Christof: „Scheißschule! Der Meier ist echt gemein, sagt erst heute, daß wir Montag die Klausur schreiben! Das ganze Wochenende ist versaut!"
Mutter: „Das ist ja wirklich ärgerlich für dich! Kannst du jetzt die Radtour nicht mehr mitmachen?
Christof: „Bohnensuppe, das auch noch! Kannst du nicht mal wieder was Ordentliches kochen?"
Mutter schweigt und rechtfertigt sich nicht.
Christof: „Übrigens, Beate ist wirklich die Allerletzte; sie hatte meinen Fahrradschlüssel verlegt, dadurch bin ich heute morgen zu spät in die Schule gekommen."
Mutter: „Hatte die erste Stunde denn schon angefangen?"
Christof: „Nee! – Ich hab' doch Kohldampf!"
Mutter: „Möchtest du mehr Dickes oder mehr Brühe?"
Christof: „Viel Fleisch, oder haben die anderen mir schon alles aufgegessen?"
Mutter: „Guten Appetit!"
Christof und Mutter essen schweigend.
Christof: „Wie war das eigentlich damals, als Beate mit dem Typ vom Tennisclub Schluß gemacht hat?"
Mutter: „Das ist ihr sehr an die Nieren

gegangen, sie hat viel geweint."
Christof: „Übrigens, Marion hat mir heute morgen einen Brief gegeben ..."
Mutter: „So! ... was Schlimmes?"
Christof: „Sie will nicht mehr mit mir gehen! Is ja klar, hat sicher was Besseres, keinen Sitzenbleiber, nicht so einen Versager auf der ganzen Linie wie ich!"
Mutter schweigt und schaut ihn an.
Mutter: „Das muß schlimm sein für dich! (Nach einer kleinen Pause) Christof, für mich bist du kein Versager. Wie froh war ich gestern, als du mir den Rasenmäher repariert hast."
Christof: „Aber bei den anderen zählen nur die Noten!"
Mutter: Überlege doch einmal, welche Menschen dich gern mögen, ganz egal, ob du eine Fünf oder eine Eins schreibst?"
Christof: „Paps ..."

Anleitung

- Den Text mit verteilten Rollen lesen und evtl. aus dem Stegreif weiterführen.
- Kurze Zeit „wirken" lassen.
- Die „Spieler" sagen, wie sie sich als Mutter und Christof gefühlt haben.
- Alle bekommen den Text und überlegen gemeinsam, warum dieses Gespräch dem Sohn weitergeholfen hat, z. B.:

  Die Mutter hat sich entschieden, sich auf ihren Sohn einzustellen, sie ist be-„teiligt", nimmt sich zurück, rechtfertigt sich nicht und läßt sich nicht provozieren.

  Sie zeigt mit Worten und ohne Worte ihre Zu-wendung.

  Sie kann Schweigen aushalten.

  Sie zeigt Anteilnahme, ohne auszufragen.

  Sie vermittelt ihrem Sohn, daß sie ihn gern mag, so wie er ist.

  Sie hilft ihm, über sich und seinen Wert nachzudenken.

Hinweis

Wir haben die Erfahrung gemacht, daß es wichtig ist, sich immer wieder klarzumachen, warum Zuhören manchmal so schwerfällt oder unmöglich ist. Der Vergleich der beiden Spielszenen macht das deutlich:

Zuhören ist leichter, wenn **nur mein** Gesprächspartner ein Problem hat.

Wenn **beide** Gesprächspartner im Augenblick ihre Probleme haben, sollte sich jeder fragen:

- Kann ich ohne Schwierigkeiten zuhören?
- Kann und will ich meine Schwierigkeiten für die Dauer des Gespräches beiseite stellen?
- Sage ich dem anderen, daß ich jetzt nicht zuhören kann, weil ...?

Auswertung

Auf einem Blatt in der Mitte können die Tln Ergebnisse zusammentragen:

- Zuhören ist ein Entschluß, Nichtzuhörenwollen ist ein anderer.
- Annahme kann wortlos vermittelt werden (durch Körperhaltung, Gesten, Gesichtsausdruck).
- Nicht unterbrechen, aber Interesse zeigen, zum Weiterreden ermuntern.
- Dem andern sagen, was ich verstanden habe, und es nicht bewerten.
- Rückmelden,

  daß ich den andern mit seinen Empfindungen und Erfahrungen ernst nehme,

  daß ich ihn zu verstehen suche,

  daß ich ihm zutraue, seine eigene Lösung zu finden.

Mögliche Weiterführung

„Ratschläge können auch Schläge sein"; Seite 75
„Wenn ich verstanden werden will, spreche ich am besten von mir"; Seite 79.

Schlußbemerkungen

Sie haben vielleicht festgestellt, daß in manchen Ausführungen eine bestimmte Haltung durchschimmerte wie:

- Ich bin für mich verantwortlich, du bist für dich verantwortlich, und wir haben auch Verantwortung füreinander.
- Ich nehme dich mit deiner Meinung ernst, ich will auch von dir mit meiner unterschiedlichen Meinung ernst genommen werden.
- Ich kann dich nicht verändern, du kannst mich nicht verändern, aber wir können miteinander wachsen.

Diese Einstellungen waren bei mir zu Beginn meiner Arbeit in Frauengruppen nicht so stark ausgeprägt. Vom leiterzentrierten Arbeiten zum mehr partnerschaftlichen Voneinanderlernen war es für mich ein langer Prozeß. Dabei waren mir meine Familie und die Frauen in den Gruppen sehr wichtig. Zusätzlich habe ich mir Hilfe geholt durch eine Ausbildung in der TZI (Erklärungen zur **t**hemen**z**entrierten **I**nteraktion im Stichwort ‚Gruppen leiten').
Wenn Sie sich für Fortbildungskurse (es muß ja nicht gleich eine Ausbildung sein) interessieren, können Sie sich bei Familienbildungsstätten, Bildungswerken und Volkshochschulen über Angebote unterrichten. Adressen von Verbänden und Institutionen, die Fortbildung anbieten, finden Sie in den Hinweisen auf Medien und Adressen.

Nicht alle Gruppenleiterinnen wollen und können Fortbildungskurse machen. Deshalb haben sich bei uns am Niederrhein und auch in Vlotho monatliche ‚Treffs' für Gesprächsleiterinnen als sehr hilfreich erwiesen. Dort werden Themen erprobt, Materialien ausgetauscht, methodische Hilfen gegeben. Wichtig ist, daß auch dann Sorgen angesprochen werden können, wenn Schwierigkeiten in den Gruppen auftreten. Einige Situationen, an denen wir in unseren Fortbildungstreffen gearbeitet haben, sind auch in diesem Buch dargestellt:

- Unausgesprochene Spannungen belasten die Gruppe (Seite 97 ff)
- Die Leiterin fühlt sich allein gelassen, weil niemand mit ihr die Verantwortung teilt (Seite 105/113)
- Die Gespräche verlaufen unbefriedigend (Seite 107 ff)
- Es ist unklar, wie es in der Gruppe weitergehen soll (Seite 97 ff)

Die Tln in Fortbildungsgruppen sagen immer wieder, daß für sie schriftliche Materialien eine Hilfe für die Gestaltung von Themen sind. Das ersetzt allerdings nicht den Erfahrungsaustausch und die Klärung der speziellen Gruppensituation. Letzteres kann von diesem Buch nicht geleistet werden. Es kann kein Prozeßbegleiter sein. Wenn Schwierigkeiten in der Gruppe auftauchen, kann aber eine fachfrauliche oder fachmännische Hilfe von außen wichtig sein. Dann können Krisen, die ja in jeder Gruppe vorkommen, als Chance für eine Weiterentwicklung besser genützt werden. Manche scheuen sich, vor Außenstehenden auszubreiten, was sie in der Gruppe belastet. Ich bringe in solchen Situationen gerne einen Vergleich mit der Familie. Wenn in der Familie jemand krank ist, scheuen wir uns nicht, den Arzt ins Haus zu holen, er ist diskret und trägt nichts heraus. ‚Der praktische Arzt' für die Gruppe ist die Prozeßbegleiterin, die Fragen stellt und Antworten mitentwickelt. Nach einem eventuellen Hausbesuch kommen anschließend die Familien- (bzw. Gruppen-)mitglieder allein zurecht. ‚Den Facharzt', die Supervisorin, brauchen die Gesprächsgruppen in der Regel nicht.

Gesprächsgruppen sind keine Therapiegruppen! Allerdings kommt es immer wieder vor, daß tiefe persönliche Nöte angesprochen werden, wenn die Tln miteinander vertraut geworden sind. Das können unbewältigte Partnerprobleme sein oder Schwierigkeiten, die mit einer unaufgearbeiteten Vergangenheit zu tun haben. Für viele ist es erst einmal wichtig, sich Probleme überhaupt einzugestehen, sich ihnen zu stellen. Manchmal hilft schon ein Aussprechen (evtl. in zusätzlichen Gesprächen mit einzelnen der Gruppe). Vielfach fühlen sich die Gruppenleiterinnen und Tln überfordert, weil sie spüren, daß eine intensive Beratung, vielleicht sogar eine Therapie von Fachkräften nötig ist. Dann sind Menschen in schwierigen Lebenssituationen immer wieder dankbar, Adressen von Beratungsstellen zu bekommen. Wir haben allerdings auch die Erfahrung gemacht, daß das begleitende Gespräch von Gruppenmitgliedern weiterhin sehr wichtig bleibt.

Adressen von Beratungsstellen können Sie dem örtlichen Telefonbuch entnehmen oder bei der TS (Telefonseelsorge) erfragen. Die Beratungen bei diesen Stellen sind in der Regel kostenlos.

Die neuen An-Sprüche der Frauen machen Männern vielfach Angst, sie gehen dann in Abwehrstellung. Manche fühlen sich verunsichert, andere sind neugierig geworden auf das, was in der Frauengruppe geschieht. Es ist daher sinnvoll, ab und zu etwas gemeinsam mit den Partnern zu gestalten (Referenten/-innen zu einem beide Geschlechter interessierenden Thema einladen, Familienausflü-

ge oder Familienwochenenden in einem Bildungshaus durchführen).
Ich würde mich freuen, wenn das Buch Sie ermutigen könnte auf Ihrem Weg zu mehr Selbstbestimmung, mehr Mitmenschlichkeit und mehr Weltverantwortung. Wieweit der Samen für eine menschlichere Welt aufgeht, liegt nicht nur an unserem Einsatz. Damit wir trotz aller Rückschläge nicht verzagen und gelassener abwarten können, hat Jesus uns in dem Gleichnis vom Sämann (Mt 13, 1–9) Mut gemacht. Ich gebe ganz bewußt einer der vielen Gruppenleiterinnen, die mir durch ihr kritisches Mitdenken sehr geholfen haben, das letzte Wort. Sie hat das Gleichnis sehr persönlich ausgedrückt:

Aussaat

Säerin bin ich, darf ich sein.
Kostbares Gut ist mir anvertraut.
Freigebig teile ich aus, was mir als Geschenk verliehen ist.
Ich gebe von dem, was ich besitze,
an den Boden,
der – aufgebrochen – bereitwillig aufnimmt.

In meinem Herzen eine Ahnung,
daß steiniger Grund meine Saat verdorren läßt
oder Disteln sie ersticken können.
Unachtsame, schwere Schritte –
werden sie zertreten, was mir so kostbar ist?
Was wird wachsen? Neu-werden?

Ich brauche Geduld und muß warten.
Ich spüre meine Ungeduld.
Nicht jede Saat gedeiht überall.
Jeder Keimling hat andere Ansprüche an den Boden.
Hilflosigkeit und Sorge
nähren ängstliche Fragen und Zweifel:
meine Saat –
wird sie lange Zeiten der Dürre aushalten?
Wird sie überhaupt jemals keimen,
leben – überleben?

Ohnmächtig schaue ich mich um,
bevor ich gehe.
Still halte ich ein Gefühl der Leere aus.
Ich habe den Boden bestellt und mich verausgabt
– im Loslassen kann Neues keimen und Wurzeln schlagen.

Selbst-Ständig-Werden.

Resi Böing

Register

Das folgende Register gibt die Seitenzahl(en) an, unter denen Sie Anregungen zu einem gewünschten Themenkreis finden können.

Hinweise auf Medien und Adressen

Die Titel der Materialsammlungen, mit denen in unseren Gruppen besonders gern gearbeitet wird, sind im Quellennachweis unterstrichen.
Als weitere praktische und theoretische Hilfen können nützlich sein:

Bücher

Berghoff, Ingrid/Gertrud Schmalbrock
Ehe in der Lebensmitte
Kösel-Verlag, München

Beten durch die Schallmauer
Impulse und Texte
Vertrieb: KJG-Verlag GmbH,
Carl-Mosterts-Platz 1,
40477 Düsseldorf

Beuys, Barbara
Familienleben in Deutschland
rororo Taschenbuch

Chancen und Probleme der Lebensmitte
Handbuch für die Arbeit in der Erwachsenenbildung; Vertrieb:
Evangelische Akademie,
73087 Bad Boll

Cohn, Ruth
Von der Psychoanalyse zur themenzentrierten Interaktion
Klett-Cotta

Erfahrungen lebendigen Lernens
Grundlagen und Arbeitsfelder der TZI
Matthias-Grünewald-Verlag, Mainz

Frauen-Lexikon
hrsg. v. A. Lissner, R. Süssmuth, K. Walter
Herder

Gordon, Thomas
Familienkonferenz
Die Lösung von Konflikten zwischen Eltern und Kind
Hoffmann und Campe

Gruppenarbeit: themenzentriert
Entwicklungsgeschichte, Kritik und Methodenreflexion
Matthias-Grünewald-Verlag, Mainz

Ernst Gutting
Offensive gegen den Patriarchalismus. Für eine menschlichere Welt
Herder

Halbfas, Hubertus
Der Sprung in den Brunnen
Patmos-Verlag

Jakobi, Paul
Damit unser Leben gelingen kann
ders., Damit die Saat aufgeht
ders., Damit das Glück Wurzeln schlägt
Erzählungen, Märchen und Gedichte, aufgeschlossen für Gespräche in Schule, Gemeinde und Jugendarbeit
Matthias-Grünewald-Verlag, Mainz

Kontakte
Arbeitshilfe der kfd,
Diözesanverband Münster
Vertrieb: Rosenstr. 16,
48143 Münster

Lionni, Leo
Frederic
Gertraud Middelhauve Verlag, Köln

Lobe, Mira
Das kleine Ich bin Ich
Jungbrunnen Verlag, Wien-München

Mitarbeiterin, Die
Werkheft für Frauenbildung und Frauenseelsorge
Klens-Verlag, Düsseldorf

Moltmann-Wendel, Elisabeth
Ein eigener Mensch werden
GTB Siebenstern

Ostertag, Silvia
Einswerden mit sich selbst
Ein Weg der Erfahrung durch meditative Übung
Kösel-Verlag, München

Rohner, Peter
Gruppen als Chance
Wie gelingt lebendiges Lernen?
Arbeitsmanuskript München

Schöpping, Wolfgang
Bibelgespräch in Gruppen
Klens-Verlag, Düsseldorf

Schultze, Annedore
Lebendiges Lernen: Was ist das?
Was brauche ich dazu?
Als Arbeitsbericht des Westfälischen Kooperationsmodells veröffentlicht; zu beziehen durch
WKM, Burgstr. 37, 32602 Vlotho

Stollberg, Dietrich
Lernen, weil es Freude macht
Eine Einführung in die Themenzentrierte Interaktion
Kösel-Verlag, München

Wetter, Annegret
Wenn Frauen sich einmischen ...
Arbeitshilfe zum politischen Handeln
Klens-Verlag

Wartenberg-Potter, Bärbel (Hrsg.)
Aufrecht und frei
Was Frauen heute in der Bibel entdecken
Burckhardthaus-Laetare

Ton-Dia

„Ich bin ich"
Studio R
Filmproduktion der Redemptoristen, Westendstr. 8,
85551 Kirchheim

Musik

Ruhige Musik zum Entspannen, Atmen und für meditative Übungen

Es eignen sich Adagios und Andantes (Andantinos) u. a. von Vivaldi, Bach, Telemann, Mozart. Vielleicht gefallen Ihnen ruhige Sätze aus den Werken von Mozart und Rossini, die unten aufgeführt sind.
Gute Erfahrungen haben wir mit der folgenden Auswahl gemacht. Vieles andere kann in gleicher Weise geeignet sein.

Adagio II
Klassische Orchestermusik von Beethoven, Rossini, Telemann, Vivaldi u. a. m.
Bestellnr. 32133 bei Zweitausendeins Versand, Ferdinand-Porsche-Str. 37, 60386 Frankfurt/M.

Flûte de Pan et Orgue (Panflöte und Orgel)
Gheorghe Zamfir et Marcel Cellier (besonders geeignet sind die langsamen Stücke)

Michael Vetter: Zen Koto
Zenmeditationsmusik.
Wergo Schallplatten, Mainz

Aeoliah: Angel Love
Diese Kasette mit sehr langsamer, meditativer Musik ist nur zu beziehen bei einem esoterischen Versandverlag. Best.-Nr.: 1601, Verlag Hermann Bauer, Kronenstr. 2, 79100 Freiburg

Tänzerische Musik zum Bewegen

Mozart
Divertimento Nr. 17, D-dur, KV 334.
Für den Händetanz eignen sich das Adagio (4. Satz) und das Menuetto (3. Satz).

Mozart
Konzert C-dur KV 299 für Flöte, Harfe und Orchester

Rossini
Flötenquartette, sechs Sonaten für Flöte und Streichtrio

Adressen

Informationsmaterial:
Bundesministerium für Jugend, Familie, Frauen und Gesundheit
Postfach 20 04 90
53134 Bonn

Bundeszentrale für gesundheitliche Aufklärung
Postfach 91 01 52
51071 Köln

Umweltbundesamt
Bismarckplatz 1
14193 Berlin

Folgende Verbände und Institutionen bieten außer Information auch Fortbildung an:
kfd-Zentralverband
Prinz-Georg-Str. 44
40477 Düsseldorf

Landesinstitut für Schule und Weiterbildung
Paradieser Weg 64
59494 Soest

Odenwaldinstitut für personale Pädagogik
Tromm 25
69483 Kocherbach

Jugendhof Vlotho
Oeynhausener Straße 1
32602 Vlotho

Westfälisches Kooperationsmodell (WKM)
Oeynhausener Straße 5
32602 Vlotho

Wuppertaler Zentrum für Zusammenarbeit
Neumarktstr. 37
42103 Wuppertal

TZI-Kurse werden angeboten bei:
WILL International
Schöngrundweg 11
CH-4144 Arlesheim

WILL Rheinland-Westfalen
Am Scheidt 6
40629 Düsseldorf

Quellennachweis

An dieser Stelle danken wir den Autoren und Verlagen, die uns freundlicherweise den Nachdruck folgender Beiträge gestatten:

Texte

Arbeitsgemeinschaft Frauenseelsorge in Bayern, München: Martin Buber, „Du, eingetan in die Schalen", aus: Thema Nr. 22/80

Arbeitsgemeinschaft für katholische Familienbildung e. V., Bonn: „Der beste Ehemann der Welt", aus: neue-gespräche, Heft 3/1984

© Annette Betz Verlag, Wien-München: Gina Ruck-Pauquèt, „Der Elefant, der sang", aus: Gina Ruck-Pauquèt/Monika Laimgruber, KAITO, DER ELEFANT, DER SANG

Verlag Bergmoser & Höller, Aachen: © Willi Hoffsümmer, „In einem schönen Garten ...", aus: Willi Hoffsümmer, „255 Kurzgeschichten", nach: H. Bouwmans/W. Pfeil, „Unter der Sonne der Güte Gottes leben"

Verlag Butzon & Bercker, Kevelaer: Wilhelm Willms, „Wiederbelebungsversuche", aus: Wilhelm Willms, „der geerdete himmel", [7]1986, 5.5

Christophorus-Verlag, Freiburg: Wolfgang Poeplau/Conrad Contzen, „Wenn du zum Tor des Lebens gelangen willst ...", aus: Wolfgang Poeplau/Konrad Contzen, „Geh durch das Tor zum Leben", 1983

© Claasen Verlag GmbH, Hamburg 1955: Marie Luise Kaschnitz, „Kleine Panik", aus: Marie Luise Kaschnitz, „Engelsbrücke"

Auszug aus:
Maurice Sendak, Higgelti Piggelti Pop! oder Es muß im Leben mehr als alles geben.
Deutsch von Hildegard Krahé
© 1980 by Diogenes Verlag AG, Zürich

Evangelische Frauenhilfe in Deutschland e. V., Düsseldorf: Wiltrud Stanszus, „Wir kochen einen Gruppeneintopf", aus: Zum Weitergeben 4/86 (Arbeitshilfe der Evangelischen Frauenhilfe)

K. Allert-Wybranietz, Du funktionierst. Entnommen aus dem Titel DU SPRICHST VON NÄHE von Kristiane Allert-Wybranietz, erschienen im Wilhelm Heyne Verlag, München

Verlag Herder, Freiburg-Basel-Wien: „Das Dreiblatt", aus: Steigert, Hermann (Ill.), Oesterreicher-Mellwo, Marianne, „Die Zauberlampe", 3. Auflage 1986; „Wie junge Adler fliegen lernen", aus: Exeler, Adolf, „Gott, der uns entgegenkommt", 2. Auflage 1980

Hoch Verlag, Stuttgart: Ursula Wölfel, „Die Geschichte von den beiden Heuhüpfern", aus Ursula Wölfel, SIEBENUNDZWANZIG SUPPENGESCHICHTEN

© Katholische Bibelanstalt, Stuttgart: „Psalm 139", aus: Einheitsübersetzung der Heiligen Schrift, 1980

© 1981 by Verlag Kiepenheuer & Witsch, Köln: Heinrich Böll, „Anekdote zur Senkung der Arbeitsmoral", aus: Heinrich Böll, Gesammelte Erzählungen, Bd. 2

© Verlag Josef Knecht, Frankfurt am Main: „Der andere ist anders", aus: Günter Höver, EINMAL JENSEITS UND ZURÜCK, 1974

Verlagsgruppe List SV Südwest, München: R. Kipling. DIE KLEINE SCHRAUBE

Matthias-Grünewald-Verlag, Mainz: Rosemarie Harbert, „Nina muß morgen ins Examen ...", aus: Rosemarie Harbert, „Solange wir miteinander reden", 1979

Patmos-Verlag, Düsseldorf: Dagmar Bröker, „Unsicherheit", „Menschenurteil" und „Bessere Hälfte"; © Christel Voß-Goldstein, „Das kann ich nicht!", aus: Christel Voß-Goldstein, „Abel, wo ist deine Schwester?"
„Vater unser ...", aus: Norbert Copray, „Jesus nachfolgen"; „Gesprächsregeln" in Anlehnung an Ruth Cohn und Conrad M. Siegers, aus: Conrad M. Siegers, „Miteinander im Gespräch bleiben"

© R. Piper & Co. Verlag, München 1955: Anne Morrow Lindbergh, „Gute Beziehung", aus: Anne Morrow Lindbergh, „Muscheln in meiner Hand"

Karl Rauch Verlag, Düsseldorf: Auszug aus: Antoine de Saint-Exupéry, „Der Kleine Prinz", Eines Morgens, die Sonne ist gerade aufgegangen ..., nacherzählt von Trudi Albers

Kyrilla Spiecker, Beverungen: „Verschenkte Zeit"

© 1996 Verlag Nagel & Kimche AG, Zürich/Frauenfeld
Kurt Marti, Werkauswahl in fünf Bänden. Aus: Namenszug mit Mond, Gedichte

© Verlag Styria, Graz-Wien-Köln: Michel Quoist, „Auftanken und Wartung" und „Werde, der du bist!", aus: Michel Quoist, ZWISCHEN MENSCH UND GOTT, 11. Auflage 1967

© Suhrkamp Verlag, Frankfurt am Main: Bertold Brecht, „Lob der dritten Sache", aus: Gesammelte Werke, 1967; Hermann Hesse, „Stufen", aus: Gesammelte Dichtungen, Band 5, 1952

© 1973 by K. Thienemanns Verlag, Stuttgart-Wien-Bern Michael Ende, „So konnte Momo zuhören" und „Beppo" aus: Michael Ende, Momo

Jeder Teil dieser Erde
Text: Häuptling Seattle 1854
Musik: Stefan Vesper
Quelle: Rede des Indianerhäuptlings Seattle
aus: Mein Liederbuch Band 1, 1981
alle Rechte im tvd-Verlag, Düsseldorf

Vandenhoeck & Ruprecht, Göttingen: Detlev Block, „Sag Ja zu Dir", aus: Detlev Block, „In deinen Schutz genommen", 1978

Verlag Klaus Wagenbach, Berlin: 1983, NA 1996
Erich Fried, „Was ist es", aus: „Es ist was es ist", Gedichte von Erich Fried

© Walter Verlag, Zürich/Düsseldorf
Kahlil Gibran, „Von den Kindern" und „Von der Ehe", aus: Kahlil Gibran, „Der Prophet"; Kahlil Gibran, „Die Schlafwandler", aus: Kahlil Gibran, „Der Narr"

© Barbara Yurtdas, München
„Katharsis oder das Weinfest"

Von einigen Beiträgen waren Urheberrechtsinhaber nicht ausfindig zu machen. Der Verlag ist für entsprechende Hinweise dankbar.

Die Titel der Materialsammlungen, die sich als besondere Fundgruben erwiesen haben, sind unterstrichen.

Fotos:

Albers: Seite 29
Alt, Ernst: „Um die vierte Nachtwache", Seite 21
Anthony: Seite 36, 215
Bosch, Hieronymus: „Aufstieg zum Paradies", Seite 230
Bundeszentrale für gesundheitliche Aufklärung: Seite 39, 41
Kunstverlag Maria Laach: Seite 268
Merschhemke, Marlis: Tonplastik und Foto, Seite 176, 177
Nahler: Seite 44
Nationalbibliothek, Paris: „Adam und Eva": Seite 91
Present: Seite 30, 40, 42, 43
Schneider, Anno: Seite 239
Schneider, Hans Wilhelm: Seite 42, 130, 166, 200